COLLECTION BORDELAISE

VOYAGES
DE
MONTESQUIEU

TOME II

Tous droits de reproduction et de traduction réservés.

VOYAGES

DE

MONTESQUIEU

PUBLIÉS PAR

LE BARON ALBERT DE MONTESQUIEU

II

BORDEAUX

G. GOUNOUILHOU, IMPRIMEUR-ÉDITEUR

11, rue Guiraude, 11

M.DCCC.XCVI.

PRÉFACE

ET

DESCRIPTION DES MANUSCRITS

PUBLIÉS DANS CE VOLUME

PRÉFACE

Nous n'ajouterons ici que quelques mots à la *Préface* générale que nous avons mise en tête du premier volume.

Il nous faut remercier encore les personnes obligeantes qui, en France et à l'étranger surtout, ont bien voulu nous fournir des renseignements pour les notes dont nous continuons à accompagner le texte de Montesquieu.

M. Alexandre d'Ancona n'a pas refusé à la fin du *Voyage en Italie* le concours qu'il nous avait prêté pour le commencement. L'auteur de *l'Esprit des Lois* se trouve ainsi bénéficier quelque peu d'une science à laquelle doit tant son compatriote, l'auteur des *Essais*[1].

Pour le *Voyage en Allemagne,* nous avons eu la chance imprévue d'obtenir une collaboration spontanée. Grand admirateur de Montesquieu, M. Charles Walcker, *privat docent* à l'Université de Leipsick, nous a offert courtoisement de nous procurer les indications qui nous manqueraient. Grâce à lui, nous avons pu identifier les personnes et expliquer les faits mentionnés en termes trop sommaires dans quelques passages, passages bien mystérieux pour des Français du XIXe siècle.

Quant aux éclaircissements dont nous avons eu besoin touchant les Pays-Bas, leurs auteurs trop modestes nous refusent le plaisir d'en témoigner plus explicitement notre gratitude.

---

1. Les bibliophiles de la Guyenne et de toute la France seront heureux d'apprendre qu'il vient de paraître une seconde édition des *Voyages* de Montaigne annotés par M. d'Ancona.

A la suite de nos notes, on trouvera un *Index* où sont relevés particulièrement les noms des lieux et des personnes dont Montesquieu parle dans ses *Voyages*. Nous aurions voulu faire une table analytique. Mais elle eût grossi abusivement ce volume.

Et, maintenant, il ne nous reste qu'à répéter ce que nous avons dit déjà. Cette première édition, publiée sur des manuscrits peu corrects et souvent d'une lecture peu commode, ne se donne que comme un essai. Au point de vue de l'orthographe des noms propres surtout, il y aurait bien des améliorations à apporter dans une édition nouvelle. Nous avons, d'ailleurs, rectifié dans les *Notes* et dans l'*Index* plus d'une leçon critiquable imprimée dans le texte. Les lecteurs qui ont l'expérience des travaux semblables à celui que nous terminons seront les premiers à se montrer indulgents. Ils savent qu'il en est d'une œuvre littéraire comme de la vie : c'est lorsqu'on l'achève qu'on voit nettement ce qu'on aurait pu et dû faire.

DESCRIPTION DES MANUSCRITS

PUBLIÉS

DANS CE VOLUME

I

Le manuscrit qui a pour titre : *Voyage en Italie,* et qui se termine par les mots *Fin du Voyage en Hollande,* a été décrit au commencement du premier volume.

Nous en imprimons dans le tome II les 245 dernières pages, qui renferment la fin du *Voyage en Italie,* le *Voyage en Allemagne* et le *Voyage en Hollande.*

Il est à noter que les noms propres allemands y sont estropiés plus encore que les italiens, soit que Montesquieu lui-même les eût mal entendus, soit que le copiste n'ait pas su déchiffrer les grands et petits jambages tracés par l'auteur d'une main trop rapide et représentant des sons étrangers à une oreille française.

II

Les *Mémoires sur les Mines* ne nous sont parvenus qu'à l'état de copies transcrites par des secrétaires. Toutefois, on conserve aux archives de La Brède les notes autographes dont Montesquieu s'est servi principalement pour rédiger son travail sur les mines du Hartz.

Il subsiste deux copies du premier Mémoire et du quatrième. Elles ne sont point absolument identiques. Nous donnons au bas des pages les variantes qui distinguent celles dont nous ne reproduisons pas la teneur dans le texte.

La note qu'on lira à la suite du premier Mémoire [1] a été ajoutée sur une des copies par Montesquieu lui-même, ainsi que la ligne que nous imprimons à la fin du Mémoire n° II [2], et qui est écrite sur une petite bande de papier fixée par une épingle.

C'est nous qui faisons précéder chacun des cinq Mémoires d'un numéro d'ordre. Nulle indication n'a même été donnée par l'auteur quant au rang respectif des deux derniers. Mais un passage du Mémoire n° V nous apprend qu'il a été rédigé vingt ans après le n° III, dont il reproduit à la fin le texte presque mot pour mot [3].

Les *Mémoires sur les Mines* sont transcrits sur des feuilles de papier ayant vingt-cinq centimètres de haut sur dix-neuf de large et formant des petits cahiers de deux à quatre feuilles doubles, dont quelques-unes sont rattachées entre elles par des épingles ou par des bouts de ruban.

Seul le n° V est composé de plusieurs cahiers : de six, dont l'ensemble renferme trente-trois feuilles simples ou soixante-six pages.

Il n'y a de numéros qu'aux pages de l'une des copies du n° IV, ainsi qu'aux pages du n° V; encore manquent-ils aux dernières pages de chacun de ces deux mémoires.

Tous les manuscrits que nous décrivons ont des marges variant de quatre à six centimètres et ménagées du côté du pli des feuilles.

C'est évidemment le même copiste qui a transcrit les Mémoires I, II, III et V. Au contraire, le n° IV est d'une main différente, plus lourde et moins ferme.

Le nombre normal des lignes est de seize pour les trois premiers Mémoires, de quatorze pour le quatrième, et de onze pour le cinquième.

Quatre pages sont restées en blanc à la fin d'une des copies du premier, et une à la fin d'une des copies du quatrième. Dans le manuscrit unique du n° V, il n'y a également pas de texte sur la page 12, qui devait recevoir le dessin d'une machine, ni sur les pages 61 à 66.

Dans les copies des cinq Mémoires, on remarque des additions,

---

1. Voyez ci-dessous, à la page 244.
2. Voyez ci-dessous, à la page 248.
3. Voyez ci-dessous, à la page 262.

des corrections et des suppressions plus ou moins importantes ; quelques-unes de la main de l'auteur.

Si nous passons maintenant aux notes autographes prises par Montesquieu alors qu'il était dans le Hartz, nous constatons qu'elles sont écrites sur huit feuilles doubles. Seulement, la première de ces feuilles est presque de moitié moins grande que les suivantes. Elle n'a guère que vingt-trois centimètres de haut, au lieu de trente et un qu'ont les autres, et dix-huit centimètres de large, au lieu de vingt-trois.

Le bas de la seconde moitié de la cinquième feuille a été déchiré, sans d'ailleurs qu'il y eût rien d'écrit.

La 12e page, la 26e, la 30e, la 31e et la 32e sont restées en blanc. Elles n'ont pas même de numéros d'ordre, à part la 26e, en tête de laquelle on lit 25. Cela prouve que le numérotage n'est pas régulier et tient à ce que Montesquieu n'a pas coté la 12e page.

Notre manuscrit est un brouillon dans toute la force du terme. Les premières lignes paraissent même avoir été écrites d'abord au crayon, puis repassées à l'encre. Certaines pages ont des marges ; plusieurs n'en ont point. La grosseur de l'écriture, la teinte de l'encre et l'écartement des lignes varient parfois d'un alinéa à l'autre. De nombreux passages ont été biffés, modifiés ou ajoutés après coup. Les taches ne font pas défaut.

Un détail à signaler dans les *Notes* sur le Hartz est la présence de croquis.

A la page 2, on distingue mal, vers le haut, sous l'écriture, comme une poire aplatie et inclinée, au milieu de laquelle il semble qu'on doive lire *Lautenthal,* et, plus bas, on voit très nettement, à gauche, une sorte de gousse, sur laquelle est écrit *Vildeman,* et, à droite, un carré dont le coin droit inférieur se développe en demi-lune, et qui renferme le nom de *Zellerfeld.*

Nous n'avons pas reproduit ces dessins, qui, sans doute, représentent le plan très élémentaire de trois villes métalliques ou de leurs territoires.

En revanche, nous donnons ci-dessous[1] une image photographique du dessin que Montesquieu a fait des pompes au moyen desquelles, en 1729, on épuisait, dans le Hanovre, les eaux qui s'amassaient au fond des mines. L'artiste s'y est pris à deux fois (page 22 et page 23) pour tracer une figure qui le satisfit. Le dernier croquis lui-même témoigne, du reste, moins de son

---

1. Voyez ci-dessous, à la page 262.

talent que du soin qu'il prenait pour se rendre compte des choses.

Dans les *Notes* (page 9), comme dans le *Mémoire sur les Mines du Hartz*[1], des lignes insérées dans le texte indiquent la disposition qu'avaient, dans ces mines, les veines métalliques et les bois qui soutenaient les galeries.

Ajoutons qu'une série de traits mis au bord du texte marquent les passages qui ont servi à rédiger le Mémoire n° V.

Il nous reste à parler de trois feuilles de papier qui accompagnent les manuscrits que nous venons d'examiner.

Double est la première. Elle sert de chemise au Mémoire n° I. Nous l'avons mentionnée déjà à la page 289 de notre tome 1er, où l'on trouvera le texte des quatre à cinq lignes qui y ont été écrites par Montesquieu lui-même sur son voyage en Hongrie.

La seconde feuille est simple. En tête, on lit : « *Or et Argent. Mine.* » Suivent des extraits de Diodore de Sicile, accompagnés de réflexions.

A propos d'un procédé mis en œuvre par les anciens Égyptiens dans leurs mines, Montesquieu dit d'abord :

« Cette pratique est la même dans les mines de Hongrie. — Voyez ma relation. »

Puis, il ajoute :

« Vous voyez que les Espagnols imitent les Égyptiens dans la manière de tirer l'or des mines, à l'usage du vif-argent près. Mais ils ne les imitent pas moins dans la barbarie avec laquelle ils traitent ceux qu'ils y font travailler. »

Un passage sur la condition des mineurs est suivi de ces mots : « qui a été triste dans tous les temps. »

Enfin, quelques détails sur les mines des Ibériens sont commentés ainsi :

« Quoique ces mines ne fussent pas si abondantes que celles du Pérou, elles donnoient toujours des profits immenses, parce que c'étoient les plus riches que l'on connût. Mais, à présent, elles seroient ruineuses. »

Quant à la troisième feuille, qui est également simple, elle donne le programme de recherches que Montesquieu voulait faire. On lit en tête : « *Sur mon ouvrage sur les Mines.* » Après quoi viennent une série d'alinéas où sont énoncés, en termes que nous abrégeons, les problèmes suivants :

« Chercher ce que c'est que Thomas Sesreiberus *(sic)*, etc. »

---

1. Voyez ci-dessous, à la page 260.

« Comme aussi, un livre allemand imprimé à Cellerfeld *(sic)*, en 1617, etc. »

« Voir ce que c'est que *(sic)* Altenglit, etc. »

« Ce que c'est que le *chachter* ou hauteur d'homme ? Comment s'écrit-il ? etc. »

« Et ce que c'est que le *thoné*, espèce d'arbre vert dont les feuilles sont comme celles des arbres qui couvrent les murailles des Thuileries *(sic)*, etc. »

Dans la marge, et en réponse au quatrième problème sur la *klafter*, est écrit :

« Vous le trouvez pour Vienne dans l'extrait de Marsilli *(sic)*. Il l'écrit : *colphter,* et dit qu'il y est comme les toises de France. »

Au-dessous de cette note, il y en a une autre, mais biffée :

« La Dorothée à Clausdale *(sic)* profonde de 96 chachters *(sic)*. »

Disons que l'arbre qui intriguait Montesquieu est probablement le sapin, que les Allemands appellent *die Tanne*.

Pour les *Notes* sur le Hartz, elles ont été prises évidemment au commencement d'octobre 1729, alors que Montesquieu visitait le pays. Mais c'est plus tard qu'ont été rédigés les *Mémoires sur les Mines*. Les Mémoires I à IV ont dû être composés aussitôt après le retour de l'auteur en France. Nous savons par les registres de l'Académie des Sciences, Belles-Lettres et Arts de Bordeaux[1], que cette compagnie entendit lire plusieurs d'entre eux le 25 août et le 2 décembre 1731. Au contraire, le Mémoire n° V est postérieur de vingt ans (comme il nous l'apprend lui-même), c'est-à-dire qu'il date de 1751 environ.

III

La *Lettre sur Gênes* (qui n'a pas de titre dans l'original) est écrite sur un cahier de papier composé de six feuilles doubles et d'une feuille simple avec onglet. Ces feuilles ont vingt-deux centimètres de haut, sur dix-sept de large. Une simple épingle les retient entre elles.

Tout le manuscrit est de la main de Montesquieu.

1. *Académie des Sciences ... et Arts de Bordeaux, Table historique et méthodique* (Bordeaux, G. Gounouilhou, 1879), pages 57 et 58.

Des marges sont ménagées du côté du pli des feuilles. Aux rectos, elles ont six centimètres et sont nettement tracées ; mais, aux versos, la largeur en varie capricieusement. Diverses additions ou notes y ont été insérées par l'auteur.

Le bas de la page 18 et les trois dernières pages du cahier sont restées en blanc, aux numéros d'ordre près.

En moyenne, les pages pleines ont vingt-quatre à vingt-cinq lignes.

Bien des passages sont corrigés, supprimés ou surchargés. La page 14 a été biffée tout entière, pour être retranscrite plus loin, à la page 19. En revanche, un renvoi indique, à la page 10, qu'il faut y intercaler le texte de la page 23.

Quant à l'époque où cette *Lettre* a été rédigée, on serait porté à croire qu'elle le fut vers 1754, lorsque Montesquieu songeait à la publication de ses *Voyages*. Toutefois, l'écriture ne ressemble point à celle des dernières années de notre auteur. Plus penchée, rapide et montante, elle se rapproche de celle qu'il avait une vingtaine d'années auparavant.

IV

Les notes qui sont intitulées *Florance* (avec un *a*) forment deux cahiers de grosseur inégale. Le premier a treize feuilles doubles ; le second n'en a que neuf. Elles ont vingt-sept centimètres de haut, sur vingt centimètres de large.

Le manuscrit est en entier de la main de Montesquieu.

Des marges y sont ménagées du côté du pli des feuilles. Aux rectos, elles ont cinq à sept centimètres et sont nettement tracées ; mais, aux versos, la largeur en varie capricieusement. L'auteur y a, d'ailleurs, inséré de nombreuses additions ou notes.

Le numérotage des pages, qui s'arrête au n° 77, est très irrégulier. On compte trois n°s 10, venant l'un après l'autre. En revanche, il n'y a point de numéros aux deux pages blanches qui suivent la page 38, ni aux sept dernières du second cahier. Ces neuf pages sont restées en blanc, tout ainsi que les pages 26, 36 et 54.

Nous jugeons sans intérêt de mentionner quelles sont les pages dont la moitié ou le tiers seulement ne sont pas couverts d'écriture.

Montesquieu avait, en effet, disposé ses notes de manière à

pouvoir y ajouter après coup les observations que telles ou telles œuvres ou séries d'œuvres d'art lui suggéreraient dans ses visites successives. Pour la Galerie du Grand-Duc, en particulier, il est clair que la plupart de ses remarques furent consignées lorsqu'il visita d'abord cet admirable dépôt avec un certain Bianchi. Mais d'autres, en marge desquelles lui-même a mis des petits traits, ont été insérées visiblement plus tard et sous l'inspiration d'un autre cicerone, du sculpteur Piémontino fils sans doute.

Des traits analogues, mais plus longs, indiquent les fragments des notes sur *Florence* que l'auteur a mis en œuvre dans son mémoire sur *la Manière gothique*.

Pour ce manuscrit, nous répéterons ce que nous avons dit des *Notes autographes sur les Mines du Hartz* : c'est un brouillon dans toute la force du terme, mais bien curieux par ce qu'il nous révèle sur les procédés de travail du Président.

Bien entendu, c'est en 1728, pendant son séjour dans la capitale de la Toscane, que Montesquieu a dû rédiger ses notes sur *Florence*.

V

Montesquieu lui-même a écrit le traité *De la Manière gothique* sur sept feuilles de papier doubles, dont les six premières forment trois petits cahiers, de deux feuilles chacun.

Ces feuilles ont vingt-cinq centimètres de haut, sur dix-neuf de large.

Des marges de six centimètres y sont ménagées du côté du pli. Quelques notes ou additions ont été insérées dans ces marges.

Les deux tiers de la page 12, le bas des pages 13 et 23, les pages 14, 24, 26, 27 et 28 sont restées en blanc.

Toutes les pages sont cotées régulièrement jusqu'à la 23º. Il n'y a pas de numéros à la 25º, bien qu'elle soit écrite. Mais c'est après coup que Montesquieu y a consigné quelques observations sur l'Orient, en prescrivant, par un renvoi, de les intercaler à la suite d'un alinéa de la page 11.

Les pages pleines du manuscrit ont une douzaine de lignes.

Certaines parties du texte ont été soigneusement corrigées, surtout celles qui ne sont pas empruntées aux notes sur *Florence*.

La dissertation est, d'ailleurs, restée à l'état d'ébauche.

On conserve dans les archives de La Brède, avec le traité *De la Manière gothique,* une feuille simple où sont rapprochés des extraits de Diodore de Sicile. En tête, on lit : « *Sur la Peinture et la Sculpture. D.* » Au bas du recto est notée une expression latine que Montesquieu cite partiellement dans les notes sur *Florence : Palladium ex ossibus Pelopis factum.*

L'écriture du manuscrit nous porte à croire qu'il a été rédigé peu de temps après, sinon pendant les voyages de Montesquieu.

VI

Les *Réflexions sur les Habitants de Rome* ont fait partie d'une série de dissertations où elles étaient précédées par les trois premiers *Mémoires sur les Mines*. Dans le manuscrit qui nous est parvenu, et qui n'est qu'une copie d'aspect analogue à celui des mémoires en question, on lit, en effet, les mots (actuellement biffés) *Quatrième Mémoire*. De plus, l'écrivain, au lieu de *Réflexions sur les Habitants,* avait mis d'abord : *sur les Mines de Rome ;* du moins, il nous semble distinguer *Mines* sous *Habitants,* qui est en surcharge.

Quoi qu'il en soit, la même main a transcrit quatre des *Mémoires sur les Mines* et les *Réflexions*. Le papier de celles-ci a visiblement dû être semblable, bien qu'il soit maintenant rogné dans le haut. De plus, l'écriture et la disposition générale du manuscrit sont identiques.

Les feuilles des *Réflexions* sont doubles et au nombre de deux : elles forment un petit cahier.

Avec elles, on conserve à La Brède une feuille simple où est transcrit un extrait de Diodore de Sicile, au-dessus duquel on lit : « *Pour mon Ouvrage sur l'Air de la Campagne de Rome.* »

Bien que le manuscrit dont nous parlons ait trop de rapports avec celui du *Mémoire sur les Mines du Hartz* pour ne pas dater de la même époque, les *Réflexions* durent être rédigées presque en même temps que les trois mémoires auxquels elles faisaient suite : car elles furent lues à l'Académie de Bordeaux au mois de décembre 1732 [1].

---

[1]. *Académie... de Bordeaux, Table historique et méthodique,* page 58.

VII

Les notes auxquelles nous donnons le titre de *Souvenirs de la Cour de Stanislas Leckzinski* sont écrites de la main même de Montesquieu sur un cahier de deux feuilles doubles.

Ces feuilles ont trente-trois centimètres de haut, sur vingt-deux de large.

Du côté du pli des feuilles, l'auteur a ménagé des marges qui vont en se rétrécissant et n'ont que trois centimètres en bas, tandis qu'elles en ont cinq en haut.

Les trois premières pages sont couvertes d'écriture. Elles ont une trentaine de lignes, plus ou moins; mais il n'y a que sept lignes au commencement de la page 4, dont les trois quarts sont restés en blanc. Blanches aussi sont les pages qui suivent. Toutefois, à la page 5, on lit écrits dans un coin, de bas en haut, et d'une main étrangère, les mots *Mes-Voyages*.

L'écriture des *Souvenirs* est très nette, et les corrections y sont rares, insignifiantes.

De petits paraphes séparent les notes les unes des autres.

Montesquieu a sûrement rédigé les *Souvenirs de la Cour de Stanislas* pendant ou peu après la visite qu'il fit à ce prince au mois de juin 1747.

VOYAGE
EN ITALIE

(SUITE)

VOYAGE EN ITALIE

VIII

ROYAUME DE NAPLES

Au sortir de Terracine, on trouve presque toujours la voye *Appia*.

Après 3 à 4 milles, on trouve les terres de Naples, et l'on arrive ensuite à Fondi, qui peut avoir 6 à 7,000 habitants.

Ce que je viens de voir du Royaume de Naples est meilleur et mieux cultivé que les pays du Pape : des terres labourées, des vignes, des oliviers, quelques orangers. Il est vrai qu'ils se plaignent qu'il arrive presque toutes les années malheur sur leurs oliviers. Ils disent aussi que l'air n'y est pas des plus sains l'été, et que les gentilshommes se retirent à la campagne, à cause d'un lac ou marais qui est tout auprès et à l'est.

Le Pape avoit passé à Fondi dix ou douze jours avant moi, avec si peu d'équipage qu'on ne sauroit l'exprimer. Il étoit entièrement habillé en moine. Il avoit laissé 1,200 écus à Terracine ; rien à Fondi.

Il y a, à Fondi, un petit château carré-haut, avec

des créneaux, comme on les faisoit anciennement. Barberousse le prit et amena tous les habitants esclaves.

Cette voye *Appia* étoit admirable. Il y avoit, sous le pavé, un autre pavé fait avec des pierres et du gravier. Ce pavé de dessus est de grosses et grandes pierres, qui ne peuvent être ébranlées ni dérangées de leur place par les chevaux ni les chariots. Les deux côtés étoient bordés par deux bords de grosses pierres, de 2 pieds de large, qui étoient les *margines,* et où les gens de pied pouvoient passer, et l'on y joignit, de 10 en 10 pieds, des pierres un peu plus hautes, pour que chacun pût plus commodément y monter à cheval ou dans son char. Appius Claudius la fit jusqu'à Capoue. Caligula l'avoit faite *lastricare di pietre quadrate*. Les étrangers qui venoient à Rome devoient, à la vue de ces ouvrages, être effrayés de la puissance romaine. Trajan la continua de Capoue à Brindes et l'orna, de côté et d'autre, de lauriers et de lentisques.

De Fondi, nous arrivâmes le matin, à dîner, au Môle-de-Gaëte, laissant la langue de terre où est Gaëte à côté, sans la voir que de loin. Nous avions suivi la *via Appia*, et là, suivant toujours la même voye, nous partîmes le même jour. Nous trouvâmes un village, que nous laissâmes à gauche, appelé *Traetto,* auprès duquel est l'ancien Minturnes. On y voit encore les ruines de plusieurs bâtiments publics de cette ancienne ville; entre autres, un aqueduc, dont les arches subsistent encore, et qui alloient *(sic)* porter l'eau à un amphithéâtre, pour faire apparemment les naumachies et autres jeux pour les Minturniens.

Tout auprès, il y a encore un autre lieu qui étoit (je crois) un bain public, et autres restes de l'Antiquité.

A l'ancien Minturnes, on passe un petit fleuve appelé *Garigliano;* c'est l'ancien *Liris*, qui faisoit les bornes du Latium. Non loin de ce fleuve est le mont (autrefois) de *Cæcube*, disent mes livres.

Le soir, nous sommes arrivés à Santa-Agata, lieu auprès de Suessa *(sic)*, que nous n'avons point vue. Cette ville est située au pied du Mont-Garrus ou Montdragon, anciennement *Massicus*, où croissoit le vin de Massique. Entre le Liris et le Volturno, autre fleuve qui est plus à l'orient, et sur lequel est Capoue, étoit le territoire de Falerne. Ainsi, entre ces deux fleuves, croissoient les vins de Falerne, de Massique, et (je crois) celui de Cæcube.

Nous arrivâmes, le 22, à Capoue. Le général commandant nous convia à dîner. J'aperçus par là que j'étois dans un pays de la domination allemande. Il a fait une espèce de récolte de plusieurs vases antiques de Capoue, trouvés dans les tombeaux des anciens Capouans, dans le lieu où étoit l'ancienne Capoue, qui est à un .... de la nouvelle. Ils sont de terre, peints d'aussi mauvais dessin que les porcelaines chinoises.

Il n'y a aucune beauté à Capoue : les églises et les bâtiments sont assez communs.

De Capoue, on va à Aversa, lieu assez petit, et, de là, à Naples. Le chemin est très beau et très bien entretenu, et le pays, très riant et très fertile. Ce sont des champs de terre labourés, pleins de grands peupliers, sur lesquels il y a de la vigne. Des relations disent que l'on ne trouve, de Capoue à Naples, que des orangers et des citronniers, et je n'en ai pas vu un seul. Il y a apparence qu'ils ont été arrachés. On me dit à Gaëte que ces arbres n'étoient plus d'aucun revenu depuis que les Génois, qui avoient assez de ces fruits chez eux, ne venoient plus en prendre dans le Royaume de Naples.

Le 23, j'arrivai à Naples.

Il me semble que ceux qui cherchent les beaux ouvrages de l'art ne doivent pas quitter Rome. A Naples, il me paroît qu'il est plus facile de se gâter le goût que de se le former.

J'ai vu aujourd'hui 4 ou 5 églises : j'y ai trouvé des ornements, de la magnificence ; aucun goût : un goût gothique ; dans les ornements, quelque chose de bizarre, et rien de cette simplicité qui est dans les ouvrages anciens ou dans ceux de Michel-Ange et ceux qu'il a formés. J'ai vu plusieurs façades de palais : je n'en ai pas trouvé une seule de bon goût ; je ne sais ce que sera le dedans. L'Église des Jésuites est (je crois) ce qu'il y a de mieux à Naples ; elle est presque en croix grecque. Il y a, sur le mur intérieur de l'entrée, une assez belle peinture de Solimène, un tableau du Guerchin. Une assez bonne architecture en dedans, excepté que les autels sont trop chargés d'ornements, et que la façade ne vaut rien. Je n'ai pas encore vu un ouvrage de sculpture qui m'ait fait plaisir; mais je serai plus instruit dans quelques jours.

Naples est dans une très belle situation. Les rues en sont larges et très bien pavées de gros et grands quartiers de pierres carrées. Les maisons, toutes grandes et à peu près de même hauteur. Beaucoup de grandes et belles places; et cinq châteaux ou forteresses, qui ne laissent pas d'étonner.

Rome, la plus belle ville du monde. Si les arts étoient perdus, on les retrouveroit dans Rome.

Il faut lire le *Carpentariana*. Il dit qu'un homme intituloit la traduction des *Épigrammes* de Martial, de l'abbé de Marolles : *Épigrammes contre Martial*.

Le parlement de Rouen cassa une sentence de juge subalterne, qui, sur ce qu'un homme, accusé d'avoir été au sabbat, prouvoit l'alibi, l'avoit déclaré atteint et convaincu de s'être trouvé en plusieurs lieux à la fois. De Lancre dit que le Diable laisse un corps fantastique à la place de celui qu'il porte au sabbat. L'homme de Gassendi, à qui on donna de l'opium, qu'on frotta de la graisse dont se servoient les gens accusés à Rouen, qui, à son réveil, dit qu'il lui sembloit avoir été dans un lieu comme le sabbat.

Le cardinal Borgia, comme neveu du pape Borgia, a un privilège du Pape attaché à tous ceux de sa maison, de pouvoir manger, lui et tous ceux qui sont à sa table, de la viande le samedi. Il a mauvaise opinion de tous ceux qui sont à sa table, et qui veulent faire maigre. « Vous n'êtes pas catholique, sans doute, dit-il : car vous doutez de l'autorité du Pape. » — Tout de même, le feu Pape, s'en allant à Bénévent, disoit : « Que les évêques voyent ce que je fais : je leur donne bien l'exemple de la résidence. » — Partout arguments qui prouvent contre.

Les docteurs qui montrent les raretés des environs de Naples, montrent quelquefois le lieu où Cicéron disoit la messe ; au moins, le prince de Beauvau m'a dit qu'on le lui avoit montré.

J'ai vu à Rome, à un palais qui est auprès de celui de Latran, sur un vase, un bas-relief où il me paroît qu'il y a une espèce de grand-prêtre qui a du rapport à la manière dont Raphaël a représenté Dieu, dans ses Loges; quoiqu'il y a *(sic)* de l'apparence que le Raphaël a plutôt copié Michel-Ange que l'Antique : car le Dieu des Loges ressemble beaucoup à celui de la Chapelle-Sixte.

Je ne sais si nous sommes obligés de croire que

le Pape soit infaillible; mais je suis bien sûr qu'il n'est pas possible que la personne d'aucun pape puisse croire ce dogme-là.

Lorsque le Pape apprit la nouvelle du renvoi de l'Infante : « *Gazete* (sic) *queste le* (sic) *lettere di Benevento son venute.* »

Les Napolitains aiment fort la multiplicité des ornements : ils en accablent leur architecture; ce qui fait que leurs églises sont infiniment riches et de mauvais goût.

Ce ne sont pas des statues de marbre, mais d'argent, de métal; du reste, peu de bons ouvrages de sculpture; mais leurs sacristies sont pleines d'argenterie.

La Promenade est une espèce de cours, le long de la mer, qui est très agréable.

La rue Tolède est très large; la plupart des autres sont étroites.

L'Église du Grand-Jésus est une des plus belles de Naples.

En Italie, il est inutile de faire de bons livres : il suffit d'en faire. Dès que l'on dit d'un homme : « *Ha stampato* », cela jette un respect infini sur lui. Mais il est indifférent que ce qu'il *ha stampato sia buono o cattivo*.

J'ai eu l'honneur d'aller faire ma cour à M. le

comte d'Harrach, vice-roi, et à Mad⁰ la Vice-Reine. Je les avois connus à Vienne. Ils m'ont fait mille politesses.

Depuis qu'on s'est avisé de mettre des forteresses dans les villes, on n'a plus besoin d'avoir des peuples si fidèles : on les a rendus obéissants. Aussi, avant ce temps, y arrivoit-il des révolutions tous les jours : témoin l'Italie. Il est presque impossible que les Napolitains, qui ont cinq citadelles, se révoltent.

Les rois d'Espagne avoient abaissé la noblesse napolitaine en élevant la Magistrature. C'étoit un instrument pour la tenir. Les magistrats, payés par le Roi, dépendoient de lui, et les nobles dépendoient d'eux.

La mer fait un golfe autour duquel, sur une colline, est la ville de Naples; de façon qu'il y faut souvent monter et descendre. Les vaisseaux ne sont pas en sûreté dans le port. Il y a la darse, où les galères sont en sûreté, et je vis le navire *Saint-Léopold*, qui est de 60 canons, qu'on avoit mis dans cette darse. Ce vaisseau avoit été fait à Trieste. Le bois en étoit si cassant et si mauvais qu'il avoit fallu presque tout rechanger. Il faut que le bois de ce pays-là ne vaille rien. Il y avoit donc dans le port ce vaisseau et 4 galères. Il *(sic)* n'en a guère besoin de davantage : car, contre les Infidèles, ses troupes de terre, qui les font trembler, le font respecter sur la mer.

L'Empereur a environ 50,000 hommes à Naples, Sicile, Milanois, Pays-Bas : 16 à 17,000 hommes à Naples; 10 à 12,000, en Sicile; 12,000, dans le Milanois et le Mantouan; le reste, en Flandre. — Guicciardi.

J'ai ouï dire qu'avant que Charles II eût tant vendu à Naples, le Royaume rendoit plus de 14 millions de florins.

Aux Célestins, il y a de très belles peintures du Calabrois. A l'Église des Saints-Apôtres, de belles peintures de l'Albane. A l'Église des Carmes déchaux, un tableau du Dominiquin.

Il y a, dans plusieurs églises de Naples, de très beaux tableaux de Lucas Jordan et de Solimène.

A l'Église *del Carmine,* on voit le tombeau de Conradin et du dernier duc d'Autriche. La peinture des arcs est un bel ouvrage de Louis Sicilien.

L'Église de *San-Severin* est d'un meilleur goût d'architecture que les autres. Il y a un assez beau bas-relief à un tombeau, où l'on voit des pleureuses très bien représentées.

L'escalier du Palais du Vice-Roi est (je crois) le plus beau de l'Europe. Il est du dessin du cavalier Fontana. Le cavalier Bernin disoit que le palais passeroit par l'escalier. Cependant, le palais est très grand; mais il n'est pas achevé.

Il y a *gli Studi,* qui étoit un beau palais, qui n'est

que commencé. On y vouloit mettre les Académies. Les Allemands y ont mis leurs soldats, et tout ce beau bâtiment se détruit : ils font cuire leur soupe sur l'escalier. Ce bâtiment est d'un bon goût d'architecture. Il y a, dans la façade, de belles statues antiques.

Il n'y a rien au-dessus du bruit des plaideurs et suppôts du Palais que celui qui se fait aux tribunaux de Naples. J'ai ouï dire à M. le Vice-Roi qu'il y avoit à Naples 50,000 de ces gens de pratique, et qui y vivent bien. Là, on voit la Chicane en chausse et en pourpoint. Les seuls scribes font une petite armée, rangée en bataille, le ganif *(sic)* à la main. Ils sont sur des bancs, deux à deux ou quatre à quatre.

J'ai vu l'abbé Ripa à Naples. Ce bon ecclésiastique a conçu le dessein d'attirer des jeunes Chinois pour les instruire et les renvoyer prêcher dans leur pays. Il en a mené 4, a acheté, de l'argent que le Pape lui avoit donné, une belle maison, couvent et église, où il a mis 4 Chinois qu'il a menés, et en fait venir d'autres. L'Empereur donne un revenu pour l'entretien. La Propagande de Rome leur donnera des pouvoirs, et, lorsqu'ils seront en mission, elle se charge de les payer, et, pour lors, ils dépendront d'elle. Le dessein de cet ecclésiastique est le seul moyen de soutenir cette mission.

Ce 26, j'eus l'honneur de dîner chez M. le Vice-Roi. Je vis Made la Vice-Reine, ci-devant femme du comte de Gallas. Elle a une fille qui doit être mariée à un petit-fils du Vice-Roi; ce qui, de deux maisons très riches, n'en fera qu'une.

Le bailli d'Harrach, fils de M. le Vice-Roi, frère de celui qui est à Ratisbonne, est un jeune homme qui promet beaucoup. Il a été en Portugal et a vu, d'ailleurs, le monde. Il m'a fait bien des politesses.

Une des choses qui contribuent le plus à peupler Naples, c'est la misère et la paresse des Napolitains. On leur fait quelques aumônes; on leur donne quelque soupe et quelque pain et viande dans les couvents de la Ville, qui sont très riches. Les gens de la campagne viennent, vivent d'abord d'aumônes, et continuent à vivre ainsi ou gagnent autrement une misérable vie.

Rien n'est plus beau que la situation de Naples dans un golfe : elle est amphithéâtre *(sic)* sur la mer; mais un amphithéâtre profond. M. le Vice-Roi a un salon où il voit la mer de tous côtés, voit arriver les vaisseaux, voit le Mont-Vésuve, d'un côté, et les deux côtés de la mer : ce qui fait un spectacle charmant.

Les *a parte,* bons chez les Anciens, parce que leur théâtre étoit un carrefour, où aboutissoient trois rues; de façon que celui qui venoit d'une rue étoit vu et entendu du peuple, sans l'être de l'acteur qui venoit de l'autre rue.

J'ai été à Pouzzoles, ce ... avril 1729. Naples est

dans un golfe qui tient la moitié d'un cercle. Elle *(sic)* est au milieu. Cette partie du golfe, du côté de l'occident, jusques au cap de Misène (au delà duquel est la cité de Cumes) étoit anciennement plein de villes et de maisons de plaisance. A présent, elles sont ruinées, et il ne reste plus que Pouzzoles, petite ville ou bourg. Arrivés à Pouzzoles, nous avons traversé en bateau jusques à Bayes : car vous saurez que, dans ce côté du grand golfe, Pouzzoles et Bayes font un autre petit golfe. Ces deux villes sont, [l'une], d'un côté, l'autre, de l'autre, et Caligula avoit fait un pont, dont on voit encore les ruines, par lequel il alloit de Pouzzoles à Bayes. Tout ce côté de la mer ne faisoit presque qu'une ville, tant il étoit plein de villes et de bourgs.

D'abord nous avons vu le cap Misène de la Mer Morte, qui est une espèce de petit étang, qui a une communication à la mer, quoiqu'il en soit séparé par une langue de terre, et, par cette communication, le poisson entre et ne peut pas sortir.

Auprès de là, nous avons vu la piscine admirable qui étoit un réservoir d'eau pour l'armée navale : car il y avoit toujours une flotte à Misène. Il est soutenu par quarante-huit piliers, et l'on voit encore une espèce d'incrustation qui est (je crois) le sédiment de l'eau.

Auprès de la Mer Morte, il y a une espèce de vallée en conque, qu'on appeloit *les Champs Élysées*.

Auprès de là se voyent les *Cento Camere*, qui est une espèce de réservoir d'eau, plutôt que les prisons de Néron. — Nous revenons toujours vers Naples. —

Or, dans ce petit golfe seul de Pouzzoles, il y avoit jusques à sept villes. Ensuite vient le lieu où étoit Bayes. Il n'y a à présent qu'une petite forteresse, où les soldats crèvent, parce que l'air y est très mauvais. On ne sauroit dire combien, dans ce petit endroit, il y a de bâtiments ruinés : temples, bains et autres édifices. Et il est bien impossible que l'air y soit bon l'été : car ces édifices sont pleins d'eau qui croupit, et les lieux qui les entourent aussi. Or, lorsque la chaleur de l'été vient à faire exhaler cette eau, l'air doit être empesté. C'est ce qui me fait dire que les lieux qui avoient été la place des grandes villes étoient malsains. Or il est impossible que Pouzzoles ne soit pas malsain : car, dans les temples, où nous avons été, l'eau étoit d'un pied sur la superficie; ce qui, s'exaltant *(sic)* l'été, doit être empesté. Il en est de même de tous les lieux souterrains que l'on ne voit plus, et où l'eau croupit sans qu'on le découvre. Dans plusieurs de ces temples, comme à celui de Vénus, il y a encore des stucs, gâtés par les torches qu'on y porte pour les voir. Le Temple de Mercure, que nous avons trouvé plein d'eau, est comme le Panthéon de Rome : une ouverture au sommet. Il a 25 pas de diamètre. On voit à Bayes, comme à Pouzzoles, des marques de l'ancien pont de Caligula, qui alloit de l'un à l'autre. On trouve plusieurs sortes de bains : entre autres, un bain si chaud que je n'ai pu y aller, la chaleur m'ayant presque suffoqué dès que j'ai eu fait 5 ou 6 pas pour y aller; et, plus on avance, plus la chaleur, qui vient d'une eau bouillante, augmente. Plus bas, il y avoit d'autres bains de plusieurs espèces ; et, à chacun (dit-on), il y avoit des statues qui marquoient, par une attitude particulière à chaque membre, à quel *(sic)* chaque bain étoit utile. Et la croyance populaire est que les médecins de Salerne, ruinés par l'effet de ces eaux, vinrent les ruiner.

En allant plus avant vers Naples, on trouve le fameux Lac Lucrin, qui, à présent, n'est pas si grand que mes fossés de La Brède, quoique sa pêche fût autrefois la première gabelle dans la liste de celles des Romains. Cette diminution est venue de la destruction de la ville de Tripergole, en 1538 ; au lieu de laquelle, il s'est formé le Monte-Nuovo, qui a occupé une grande partie des terrains que prenoit ledit Lac Lucrin.

En entrant plus avant dans les terres, on voit le fameux Lac Averne, qui n'a pas (je crois) plus d'un mille de tour. Au bout, il y a un temple d'Apollon. Auprès de ce lac, on entre dans une grotte, qui étoit, selon les apparences, faite pour aller à Cumes. On y entre une centaine de pas. Le terrain a été bouché. On appelle cela, sur les lieux, *l'Antre de la Sibylle de Cumes*.

On voit, ensuite, le Mont-Barbaro ou Gauro. Il a encore des vins, quoique moins exquis qu'ancienne-ment.

Auprès de Pouzzoles, on trouve un bel amphithéâtre, qui est pourtant fort ruiné ; mais il y en a de beaux restes.

La terre pouzzolane. — On en porte dans les pays

étrangers; encore aujourd'hui, en France. On en a porté à Constantinople. Vitruve a raison de dire qu'elle est admirable pour bâtir.

La Solfatara. — Il y a une grande plaine entourée de montagnes de soufre, en rond ou ovale. Une fumée de soufre sort de plusieurs endroits. Cette fumée s'attache en gouttes sur le fer, point sur le papier. Elle noircit l'argent. Ce minerai de soufre se met au feu. L'impur reste au fond. Ce minerai laisse voir du soufre tout jaune. Il y a des endroits où est un minerai blanc, dont on tire l'alun. Ce minerai se brise. On le met dans des réservoirs d'eau, où il se cristallise. On y fait aussi du vitriol. La même eau chaude fait bouillir des chaudières de plomb, où se fait l'alun. Quand on frappe contre la superficie de *la Solfatara,* elle répond comme si le lieu étoit bien creux dessous. Des expériences font voir qu'elle a correspondance avec le Vésuve : quand le Vésuve est en paix, ceci l'est moins.

On voit, ensuite, revenant toujours vers Naples, le lac d'Agnano, qui est le lieu propre pour le grouissement *(sic)* des chamois; ce qui le rend empesté l'été.

Il peut avoir 1 mille et $^1/_2$ de tour. Il est entouré de montagnes. On y voit, sur le bord, une maison où sont les bains sulfureux, dont la chaleur guérit les maladies vénériennes et rhumatismes. Sur les bords de ce même lac est la Grotte du Chien. Dans près d'une minute, le chien se laisse tomber de foiblesse, et l'haleine lui manque, comme ne pouvant respirer. J'ai tiré une grenouille de l'eau, qui est morte dans un demi-quart d'heure. A 1 pied de la terre, la chandelle s'éteint; la poudre ne prend point à un fusil. A 3 pieds de terre, la vapeur n'est plus nuisible. L'eau du lac bout. Enfin, ce lieu est plein de soufre, n'étant pas éloigné de *la Solfatara*.

Généralement, tout ce pays que j'ai décrit depuis Misène jusques à Naples est plein de bains chauds, tièdes ou froids.

A 1 mille près de Naples, il faut passer par la montagne du Pausilippe, qui est percée l'espace d'un tiers de mille ou environ; ce qui fait que cette montagne devient comme nulle. Pour la commodité du voyageur, on passe cette grotte souterraine, qui prend le jour de l'entrée et de la sortie de la montagne. Il y a de l'espace pour les charrettes qui vont, et celles qui viennent, et cela est très commode. La grotte est plus haute dans les bouts, pour prendre la lumière plus haut. En quelques endroits de la montagne, on a percé en haut.

J'ai été, aujourd'hui, samedi 30, voir la liquéfaction du sang de saint Janvier. Je crois avoir vu que cette liquéfaction s'est faite; quoiqu'il soit difficile de s'en bien apercevoir, parce que l'on ne fait que vous montrer un moment un reliquaire, dont le verre est fané par les baisers de tout le monde. Mais, quoi qu'il en soit, je crois que c'est précisément un thermomètre; que ce sang ou cette liqueur, qui vient d'un lieu frais, entrant dans un lieu échauffé par la multitude du peuple et un grand nombre de bougies, doit se liquéfier. Il m'a semblé que, quelquefois, le prêtre approche du chef de saint Janvier, même après le miracle fait, c'est-à-dire du lieu où il y a beaucoup de bougies. De plus, le prêtre tient le reliquaire de ses deux mains; ce qui échauffe le métal.

On ne sauroit croire la consolation que le miracle fait dessus l'esprit du peuple. Sans cela, ils se désespèrent, et la consternation est publique. Les Napolitains disent que, quand Philippe V vint à Naples, le miracle ne se fit pas : présage de la perte qu'il fit de ce royaume. Des prêtres disoient auprès de moi : « Le miracle s'est fait, et, cependant, il y avoit neuf hérétiques! » C'est qu'il y a quelques années, le miracle tardant à se faire, on fit retirer quelques Protestants d'auprès de l'autel.

Vous remarquerez que le miracle se renouvelle huit jours de suite; que, trois fois l'année, il se fait : le jour du Saint, le jour de sa translation et celui de sa décollation. Ce qui ruine le miracle de saint Janvier, c'est que la tête de saint Jean-Baptiste fait aussi, tous les jours, le même miracle. Je reverrai et l'un et l'autre.

Je suis persuadé que tout cela n'est que des thermomètres. Aussi, lorsque l'on porte ce sang d'un lieu chaud à un lieu chaud, ou d'un lieu frais à un lieu frais, le miracle ne se fait pas. Celui de saint Jean-Baptiste, qui se fait par le moyen d'une messe, se fait aussi par un thermomètre, à ce que je crois.

Le sang est dans un lieu très froid. On le porte sur l'autel, où les bougies, la respiration et la présence des assistants échauffent le lieu.

J'ai été à Poggio-Reggio, maison de plaisance de la reine Jeanne. Ce n'est plus que l'ombre d'une maison de plaisance, tant elle est délabrée. C'est, d'ailleurs, dans un lieu très marécageux et malsain.

La plus saine opinion, c'est qu'il y a à Naples 300,000 âmes.

M. le Vice-Roi, comte d'Harrach, a pourtant dit qu'il avoit fait examiner cela, et qu'il y en avoit plus de 500,000 ; mais c'est beaucoup.

Les revenus du Royaume de Naples sous les rois d'Espagne étoient de 7 millions d'écus napolitains, qui vont environ à 3 livres 10 sols de notre monnoye. Ils en ont aliéné environ 6 millions, et, pour faire subsister les troupes, l'Empereur a augmenté les impôts d'environ 1 million ; de façon que les revenus du Roi montent environ à 2 millions. Sur quoi, il faut payer les officiers et 7 à 8,000 hommes de troupes ; ce qui monte environ à 1 million ; plus 800,000 écus de pension aux Espagnols qui sont à Vienne ; de façon qu'il reste peu ou peu *(sic)* de chose pour le Prince. Le peuple est très misérable par cette augmentation d'un million d'impôts, et il faut ménager celui de Naples, parce qu'il y a 50 à 60,000 hommes appelés *Lazzi*, qui n'ont rien dans le monde : ni terre ni industrie ; qui ne vivent que d'herbes ; ne sont point vêtus, n'ayant qu'une culotte. Ces gens sont très aisés à mettre en mouvement.

Ces *Lazzi*, les plus misérables des hommes de la Terre, sont ceux qui craignent plus *(sic)* les malheurs dont les menace la non-liquéfaction. Ainsi, à cause de ces *Lazzi*, on peut bien dire que le peuple de Naples est bien plus peuple qu'un autre.

Ce sont ces gens qui élevèrent Mazaniello, dont les Espagnols ne se défirent qu'en lui donnant un breuvage qui le rendit fou. Après quoi, ses partisans furent aisés à ralentir. Ce Mazaniello vouloit changer le gouvernement en république; ce qui fit que la Noblesse ne bougea point. Aussi, en revanche, lorsqu'à la seconde année de Philippe V la Noblesse conjura contre lui, le Peuple ne prit pas parti non plus.

Lorsque, sous Charles II, les Espagnols avoient besoin d'argent, ils aliénoient pour autant de biens du Royaume; de façon que peu de places et de fiefs restent à la Couronne. S'ils avoient besoin de 10 millions d'écus, ils aliéneroient dix fois pour 5 à 600,000 écus de rente. Les Génois en ont beaucoup acheté. Il est vrai que ces fiefs sont réversibles à la Couronne faute d'hoirs. Dans ces fiefs, la Couronne n'a rien à voir, ni pour la juridiction, ni pour les revenus royaux. Je crois pourtant que, dans la plupart des lieux, il y a appel au Tribunal du Roi.

Il sort de Naples pour 4 millions d'écus d'huile, de la soye, dont il y a quelques manufactures. Mais il sort beaucoup pour les expéditions de Rome, pour les pensions qui vont à Vienne, pour ce que les Génois retirent, pour les manufactures que l'on tire des pays étrangers.

Ce qui ruine le Royaume encore, c'est que le Souverain n'accorde le droit d'extraction, c'est-à-dire d'envoyer des denrées hors du Royaume, qu'à de certains particuliers qui les enlèvent à très grand marché.

Pendant que j'ai été à Naples, je n'ai pas vu un Allemand qui connût un Napolitain, ni un Napolitain qui connût un Allemand.

Je ne crois pas que le miracle de saint Janvier soit fait par aucune fourberie, et surtout qu'on mêle rien dans ce sang. Les Magistrats, qui changent tous les ans, en ont la clef comme l'Archevêque. Ce que je croirois plutôt, c'est que le Clergé est de bonne foi ; mais c'est un thermomètre. Le deuxième jour, j'ai été voir cette liquéfaction. Le prêtre empoigne toujours le reliquaire des deux mains, par chaque bout ; ce qui l'échauffe. Dès que quelqu'un veut regarder, l'acolyte met la bougie, qui touche presque le verre. D'ailleurs, les baisers continuels du peuple doivent échauffer. Je crois donc que les ecclésiastiques sont la dupe eux-mêmes : ils ont vu la liquéfaction ; ils ont cru qu'elle se faisoit par miracle. Le besoin qu'ils ont eu du miracle pour consoler le peuple a fait qu'ils ont cherché à examiner ce qui réussissoit mieux pour faire faire le miracle au Saint ; ils ont établi des cérémonies qu'ils ont cru les plus agréables au

Saint. Ces cérémonies une fois établies ne se changent plus : ainsi lorsque le prêtre tient le reliquaire, un acolyte suit toujours avec une chandelle ; ainsi il y a le même nombre de bougies sur l'autel ; et c'est toujours le même lieu où le sang se met, lorsqu'on ne l'expose pas. On a donc cherché d'abord à faire le miracle, et ensuite on a continué à observer les mêmes moyens, dont on s'est servi. Ce qui est cause physique n'est plus regardé que comme vénération pour le Saint. — Ce ne sont ici que conjectures : peut-être y a-t-il un véritable miracle.

Giannone ayant fait l'*Histoire civile de Naples*, où il fait voir les moyens dont la cour de Rome s'est servie pour établir son autorité, le miracle ne se fit pas. Les moines dirent que cela venoit du livre impie de Giannone, qui pensa être lapidé, fut obligé de se cacher et quitter le royaume.

Le peuple de Naples est comme étoit celui de Rome, qui étoit composé d'affranchis, qui n'avoient rien. Aussi étoit-il crédule, superstitieux, désireux de nouvelles. Le peuple de Naples, où tant de gens n'ont rien, est plus peuple qu'un autre.

J'ai été au Mont-Vésuve. Il est environ à 8 milles de Naples. Mais il faut monter beaucoup. Les terres qui sont autour, avant que la montée ne vienne *(sic)* trop droite, sont très fertiles ; apparemment à cause des feux souterrains (car tout cet endroit en est plein), et non à cause des cendres, qui ne font que gâter les fruits. Il y croît des vins très bons. Ce mont est partagé en deux têtes. Sur celle qui est plus près de Naples, il n'y a pas d'ouverture, ni de feux, et elle est, en des endroits, cultivée.

A un couple de milles de l'embouchure, il n'y a rien que des cendres, et, plus loin même, toute la terre est couverte de marcassites, que la montagne y a jetées. Remarquez que, souvent, les feux sortent des endroits où il n'y a point d'ouverture, et qui se referment. J'ai monté jusque sur le sommet, et j'ai vu une très large et très profonde ouverture. Elle peut avoir 50 pas de tour. Avant d'arriver sur le dernier bord, il y en a un autre. Après quoi, on descend, et on monte à l'autre bord. Cette descente est égale à la montée. Elles peuvent avoir, chacune, 12 ou 15 pas. C'est cette dernière montée qui est la plus difficile. On ne peut guère savoir comment cette double couronne s'est faite. L'ouverture étoit-elle autrefois plus grande, et s'est-il formé une nouvelle couronne intérieure? Il est difficile de deviner ce qui s'est passé dans des mouvements si violents et dans l'affreuse agitation des principes. Vous remarquerez qu'à 50, 100 et 150 pas de l'embouchure, si l'on ôte avec la main quelque peu de terre, et qu'on fasse un creux, il en sort une chaleur insupportable, et telle que celle qui forme les bains chauds qui sont en tant de lieux à Bayes et à Pouzzoles; ce qui fait penser que ce terrain est plein de Vésuves cachés. On dit et il paroît même que les matières qui s'enflamment dans le Vésuve sont de différents genres, et que la combinaison et le mélange en varie selon les différents degrés de bitumes, de soufre, de vitriol, alun, antimoine; ce qui produit les différentes couleurs de pierres et odeurs. On a même trouvé dans ces marcassites plusieurs sortes de métaux, même de l'argent; mais sans aucun profit.

On prouve qu'il *(sic)* a communication avec la mer, dont la bouche n'est éloignée que de quelques milles, en ce que, dans plusieurs époques de sa fureur, il a vomi plusieurs poissons et herbes marines; que, dans ses tremblements, la mer s'est souvent retirée : après quoi, il a vomi des poissons tout soufrés. Ce qui arriva de même à Pouzzoles lorsque le Monte-Nuovo se forma. Ce qui peut faire croire que l'eau de la mer, entrant par de certains canaux, fait fermenter les principes qui causent tant de ravages.

Souvent le Vésuve a *(sic)* resté grand nombre d'années sans fumer et montrer de flamme; ce qui n'est pas sans exemple. Ischia n'est plus un volcan, quoiqu'il y ait encore des bains chauds. Lipari en a été un et ne l'est plus. Et, en 1631, il y avoit cent trente et un ans que le Vésuve étoit tranquille, et c'étoit un lieu de chasse. L'abbé Bracchini, qui a décrit l'incendie de 1631, dit que, dans ces temps-là, deux hommes y étoient descendus, se tenant aux branches des arbres; qu'ils croyoient être arrivés jusqu'au niveau de la mer; qu'ils avoient trouvé, en descendant, plusieurs scissures, d'où il sortoit des vents, en partie très froids et en partie très chauds; qu'au fond ils avoient trouvé trois lacs : un, d'eau bitumineuse; l'autre, de nitre; l'autre, d'eau bouillante.

J'ai été avec un Père Chartreux françois, coadjuteur du procureur de l'Ordre, à l'île de Caprée; j'ai été très bien reçu par les Pères Chartreux. L'île a 8 milles de tour. Elle est encore délicieuse, quoiqu'il ne reste des ouvrages de Tibère que quelques restes d'un réservoir, qui sert encore de citerne, où l'eau est excellente et très utile pour les habitants de l'île, où il n'y a que trois fontaines, et où, quelquefois, on manqueroit d'eau si l'on n'avoit soin de ramasser l'eau des citernes. Après la mort de Tibère, on envoya (dit-on) démolir ses bâtiments, afin que la fantaisie ne prît plus aux Empereurs d'y aller demeurer.

Pour arriver dans l'île, il faut beaucoup monter. Après quoi, on trouve une espèce de vallée, qui sépare les deux parties de l'île, dont l'une s'appelle *Capri;* l'autre, *Anacapri;* et ce sont de hautes montagnes des deux parts. La plus grande plaine qu'il y ait dans l'île peut avoir 3 milles de tour et est à Anacapri, dont les habitants ne sont guères en bonne intelligence avec leurs voisins de Capri.

Tibère avoit plusieurs palais dans l'île, et il y a apparence qu'il avoit fait bien des ponts et des arcades pour que l'on pût aisément se promener dans l'île : car, à présent, il n'y a rien de si rude et de si fatigant. La vallée qui partage Capri d'Anacapri est la plus étroite partie de l'île, qui est faite en forme de calebasse. Cette île est extrêmement fertile. Elle produit des vins exquis, la meilleure huile d'Italie, de bons câpres, plusieurs sortes de légumes, quelques grains et même de l'*herba neggia (sic)* pour la teinture du jaune, dont il y a beaucoup à Lipari. Il y a aussi une chasse de cailles, qui viennent au mois d'avril et repassent avant l'hiver. On les vend 1 sol la pièce, et on en vend pour plus de 1,000 écus napolitains (qui font les trois quarts de l'écu romain), que l'on porte à Naples. L'île n'a pas, à beaucoup près, assez de bled pour nourrir 2,000 habitants qu'elle a. Elle en tire de la Calabre. A Anacapri, il y a les deux tiers femmes, un tiers d'hommes. A Capri, c'est égal. La raison, c'est que ceux d'Ana capri envoyent des enfants mâles, dès l'âge de dix à douze ans, à Naples et ailleurs, travailler de quelque art ou manufacture; et les filles restent.

Le 6 mai 1729, je partis de Naples pour retourner à Rome.

Le 7me, à midi, j'arrivai au *Môle-di-Gaeta*. Nous nous mîmes dans un bateau pour aller à Gaëte. Un gentilhomme allemand qui étoit connu du comte de Tattembach, gouverneur de la place, et moi allâmes le saluer. Il nous reçut très bien, nous donna son carrosse pour voir la place. Sa femme est une Catalane assez vieille.

Gaeta est un rocher, à peu près comme Gibraltar. C'est une péninsule assez bien fortifiée, mais capable de l'être beaucoup mieux. L'endroit qui la joint à la terre est très étroit et n'a pas (je pense) plus de 60 à 70 pas. Entre la Ville, qui est au bout, avec la forteresse au milieu, et qui est un rocher ou montagne, et l'endroit qui joint la péninsule à la terre, il y a un autre rocher ou montagne plus élevée encore, et là est le tombeau d'un ...., appelé à présent *la Tour d'Orlandin*, qui est une espèce de fort. Sur la côte de cette montagne est le logis du Gouverneur, des monastères et maisons. Enfin, tous ces deux rochers sont garnis de bonnes murailles et fortifications, qui entourent même du côté de la terre.

Lorsque le comte de Daun entra dans le royaume de Naples, le Vice-Roi et les troupes se jetèrent dans Gaëte et y furent forcés. La plupart du peuple quitta et se réfugia à Rome ou à Naples; ce qui fait qu'il y a très peu d'habitants. Lorsque vous êtes sur la fortification qui regarde la terre, vous voyez les deux mers : celle de l'est et celle de l'ouest. Du côté de l'est, vous voyez un village. Sous vos pieds, la vue se promène, et on voit le village du Môle et quelques ruines de l'ancienne Formies, qui étoit sur le rivage, et qui occupoit (dit-on) quelques milles. Là est la maison de Cicéron, à ce que l'on dit.

Le golfe de Gaeta est très grand. Il a au-devant l'île d'Ischia, et, du côté de Naples, la côte avance tellement vers le cap Misène que la rade est couverte de presque tous les vents. Cependant, [elle] est telle que l'on aime mieux se servir du port de Bayes, qui est près de Naples et est (je pense) meilleur que celui de Gaëte, qui n'est qu'une rade, et les vaisseaux de l'Empereur se tiennent à Bayes.

. . . .

On voit à Gaeta, du côté de la mer de l'ouest, une scissure de rocher qu'on dit s'être faite à la mort du Seigneur; ce qui y a fait bâtir dessus une chapelle.

On y voit aussi le connétable de Bourbon, desséché et habillé. Il n'a pas été enterré parce qu'il est mort excommunié.

Il y a, par eau, près de trois quarts d'heure de chemin du Môle à Gaeta.
5 Il y a 70 milles de Gaeta à Naples.

IX

ROME

(SECOND SÉJOUR).

Piperno est entre Rome et Naples, à 50 milles de Rome et 70 de Naples. Elle *(sic)* n'est point éloignée de la mer. Lorsque j'y passai, le sieur Thomas Aucalone, *ministro in Piperno per la Camera, in servizio del signor Nicola*-Pierre *(sic) Antoni, affituario della Tresoreria* (lequel Antoni demeure à la Trinité-des-Pèlerins, à Rome), me dit qu'il y avoit une partie du Marais Pontin facile à dessécher; que, pour 20,000 écus romains, on se feroit un fonds de 5 à 600,000 écus.

Piperno fut, il y a trois cents ans, ravagée *(sic)* de la peste. De 12,000 habitants, il ne resta que quelques familles. Aujourd'hui, il y a 3 à 4,000 habitants.

A Piperno, il y a des montagnes où il y a des oliviers, et on en plante tous les jours.

Trois places[1] d'une grande conséquence en Hongrie : Esseck, qui est (je crois) sur le confluent de la Drave et du Danube; Belgrade et Temeswar. Orsova, sur le Danube, a des batteries de canons

---

1. Renvoyer à l'article de Hongrie.

sur le fleuve, qui empêchent les Turcs d'avancer. Semendria est plus avancé. Dans la Servie, les Turcs ont Nissa et Widdin.

Ce qui affoiblit beaucoup l'Empereur, ce sont les Pays-Bas. Le pays n'est pas, par lui-même, en état de se défendre contre la France. Il faut donc que l'Empereur lui envoye des troupes. Or elles lui coûtent beaucoup : le double et le triple qu'ailleurs. Elles n'ont point de quartiers d'hiver. Les officiers, qui vivent dans de bonnes villes, s'y ruinent. De façon que tous les pays de l'Empereur entretiennent, et *(sic)* plus, les troupes ; ce que les Pays-Bas ne peuvent pas faire. On a donc affoibli l'Empereur en lui donnant les Pays-Bas.

Tous les pays fort habités autrefois aujourd'hui sont malsains : témoin le Pays du Pape et l'Égypte. — Voir ce que c'est que la Grèce. — Quelque jour, Paris et Londres seront de même. Voilà ce qui fait que l'on quitte les anciennes villes, et qu'on ne les réhabite point. Les Romains habitoient et faisoient leurs maisons de plaisance dans le pays qui borde la Méditerranée, et négligeoient les pays de l'Adriatique, comme le Bolonois, le Ferrarois, le Pays vénitien, comme malsains. Aujourd'hui, c'est tout le contraire. De façon qu'on peut dire que l'air est bon dans ces pays-ci à présent, parce qu'il y étoit mauvais.

La campagne de Rome inhabitable, parce qu'elle

n'est point habitée. Il est étonnant que, dans cet ancien Latium, le voyageur ne trouve ni un poulet, ni un pigeonneau, ni souvent un œuf.

On peut voir Naples dans deux minutes. Il faut six mois pour voir Rome.

Les fontaines de Rome, qui sont éternelles, valent mieux que les eaux de Versailles, à mon avis.

Borromini est singulier : il a mis (me semble) le gothique dans les règles.
L'Église de Saint-*Andrea-delle-Fratte,* qui est de Borromini, est originale, en ce que son plan est le même que celui d'un chapiteau composite.

Les portes et les fenêtres doivent être composées de deux carrés. Les niches ont le cintre ou le fronton de plus, afin que la figure puisse se remuer. Dans les portes et fenêtres, le chambranle doit être le quart du vide; l'architecture, le quart aussi; la frise, aussi le quart; la corniche, de même : ce qui est particulier dans ce cas et déroge aux règles ordinaires.
Toute colonne doit avoir son contre-pilastre. Il faut toujours, pour le moins, qu'entre deux colonnes on puisse placer deux carrés formés par la ligne qui est entre les deux colonnes. La Porte du Peuple de Michel-Ange a ce défaut qu'étant une porte de ville elle devroit être plus massive et rustique, et avoir, par conséquent, des colonnes moins grelées *(sic)*. Une bonne porte de ville est celle de Saint-Jean-de-

Latran. La Porte du Château-Saint-Ange, aussi de
Michel-Ange, très bonne : rustique, massive, plus
large par le bas que par le haut; ce qui est très bien.

On appelle *attique* ce qui n'est d'aucun ordre.

5 Voici comme, avec le diamètre d'une colonne, on
sait la hauteur d'un édifice. Je suppose une colonne
d'ordre corinthien, et qui ait 10 palmes de diamètre.
Ce diamètre est un dixième. Ainsi la colonne : fût,
base, chapiteau, aura 100 palmes; l'entablement, le
10 quart de cela; la hauteur du cintre, la moitié de
l'espace qui est entre les deux colonnes. Le tout
fait la hauteur.

L'arcade simple, d'un pilastre ou colonne à l'autre,
a la moitié de sa largeur pour hauteur.

15 La corniche architravée est le septième de la
colonne. Ce septième se divise en trois parties, dont
deux sont pour l'architrave, et l'autre, pour la corniche. Cette corniche architravée n'a point de frise
et a peu de saillie; ce qui la feroit paroître mesquine
20 dans les dehors. Elle ne s'employe guère que dans
les dedans. Elle est dans le portique de Saint-Pierre.

Le portique de Saint-Pierre est admirable; mais,
par dehors, la façade ne fait pas un si bel effet : il
y a trop de .... pour un ouvrage si colossal.
25 Au lieu de ces petites niches, il auroit fallu seulement mettre de simples cadres. Au lieu des colonnes
de marbre qui sont dans le dehors, et qui répondent
à celles de dedans, qui y font un très bel effet, il

auroit fallu mettre un pilastre, qui n'auroit pas peut-être paru si petit que cette colonne, qui en a une voisine, qui est immense.

Le dehors de Saint-Pierre est admirable.

Dans le jardin du Vatican, il y a un petit bâtiment fait sur le modèle d'un temple antique, qui est un petit lieu de plaisir admirable.

Il y a deux fontaines : l'une est entre deux grosses tours rustiques, qui font un très bel effet; l'autre est une rocaille : toutes deux, d'un très bon goût.

J'ai été voir, hors de la Porte-Majeure, à 2 milles, le Temple de l'Espérance. Il est porté sur une colonne. Comme il falloit, sans cela, faire une voûte, et qu'il n'y avoit pas assez de hauteur, l'architecte imagina de mettre le temple sur cette colonne, d'où il a fait naître des arceaux; et c'est, sur cette colonne, qui est au milieu, que les arceaux reposent d'un bout, et, de l'autre, sur le mur des fondements. (Vignole a imité cela au Château de Caprarola.) Il n'y a guère d'autre exemple antique de pareille chose. Le temple qui est dessus est bien conservé; c'est à présent un lieu pour les brebis, qu'on y fait coucher.

Le Borromini, voulant contrecarrer le Bernin, a imaginé une architecture nouvelle : c'est un gothique mis en règle; et s'est éloigné des Anciens, qui ne se servoient jamais que de l'angle droit. Mais il faut bien qu'un autre que lui se garde de le suivre.

La façade de l'Église de la Paix, par Pierre de Cortone, est admirable ; elle ressemble à un théâtre.

La Porte de Saint-Jean est admirable pour son rustique et sa force, convenable à une porte de ville. Elle est de Michel-Ange.

Coscia entend bien les choses ; mais il ne se soucie de la réussite d'aucune. Fini, rien. Lercari, bon, mais foible. Corradini, impétueux. Ce sont les ministres régnants.

Le Pape a les mœurs angéliques.

La colonne élevée derrière Sainte-Marie-Majeure, qui a été tirée du Temple de la Paix, fait un très mauvais effet. Elle paroît trop grêle, à proportion de sa tête et ses pieds.

Saint-*Andrea*-de-la-Vallée, *la Chiesa-Nuova*, le Grand-Jésus, Saint-Charles (à la façade près), sont quatre très bonnes églises de Rome, aussi bien que le Noviciat des Jésuites.

Si les Vénitiens avoient mis en troupes réglées et perpétuelles la moitié de l'argent qu'ils ont mis en armements précipités, ils auroient fait grande figure dans le monde.

J'ai été voir le *Pignetto Sacchetti*. C'est une maison abandonnée, parce qu'autrefois tous ceux qui y étoient logés moururent par le mauvais air, qui vient et d'une vallée qui est au-dessous, et d'un bain qui étoit au-dessous de la maison. Il reste encore la façade et le bain, ouvrage admirable de Pierre de Cortone. C'est à 1 mille de Rome.

La Vigne Madame est encore plus près. Elle est de l'architecture de Raphaël, et il y a des peintures que ses élèves ont faites sur ses dessins. Cette architecture est simple, ferme et de bon goût. Il n'y a pas autour de Rome une vue si charmante. On voit la campagne de Rome du côté du nord jusqu'à la montagne, et le Tibre, qui serpente, se perd et reparoît. Il y a aussi un grand bois champêtre, charmant. C'est là où a été fait le *Pastor fido*.

L'Hercule Farnèse a des muscles très ressentis par devant, et point par derrière. C'est qu'il devoit être vu de loin par devant, et de près par derrière. Il ne faut donc pas croire que l'on fasse mieux paroître les muscles à force de les faire voir gonflés. Il faut que cela se fasse avec l'application convenable.

J'ai ouï dire à milord Dumbar que le Prétendant avoit souvent couché d'Albano à Rome et de Rome à Albano, [avec] la Reine et sa maison, dans les jours d'été, sans que personne eût aucun mal. L'affaire est de passer d'un bon air à un bon air. Mais, si on va, d'un bon air, dormir à un mauvais, on est pris : car, en effet, l'air de la campagne de Rome est pestiféré. Il est vrai que le comte de Gallas et huit ou dix de ses gens moururent. Mais ils couchèrent dans des lieux où l'air est effroyable, marchèrent dans la plus grande chaleur du jour. Ses gens étoient presque tous ivres. Une autre troupe de ses gens qui fit le voyage, mais avec des précautions, n'eut aucun mal. Depuis dix ans, on a retardé le séjour des villégiatures. On revenoit, autrefois, au moins à Saint-Pierre; à présent, des gens ont poussé *(sic)* trois semaines sans danger.

J'ai vu de bons ouvrages d'architecture : le Jésus, de Vignole; le palais du prince Altieri; le Palais Barberini; le Noviciat, fait par le Bernin. Tout ce que Vignole a fait, le Bernin et Pierre de Cortone, en fait d'architecture, à Rome, est très bon. Au Palais Barberin, beaux escaliers. Le palais a l'air d'une forteresse.

Les Princes romains. — Ils sont dans un cas singulier, et les princesses, aussi. Comme il n'y a point de cour à Rome, lorsque le Pape fait un prince, il dépend des autres princes ou de l'autre noblesse de les *(sic)* reconnoître, s'ils veulent. Le Pape ne se soucie pas de cela : car cela augmente la mésintelligence. Il n'y a pas de princesse du sang si fière qu'une princesse romaine. Cela vient de ce qu'ils *(sic)* n'ont point voyagé.

Les plus forts du Sacré-Collège sont Imperiali, Porzia, Davia et quelques autres. Que *(sic)*, selon les apparences, on fera Colonna, fils de la connétable Mancini; que, si l'on fait le Pape tout d'un coup, ce sera un homme de mérite, qu'on aura voulu prendre; que, si cela traîne, on sera revenu à quelque chose *da poco*. La faction Albane s'est beaucoup accrue sous ce pape-ci, par inimitié contre les favoris; outre que, plusieurs des créatures de ce pape devoient le commencement de leur élévation à Clément XI. Corsini ne le sera pas, parce qu'il a eu l'exclusion de France, et qu'on croit qu'un Italien se souvient plus du mal qu'on lui a fait, que du bien qu'on lui fait. D'ailleurs, il est Florentin, et les affaires de Florence embarrassent. — J'ai fait là une belle conjecture.

Les Romains fortifioient chaque fois leur camp, qui étoit en façon d'un carré-long, de la contenance de 2 carrés, dont il y en avoit toujours une partie sur une hauteur. Là étoient les principaux officiers, et là étoient les armes; les soldats étoient de l'autre côté. Or, on fortifioit toujours le camp pour deux raisons: l'une, pour accoutumer les soldats au travail; l'autre, afin que les soldats ne fussent pas étonnés dans les cas où on auroit besoin de se retrancher.

Frascati ou Tuscule est à l'est de Rome, distant à peu près de 10 à 12 milles de Rome; est sur la colline............ C'est une petite ville. La Cathédrale est telle qu'il n'y a pas de plus belle église en France. L'architecture en est de très bon goût. Tous les entours de Frascati, de près et de loin, sont pleins de belles maisons de campagne.

Belvédère est une maison charmante du prince

Pamphile, où est une cascade qui est au-dessus *(sic)* d'aucune pièce d'eau que j'aye vue à Versailles : tant l'architecture en est belle.

Auprès est la Villa Conti.

5 Plus, la Villa Montalte, où il y a des peintures admirables du Dominiquin et d'Annibal Carrache, et les copies des meilleurs originaux vendus au duc d'Orléans. Elle appartient à la maison Odescalchi.

Dans la vallée entre Frascati et Tivoli est le Lac
10 Vigille, qui est grand comme la main, et qui diminue tous les jours. Entre Frascati et Tivoli est le Monte-Porzio, où étoit la maison de Caton. Plus loin, du côté du nord de Frascati, est le Mont-Soracte.

Au delà de la Villa Montalte est la maison de
15 Cicéron; où est à présent un couvent de ...., où il y a une belle église et des peintures à fresque du Dominiquin admirables. Cette maison avoit appartenu à Sylla, et tout contre est le lieu où il y a apparence qu'étoit la maison de Marius. M. le cardinal
20 de Polignac y a trouvé une inscription où on devine qu'il y a *Caio Mario, Imperatori*. De plus, c'est de là que sort le ruisseau appelé *Aqua Marana*, qui est *Mariana*. On n'y voit rien ; mais il paroît, par les enfoncements du terrain, qu'il y avoit autrefois des
25 étangs et pièces d'eau.

Tout ce pays appartient au Connétable. Il entretient l'été des chariots qui n'ont autre chose à faire qu'aller dans tous les villages ramasser les malades pour les porter dans les hôpitaux de Rome. Il y a
30 auprès du Monte-Porzio un lieu où il nourrit du bétail, où les hommes les plus robustes ne vivent

que trois ans. C'est qu'ils couchent à l'air. Il a 100,000 écus romains de rente, à 1 pour 100, en fonds de terre.

Le cardinal de Polignac m'a dit que, venant ici au conclave de Benoît XIII, il dit à M. le Duc: « Comment me conduirai-je avec le Prétendant? Je suis cardinal de sa façon. Je lui ai toujours été attaché. — Il est juste, dit-il, que vous le voyiez; mais il faut que cela soit rare, comme une fois la semaine, et je me charge de le faire approuver à l'Angleterre. » Il vint ici et trouva l'abbé Tencin, qui ne bougeoit de chez le Roi, qui étoit de toutes les parties et gouvernoit tout. Cela lui fit faire des réflexions, et il disoit: « Quoi! Moi, qui ne suis qu'un particulier, on me défend de voir le Roi, et Tencin, qui est le ministre, on le lui permet tous les jours. » — Layer vint à Rome, ne vit le Prétendant que deux fois, ne vit que lui (il étoit du reste toujours enfermé dans une chambre), et retourna en Angleterre. A peine fut-il arrivé qu'on le prit et lui ouvrit le ventre. Le roi Georges dit au Parlement que, par le courrier de Rome, il avoit avis d'une conspiration, et que Layer avoit vu le Prétendant. Le duc de Warton vint ici, ne vit personne, et le Prétendant une seule fois, et cela fut su d'abord. Cela donna de furieux soupçons au Cardinal, et, quand la Reine vit la *Gazette de Hollande,* où étoit ce discours du roi Georges, elle, qui voit plus loin que son mari, qui ne voit rien, alla à lui: «Vous êtes trahi!» — Le Prétendant n'avoit de confiance que dans le cardinal

Gualtieri, Hay et Tencin. Le Gualtieri tiroit près de
100,000 livres de la France. Le cardinal Polignac
apprit, ensuite, que Tencin avoit acheté de M. et
Madᵉ Hay la nomination au chapeau. « Seroit-il
possible, dit-il, qu'après l'avoir trahi il en retirât
encore ce prix-là. » Que *(sic)* lui, Polignac, devenu
ministre, dit au Roi : « Je vous demande une grâce :
ne me parlez jamais de vos affaires. — Et pourquoi
cela ? — Je ne veux pas vous trahir. » Jamais le Roi
ne s'aperçut de rien. Le bonhomme disoit : « Les
Romains sont terribles : je ne puis pas faire un pas
qui ne soit su en Angleterre. — Sire, vous n'êtes
pas assez méfiant : je me méfierois de tout le monde,
excepté de la Reine, qui a les mêmes intérêts. »

Nota que, la Tencin ayant eu cette affaire, le roi
Georges la prit sous sa protection.

Le feu Roi, après Utrecht, voulut donner l'abbaye
de Saint-Germain au cardinal de Polignac, et celle
d'Anchin au cardinal de Bissy, nommé et non encore
fait cardinal. Le père Le Tellier, que cela n'accom-
modoit pas, dit au Roi : « Sire, il vaudroit mieux changer cela : Anchin est régulière *(sic)* et ne peut être
possédée *(sic)* que par un cardinal déjà créé. Il faut
donner Saint-Germain au cardinal de Bissy, et
l'autre au cardinal de Polignac ; d'autant qu'elles sont
de même revenu. » Ce qui étoit bien faux à cause
de lods et ventes. Il avertit Bissy, qui va remercier
le Roi, et le brevet est expédié, et ne dit rien au cardinal de Polignac. Quand il fallut donner Anchin, il
dit au Roi : « Sire, il y a une difficulté : c'est que votre

Majesté a donné un billet à ceux d'Anchin, par lequel elle s'engage de ne nommer qu'un régulier. » Il n'apporta point ce billet, et cela se trouva faux, le billet ne disant seulement que ces paroles : « Je déclare que la nomination que j'ai faite du cardinal de La Trémouille ne préjudiciera en rien aux moines d'Anchin et ne sera pas comptée comme une collation. » Il en faut trois pour perdre le droit. Le duc du Maine parla si bien à Le Tellier qu'il n'osa plus faire d'opposition.

Le Roi voulut donner Cambray à Polignac. Voici comment il *(sic)* l'empêcha. Il alla au duc d'Orléans. « Je puis vous rendre un grand service. Le Roi a beaucoup de bénéfices à nommer. Si votre Altesse royale veut me promettre qu'elle ne sera pas défavorable ni au Testament, ni à la Constitution, je persuaderai au Roi de ne point charger sa conscience de cette nomination. » Le duc d'Orléans parut se vendre à la Constitution. Tellier disoit qu'il étoit sûr du duc d'Orléans comme de lui-même, et le duc l'exila le lendemain, avec 500 livres de pension.

L'évêque de Chartres, qui vouloit attaquer Quesnel, ne vouloit pas un homme modéré pour confesseur et choisit Le Tellier. L'évêque de Chartres gouvernoit Mad° de Maintenon. Lui, M. de Meaux et M. le cardinal de Noailles avoient chassé M. de Cambray. M. de Meaux étoit mort, et le même M. de Chartres avoit ruiné M. le cardinal de Noailles. Il resta donc seul. En mourant, il dit qu'il n'y avoit que le curé de Saint-Sulpice, Lachétardie, qui pût succéder à la confiance, et ce Lachétardie étoit un petit esprit, mais un saint, et ne voulut jamais être cardinal, mais mourir curé. En mourant, il donna M. de Bissy.

Au conclave d'Innocent XIII, les cardinaux françois eurent peu de part, parce que les Albani étoient convenus *(sic)* avant qu'ils arrivassent. A celui de Benoît XIII, le cardinal de Rohan fit mille sottises. On étoit convenu d'Olivieri par toutes les cours. Le cardinal lâcha son secret, et l'abbé de Vauréal dit la belle pensée qu'on venoit porter l'olivier, et se mit beaucoup à rire. Dès que l'on sut cela, les ennemis d'Olivieri se déchaînèrent si fort qu'il ne put plus être question de lui, et il y a eu un écrit où on disoit : « Je ne me soucie point d'être damné pourvu que je puisse poignarder ce cardinal Olivieri dès qu'il sera pape. » — « Qu'ai-je fait aux François, disoit Olivieri, pour aller divulguer un secret qui me feroit manquer dix papautés ? » — Vous remarquerez que ce qui faisoit dire cela au cardinal de Rohan et à Vauréal, c'est que la faction françoise et celle de l'Empereur s'étoient réunies pour Olivieri. Mais les Albani, qui ne vouloient pas qu'on leur fît un pape à la barbe, comprirent cela. Vous remarquerez que la faction de France jointe à celle d'Espagne, laquelle avoit ordre de suivre celle de France, avoit douze cardinaux, et celle de l'Empereur n'en avoit que trois : car les Allemands n'étoient pas venus, Cienfuegos comptant sur les cardinaux du Milanois et du Royaume de Naples, lesquels prétendirent n'être d'aucune faction, comme effectivement cela a toujours été. Or il y avoit bien de la sottise de donner douze cardinaux à Cienfuegos, qui n'en avoit que trois, et qui étoit (disoit-il) le chef. Et effectivement il l'étoit et procédoit ainsi.

Olivieri manque. On convient de porter Piazza. Et les Albani n'en voulurent pas non plus (quoiqu'une de leurs créatures), parce que les Couronnes le vouloient faire.

Vous remarquerez que le cardinal de Polignac n'étoit de rien de tout cela. Quand il voulut, en arrivant, savoir l'état des choses, M. de Tencin le renvoya au cardinal de Rohan; le cardinal de Rohan, à Ottoboni. Ottoboni lui dit qu'il n'en savoit rien, et que c'étoit au cardinal de Rohan à l'instruire. Et, quand il vouloit aller dans la cellule du cardinal de Rohan, il étoit en affaires ou malade.

Un jour, Albani dit au cardinal de Polignac: « Eh bien! En quel état sont vos affaires? — Je n'en sais rien, dit-il: car, comme *(sic)* on ne me communique rien. Mais on dit que vous voulez faire Piazza. — Il ne le sera jamais, dit Albani. — Mais vous avez donné parole au cardinal de Cienfuegos pour Piazza. — Je ne la lui ai jamais donnée. Il est vrai que je lui ai dit que je n'avois aucune raison particulière pour rejeter Piazza. Mais autre chose est de n'avoir rien contre un homme ou porter ses intérêts, et, puisqu'ils veulent me faire faire les choses de haute lutte, je ne le ferai jamais. » Le cardinal de Polignac alla chez le cardinal de Rohan, qui lui dit : « J'allois envoyer chez vous, pour vous demander si vous aviez *(sic)* rien à écrire, parce que je vais faire partir un courrier pour annoncer au Roi que le cardinal Piazza sera demain élu pape. — Le savez-vous bien? dit le cardinal de Polignac. — Oui, je le sais bien. — Monsieur, dit-il, n'écrivez pas. Et *(sic)* vous ne savez pas qu'il n'y a rien qui soit sujet à plus de révolutions que les projets qui se font dans les conclaves. » Le cardinal de Rohan crut qu'il vouloit l'empêcher d'avoir la gloire de la prophétie, écrivit à la Cour que Piazza seroit nommé le lendemain, et le courrier avoit ordre de porter un billet au marquis Monti, en passant à Bologne, où il lui mandoit : « Vous serez bien aise d'apprendre que le cardinal Piazza sera élu demain. » Monti communiqua cette lettre au Sénat de Bologne, qui fit une députation pour complimenter le frère de Piazza, auquel mille lettres de félicitations plurent *(sic)* de tous côtés.

Cependant, pour se moquer du cardinal de Rohan, les Albani firent donner 17 voix à Orsini, et, le lendemain, 17 voix à Paolucci. Rohan resta comme un fondeur de cloche. Il fit assembler les cardinaux des Couronnes, auxquels se joignit Pereyra, pour les Portugais, et déclama beaucoup contre la perfidie des Albani; et il fut résolu de brusquer la chose et de l'emporter d'assaut. Le cardinal de Polignac dit qu'il ne réussiroit pas. « M. le cardinal de Polignac sait toujours les choses mieux que les autres. — Oui, dit le Cardinal, je sais mieux les choses que je sais, que ceux qui ne les savent pas, mais non pas que ceux qui les savent. Ne vous dis-je pas que Piazza ne seroit pas élu, et qu'il ne falloit pas envoyer le courrier? » Pereyra dit que, quand *las quatro Coronas*... « Monsieur, dit Polignac, il faut dire *quatre Couronnes*, mais non pas *les quatre Couronnes :* car il n'y en a que trois. » Comment ne s'informer pas, par soi-même, si la parole que Cienfuegos disoit avoir, étoit sérieuse?

Enfin, tous les jours, les voix croissoient pour Orsini, et les nationaux dirent : « Si le manège étoit sérieux pour Orsini, on y viendroit. — Pourquoi non? dit Albani. C'est un saint. » Il fut fait pape. Il vouloit s'évader et descendre par la fenêtre. « *Signor cardinale*, disoit-il au cardinal de Polignac, *sono incapace. Non so che qualche fraterie. Jo governerò male. Non conosco gli affari della Camera, che è ruinata. La ruinerò ancora più. Non conosco gli affari della Cristianità. Mi condurrò male.* » Enfin, il lui dit qu'il feroit tout ce qu'il a fait. Mais il fut fait pape. Le cardinal de Rohan dit que c'étoit Gualtieri qui lui avoit dit qu'il ne falloit pas mettre Polignac dans le secret. — Je tiens ces choses de M. le cardinal de Polignac.

J'ai été, le 1er de juin 1729, à Monte-Porzio. Le village appartient au prince Borghèse. Là étoit la maison de Porcius Caton, d'une famille originaire de Tusculum. Annibal étant venu camper auprès, Caton fit afficher que ceux qui voudroient lui vendre les fonds où Annibal étoit campé, il les achèteroit aux prix de l'année précédente. Il y a, dans le village, une église très jolie, de fort bonne architecture. Le tableau du maître-autel est très beau.

On voit de là toute la campagne de Rome, à l'ouest et au septentrion, et c'est la chaîne des montagnes où habitoient les Sabins. On voit de là Tivoli ou Tibur, Palestrine ou Préneste ; sur le penchant des collines, au septentrion, le Mont-Soracte et d'autres villages. Le vin y est fort bon. La plaine entre Monte-Porzio et les collines vis-à-vis est très malsaine pendant l'été, même au pied de la colline de Monte-Porzio et des autres lieux voisins. Il faut que les exhalaisons ne puissent pas monter si haut que Monte-Porzio, Préneste et Tivoli. La Colonna est dans une colline moins élevée, et l'air n'y est pas pur. Proche de Monte-Porzio, à 2 milles, il y a un autre village qui dépend du prince Borghèse, appelé *Monte-Conti*. La colline est plus haute que celle du même Monte-Porzio.

Hier, 4 juin, j'entendis la lecture du Ier livre de *l'Anti-Lucrèce* de M. le cardinal de Polignac, qui est un ouvrage admirable, divisé en neuf livres. Le Ier livre combat le principe de Lucrèce, que nous devons chercher la volupté pour trouver notre bonheur.

M. le cardinal de Polignac fut chargé par M. le Duc de terminer l'affaire de la Constitution à Rome. Le Pape consentit à donner 12 articles pour tranquilliser le parti du cardinal de Noailles. Ces 12 articles avoient été soutenus dans plusieurs thèses particulières, à Rome et ailleurs, sans que l'Inquisition eût rien dit, et le père de Graveson les avoit dressés, et ils avoient été convenus, et, sur les difficultés des Molinistes, on les avoit encore modifiés et mis en moindre nombre. M. le Duc, sur ce que l'affaire s'est *(sic)* regardée comme terminée, proposa l'affaire au Conseil, la croyant déjà faite. Mais les Molinistes avertis ne songèrent qu'à la faire échouer. M. de Saintes fit un mandement contre les 12 articles. On fit écrire de demander au Pape que le Saint-Office approuvât le tout : chose que le Pape ne pouvoit comprendre. « Quoi, disoit-il, le Saint-Office que les François ont tant en horreur ! » Ensuite vint la lettre des trois puissances : cardinaux de Bissy, de Rohan, M. de Fréjus. On disoit que les propositions étoient catholiques, mais peu orthodoxes. Cependant, elles étoient bien plus modérées que le corps de doctrine du Clergé de France, que ces messieurs avoient signé. Enfin, ils écrivirent que, quelque explication que le Pape donnât, ils ne les accepteroient pas. C'étoit les Jésuites qui animoient tout cela. Les uns ne vouloient pas que le cardinal de Polignac réussît. Les autres ne vouloient pas que M. le Duc eût cette gloire. Tout se rompit. Le Pape étoit au désespoir. Le cardinal de Noailles se plaignit qu'on l'avoit trompé, et même il publia les lettres du cardinal de Polignac, qui fut irrité au dernier point de se voir maltraité par les deux partis. Enfin, M. de Fréjus vint au ministère et sentit combien il étoit utile de finir. Il négocia quelque temps avec le cardinal Corradini et avec Ottoboni, et, après deux ans de négociation, les choses furent si avancées que Cor-

radini alla à demander que l'on prescrivît l'Infaillibilité, et Ottoboni, qu'on reçût le Saint-Office. Le
Ministère vit bien qu'il n'y avoit rien à faire avec
ces messieurs. Corradini et Ottoboni croyoient disposer de M. de Fréjus, et *vice versa*. Et, enfin, le
cardinal de Polignac renoua l'affaire avec le Pape.
Il ne fut point question d'explication, ni des 12 articles. Le cardinal de Noailles reçut, et on le reçut.

J'ai été, le 5ᵉ, avec le père Cerati, à Tivoli. Il étoit
ami de l'abbé Jacobacci, ministre du duc de Modène
à Rome, qui nous reçut très bien dans la Villa d'Este,
qui est une des plus belles d'Italie. C'est un cardinal
de cette maison qui la fit bâtir. Le fleuve Anio,
præceps Anio, y passant, y donne des eaux en abon-
dance, et qui sont perpétuelles. Ce qui fait partout
un très grand nombre de fontaines, bassins, gerbes
et jets d'eau. Ce qu'il y a de plus surprenant, ce
sont quatre belles fontaines, les unes sur les autres,
jusques au haut du bâtiment. Une girandole ou
gerbe monte si haut qu'elle cache tout le palais,
quoique très haut. Il y a encore une allée dans cette
délicieuse maison où, d'un côté, il y a une continuation double de petits jets d'eau, en façon presque
d'espaliers ; ce qui donne à cette allée une fraîcheur
charmante. Toutes les fontaines sont d'une très
belle architecture, et il y a des statues très belles.
Il y a, dans une salle de la maison, une *Vénus* dans
l'attitude de celle de Médicis, qui est admirable.
Dans l'escalier, il y a une figure de femme très
bien travaillée, qui ressemble beaucoup à la *sainte*

Bibiane du Bernin. Il y a une petite salle où il y a plusieurs fontaines en grotesques, où est une statue de Diane admirable. Il y a encore dans deux salles des peintures de Frédéric Zuccari. On y voit *les Travaux d'Hercule*, de bonne manière, et un *Festin des Dieux*. Les trois frères, Jupiter, Neptune et Pluton, paroissent entièrement copiés sur ceux du Petit Farnèse. Tout ce travail est admirable. Il y a un portrait de Zuccari lui-même, sous la figure de Mercure, qui est admirable.

Il y a, outre l'Anio, un grand réservoir d'eau, qui vient des montagnes, à 2 ou 3 milles de là, pour les plus hautes fontaines.

Tivoli peut avoir 4 ou 5,000 âmes.

Il y a la cascade que le *prœceps Anio* forme. Les eaux tombent avec une si grande impétuosité qu'il en rejaillit tout autour, à plus de 50 pas (même sur le pont, qui est haut), une espèce de rosée ou petite pluie. L'Anio, après être tombé, entre dans la terre et ressort environ à 1 mille de là.

A 2, à 3 milles de Tivoli est la Villa Adriana, maison de campagne d'Adrien. Ce sont des ruines bien respectables, et le bâtiment paroît avoir été immense. On y voit les restes de plusieurs temples, d'amphithéâtres, de réservoirs d'eau pour les jeux. On y trouve encore les logements pour les soldats prétoriens et de grandes voûtes qui servoient d'écuries. Enfin, on y voit le palais d'un grand empereur.

On y voyoit, dans les siècles passés, au moins du temps du renouvellement des arts, de belles peintures, qui n'y sont plus : car les propriétaires, qui sont le comte Fede et les Jésuites, traitent cela comme des Goths et des Tartares. Les Jésuites ont percé nouvellement une voûte, la seule où il restât quelques peintures d'architecture, pour y jeter des décombres. Enfin, ils y travaillent *non ad majorem gloriam, sed ad utilitatem nostram.*

Il y a, dans une autre, quelques restes de statues, mais peu : trois ou quatre figures d'un bon goût.

Il y a à Tivoli, au-dessous des grandes cascades, les Cascatelles, qui sont plusieurs petites cascades très agréables, et que le temps ne m'a pas permis de voir.

Il y a aussi, dans une fontaine, une concrétion d'une espèce d'albâtre, que je n'ai point vue, n'ayant su la chose qu'après coup.

Il est impossible[1], m'a dit le cardinal Imperiali, que Civita-Vecchia ne croisse, parce qu'il y a la forteresse et les galères, et que l'on y porte plus d'argent que l'on n'en retire.

J'ai vu à Frascati trois hommes, sur le perron d'une église, faire la contrebande du tabac devant tout le peuple, devant cinquante sbires, qui les regardoient. Je les ai trouvés, le lendemain, à Tivoli, auprès de l'église, faire le même manège, et aller ainsi se promener dans tout l'État ecclésiastique.

Ne vit-on pas dix ou douze coquins réfugiés dans un couvent de moines, chasser les moines, et, de là,

---

1. Répétition.

comme dans une forteresse, faire la petite guerre? Les officiers du Pape furent obligés de faire venir des troupes, afin que, cela ayant l'air d'un siège, cela blessât moins l'Immunité. On les prit; on les condamna; et, afin que l'Immunité fût moins violée, on leur fit à tous grâce.

Hier, le 8ᵉ juin 1729, je fus avec le père Cerati, voir des villages et maisons auprès de Frascati. Le premier que nous vîmes est Marino, fief du Connétable, qui est une espèce de bourg de 2 ou 3,000 âmes. Chez les Pères Clercs mineurs, nous vîmes un beau tableau du Guide, représentant la Trinité. A la Cathédrale, dont la façade est de belle architecture, il y a un admirable tableau du Guerchin, et des plus beaux qu'il y ait dans le monde, qui représente le martyre de saint Barthélemy, qui fut écorché. Il y a une grande et belle rue, de belles promenades, et, au-devant de la Cathédrale, sur une espèce de terrasse, il y a une rue *(sic)* admirable.

De là, nous allâmes à Castel-Gandolfo, et nous fûmes les maîtres de tout le palais du Pape, qui étoit tout ouvert, et où il n'y avoit pas une âme. C'est un grand bâtiment, où il y a un appartement de plus de vingt pièces, et où il y a des vues admirables. Ce bâtiment est carré, à peu près. Les jardins sont peu de chose. Au-dessous est un lac appelé *di Castello,* qui peut avoir 7 à 8 milles de tour, qui est un très beau bassin. Le village peut avoir 1,000 âmes; une jolie place, une belle rue, une église fort belle et de très bon goût. Elle est ronde, avec quatre chapelles en enfoncement et hors d'œuvre. Il y a trois tableaux assez beaux, un maître-autel de Pierre de Cortone, un autre du Mucien.

Au sortir de Castello, nous allâmes à la maison ou jardin du cardinal Cibo. C'est un lieu où, sans goût, il a fait beaucoup de dépense, beaucoup de statues et de vases de son marbre de Carrara, et qui ne valent plus que comme marbre, tant le tout est horriblement fagoté. La vue en est, du reste, assez belle. Tout près de là est la capitale de toutes les maisons de campagne des Jésuites du monde; c'est celle du Père Général : grande, commode, mais sans ornement. De là tout près est le jardin fameux de la Maison Barberini. Il y a de très belles allées, de magnifiques points de vue, beaucoup de terrain, beaucoup de goût. Il y a une allée admirable, taillée en éventail, qui est venue sur une muraille antique, qui existe encore. On croit que là il y avoit la villa de Domitien, et celle de Pompée fut enfermée dans celle de Domitien. — Il faut s'en informer.

En sortant, nous rencontrâmes le Pape, qui s'en retournoit à Albano, où il a *(sic)* resté sept ou huit jours depuis son voyage de Bénévent, pour se remettre de la fatigue.

Nous allâmes, ensuite, par un chemin public, couvert de très beaux arbres, aux Capucins, qui sont au-dessus d'Albano. Ils ont là un très beau jardin, très élevé. D'un côté, on y voit la mer; de l'autre, le lac, qui fait une très belle perspective. Nous passâmes après à Lariccia *(sic)*, qui est l'ancienne

Aricia, par un beau chemin, couvert de beaux arbres. Nous entrâmes dans le bourg, et nous vîmes l'Église, qui est en ovale, avec une belle façade ; la coupole ornée de statues d'un bon goût. Au-devant est une place avec une fontaine, et, vis-à-vis, est le palais du prince Chiggi, qui est fort vaste, et qui a un grand parc.

De là, nous allâmes à Gensano par un très beau chemin. A 1 mille du bourg, on entre dans une grande plaine, d'un mille de longueur, divisée par trois allées (une, droite ; les autres, obliques), à deux rangs d'arbres, de l'un et de l'autre côté. Dans le coin gauche, en allant, on trouve les Capucins, qui ont un très beau jardin, planté de grands pins et cyprès, alternativement posés. Au bout du jardin, il y a une très belle vue, et, au pied du jardin, on trouve le lac de Nemi, bourg de la famille de Frangipani. Ce lac est moindre de la moitié que celui de Castel-Gandolfo. Au bord du lac, on sème les plus excellents oignons d'Italie, et la terre est très fertile en fruits. Les environs de Gensano sont célèbres pour les excellents vins qu'on y fait, les meilleurs qu'on boive à Rome. Nous eûmes l'honneur d'être régalés par M. le cardinal Imperiali, qui y a une maison de campagne très bien située, qu'il loue. De là, on voit les environs de Gensano très cultivés, divisés en petits monticules, qui séparent la vue de la campagne de Rome et la mer. On y voit la petite ville Lavinium — voir si ce n'est pas Lanuvium — bâtie par Énée en l'honneur de sa femme, dépense que les maris font rarement. A côté est la ville d'Ardée détruite, capitale du royaume de Turnus. Elle peut être à 5 ou 6 milles de Lavinium. Par où l'on peut juger de l'étendue de ces deux royaumes. — Il est vrai (je crois) qu'Énée ne bâtit Lavinium qu'après la mort de Turnus; ce qu'il faut examiner. Sur ces sortes de choses-là, il faut consulter le *Dictionnaire* de Pitiscus, *sur les Antiquités romaines*.

M. le cardinal Imperiali est un digne homme : il a du bon sens, de l'esprit, et, quoiqu'il ait près de quatre-vingt ans, il ne paroît pas en avoir soixante. Il est neveu du cardinal Imperiali qui étoit gouverneur de Rome dans l'affaire des Corses, et qui fut tant poursuivi par Louis XIV. Il connoît et protège les beaux-arts. Il y a un peintre nommé *Imperiali* parce qu'il l'a reçu autrefois dans sa maison, qui est un des meilleurs de Rome.

Nous allâmes voir la maison de Carlo Maratta, où il y a une petite salle crayonnée par lui, d'un goût excellent. M. le Cardinal veut la faire graver.

De là, nous allâmes à Albano, passant de nouveau par Lariccia, côtoyant une très belle et très fertile vallée, qui est au-dessous du bourg de Lariccia. Là où est la vallée, il y avoit autrefois un lac, qui a été desséché. Nous allâmes à Albano, ville de 3 à 4,000 habitants, et où sont plusieurs particuliers romains; surtout depuis que cette ville, qui étoit autrefois fief de la maison Savelli, est échue au Saint-Siège par l'extinction de cette famille. Les plus belles maisons qu'il y ait sont celles du cardinal Pamphile, du marquis Nuñès, du feu cardinal Paolucci et du cardinal Lercari, qui vient de la bâtir.

Là logeoit le Pape, qu'en sortant d'Albano nous avons rencontré dans le chemin appelé *la Galleria*, parce qu'il est sur les ruines du palais de Domitien, et qui forme une très belle promenade. Au bout de cette *Galerie*, qui est de la longueur d'un mille, on est au-dessous de Castel-Gandolfo (qui tire son nom de Pandolfe, seigneur lombard, qui avoit là son château); et, de là, nous fîmes le même chemin, jusqu'à Frascati, que nous avions fait le matin.

Le Prétendant a sa maison à Albano, qui est un palais de la Chambre apostolique, qui appartenoit à la maison Savelli.

Les revenus du Pape sont environ 2 millions 700,000 écus : Rome seule fournit 1 million; la Trésorerie secrète, qui sont la Daterie et Secrétairerie des Brefs, donne environ 240,000 écus; le reste vient des autres parties de l'État. Les rentes des dettes de la Chambre vont à 1 million 440,000 écus. C'étoit à peu près l'état du trésor du Pape qui lui fut présenté dans le commencement de ce pontificat. Mais, ayant supprimé quelques impôts, et le revenu de la loterie de Gênes, qui alloit à une cinquantaine de 1,000 écus, ayant été supprimé, le revenu a diminué, et les dépenses sont augmentées par l'exorbitante indulgence qu'a le Pape pour les Bénéventins. L'architecte et le chef-maçon de cette ville-là ont gagné de grandes sommes en réparant, sans nécessité, des édifices de la Chambre.

Du temps de Léon X, Rome avoit 80,000 âmes.

Du temps de Clément X, elle avoit 110,000 âmes. Depuis le pontificat de Clément XI, elle a été jusqu'à 138,000.

Le 11 juin, nous avons été à Palestrina, fief anciennement de la maison Colonne, mais qui appartient à présent à la maison Barberini. C'est le lieu célèbre où les anciens Romains avoient bâti un temple à la Fortune, et où l'on consultoit les sorts. Ce temple étoit très magnifique, et il occupoit presque tout ce qu'occupe aujourd'hui la Ville. Sur les fondements et les ruines du sommet du Temple est bâti le palais de la maison Barberini. On voit que cette partie étoit en demi-cercle. On garde là une mosaïque de main grecque, qui est un des restes le *(sic)* plus estimé de l'Antiquité. Les Anciens n'avoient pas tant de différents ordres de couleurs pour leur mosaïque que nous, et ne pouvoient pas si bien faire le clair-obscur. La Ville a quelques rues passables, quelques maisons bien bâties, et 2 ou 3,000 habitants. Les environs sont beaux et couverts de vignobles et d'arbres fruitiers.

A 4 milles de là, nous avons été à Zagarolo, bourg assez considérable de la maison Rospigliosi. Le palais du duc est très grand, mais peu magnifique. L'Église principale est bâtie depuis peu et d'une bonne architecture.

Tous les pays que je viens de décrire entre Tivoli, Frascati et Palestrina sont incomparablement meilleurs et plus remplis que le pays que j'ai vu en passant de Florence à Rome et de Rome à Naples. Les villages y sont fréquents, nombreux, bien bâtis; belles rues; bonnes églises; surtout très grand nombre d'enfants; et c'est une contrée très heureuse, surtout depuis Monte-Porzio jusqu'à Gensano, qui est un espace d'environ 11 milles et d'une aménité surprenante : Monte-Porzio, Frascati, Marino, Castel-Gandolfo, Albano, Larriccia et Gensano. Ce que je trouve d'étonnant, c'est que l'air mauvais soit si près du bon. Vous voyez une maison dans un bon air. A 20 ou 30 pas de là, il y en a une autre en mauvais air. C'est que l'une est plus haut; l'autre, plus bas. L'une est exposée au siroc *(sic)*, ou il y a un monticule qui lui cache le vent du nord. Dans Ostie, celui qui dort dans le bateau qui est attaché au rivage, à une pierre, ne prend pas de mal; celui qui est sur la pierre en prend. Il faut que les exhalaisons montent perpendiculairement, et que l'eau les arrête. Il faut aussi qu'elles soient grossières, puisque les lieux élevés ne les reçoivent pas, quoique (comme nous avons dit) elles n'aillent pas à côté.

Règle générale. — La campagne est malsaine l'été. 1° On ne se met pas à l'abri du chaud, comme dans la Ville, surtout les paysans. 2° La grande chaleur fait sortir de la terre, qui est toute ouverte, des exhalaisons malignes. Les bâtiments des villes sont comme des montagnes qui couvrent la présence du Soleil; de façon qu'il ne donne jamais dans le même endroit. L'air est purifié par le feu des cheminées et par la respiration fréquente où il passe.

Il faudra ajouter à ce que j'ai dit des pays autrefois fort peuplés et du depuis *(sic)* malsains, le pays des environs où étoit *(sic)* Tyr et Sidon : Sidon d'aujourd'hui, qui est Sarde *(sic)*, est bâtie à 1 lieue de l'ancienne ; Tyr n'a plus que 10 à 12 maisons.

La campagne de Rome est une mosaïque.

En Sardaigne, il faut passer sept mois dans les villes, à cause de l'intempérie.

Dans ce que j'ai écrit sur mon voyage de Palestrina, il faut mettre *Lanuvium,* au lieu de *Villa* ou *Cita-Lavinia.*

Le Roi auroit pu avoir Tournay. Un évanouissement qu'il eut, cherchant sa canne, qu'il avoit à la main, fit que M. Desmarets, Voisin,........, ministres, l'abandonnèrent. La reine Anne l'avoit promis. Milord Strafford demanda 100,000 écus. Le Conseil du Roi, qui vouloit le laisser, dit qu'il étoit inutile de donner ces 100,000 écus, puisque la Reine l'avoit promis. Bolingbroke avoit dit à l'abbé Gauthier que la Reine consentoit que le Roi gardât Tournay, pourvu qu'il en fût évêque, et le Roi ne voulut pas même s'engager à cela et lui donna une abbaye et autres bénéfices de 20,000 livres de rente. Prior reçut de l'argent des Hollandois, pour qu'il ne fût point vendu ; de façon que les ministres l'abandonnèrent. Huxelles disoit : « Je ne m'en soucie pas. C'est l'abbé de Polignac qui s'obstine à cela. Cette complaisance retardera la paix de trois mois. » Et les Hollandois, qui voyoient que nous avions peur, demandèrent encore d'autres places : je crois, Courtray. Cependant Tournay faisoit valoir Lille. Ce sont deux cornes, et il étoit difficile que l'on pût attaquer Lille sans Tournay, et Tournay sans Lille. A présent Lille est une place trop avancée. Nos ministres ne voyoient pas que l'Angleterre ne se soucioit pas à qui fût Tournay. Toute la dernière guerre ne nous a pourtant coûté que quatre places : Ypres, Tournay, ... Cependant l'abbé Gauthier demanda un chapeau de cardinal et en écrivit à Clément XI, qui ne savoit pas seulement qu'il fût au monde.

Nous perdîmes Tournay parce qu'il plut au maréchal de Boufflers d'envoyer M. de Surville commander, au lieu de M. Mégrigni, ingénieur royal de M. de Vauban, et qui avoit fait la citadelle de Tournay en rivalité de celle que M. de Vauban avoit faite à Lille. M. de Mégrigni se retira dans sa citadelle. Comme il s'étoit marié dans ce pays-là, il avoit fait remplir ses magasins du bled de ses terres. Dès qu'il vit cela *(sic)*, il fit sortir ce bled par ses souterrains, et, quand M. de Surville les demanda, il dit que ce n'étoit pas les bleds du Roi. La Ville se rendit ; il rendit sa citadelle, et resta aux ennemis, et mourut gouverneur de cette citadelle. — Quand on a un bon officier, il ne faut jamais le troquer contre un meilleur.

La plupart des noms de fortifications viennent

d'Italie. C'est que c'est en Italie que l'on a commencé à fortifier les places, parce que les villes se faisoient toujours la guerre. En France, où la noblesse étoit maîtresse, on ne fortifioit que les hauteurs et les châteaux. *Citadella*, petite ville; boulevard, de *baloardo;* parapet, *para petto;* pistolet, de *Pistoya;* arquebuse, *arcobugio, arcatrou* (sic).

Je dis du duc de La Feuillade qu'il vouloit prendre la ville de Turin par la citadelle, et la citadelle par le Duc.

Les citadelles tombent toujours après les villes. Elles n'ont pas la ressource de réparer les vivres, les soldats : y ayant toujours dans les villes de jeunes gens que l'on prend pour soldats. Les blessés sont continuellement tourmentés par le bruit du canon.

M. de La Feuillade, occupé à suivre le duc de Savoye, ne songeoit point à son siège. On eut avis qu'il y avoit un petit bâtiment près de Gênes, plein de poudre pour Turin, qui en manquoit. Le marquis Saint-Philippe fut d'avis que l'on tirât sur ce petit vaisseau quelques bombes. M. de La Feuillade, à qui l'on en écrivit, répondit qu'il valoit mieux les laisser débarquer. Elles débarquèrent. Nos espions les suivirent. Point de nouvelles de M. de La Feuillade ! Elles arrivent à la source du Pô. On mande à M. de La Feuillade qu'on le *(sic)* fait flotter dans des outres, et qu'il n'a qu'à les retenir avant les assiégés. Rien ne se fait. M. de La Feuillade, dans ses courses, renvoyoit tout à M. de Chamarande, qu'il avoit laissé au siège, et rien ne se faisoit.

Le poisson de l'Océan, meilleur que celui de la Méditerranée, parce que les flots battent plus dans l'Océan, de façon qu'il y a plus de sable entraîné sur les rivages où le poisson se tient. Il y a plus de vase dans la Méditerranée. Le poisson de l'embouchure du Rhône, bon, parce que la rapidité de ce fleuve y a entraîné beaucoup de sable.

Mont Testaccio. — Il n'en sort point de vent l'hiver ; mais, l'été, un vent froid, qui vient de ce que, par les trous de ces pots cassés, l'air extérieur, qui se raréfie, entre dans les cavités du mont et en sort froid, c'est-à-dire plus froid que l'extérieur.

Je disois qu'il étoit naturel que les premiers Chrétiens crussent la fin du Monde proche. Ils venoient tous de Juifs. Or les Juifs devoient penser que, puisque leur loi n'étoit plus, c'est que le Monde étoit à sa fin, et que la Loi nouvelle étoit une refonte de tout, et que la venue du Messie marquoit la fin du Monde, c'est-à-dire de la Loi, qui n'auroit pas fini sans cela.

Il me semble que les habitants de France sont plus à l'État, parce qu'ils sont laboureurs, que les sujets de Hollande et d'Angleterre, qui sont pour la plupart artisans : car les laboureurs ne quittent jamais ; mais les artisans sont à toute l'Europe.

Le roi Sigismond-Auguste, dernier des Jagellons, qui avoient succédé aux Piasts, aimoit une Juive, qui s'appeloit *Esther*. Il s'étoit fait peindre en Assuérus. Il donna bien des priviléges aux Juifs, qui multiplièrent beaucoup sous son règne, et qu'on restreignit depuis. On croit qu'il auroit voulu se faire Juif. — Polignac.

La politique de renfermer les Juifs dans un quartier où ils ne peuvent pas s'étendre, et où ils sont pêle-mêle, est barbare et, d'ailleurs, peut causer bien des maladies contagieuses.

Le dessein des Anglois étoit de rendre Toulon république indépendante, sous l'Angleterre, et de la donner aux Réfugiés. Cela auroit perdu Gênes. Les Génois le savoient; leur haine pour nous faisoit qu'ils donnoient toutes sortes de secours aux Anglais. — Polignac.

Ce 25 juin, j'eus audience de la Prétendante, qui me reçut fort poliment. Je vis les deux princes ses fils, qui ont une très bonne physionomie et promettent beaucoup. La mésintelligence règne toujours entre les deux époux. Elle revint de Bologne il y a quelques jours. Son mari l'a vue à peine. Il est à Albano, lorsqu'elle est à Rome. Ils ajoutent aux malheurs que la Providence leur envoye. Le Prétendant parle fort peu, est toujours triste.

J'ai vu au Transtevere, le long du port de Rome, le bâtiment fait par Innocent XII pour mettre des fabriques de toutes sortes de manufactures. Mais cela tombe par le mauvais gouvernement des Prêtres. Il y a une manufacture de tapisserie (il y a environ 15 ou 16 ouvriers ou enfants); une imprimerie de 9 ou 10 ouvriers ou enfants. J'ai trouvé les tapisseries belles, et j'ai vu un ouvrage fait par le maître, qui est un portrait à très petits points, qui est tout au mieux. Ils ont aussi des laineries. Mais ils ont entrepris au-dessus de leurs forces, et leurs ouvrages étoient plus chers que ceux qui venoient de l'étranger. Un homme m'a dit avoir pesé leur drap, et qu'ils ne vendoient pas tant l'ouvrage tout fait qu'avoit coûté la laine. Le même homme dit fort bien que, dans les hôpitaux, il ne faut faire que des marchandises pour le peuple. Quand vous mettez trop de laine dans un drap, il est grossier et coûte beaucoup. Il est bon d'avoir des manufactures nouvelles; mais il faut de vieux ouvriers. A Lyon, d'une seule balle de soye, on en sépare quelquefois dix sortes différentes. La plus grosse s'employe dans le fil d'or et d'argent; les autres, dans d'autres ouvrages. Il y a un homme qui sent d'abord les différences, et qui a séparé en un moment. A Rome, on employe tout au travers *(sic)*. Il y a dans la Ville une vingtaine de métiers pour faire des bas; encore les fabricants ont-ils peine à vivre et à vendre leurs marchandises, parce que les Romains aiment mieux les mauvais bas qui viennent de Venise, Naples et Turin, et qu'on donne à 20, 22 paules, pendant que l'on ne peut guère les donner, de la fabrique de Rome, qu'à 24 : surtout à cause que les fabricants sont pauvres et ne peuvent pas acheter la soye à propos.

Le cardinal Dubois disoit au duc d'Orléans : « Vous avez dans vos veines le sang de trois royaumes : la France, l'Angleterre et l'Espagne, où vous pouvez succéder; il faut, avant votre mort, en attraper quelqu'un. »

Une intrigue pour coucher avec une religieuse, à Madrid, lui fit manquer Almanza.

Il n'y a pas six cardinaux qui n'ayent, dans leur poche, leur thème et une prédiction à la papauté.

Lorsque Sixte-Quint alla au consistoire sur la mort du cardinal de Guise, il commença ainsi son discours : « *Venerabiles Fratres, rex Galliæ occidit cardinalem, quasi Christus non esset in Cœlis, et quasi nos non viveremus in Terris.* »

Le prince Eugène, après Denain, voulut secourir Douay. Les Hollandois ne voulurent pas qu'il attaquât. Il leur dit : « Messieurs, vous êtes bien bons pour payer des troupes; mais vous ne valez rien pour faire la guerre. — Monsieur, dit un député, nous n'avons pas de peur; mais nous avons de la mémoire. Lorsque vous eûtes pris Lille, vous avouâtes que vous aviez beaucoup hasardé, et que vous ne saviez pas d'abord comment vous en sortiriez. » — Le cardinal de Polignac m'a dit l'avoir entendu d'un député.

Les curés sont au-dessous des valets dans l'Italie

et surtout l'État du Pape. Un expéditionnaire vint présenter au cardinal dataire Corradini une résignation d'une cure de Médoc, avec rétention de 8,000 livres de rente de pension. « *Voi siete ciocco!* dit le cardinal. *Un parocchiano che ritiene 8,000 lire di pensione ? È un sbaglio ch' avete fatto...* »

Le raisonnement de M. de Cambray étoit : « Je ne puis comprendre qu'on puisse aimer Dieu par-dessus toutes choses, et qu'on l'aime par intérêt. »

Je disois : « Les Jésuites ne veulent pas finir les affaires de France, et la cour de Rome ne voit pas combien elle a intérêt de finir. Si j'étois au *(sic)* Pape, je leur parlerois bien haut : « Si vous ne finis-
» sez pas dans un an, je vous traiterai comme des
» Jésuates. »

Je partis de Rome le 4 juillet 1729, après avoir pris congé des personnes que j'avois le plus vues, qui étoient, selon l'ordre de mon cœur : M. l'abbé Niccolini; le cardinal de Polignac; le père Cerati; M. de Cavaillon-Guyon; M. le cardinal Corsini; le marquis Corsini; Mgr. Fouquet, évêque d'Eleuthéropolis.

J'avois aussi pris congé de M. le cardinal Bentivoglio, du marquis et de la marquise du même nom, du duc Strozzi jeune, de la marquise Patrizzi.

Je connoissois aussi fort le père Vitri, qui me procura une lettre pour le chancelier de Pologne; M. de Cavaillon, qui m'en procura plusieurs de l'abbé Scarlati, ministre de Cologne, pour Munich et Bonn. Le chevalier Bini m'en donna une pour la cour de Dourlach et une autre pour la Cour Palatine. L'abbé Niccolini m'en donna une pour Bonn et quatre pour Cologne. Le père Cerati m'en donna plusieurs pour l'Italie.

X

ÉTATS DE L'ÉGLISE

Je me mis, à 2 heures après minuit, dans ma chaise de poste. Je passai par la Porte-Pie et par Ponte-Molle. Je ne me crus sauvé du mauvais air qu'à Otricoli, qui est à 6 postes de Rome, et j'y arrivai à 3 heures après-midi — dans une chaleur à faire calciner la terre — Dieu merci! en bonne santé. Cette partie des États du Pape est déplorable. L'air est très mauvais. Il n'y a pas seulement de l'eau; on croiroit être en Arabie; je n'en trouvai ni pour boire, ni même pour rafraîchir les essieux de mes roues. Il faut, de bien des villages, l'aller chercher fort loin. Les puits y tarissent l'été. Tout le pays est fort dépeuplé et d'une misère extrême.

Ce pays que j'ai passé pour aller à Otricoli, passant par Civita-Castellana, n'est pas précisément la campagne de Rome, laquelle est précisément cette partie qui est au midi de Rome et à l'est du Tibre jusques à la mer, et qui est à l'ouest de Naples jusques au Royaume de Naples; mais j'allois au nord de Rome sur les frontières de la Terre sabine, qui est à l'est, et le Patrimoine de saint Pierre, et la Principauté de Ronciglione, qui est à l'ouest.

D'Otricoli à Narni et, ensuite, à Terni, l'air devient meilleur à mesure qu'on entre dans les montagnes, et qu'on s'éloigne de Rome. Je ne pus pas m'empêcher de dormir un peu dans ma chaise, dans le mauvais air, et cela ne me fit aucun mal. Il est vrai que le mois de juillet n'est pas le plus funeste, mais ceux d'août et de septembre.

La première poste après Otricoli est Narni, qui est une assez vilaine ville. L'autre poste est Terni. Comme j'y passai pendant la nuit, je n'y pus pas voir la cascade. Terni est la patrie du marquis Damis. Il a fait abattre sa maison paternelle, a commencé à en rebâtir une, mais qu'il a laissée à moitié faite.

Lorsqu'on arrive auprès de Spolète, on trouve un tout autre pays : abondant, cultivé, peuplé ; des montagnes et des collines fertiles ; surtout beaucoup d'oliviers.

C'est la Nera qui passe près de Narni et de Terni, et qui se jette dans le Tibre vers Orte. La Nera vient de l'est, et le Tibre vient de la Toscane ou l'ouest. Cette Nera coule dans un fond, entre de hautes montagnes ; elle ne porte point de bateau.

Le pays de Spolète jusques à Foligno est en bien des endroits stérile et montagneux. A Foligno, on tourne au nord-est pour aller à Lorette. A 2 postes, on trouve Serravalle, qui est aux confins du Duché de Spolète et au commencement de la Marche d'Ancône. Tous ces pays sont plaines (?) de l'Apennin. On arrive, après 3 postes, à Tolentino, et, une poste après, à Macerata, une des principales *(sic)* de la Marche d'Ancône. Le fleuve appelé *Potenza* prend sa source après Serravalle et va se jeter dans l'Adriatique.

Lorette est une petite ville, qui peut avoir 2 à 3,000 habitants. Tout cela vit de la dévotion des étrangers, le terroir étant, d'ailleurs, assez bon et assez bien cultivé. Les Jésuites ont chassé les Carmes, auteurs sans doute du voyage, et profitent de leur invention poétique. Ils persuadèrent à Jules III que, comme il venoit des étrangers de toutes parts, la connoissance qu'ils ont des langues les mettoit plus en état que les autres moines de confesser. Ils y ont deux maisons.

Le sanctuaire de la Madone peut avoir 25 à 30,000 écus de revenu, et les charges, en *frateries*, musiques, hôpitaux qu'il faut entretenir, passent la recette. Mais on y supplée par des aumônes. Il y a une apothicairerie où l'on distribue les remèdes gratis, et où les vases de fayence sont (dit-on) du dessin de Raphaël; mais qui ne m'ont pas paru bien merveilleux.

Au-devant de la façade, qui est de bon goût, il y a une grande cour carrée, avec une fontaine au milieu. A l'opposite de la façade sont des galeries d'ordre dorique, avec un autre ordre dessus, qui sont du dessin de Bramante, et très beaux *(sic)*. La chose de l'art, la plus considérable dans l'Église, ce sont les bas-reliefs qui sont autour de *la santa Casa*, qui sont du Sansovin et autres auteurs, avec la plus riche architecture, pour la beauté des ornements, qu'il soit possible d'exécuter. C'est un ordre corinthien, avec des festons et des grands reliefs dans les cadres et des statues des Prophètes et des Sibylles dans les niches. C'est une des belles choses que j'aye vues. Je ne sais si ceci a encore été gravé. Il y a surtout une *Annonciation,* où la Vierge paroit effrayée, qui est admirable; une *Vierge,* avec un certain accommodement de tête que Carlo Maratta (je crois) a pris pour toutes ses *Vierges;* un *Jérémie* qui pleure, et qui est admirable. Cette *santa Casa,* et surtout la Madone, est *(sic)* couverte de présents immenses et de grand prix, sans compter le trésor, qui est, pour l'Occident, le plus riche qu'il y ait. Un prêtre vous dit tous les noms de ceux qui ont fait chaque présent : lesquels (avec bien de la politique) ont été enregistrés. Tous les princes de la Terre ont épuisé leur libéralité, surtout la maison d'Autriche, d'Espagne et d'Allemagne. La maison de France n'y brille pas, à la couronne de la Vierge près et du *Jésus,* don de Louis XIII pour avoir Louis XIV.

Si je vais à Vienne, il faudra faire un compliment au prince *(sic)* de Lobkowitz, de Dietrichstein et à la marquise de Rofrano, sur les présents qu'ils ont faits. Ce trésor (je crois) monte à plusieurs millions d'écus, et ce seroit (à mon avis) la meilleure ressource que les Papes eussent pour payer leurs dettes : car, outre les pierres de couleur, il y a des diamants inestimables. Il y a une roche où les émeraudes, au nombre de plus de vingt et grosses, sont (dit-on) attachées depuis la minière (au moins, le paroissent-elles), et cela semble inestimable. Il y a encore une perle sur laquelle on a gravé un portrait. Les peintures du trésor sont du Pomarancie, et très belles; c'est l'histoire de la Vierge et des Sibylles.

La Ville est passablement fortifiée pour défendre

la Ville et le trésor de la première insulte. Le Pape n'y tient pas de garnison.

De Lorette à Ancône, il y a 2 postes.

Ancône est une ville considérable, et je la crois bien de 10 à 12,000 habitants. Toutes les églises sont gothiques. Il y a quelques palais dont les façades et la situation sont assez belles. Mais ce qu'il y a, à Ancône, à voir, c'est le port.

Ce port a été bâti par Adrien. Il semble que les Romains ont travaillé pour des gens qui ne s'en soucient guère, tant ce port est peu soigné et mal gardé. La Ville est sur un rocher haut et escarpé, fait de manière qu'il s'abaisse par le milieu, où est le gros de la Ville, et s'élève fort haut des deux côtés, où est, du côté de l'ouest, le Château, et, du côté de l'est, la Cathédrale; et, sur la colline de l'élévation sur laquelle elle est située, il y a quelques pièces de canon, et on en pourroit mettre beaucoup d'autres. La Ville, du reste, est entourée de murailles assez bonnes. Il y a, du côté de l'ouest, tout près du Château, un autre rocher ou montagne, sur laquelle on pourroit faire un autre château, qui mettroit la Ville tout-à-fait hors d'insulte.

Or le port est tout artificiel et fut fait par Adrien, et on y voit encore un bel arc de triomphe dédié à cet empereur par les Romains, sur le môle de l'est. Il est de grandes pièces de marbre; il semble qu'il ne soit que d'une seule pièce, très bien proportionné; il est d'ordre corinthien, sans modillons

ni denticules à la corniche; mais le tout est d'une
régularité admirable. L'imposte n'a pas une grande
hauteur et n'en est que mieux. Il est dédié à Trajan,
à Plautine, sa femme, et à Marcienne, sa sœur.
  Un vers de Juvénal fait voir qu'il [y] avoit un
temple de Vénus là où est la Cathédrale :

Ante Domum Veneris quem Dorica sustinet Ancon.

Mais il ne paroît plus.
  Il y a, dans le port, une machine pour le nettoyer : car il a été si négligé qu'il s'atterre peu à peu. Cependant, les navires de Venise y entrent. Au reste, il est très bien défendu, tant par la montagne qui y règne, que le fort qui y est du côté de l'ouest, que par les pièces de canon qui sont sur les môles de l'est et de l'ouest. Adrien donc fit du côté de l'est une jetée, qui fait le môle de ce côté-là, et, entrant dans la mer du côté du nord, se recourbe un peu à l'ouest, au commencement. Là est l'Arc d'Adrien, et, au bout, un petit fort, où il y a des batteries de canon tout autour, et il y a trois étages, garnis tous de canons, les uns dessus les autres. Le toit de la batterie supérieure est renouvelé comme il étoit autrefois. Il porte à vide, sur une espèce de tonne, qui est en l'air. Ce sont des chevrons qui portent sur ladite tonne, qui est au milieu, et sur la muraille tout autour. A l'autre bout de la tonne, il y a un cercle de fer, sur lequel appuyent d'autres chevrons, qui vont aussi aboutir à la muraille, qui leur sert d'appui; de façon que tout est en l'air.
. . . .

Ce môle est de brique et étoit autrefois couvert de marbre. Il y a un autre môle, du même côté de l'est, qui fait comme un nouveau port dans le port, et c'est entre ces deux môles que l'on met les galères, quand il y en a. Ce môle est plus court; il est de beau marbre blanc; il y a des degrés qui vont à la mer; et c'est par ce môle que l'on monte et descend les marchandises. Il y a des banquets *(sic)*, où la noblesse va prendre le frais. En continuant vers l'ouest, on va trouver le môle de ce côté-là, qui est sous le Château et n'est que comme une espèce de perron, pour rompre la mer de ce côté-là.

On voit que, lorsque l'on est dans le port, on ne sent point les vents du midi (on est couvert par la montagne), ni les vents d'est (on est couvert par le môle), ni les vents du nord (la recourbure du môle en couvre encore); seulement on peut sentir les vents de l'ouest : encore l'éperon qui est à l'ouest les rompt-il un peu.

Il y a, d'un môle à l'autre, environ 1 petit mille.

Le beau côté des États du Pape, c'est celui de l'Adriatique : le pays est plus peuplé, mieux cultivé, plus sain.

Mansard, ayant vu que son oncle avoit inventé la mansarde — ce qu'il n'avoit fait qu'en faveur des bourgeois de Paris, pour diminuer la dépense et épargner le terrain : car la mansarde n'est qu'un étage brisé, pris sur le toit, et pour lequel il ne faut pas de si longues pièces de bois — il l'appliqua, comme un âne, au Château de Versailles, pour un prince qui avoit ses coudées franches et assez d'argent.

Sinigaglia est à 2 postes d'Ancône, et on y va côtoyant toujours la mer. Le port est un revêtement
5 de pierre d'un petit fleuve qui traverse la Ville et se jette à la mer. La mer entre dans ce revêtement, et les grosses barques aussi. Le petit fleuve nettoye sans cesse le port. La Ville fait actuellement un avancement de ce revêtement dans la mer, afin
10 d'avoir une partie du port où il y eût *(sic)* plus d'eau, et ils l'ont faite aussi étroite que l'autre, afin que le petit fleuve pût le nettoyer : car, dans cette partie de la mer où ils entrent *(sic)*, il y a trois ordres de hauteur et d'enfoncement. Les hauteurs empêchent
15 les grosses barques de passer. Or le petit fleuve aplanira tout. Enfin, ce port ressemble à un canal ou à une rue de Venise. Mais il y a des parapets plus larges pour mettre les marchandises.

Sinigaglia a été assez bien fortifiée *(sic)* par les
20 ducs d'Urbin.

Ils y ont établi une foire qui fait l'opulence de la Ville, et effectivement les marchands de toutes les nations de cette partie y viennent. Les Grecs y portent des cuirs, des soyes et d'autres diverses
25 marchandises de leur pays; ceux de France et Boucharitz, du bois; ceux de Brescia, du fer ouvré et non-ouvré; ceux de Naples, des vases de fayence, huile, fruits. Le pays fournit du bled. Venise apporte de ses manufactures. Comme ce pays n'est pas loin
30 de la Toscane, il y a une communication par cette

foire à une autre qui se fait en Toscane, et, par ces deux foires, les marchandises des deux mers se communiquent.

Les Vénitiens tourmentent cette foire le plus qu'ils peuvent : car elle prospère tous les jours. Comme il n'y a pas de lazaret, ils font courir des bruits, dans le temps de la foire, qu'il y a contagion au Levant, et, à cette occasion, ils défendirent la communication l'année passée. C'est qu'elle fait un tort considérable à Venise. Les marchands aiment beaucoup mieux aller là qu'à Venise : 1° parce qu'on ne leur fait pas de vexations ; — 2° parce que les vivres y sont pour rien ; — 3° parce que l'on n'y paye aucune douane pendant la foire.

Il y a entre les Sinigagliens et les Ancônitains une haine mortelle ; c'est que ceux d'Ancône sont jaloux de cette foire et de la prospérité de leurs voisins.

Le Pape, qui a réuni plusieurs seigneuries, est tombé dans l'inconvénient des rois de France ; c'est qu'il a gardé tous les droits d'entrée et de sortie et toutes les défenses d'entrer et de sortir que deux états voisins se font pour se fatiguer l'un l'autre. Ainsi la monnoye d'une légation est différente de celle d'une autre, et les denrées d'une légation payent de si grands droits, pour entrer dans celles *(sic)* d'un *(sic)* autre, qu'il y a souvent plus de profit à les faire venir de l'étranger. Ainsi le vin ne peut entrer du Duché d'Urbin dans la Marche d'Ancône, sans payer de si grands droits qu'il ne peut y entrer.

La Marche d'Ancône, le Pays d'Urbin, la Romagne, sont les belles et fécondes parties des États du Pape. Enfin, toute la côte de l'Adriatique est bonne. On trouve, presque à chaque poste, de bonnes villes de 8 à 12,000 habitants; la plupart bien fortifiées par les seigneurs feudataires de ces pays, qui les ont longtemps possédées. Ainsi, après Sinigaglia, on trouve Fano et Pesaro, qui ont, chacun, 8 à 10,000 habitants, Rimini, Cervia, Ravenna, Forli, Imola et autres.

Fano, jolie ville. D'un théâtre ancien, un architecte, nommé *Torrelli,* en construisit un nouveau à ses frais, qu'il donna à la Ville.

Les Pères Philippins, à Fano, ont une église de bon goût. Il y a deux tableaux du Guide et un du Guerchin. Le maître-autel est singulier : il y a, de chaque côté, deux colonnes adossées, et l'architrave est recourbée de chaque côté, d'une colonne à l'autre, et le milieu vide laisse de l'espace pour une autre architecture en haut.

L'arc de Fano, en l'honneur d'Auguste, subsiste encore; mais, dans la guerre du temps de Pie II, il fut fort endommagé par le canon; surtout le second ordre supérieur.

Sur une muraille, auprès de cet arc, il y a un modèle de ce qu'il étoit autrefois.

Le fleuve Métaure se jette dans la mer là auprès,

sur le bord où Asdrubal fut vaincu et tué par les deux consuls Livius Salinator et Claude Néron.

Auprès de là est le lieu où Totila, roi des Goths, fut détruit par Narsès.

On travaille actuellement, à Fano, à faire un port, l'ancien étant comblé. On veut, comme à Sinigaglia, faire un canal où un fleuve passe pour le déboucher.

Pesaro, bonne ville de 8 à 12,000 habitants.

Rimini.

Acheter un petit livre intitulé : *Balance du Commerce de l'Angleterre avec la France*, fait par M. Law.
En Hollande, il faut acheter aussi : *L'Atlas maritime du Commerce*.

Il me semble que les mœurs et les coutumes des nations qui ne sont pas contraires à la morale ne peuvent pas être jugées les unes meilleures que les autres. Car par quelle règle jugeroit-on? Elles n'ont pas de commune mesure, excepté que chaque nation fait la règle de ses mœurs propres, et, sur elle, juge toutes les autres.

Le cavalier Rusconi, qui mourut un mois avant que je n'arrivasse à Rome, étoit le meilleur sculpteur qui y fût.

Le lapis-lazuli est fort cher : il est à bon marché

au poids d'argent *(sic)*; il vaut quelquefois le poids de l'or. Le beau est d'un bleu mêlé de veines d'or.

Il n'y a rien dans le monde de si insolent que les républicains : les Romains, à l'égard des rois ; les Bolonois, à l'égard d'Enzio, roi de Sardaigne, fils de l'Empereur, qu'ils retinrent prisonnier jusques à la mort, sans jamais vouloir le délivrer, pour avoir le plaisir de le traiter comme un roi prisonnier, avec magnificence ; les Génois, à l'égard du roi de Chypre ; les Hollandois, à Gertruidemberg.

Une poste après Fano, on trouve Pesaro, qui est une ville à peu près de même, et, ensuite, on arrive à Rimini, belle ville : des rues grandes et bien percées ; deux belles places, et très grandes ; et des antiquités. C'est une ville plus grande et plus peuplée que Fano. A la place de la Forteresse, qui est un carré-long, il y a d'un côté le Palais des Magistrats, qui est d'ordre dorique ; le portail, rustique. Il règne, tout du long de ce palais, un beau portique.

A la *Piazza-Grande,* il y a un monument érigé à César : « *Caio Cæsari dict., Rubicone superato, civili bello commilitones suos hic, in foro Ar.* (*id est* Ariminensium), *adlocut.* » — On voit, par le mot de *dictatori,* qu'il fut érigé après la fin de la guerre. Le peuple dit que cette colonne a été érigée contre les François.

L'Église de Saint-François à Rimini est très belle ; elle est magnifique. Bâtie par les Malatestes, elle est surtout très curieuse et très singulière par des morceaux de bas et de grands reliefs antiques qu'on y a mis en œuvre, surtout sur les pilastres. Ils sont mis sur les pilastres, en forme de cadres, et ils ont été sans doute tirés de quelques temples anciens : ce qui fait un amas très rare, et ceci est très digne d'être gravé. Là sont des animaux, des histoires, des sacrifices...... Ces pilastres portent sur des chapiteaux antiques, qui leur servent de base, et ils sont très singuliers : ils sont composés; ils sont bombés. Quatre *Enfants* ou *Amours*, en grand relief, soutiennent des festons, et ces *Amours* sont comme les angles du chapiteau corinthien. Le tout est de marbre, et, au-dessus, il y a un feuillage de vigne, avec des raisins : le tout, de bronze. Il semble que ces raisins sont de leur couleur naturelle.

Cette église est toute de marbre. On prétend que les Malatestes ont tiré ce marbre des ruines de l'ancien port. A la façade, il y a des plaques de grandes pièces de pierre, très riches, comme de porphyre et de vert antique. A la porte, du côté de l'orient, il y a un très bel arc de marbre, élevé à l'honneur d'Auguste, pour avoir fait réparer cinq chemins publics, surtout la voye Flaminienne, qui alloit de Rimini à Rome. Cet arc est d'un très bon goût d'architecture. La frise rentre en dedans; ce qui fait que la corniche ne paroît pas avoir tant de saillie.

Du côté de l'ouest, en allant vers Bologne, il y a un très beau pont de marbre, avec une *(sic)* inscription : l'une, en l'honneur d'Auguste; l'autre, en l'honneur de Tibère; lequel pont joint le faubourg à la Ville et la voye Émilienne à la Flaminienne. Il est sur le fleuve Marecchia, autrefois appelé *Ariminus*, qui a donné son nom à la Ville.

A 12 milles de Rimini, au midi, est la petite République de Saint-Marin. On commence à monter à 12 milles; puis, on monte toujours. Le bourg est au pied d'une montagne ou rocher qui est en pain de sucre, et il regarde Rimini. Il n'est point fortifié. On monte ou plutôt on grimpe 1 mille sur le pain de sucre, et là est le Château, où sont les principaux de la République, même des gentilshommes, n'y ayant au bourg que les gens du commun. Dans le reste du petit territoire ou partie de montagne sont les paysans. Ils n'ont pas valu la peine d'être soumis, et ils n'ont jamais pu insulter personne. Ils gardent leur château avec une grande jalousie; c'est là qu'est leur liberté. Les étrangers, en y entrant, laissent leurs armes et donnent leur nom. On n'y peut guère monter à cheval.

De Rimini, laissant le bord de la mer, on va à Cesena, à 2 milles. Avant d'y arriver, on trouve le fameux Rubicon, qui n'est vénérable que par le respect que l'on y mit. Tout près est la pierre qui contient les exécrations contre les généraux, capitaines, tribuns, chefs de file, qui le passeroient, feroient passer les enseignes, des provisions de guerre : *ut sacer esset*, ennemi de la République, criminel, comme s'il avoit tué son père et sa mère.....

Rien n'est plus beau que cette Romagne. On trouve à toutes les postes une belle ville, bien bâtie, bien percée; toute *(sic)*, une belle place : ce qui vient de ce que la plupart de ces villes furent fondées par les Romains, et que (comme dit Vitruve), en bâtissant une ville, on songeoit, d'abord, à faire la place, comme le lieu principal, et où l'on devoit s'assembler. Je crois que ce furent les colonies romaines qui sauvèrent la République contre les Carthaginois.

D'abord, c'étoit le fleuve Esino, à présent *Fiumicello (sic)*, entre Sinigaglia et Ancône, qui séparoit l'Italie de la Gaule. Mais, les Romains ayant repoussé les Gaulois, ce fut le Rubicon qui fit la séparation, et qui séparoit l'Italie du gouvernement de la Gaule.

Les Papes firent un grand coup de retirer les villes de la Romagne des petits tyrans qui les avoient en fief : car c'est leur meilleure pièce ; elle abonde beaucoup en soye.

J'ai ouï dire d'assez bon lieu qu'il y avoit 28,000 âmes à Ferrare. On y vit à très grand marché.

Le 9 juillet 1729, au matin, j'arrivai à Bologne.
Je rendis une lettre de l'abbé Niccolini au cavalier Pecci, qui étoit *maestro di camera* du cardinal de Sainte-Agnès, légat de Bologne, et une autre, du même, au marquis Grossi. Les uns et les autres me firent bien des politesses, me menèrent au *Monticello*, qui est le cours de Bologne. C'est une petite

éminence, hors la Ville, entourée d'arbres, qui font un grand rond; au milieu et aux côtés, d'autres arbres et des prairies : ce qui est fort agréable. Là les dames viennent dans leurs carrosses, et les cava-
5 liers descendent leur conter leurs raisons. De là, on va à une conversation, où il n'y a point de maître ni de maîtresse du logis : c'est une maison publique, aux frais de la Noblesse, où les dames et les hommes se rendent; et, lorsqu'un étranger y est une fois
10 admis, il y est maître comme les autres.

Je vis, ce même jour-là, la marquise Tanova *(sic)* et sa fille, qui étoit promise à un Doria, Génois.

J'avois une lettre du père Cerati pour M. Manfredi; mais il n'y étoit pas : il étoit allé pour niveler les
15 eaux avec les députés de Ferrare.

On m'apportoit tous les jours, à Bologne, pour déjeuner, la valeur de 15 ou 20 bouteilles de vin.

Il y a, à Bologne, une histoire fameuse de deux paniers qui cachèrent un drôle qu'un mari jaloux
20 cherchoit.

J'ai aussi reçu des politesses du marquis Fasa-nieri (?), dont la mère est des Bréquigni, de Bretagne, et m'a dit avoir des alliances avec les d'Estrades.

Le Palais Caprara est un des beaux de Bologne.
25 Il y a de beaux tableaux. Cette maison est éteinte; ce sont les Montecuculli qui en portent le nom. Le général Caprara qui est à Naples est Montecuculli.

Il y a encore une prélature, fondée par un cardinal Caprara, qui donne le nom de Caprara à celui qui la porte. Elle est à présent possédée par Mgr. Monti.

Saint-Pierre est la cathédrale, qui n'est pas finie. Très beau *saint Pierre*, habillé en pêcheur et pleurant, de Louis Carrache.

Au Palais Fava, beaux ouvrages à fresque des Carrache, représentant le voyage d'Énée. La seconde salle, par l'Albane: continuation des *Voyages d'Énée*. Autres ouvrages des Carrache.

Au *Gesu-e-Maria*, beau tableau du Guerchin : *la Circoncision du Seigneur*.

Alla Chiesa dei Mendicanti : Cristo chiamante Matteo, *vasto pensierone di Lodovico Carracci;* la Madona addolorota, due Angeli e il corpo del Cristo sotto, e Santi *ancò a sotto, bella opera di Guido Reni*.

San-Giacomo-Maggiore : san Rocco *di Carracci;* il san Micaele *di Lorenzo Sabbattini, bellissimo quadro;* Battesmo del Signore, *dal Tibaldi;* le Sposalizie di santa Caterina, *nella maniera di Raffaele*, da Innocenzo da Imola.

Palazzo Magnani : le prime Historie di Roma *dai Carracci, a fresco; una delle belle loro opere, che contrasta con la Galleria Farnese; chiaro-oscuro bellissimo. Vi è una copia di Raffaele, d'Innocenzo da Imola, che mi pare superare l'originale*.

A Saint-Martin-Majeur, le *saint Jérôme* de Louis Carrache.

Il y a une grande querelle entre les Bolonois et les Romains : ceux-ci élèvent Annibal Carrache, qui a vécu et travaillé dans leur ville; les Bolonois

élèvent Louis, qui a *(sic)* resté à Bologne, et regardent Annibal comme déserteur. Aussi Malvasia, qui a écrit la *Felsina pittrice* et le *Pitture di Bologna*, élève-t-il toujours Louis, maître d'Annibal. Le même
5 Malvasia prétend que Vasari a fait de grandes injustices aux peintres de Bologne, en faveur de ses Florentins. Il ne veut point que Cimabué, Giotto, ayent ressuscité la peinture, puisqu'il y avoit de leur temps de bons peintres à Bologne, pour le temps. Il avoue
10 pourtant que Cimabué et Giotto firent mieux; ce qui est (me semble) beaucoup avouer.

J'eus l'honneur de dîner, le 13, chez M. le Légat, avec Mgr. Lanti, et il me fit une infinité de politesses.

Je vis à Saint-Grégoire le fameux tableau de Guer-
15 chin, qui est un *saint Guillaume*.

Saint-François : Quelques tableaux des Carrache; grande église; grands cloîtres; beaux appartements pour ces moines, qui sont rentés. C'est un des magnifiques escaliers que j'aye vus : « *Hæc est regina*
20 *scalarum* », dit la reine Christine, quand elle le vit. Ce qu'il y a de surprenant, outre sa grandeur, c'est qu'il a, du palier, qui est très grand, une vue dans la descente de deux corridors, les uns sur les autres : celui d'en haut ayant une ouverture qui laisse échap-
25 per la vue. Plus, il y a la cantine, avec une voûte dont les arcs ont 17 de mes pas.

Au Palais du Gonfalonier, qui est une partie de celui du Légat, il y a deux tableaux insignes.

L'un est le *saint Jean* de Raphaël, que le Grand-Duc dit être une copie du sien; au lieu que les Bolonois disent que celui de Florence est une copie. J'ai vu les deux; il y a apparence que ni l'un ni l'autre ne sont des copies d'autre main que de Raphaël lui-même. Ils sont tous deux admirables.

L'autre tableau est un *Samson*, qui avale l'eau qui est venue dans sa mâchoire d'âne. Il est impossible de voir un plus beau tableau, une plus belle attitude, plus de grâce. Il a un pied qui s'appuye en arrière sur des Philistins morts. Il montre le côté, en avalant l'eau de sa mâchoire.

J'ai été aujourd'hui, 14 juillet 1729, avec Mgr. Santi à l'Institut.

C'est un beau palais que la Ville a acheté pour cela. Il y a l'Académie et l'Institut. L'Institut est composé de professeurs, qui ont 20° écus par an de la Ville, pour donner des leçons publiques de certains jours de la semaine, chacun dans sa science, et ils sont de l'Académie, laquelle est un corps à peu près formé comme les autres académies des sciences.

Primo, on nous a menés dans une chambre où est ce qui regarde la fortification et le militaire. Ils ont taillé en bosse, sur une table, une partie de place, avec ses dehors, avec les tranchées, les batteries et tout ce qu'on fait, dans le temps d'un siège, pour l'attaque ou pour la défense : chaque chose marquée d'une lettre, qui se rapporte à chaque article d'un livre qui en donne l'explication. De plus, dans le même relief, il y a des places de tous les ingénieurs.

Plus, il y a, en petit, les différentes machines de guerre qui sont aujourd'hui en usage.

François Marchi, Bolonois, *Architecture militaire*, d'où Coehorn a beaucoup pris.

De là, nous sommes entrés en une autre chambre, où le professeur de physique nous a fait voir les différentes machines nécessaires pour faire les expériences, lesquelles machines sont presque toutes tirées de S'Gravesande. La fortune de cet Institut est d'avoir un fort bon et fort ingénieux machiniste. — Ils ont une machine pneumatique fort commode : c'est une espèce de table à quatre pieds, le long de laquelle, en dessous, est couché le corps de la seringue, dont le piston est retiré en tournant une manivelle. — Il y a une machine pour le choc des corps : plusieurs boules d'ivoire attachées à un centre; il y a une boule au milieu qui, par le choc, est poussée sur une espèce de lame, un peu circulaire, et est plus ou moins poussée, selon que la boule est choquée par un angle plus ou moins incliné. — Plus, une machine où il y a, d'une grande longueur, une espèce de poutre, où il y a une espèce d'enrayure où passent des boules de même poids. Il y a, dans de certaines distances, une petite détente que la boule, en passant, fait aller et fait partir une autre boule, qui est au lieu d'où la première est partie, par une communication par le moyen d'un fil à une autre détente. Or il arrive que, toute cette étendue étant marquée par des détentes pareilles, elles s'accélèrent toujours en raison des nombres impairs 1, 3, 5, 7, 9. — Plus, une machine qui prouve que la descente des corps se fait par une parabole : c'est un tuyau coupé en long, courbé en cercle et, ensuite, droit; et la boule qui tombe le long de ce demi-tuyau ou enrayure prend un mouvement mêlé du circulaire et du droit et décrit une parabole : ce que font aussi les corps qui tombent. — Plus, une machine pour les plans inclinés : on incline, plus ou moins, une petite plaque; on y pose un corps attaché à un petit fil; à l'autre bout, on attache tels poids qu'on veut, qui *(sic)* tiennent le corps incliné en équilibre, et on juge des différents effets dans les différentes inclinaisons.

J'oubliois de dire qu'il y avoit, dans la dépendance du même professeur, une chambre de livres rares; entre autres, des livres de géographie turcs en arabe. J'y ai vu l'Italie, qui y paroît très bien.

Ensuite, on passe dans une chambre où est un recueil complet des ustensiles qui servoient aux usages domestiques ou à la religion des Anciens. J'y ai remarqué des statues d'Égypte, de terre cuite. Elles sont creuses et percées. On y mettoit de l'huile ou des parfums. J'y ai remarqué, entre les vœux, une partie naturelle de l'homme et une partie naturelle de la femme, chacune de terre cuite.

De là, on va dans l'appartement de l'histoire naturelle. C'est là que l'on voit des amas immenses de toutes sortes de curiosités, disposés dans plusieurs chambres, dans des armoires en forme de pupitre, couvertes de verre. On y voit, *primo*, toutes sortes de pétrifications singulières. On y trouve, entre autres, la pierre de Bologne, qui se trouve dans le territoire de cette ville. C'est une pierre de la couleur des cailloux, et qui a des fils en long et si brusquement mis les uns sur les autres qu'il semble qu'il seroit aisé de les séparer. On fait calciner cette pierre, et, lorsqu'on la porte de l'ombre à la lumière, elle s'en empreigne, et, portée à l'ombre, elle paroît comme une espèce de charbon. Il y a apparence que les rayons de la lumière ont assez de force pour mouvoir les parties des soufres extérieurs, comme le mouvement du feu les remue.

On passe dans d'autres chambres, où il y a différentes autres parties : des oiseaux rares de l'Amérique et ailleurs; des poissons rares; un ramas même de nids d'oiseaux singulièrement construits, avec leurs œufs; un ramas de plantes marines; un de coquillages; un de toutes sortes de minerais de métaux, d'étain, cuivre, or, argent, plomb; un de toutes sortes de marbres, avec leurs noms; un des fruits de différents pays.

Après avoir passé par le professeur de l'art militaire, de la physique, des belles-lettres, de l'histoire naturelle, on monte dans les appartements pour l'astronomie, où règne M. Manfredi, et où il a fait des élèves qui lui succèderont. Il y a là de très beaux et de très bons instruments pour observer.

Une très grande partie des choses qui sont dans cet institut ont été données par le général Marsigli, qui avoit de la fureur pour cet Institut. Il s'est brouillé avec l'Académie et s'en est allé à Marseille ; mais *amantium iræ amoris redintegratio est.*

On ne sauroit ajouter rien au zèle que les professeurs témoignent pour cet établissement. Il y a un professeur d'histoire naturelle, nommé ...., qui se sacrifie entièrement à cela.

De là, on passe dans une salle en bas, où il y a une école de peinture, et où, autour du lieu où se place le modèle, il y a des bancs circulairement mis et en amphithéâtre. Au bas, il y a les modèles en plâtre des plus rares antiques de Rome et de Florence; et même, dans l'appartement, des belles peintures à fresque.

Il y a, de plus, une bibliothèque et, enfin, un jardin de simples.

J'oubliois de dire qu'il y avoit auprès des chambres pour la physique, un cabinet pour les ouvrages du tour.

Il est impossible de ne sortir point avec admiration de ce beau palais, qui est admirable par sa beauté même et son bel escalier, mais bien plus par la beauté des recherches et l'amour pour les sciences de ceux qui l'habitent.

La ville de Bologne devroit élever une statue au général Marsigli.

Outre l'Institut, il y a un autre palais où sont les Études, qui est l'Université. Il y a des peintures des Carrache jeunes. C'est une belle cour, des portiques tout autour, par où l'on va dans les appartements. Il y a une surprenante perspective.

La Madonna-di-San-Luca est une église à 3 milles de Bologne, où il y a une image de la Madone peinte

par le fameux peintre saint Luc. On a fait nouvellement un portique pour y aller à couvert, et c'est une des plus grandes extravagances qu'il y ait à Bologne. Ce portique est assez grossièrement fait
5 et n'a aucune beauté. D'ailleurs, il y en a la moitié qui est en saillie le long de la montagne. Il ne va pas droit, mais selon que le demande le terrain. Les particuliers achètent des arcs pour y mettre leurs armes : marchandise que l'on vend beaucoup plus
10 cher qu'elle ne vaut.

On a raison de louer les escaliers de Bologne. Les principaux sont celui des Franciscains, des Palais Fantuzzi (où étoit le chevalier de Saint-Georges), Aldovrandini, Ranuzzi, Legnani, et même Caprara,
15 et enfin Pepoli.

La Maison Legnani a une cour en portique, séparée par le milieu en deux carrés par un autre portique, par où on va à une autre cour. L'escalier est très grand, et, quand on est au deuxième palier, on
20 a un appartement d'un côté, et, comme on fait le tour de l'escalier, on entre, de l'autre, dans un autre appartement, et, derrière un des quatre corridors, dans le fond, on trouve un autre escalier en limaçon.

L'Église du *San-Salvatore* est une des plus belles
25 de Bologne pour l'architecture. On y voit de beaux tableaux et, dans la sacristie, un très beau *saint Sébastien* ébauché du Guide, et, dans l'Église, plusieurs tableaux de bons peintres : Carrache, Guide, etc.

A Sainte-Marguerite, beau tableau du Parmegianino, d'une *Vierge avec son fils et sainte Marguerite*. Les Carrache étoient fous de ce tableau, tant il a de grâce. Au maître-autel, il y a une *sainte Marguerite* du Sammacchini, qui ressemble à la Le Fr......, dont l'air de tête est admirable.

A Saint-Paul, un tableau du Guerchin, qui est *le Purgatoire;* beau, mais j'y ai remarqué une grande faute de jugement. Il y a dans ce tableau deux lumières : l'une vient d'en haut, et l'autre vient d'en bas : qui sont les flammes du Purgatoire, qui entourent les âmes ou les corps. Le Guerchin, à son ordinaire, n'a pas manqué de faire des ombres noires, opposées à la lumière d'en haut, sans songer que la lumière d'en bas doit la *(sic)* détruire.

Sainte-Agnès : le tableau du *Martyre de sainte Agnès* est un chef-d'œuvre du Dominiquin.

Il se fait à Bologne 900,000 livres de cocons de soye, qui font 90,000 livres de soye.

Le Pape remet de l'argent à Bologne; il en remet à Ferrare; non à Comacchio, où il y a une excellente pêche d'anguilles.

Les sujets du Pape se plaignent du gouvernement des Prêtres. Il n'y en a pas de plus doux. Il envoye de l'argent dans presque tous les pays de sa domination.

J'ai vu à Rome et à Bologne, Mgr. Lanti, gouverneur d'Ancône, avec lequel j'ai fait grande connoissance : il est neveu du duc de Noirmoutiers et frère de la duchesse d'Havré.

L'escalier Ranuzzi est très beau. Il est en espèce de fer à cheval, au milieu duquel il y a un palier, d'où il part une autre rampe droite, entre les deux côtés du fer à cheval, par où l'on monte au premier
5 étage. En vue du second palier est un grand corridor, qui fait un des côtés du dessus du portique qui fait la cour. On va tout autour de l'escalier, comme à l'escalier Legnani.

A Saint-Michel-*in-Bosco*, il y a dans l'Église,
10 qui est hors des murs, d'assez belles peintures du Cignani. Mais ce qui est remarquable, c'est un cloître où Louis Carrache, le Guide, le Brizzio, Cavedone et autres auteurs ont peint la *Vie de saint Bruno* et *de sainte Cécile* : ce qui est presque partout
15 un chef-d'œuvre de l'art. Mais, par la négligence de ces moines, ces peintures sont presque ruinées. Les principales et mieux conservées sont *la Naissance de saint Benoît*, du Brizzio; *les Femmes* qui sont envoyées dans le Jardin, et *qui font fuir saint Benoît*,
20 de Louis Carrache; *la Folle qui court vers le Saint*, pour qu'il la délivre, encore de Louis (expression admirable); *les Religieuses mortes qui sortent du tombeau* pour entendre la messe, du Massari; *le Diable qui jette* inutilement *un Moine du haut du*
25 *bâtiment*, du Spada; un *Voleur conduit au Saint*, *l'Ame de saint Benoît qui vole au Ciel* (forme de l'âme, admirable), du Cavedone; *le Moine désobéissant désenterré*, du Tiarini (il est admirable pour l'expression, quoique d'un mauvais coloris de craye;
30 toutes les figures sont d'une vérité admirable).

Belles perspectives dans la Bibliothèque. Un peintre, pour faire pièce à celui qui y peignoit, peignit, sur le haut de la porte, une fente et rupture qui paroît si vraye qu'il n'y a personne qui ne dît que le mur a manqué.

Pour prendre ces *sot-in-su* et ces raccourcissements, les peintres ont une lumière qu'ils mettent dessous l'objet qu'ils veulent peindre, et l'ombre va se peindre sur le plancher au-dessus. En effet, vous voyez quelquefois, à la lumière du Soleil, l'ombre de votre bras, pour ainsi dire, entrer dans le mur.

Pour écouler les eaux du Reno, les Bolonois vont tirer un canal, de concert avec les Ferrarois, pour conduire cette eau vers Comacchio. Cela (dit-on) les préservera, et, de plus, il y aura, par le canal, des commodités pour le commerce.

A *San-Giovanni-in-Monte,* il y a la fameuse *sainte Cécile* de Raphaël, dont la copie, du Guide, est à l'Eglise de Saint-Louis, à Rome; qui est bien au-dessous, n'ayant pas la grâce de l'original. Il y a aussi, auprès, une *Vierge* de Pierre Pérugin, que l'on a dit avoir fait mourir de douleur Francia, de Bologne; ce que les Bolonois disent être un conte, et je le crois : car j'ai vû des tableaux de Francia, même un dans la sacristie de cette église, aussi bon *(sic)* que cela.

A Saint-Dominique, il y a trois grands tableaux : un de Louis Carrache, de *la Vierge qui apparoît à saint Hyacinthe;* plus, un *saint Raymond*, qui est sur la mer, sur son manteau (il est impossible de mieux exprimer la mer, ni les plis agités par les vents);

enfin, le fameux *Martyre des Innocents* du Guide. Là, il s'est surpassé lui-même : il a mis plus de force dans son coloris; plus d'expression dans les visages; sa grâce ordinaire; une grande variété dans les attitudes et les expressions; enfin, point de confusion dans les figures; une grâce répandue dans toutes les différentes actions. Je ne le trouve pas inférieur à son *Aurore*. Ceci fait bien voir qu'il n'étoit pas seulement propre à faire des demi-figures et des *Madones*.

Gêne des sujets des petits princes : ils regardent un sujet comme leur bien. Un Caprara venant s'établir de Modène à Bologne, il fallut qu'il renonçât presque jusques à son baptême : à ne succéder à aucun de ses parents; à tous les droits qu'il pourroit avoir.

Peu de princes ont une ville en second comme Bologne : 70,000 habitants.

Ce qui a fait tort à Bologne, c'est que d'autres nations ont appris à accommoder les chanvres pour les câbles.

XI

MODÈNE, PARME ET MANTOUE

Le 17 juillet 1729, après dîner, je suis parti de Bologne et suis arrivé de bonne heure à Modène, qui n'est qu'à 3 postes de là. On trouve, sur les confins du Bolonois, le Fort-Urbain, qui paroît être assez considérable. La garnison et le fort sont entretenus par le Bolonois. On passe, ensuite, une petite rivière, appelée *le Panaro,* qui sépare le Bolonois des États de Modène. A 5 milles de là, on arrive à Modène, petite ville, faisant environ le tiers de Bologne, sans beauté et triste. Je pensois, en entrant à Modène, à l'étonnement de Mad⁰ de Modène lorsqu'elle entra pour la première fois à Modène.

Le Palais du Duc seroit beau, s'il étoit achevé. Il aura trois ordres : dorique, ionique et corinthien, et quatre aux pavillons. Ce sera un bâtiment carré-long. La largeur de la cour se trouve dans la longueur du carré. Cette cour est entourée de portiques qui règnent sur tous les étages. Du milieu de la ligne qui fait la longueur de la cour, il part un autre portique qui sépare la largeur du bâtiment en deux. C'est au côté gauche, qui est fini, que l'on trouve l'escalier.

Ce qu'il y a de singulier à Modène, et qui est une des belles choses d'Italie, c'est la Galerie du Duc, qui n'est pourtant pas une galerie, mais un appartement. C'est un recueil des plus beaux tableaux du Corrège, des Carrache, du Parmesan, de Paul Véronèse et du Titien, et quelques Raphaëls. Il y a *la Nuit* du Corrège et un petit tableau enfermé, qui est sa *Madeleine*. Ces deux pièces sont sa *(sic)* dernière manière, et elles sont sans prix. C'est là qu'on admire cette fusion de couleurs qui n'est qu'en lui, et qui semble seule faire le relief des corps et donner quelque chose de tendre à la chair. Il y a un *saint Georges* de la première manière, que quelques-uns estiment plus, parce qu'étant plus sec il est mieux dessiné et les contours mieux marqués. Il y a, du Titien, un petit tableau du *Pharisien qui tente Jésus-Christ*, en lui demandant s'il faut payer le tribut, et lui montrant une pièce de monnoye. Il est impossible de mieux marquer l'air d'un fourbe et l'air sage de quelqu'un qui s'aperçoit de la tromperie. Il y a de très beaux tableaux de Paul Véronèse, et en quantité, et ce sont de très grandes pièces ; une *Vierge* admirable de Louis Carrache, qui est aussi à Bologne ; beaucoup de grands tableaux des Carrache : ce sont ces grandes machines de tableaux qui sont difficiles à trouver.

La manière dont les ducs de Modène ont fait cette galerie est aisée : ils ont pris tous les tableaux qui étoient dans les églises de Modène, et les ont fait porter chez eux ; c'est ce qui leur a donné ces belles et grandes pièces, et ce qui fait que, du reste, à Modène, il n'y a rien qui vaille.

Il y a là une chose qui impatiente; c'est qu'on a mis sur les soffites des originaux des meilleurs maîtres. Ils sont hors de la vue, et ils sont mis là comme dans un puits. Il y a une chambre où il n'y a au soffite que des tableaux de l'Albane; une autre où il n'y a que des tableaux du Tintoret.

Lorsque le duc de Modène a eu acheté La Mirandole, on lui a fait donner de l'argent pour acheter les meubles, et on lui a fait acheter jusques aux cloches, comme étant de bronze. Puis, on a dit qu'on n'avoit pas vendu la place, et on y a laissé une garnison, qui n'est pas commode.

Le Duc a, de plus, une pension à payer au cardinal Pico, à cause des biens allodiaux.

La Mirandole vaut 5,000 pistoles de revenu. Le duc de Modène en a payé, pour le prix et les suppléments, 180,000. Le duc de Novellara étant mort, le duc de Modène a succédé à une partie, comme fief de la maison d'Este; l'Empereur a pris possession de l'autre.

Arrivant à Modène, j'avois une lettre pour M. Muratori, qui est le bibliothécaire du Duc, et qui me fit bien des politesses. C'est un habile homme. Il donne au jour le *Recueil des Historiens d'Italie,* qui s'imprime à Milan.

Je trouvai, de plus, à Modène le comte Guicciardi, fils du comte du même nom qui est envoyé de l'Empereur à Genève, et qui est de Reggio. Je l'avois vu à Venise, et il était parti de Vienne peu de temps après moi. Il m'a fait beaucoup de politesses.

Les principaux savants d'Italie de mon temps étoient Mgr. Bianchini, qui mourut à Rome; le père Galliani; à Venise, l'abbé Conti; à Vérone, le marquis Mafféi, qui a fait la *Mérope* et bien d'autres livres; à Bologne, M. Manfredi et autres professeurs : entre autres, un professeur pour la philosophie naturelle, qui se nomme (je crois) Monti; à Modène, M. Muratori; à Turin, le père Roma et l'abbé Lama; à Milan, la comtesse Borromeo; à Naples, le conseiller Grimaldi. Je les ai tous vus, excepté Manfredi et Bianchini. Plus, il y a le marquis Orsi, Bolonois, à Modène.

J'ai eu une audience de M. le duc de Modène, d'une bonne heure. C'est un vieillard de 75 ans, qui a vu les pays étrangers, a été longtemps cardinal. C'est un homme de bon sens, qui gouverne bien. Dans la conversation, il m'a parlé de son âge et m'a dit que les princes de sa maison ne vivoient pas; mais que Muratori lui avoit dit qu'il y en avoit un de sa maison qui avoit vécu cent ans; qu'il étoit maigre comme lui et vivoit comme lui. L'envie de vivre fait que nous autres hommes nous prenons à tout ce qui peut nous persuader que notre fin est reculée. Nous avons beaucoup parlé du Pape, qu'il regarde comme un saint; du Roi, de Louis XIV, qui lui avoit fait bien des politesses à son voyage de France, avec la duchesse d'York, sa nièce, qui passoit en Angleterre.

J'ai vu la bibliothèque du Duc; elle est assez nombreuse, et Muratori l'a augmentée.

M. Muratori n'a trouvé, dans la bibliothèque et dans les archives, aucune pièce de la langue italienne avant le siècle mille cent *(sic)*.

M. Muratori a fait la généalogie de la maison d'Este, imprimée, à Modène, dans l'Imprimerie ducale (1717). Incontestablement, la maison de Brunswick vient de celle d'Este, par Azon d'Este, marquis de Lombardie, père de Guelf, duc de Bavière, fait duc de Bavière en 1071, comme le raconte Lambert d'Aschaffenbourg.

M. Muratori, dans la préface, traite des différents sentiments sur la généalogie de la maison de France. Il traite encore de la généalogie des ducs de Savoye. Il prouve incontestablement qu'elle ne vient point de celle *(sic)* des ducs de Saxe, et en met les conjectures en poudre. Il la fait commencer à Bérold, qui vivoit l'an 1014.

Il commence la maison d'Este à 930, d'où il la conduit, par preuves, jusques ici, et, par des conjectures, il la fait commencer du *(sic)* 810, en l'attachant à Adalbert, marquis et duc de Toscane.

Il y a encore dans le Milanois une branche de la maison d'Este, et qui succéderoit aux États de Modène, si cette maison venoit à manquer. Elle a des fiefs dans le Modénois, dans le Milanois. Elle a perdu ceux qu'elle avoit dans les états du roi de Sardaigne par la dernière réunion. Je crois qu'ils s'appellent *Saint-Martin*.

Ils disent que la maison de Hanovre est attachée à cette maison-ci, parce qu'elle en descend, et que c'est celle sur laquelle ils pourroient le plus compter.

Ils avoient marié Amélie avec l'empereur Joseph : sa mort les a empêchés d'en recueillir le fruit ; le prince héréditaire avec une fille d'Orléans : sa mort en a empêché aussi le succès.

Ils ont un procès à Vienne, au sujet des allodiaux d'un prince de la maison d'Este, mort à Modène. Le Duc a succédé à une belle terre dans les États de Modène. Mais les allodiaux sont disputés par les princesses de Carignan, qui prétendent être plus près. Les Modénois prétendoient que cela devoit être jugé par les juges du pays : s'agissant de biens situés dans leur pays, et les princesses de Carignan n'étant là que particulières. Mais l'Empereur a attiré cela au Conseil aulique, comme s'agissant d'affaires de princes.

Ces gens espéroient aussi avoir part à la succession de Brunswick. Mais M. le duc de Bourbon a acheté la duché de Guise. La duchesse de Brunswick a *(sic)* resté quelque temps à Modène. Mais quelques démêlés avec la princesse héréditaire de Modène lui firent prendre le parti de se retirer.

Il y a, outre la duchesse de Parme, deux autres filles du duc de Modène. L'aînée a environ 32 ans.

Il y a à Modène un canal qui va se jeter dans le Pô, qui porte à Venise dans trois jours et demi. Ce canal commence à 100 pas du Palais.

Les Écuries du Duc sont belles. Il n'y en a que la moitié d'achevé, c'est-à-dire un côté. Il y avoit

100 chevaux assez beaux. Il y avoit, de plus, d'autres écuries. Le Duc aime les chevaux.

Le Collège de Modène. — Ce sont des prêtres qui en ont soin. On n'y reçoit que des cavaliers, et de l'approbation de M. le Duc. Ils sont séparés en chambrées, et qui ne se communiquent point. On les *(sic)* apprend à être gentilshommes, et non pas à être moines ni prêtres. Ils ont une maison de campagne, où ils vont à la chasse, dans les jours de congé, dans des plaisirs destinés pour eux. Ils ont toutes sortes de maîtres. L'entretien d'un écolier, en tout, va à 50 pistoles d'Espagne. Ils vont à la Cour, dans les fêtes publiques, montent à cheval avec les chevaux du Duc. Cela les *(sic)* apprend à être moins timides et les accoutume au monde. Les Jésuites ont bien souvent couché en joue ce collège; mais ils n'ont pu y mordre, parce que c'est une ancienne fondation, et que, d'ailleurs, leur manière est différente.

Bernardi Ramazzini Opera omnia (Genève, 1717, in-4°). — On y trouve plusieurs traités : un *De admiranda Fontium Mutinentium Scaturigine ;* un autre *De Morbis Artificum ;* un autre *De Barometro ;* un autre *De Virginum Vestalium Sanitate tuenda ;* un autre *De Principum Sanitate tuenda*. Il faut l'acheter à Genève.

A Modène, les Rangoni, les Montecuculli, les Cesi.

Une branche Montecuculli est allée à Bologne, épouser une Caprara ; l'autre est restée.

La marquise Cesi tenoit la conversation. C'est une jolie femme. J'y ai vu la comtesse Marchani, sœur du comte Ercolani, qui est (je crois) de Bologne.

J'ai remarqué, dans presque tous mes voyages, que plus le peuple est misérable, plus il est rusé et fripon. A Modène, où le peuple est accablé d'impôts, on ne peut changer une pièce d'argent sans être trompé. A Bologne, où il est à son aise, la bonne foi y est assez. Il n'y a pourtant que 2 postes de différence.

La monnoye de Modène est de méchante monnoye de billon : l'argent est altéré ; et le reste, en cuivre, porté très haut : en sorte que 4 espèces de liards et 1/2 valent un jule du Pape.

Les deux principales familles de Modène, et qui sont au-dessus des autres, sont les Rangoni et les Montecuculli.

Le Duc est très avare. Il a donné sa confiance à des étrangers, qui se sont enrichis à lui faire croire qu'ils faisoient mieux ses affaires et faisoient mieux valoir ses revenus. Il y avoit, de mon temps, un home de Lucques, nommé *le marquis Lucchesi*, qu'on disoit avoir, en cinq ou six ans de temps, gagné dans le pays 500,000 écus romains. Je veux croire qu'il y a de l'exagération. Il n'a d'autre charge que celle de l'intendance des Écuries : la place de grand écuyer étant vacante, comme ne pouvant être conférée à un homme de sa naissance. Mais le Duc ne fait rien sans lui.

J'ai connu les comtes Molza, dont le père étoit à la reine d'Angleterre, de Modène.

Il y avoit aussi le comte Bosqueti et sa femme, qui étoit dame d'atour de la Princesse et ne l'avoit pas suivie à Gênes parce que cela auroit fait faire de nouvelles difficultés sur le cérémonial.

J'ai fort bien passé mon temps à Modène. Il y a un café, où s'assemble la noblesse. De là, on va à la conversation chez la comtesse Cesi, qui est une très jolie femme. Il y a plusieurs gentilshommes qui ont tous bien du savoir-vivre. Les dames ont toutes beaucoup de politesses *(sic)*. Les plus jolies étoient la comtesse Cesi et la comtesse Bosqueti. Bosqueti est un Piémontois qui est venu à Modène épouser l'héritière d'une autre branche.

Je voyois aussi beaucoup M. Muratori, qui est un ecclésiastique bien savant, et qui a mis au jour un très grand nombre d'ouvrages. Il est bibliothécaire du Duc ; il est simple, naïf, a de l'esprit, charitable, honnête homme, vrai ; enfin, c'est un homme du premier mérite. Outre son *Histoire de la Maison d'Este* et son *Pétrarque*, il a fait plusieurs autres ouvrages : un, *Sur la Charité ;* un autre, *De la Modération sur les Disputes de la Religion ;* d'autre *(sic)*, *Sur la Peste*.

Je suis arrivé 2 heures avant midi à Reggio.

C'est une ville plus petite que Modène. Elle subsiste par les travaux qui se font, par *(sic)* la préparation des soyes, qui occupent presque tout le monde dans la Ville.

J'ai été chez un Juif très riche, qui a un moulin où il se file une prodigieuse quantité de soye. J'ai vu toutes les diverses préparations qui s'y font.

Une roue fait tourner un pivot, qui fait tourner une poutre mince, dans sa longueur, sur elle-même. A cette poutre se rencontrent de longs essieux qui tiennent toute la largeur de la chambre; autour duquel *(sic)* sont différents dévidoirs et sans nombre. Par cette préparation, la soye passe des écheveaux que l'on avoit fait en dévidant les cocons dans l'eau chaude, elle passe (dis-je) sur la navette. On la met, ensuite, au moulin, où on la file; c'est-à-dire que les navettes chargées tournent et se dévident dans un écheveau. Mais le fil passant par un fil d'archal se rompt dès qu'il y a un endroit foible ou défaut. Après quoi, un homme le rattache. Cet écheveau fait, les femmes doublent le fil de soye pour faire de l'organsin. Après quoi, on le met au moulin, et on le tord. L'organsin n'est bon que lorsqu'il est bien filé et, outre ce, bien tordu; c'est-à-dire lorsqu'il fait des nœuds en le tordant avec les doigts.

Le Juif m'a dit que les manufactures d'organsin étoient bien tombées depuis que les François et autres nations avoient fait des moulins chez eux.

Il m'a mené dans une autre chambre où il faisoit fabriquer des étoffes de soye. Il employoit, pour les étoffes, de la soye de Reggio, plus grosse, et, pour ses organsins, il se servoit de celle de Mantoue, bien meilleure et plus fine.

Des cocons qui ne se dévidoient pas bien à l'eau chaude, on fait une espèce de fleuret; et, des dessus de cocons qui sont blancs, une espèce de filoselle. On met le tout ensemble, et on le travaille au peigne de fer; et ce qui s'accommode au peigne est filé par les mains des femmes, comme de la filasse.

Reggio est assez joli. Les rues sont plus larges qu'à Modène, et il y a plus d'air. Du reste, ce n'est pas grand chose, ni pour les bâtiments publics et particuliers, ni pour les tableaux, ni pour le nombre des habitants. Modène peut avoir 25,000 habitants; Reggio, la moitié; Parme, 35 à 40,000; Plaisance, un peu moins que Parme et plus que Modène.

Le prince de Modène, n'ayant pour toute maison à Reggio que la Forteresse, a fait bâtir, à 3 lieues de Reggio, une maison de plaisance appelée *Rivotta*, et la princesse a fait bâtir, à 1/4 de mille de là, le Rivottanin, autre petite maison, pour elle.

———

De Reggio à Parme, il n'y a que 2 postes.

A la seconde, après 1 ou 2 milles de chemin, avant de passer un petit fleuve, très gros l'hiver et sec l'été, on entre dans le territoire de Parme. Ce pays paroît meilleur que celui de Reggio; mais il est un peu moins bien cultivé : car il est difficile de cultiver aussi bien que les Modénois. On croit que le Parmesan n'est pas si chargé à proportion que les États de Modène. Cependant, il rend beaucoup plus.

Il y a dans les États de Parme, pour le moins, un tiers plus d'habitants que dans ceux de Modène.

Les États de Parme, du côté du midi, ont des montagnes formées par l'Apennin. De ces montagnes sortent bien des torrents. Les anciennes constitutions des Ducs avoient défendu de cultiver ces montagnes, afin que les torrents entraînassent moins de sable dans le Pô. Mais on a cultivé tout, et ces montagnes sont fertiles comme les vallées mêmes. De plus, l'air, qui est très bon à Parme, y étoit encore meilleur autrefois, et on y voyoit des vieillesses prodigieuses. Mais, comme, par les défrichements, on a coupé les arbres des montagnes, lesquels couvroient le *(sic)* vent du midi, l'air a perdu cette admirable salubrité et n'est plus que bon.

Le duc de Parme est un prince qui ne songe qu'à passer bien son temps, et il fait de très grosses dépenses, outre qu'il en a de continuelles que le duc de Modène n'a pas : car il a 2 à 3,000 hommes de troupes, au lieu que je ne crois pas que le duc de Modène régnant en ait 500.

Le premier coup d'œil de Parme est très agréable. Les rues en sont belles, larges, vastes, grandes ; les églises, belles ; la fortification, en bon état. Les remparts font une très belle promenade. Les églises sont pleines de belles peintures du Parmesan et du Corrège.

Comme les États de Parme ont été aux Papes, le Clergé y a des privilèges très grands; ce qui fait que presque tout le monde y choisit cet état.

Au Saint-Sépulcre, il y a deux beaux tableaux : un admirable, du Corrège, où l'enfant Jésus donne une main à saint Joseph et l'autre à la Vierge; et un autre très beau, du Parmegianin.

Au Dome. — Le Dome est peint par le Corrège d'une manière inimitable. Le fond du soffire *(sic)* au bout du chœur, a été renouvelé par les Carrache, sur le dessin du Corrège, les peintures du Corrège ayant été détruites pour agrandir l'Église. Il y a auprès du Dome, sur des arcs, des clairs-obscurs du Corrège admirables.

A Saint-Jean, église des Bénédictins, le dome est peint par le Corrège. Mais il est difficile de voir ces peintures, tant ce dome est obscur. Mais il y a d'autres tableaux du Corrège et quelques peintures du Parmesan.

J'ai été recommandé par le père Joseph Cerati au comte Cerati, son frère, qui est un jeune ecclésiastique très aimable. Il m'a mené avec le sieur Clément Vouta, habile peintre, voir les plus belles choses de la Ville. Ce sieur Clément m'a fait voir un tableau de sa façon, d'un *Loth enivré par deux de ses Filles,* dont l'expression est très bonne.

J'avois aussi une lettre pour le comte chanoine Bernieri, qui m'a fait bien des politesses.

A Saint-Antoine, il y a un tableau inimitable du Carrache : une Vierge, l'Enfant et une Madeleine qui le caresse; un Ange, à côté, qui regarde l'Enfant; un saint Jérome, à côté. Le Jésus caresse la Madeleine et regarde saint Jérome. Tout est en action dans ce tableau.

Le duc de Parme a 1,900 hommes de troupes, cavalerie ou infanterie, tant pour ses gardes que pour ses garnisons de Parme et de Plaisance. Il lui faut, tous les jours, tant à Parme qu'à Plaisance, 4,500 rations de pain, tant pour ses troupes que domestiques et autres.

Le même homme *(sic)* dit qu'il *(sic)* a 13 millions de livres de Plaisance, qui reviennent à 6 millions 500,000 livres de Milan. Il faut 7 millions de Milan pour faire 1 million de philippes; 1 philippe vaut 10 paules, qui valent 5 livres 13 sols de notre monnoye actuelle; de façon que le Duc auroit environ 5 millions de notre monnoye de revenu. A ce compte-là (ce que je ne crois pas), Plaisance est plus riche que Parme, à cause du commerce qui y est plus grand.

Parme est un peu plus peuplé : le même homme croit qu'il y a 50,000 habitants à Parme.

Depuis que le duc de Savoye chargea trop de droits les marchandises de France qui passoient par ses états, on les fit passer par le Simplon, et là, au Lac Majeur ou celui de Côme, où il y avoit plusieurs maisons françoises. Mais, les Milanois ayant mis des droits aussi sur les marchandises, les marchands françois ont envoyé les marchandises par Gênes, ou plutôt par Sestri-di-Levante ; d'où, par un trajet très court, elles arrivent à Plaisance et se répandent par toute l'Italie ; de façon qu'il faut que la ville de Milan même prenne ses étoffes de Plaisance, où il y a 5 ou 6 maisons françoises établies. Voyez (je vous prie) quel chemin il faut que prenne le négoce pour se défendre des continuelles entreprises des gens de finance ! On le poursuit partout, et il se réfugie toujours quelque part.

Les ducs de Parme ont une belle maison de plaisance dans les murs mêmes de la Ville, qui est comme une espèce de maison de campagne, où ils passoient trois à quatre mois de l'année. Le bâtiment est beau, bien entendu : un grand corps de logis, avec deux ailes ; de grandes pièces de pré ; un très grand et beau bois ; une belle pièce d'eau, dans laquelle il y a une île. Cette pièce fut faite pour être la scène d'un opéra fait à l'occasion du mariage d'un prince de la maison. Il y a aussi des peintures.

J'ai connu à Parme l'abbé comte Jean-Francesco Anguisola, oncle du père Cerati, qui est un homme de mérite et d'esprit et m'a fait toutes sortes d'amitiés. Il a un neveu, le comte Paul-Camille Anguisola, qui est capitaine dans un de nos régiments en France.

Presque tous les gentilshommes, à Parme, prennent l'habit ecclésiastique à cause des grands privilèges qu'ils y ont : ce pays ayant été sous la domination des Papes.

Grand nombre de fêtes à Parme.

Je trouvai à Parme la comtesse Volpari, avec laquelle je fis connoissance. Elle est de Plaisance. Elle étoit dans une auberge. Elle étoit amie des Cerati. C'est une espèce de folle, plaisante, et qui a de l'esprit.

J'ai vu un assez beau cabinet de tableaux dans la maison du marquis Santi.

Le duc de Parme a une ménagerie, où il y a des lions, des tigres, des ours.....

M. Silhouette, étant à Parme, demanda à voir le Duc, qui étoit à Sala, maison comme Marly, où il ne voit personne, et qui étoit celle qu'il avoit pendant qu'il étoit particulier. On lui demanda son titre. Il dit qu'il étoit « conseiller-secrétaire du Roi, maison et couronne de France et de ses finances ». Ce titre parut si respectable au Duc qu'il lui fit dire qu'il n'étoit pas en état de le recevoir ; mais que, s'il vouloit absolument le voir, il iroit à Parme, recevoir sa visite. Je fis remarquer audit M. Silhouette la bonté du Roi qui rend si brillant aux yeux des étrangers le premier pas que l'on fait dans la noblesse.

J'ai été voir l'appartement du palais du duc de Parme, où sont ses tableaux : car il en a une partie là et une autre partie dans sa galerie. Il y a la même remarque à faire là que sur la galerie de Modène : c'est que ces princes ont beaucoup tiré des églises ; à la différence qu'à Parme il est resté plusieurs tableaux et plusieurs peintures à fresque, comme les deux coupoles de Saint-Jean et du Dôme, du Corrège, et plusieurs autres ouvrages du Parmesan. Le duc de Parme a trouvé des tableaux de ces grands maîtres jusque dans les villages et petits monastères.

Je fais, en passant, cette remarque que la plupart des ouvriers seroient très bons s'ils étoient bien montrés. Ce que l'on peut voir par l'exemple des trois Carrache, bons, parce que deux avoient étudié sous Louis, et des trois Parmesan ou Mazzola, bons peintres, parce qu'ils avoient été sous de bons maîtres ; de tous les élèves de Raphaël et des Carrache, qui ont tous réussi.

Dans cette grande quantité de tableaux qui sont dans cet appartement, tous bons, il y en a d'excellents : un petit *Enfant* du Guide, qui dort ; une *Vierge* du Parmesan, admirable ; quatre grands tableaux, des copies de certaines peintures du Corrège, faites par les Carrache, parce que les originaux se perdoient (ce sont des ouvrages admirables) ; un beau *saint Michel* de Rubens ; un *Enfant qui dort* de Van Dyck ; et une infinité d'autres beaux tableaux.

On voit, ensuite, une petite bibliothèque, séparée de la grande, de livres choisis, qui ne sont pas bien choisis.

La galerie du marquis Santi est composée de quelques bons tableaux et beaucoup de médiocres. On la vendroit. On dit en avoir refusé 12,000 écus romains.

Le Théâtre de Parme étoit d'abord fait pour être la salle des gardes du Palais des Ducs, qui n'est pas achevé, et qui est inhabité par cette raison, les Ducs demeurant au Vieux Palais, où sont les tableaux dont j'ai parlé. Le Théâtre est grand, et trop grand pour un petit prince, qui n'a pas de quoi l'éclairer : ce qui fait qu'il reste presque inutile. Il est fait en manière d'ovale et a quelque chose des théâtres des Anciens; de façon que la voix se communique très aisément. L'officier me demanda ce que je voulais dire doucement à ses Suisses, qui étoient à l'autre bout, pour me faire voir qu'ils l'entendroient. Je fis cette demande : « Combien avez-vous bu de bouteilles de vin aujourd'hui? » Ils me répondirent : « Quatre. » Je demandai à cet officier si l'on faisoit de ces *(sic)* opéras en Suisse. Il me répondit que non. Je lui demandai si, dans le cabaret, on ne chantoit pas quelque petite chanson. Il me répondit qu'il y avoit de ces opéras-là.

Je fus, le lendemain, voir, dans le même palais inhabité, la galerie du Duc. C'est une très belle chose et un recueil de beaux tableaux. Ce sont là ceux qui ont été de tous temps à la maison; au lieu que ceux qui sont dans le palais que le Duc habite ont été acquis par le feu Duc, frère de celui qui règne aujourd'hui.

Il faudroit que Raphaël eût vécu mille ans pour avoir fait tous les tableaux qu'il a faits.....

Dans cette galerie, il y a un grand nombre de beaux tableaux, entre autres : une petite *Vierge* du Corrège ; *la Pluye d'Or* du Titien ; deux copies faites par les Carrache : l'une, des *trois Grâces,* de *trois Grâces (sic)* de Raphaël qui sont au petit Palais Farnèse ; l'autre, d'un autre morceau du même ; l'ébauche, en petit, du fameux *Jugement* de Michel-Ange, qui est à la Chapelle de Sixte, et que l'on voit mieux à son aise, et qui est mieux conservé. Enfin, le tout est plein d'originaux du Corrège, du Parmesan, du Titien, de Raphaël, des Carrache..... Il y a aussi plusieurs beaux ouvrages de Schedone.

Les ducs de Parme sont extrêmement jaloux des choses qui leur appartiennent. Ce sont des difficultés très grandes pour voir la moindre chose. On ne peut voir le Théâtre sans un ordre de la main du Duc. Or cet ordre ne seroit naturellement pas plus nécessaire qu'il ne devroit l'être pour voir la Grande Place. Il en est de même des deux cabinets de tableaux. Il faut, de même, un ordre pour voir Colorno, maison de plaisance du Duc, et voir jouer les eaux : choses pour lesquelles, il faut un ordre de sa main. Je ne sais si toutes ces cérémonies se font par fête, ou pour faire donner une *manche* plus grosse, ou par politique, pour retenir plus longtemps les étrangers. — Je n'ai point vu ce Colorno, parce que le Duc étoit à Sala, sa maison lorsqu'il n'étoit que prince, et que l'ordre ne vint pas à temps.

C'est une misère que de voyager par la poste dans les états des petits princes d'Italie. Ils ont besoin de leurs maîtres de poste, parce qu'ils prennent leurs chevaux sans payer, et leur donnent à
5 courir sus aux étrangers. Ce duc de Parme, par exemple, paye 2 livres de sa monnoye, par cheval, à son maître de poste, pour les services de la Cour; et les étrangers en payent 7, par cheval. Aussi les maîtres de poste y ont-ils des droits inusités. Quand
10 un homme est venu par la poste, fût-il dix ans à Parme, il faut qu'il s'en retourne par la poste. Le privilège des trois jours n'y a pas lieu.

Le duc de Parme lève bien plus de 100,000 pistoles ou 2 millions de notre monnoye actuelle sur
15 ses sujets. Jamais duc de sa maison n'a été si peu chargé de cours collatérales : car il n'en a aucune. De plus, il a augmenté les subsides de plus de 12,000 pistoles, et il n'a pas un sol. Il ne songe à rien qu'à se divertir.

20 Je suis arrivé à Mantoue le 27 juillet, à la pointe du jour, ayant couru toute la nuit et étant parti la veille, à 22 heures, de Parme.

Ce même matin, j'allai voir le Palais du Té, qui est un lieu où les ducs de Mantoue avoient leurs
25 écuries, et que le duc .... accommoda de quelques appartements, ayant fait une grande cour carrée d'ordre dorique, à un étage. Et, pour ajuster les triglyphes de son dorique, Jules diversifie *(sic)*

les espaces de ses colonnes avec symétrie, ayant
mis plus de triglyphes aux pilastres du milieu qu'à
ceux des côtés. Il a, de même, diversifié les espaces
des pilastres : les côtés qui ne sont pas vis-à-vis
étant différents; et, dans le côté vis-à-vis de l'entrée,
une espèce de salon ou *atrium,* par où l'on entre
des deux côtés dans les appartements, et qui règne
sur un parterre. Il est orné de peintures de Jules
Romain, et de statues de terre cuite de son dessin,
et quelques unes de sa main (m'a-t-on dit). Elles
sont très bonnes. Le dessin de cet *atrium* et de tout
l'édifice est admirable.

Il y a, à *(sic)* côté droit, trois chambres, et, à *(sic)*
côté gauche, trois autres chambres, où Jules Romain
a travaillé d'une manière que l'on peut regarder
comme le chef-d'œuvre de la peinture.

La première chambre, à *(sic)* côté droit, est ornée
de stucs où Jules a représenté un triomphe des
Romains, et là on voit son grand savoir dans le
costume et dans le dessin. Ensuite, on entre dans
une autre chambre, où il y a des peintures belles;
mais qui vous préparent à cette autre admirable
pièce où Jules a représenté la chute des Géants.
Tout est du dessin de Jules; mais il n'y a que le
Ciel et les Dieux qui soient entièrement de sa
main : les Géants ayant été touchés par ses élèves;
mais on y trouve toujours Jules. On ne peut rien
ajouter au feu, à la hardiesse, à la grandeur, au
mouvement qui est dans toutes ces figures, et à la
beauté de toute la machine.

De l'autre côté, il y a encore trois chambres :

une *Chute de Phaéton* admirable, mais qui a été retouchée, quoique assez heureusement. Puis on passe à une plus grande chambre, où il y a une prodigieuse quantité de belles peintures; si bien que l'œil ne peut se tirer de là. Il y a, d'un côté, un *Festin des Dieux*, où Mercure arrive trop tard. Tout cela est enchanté pour le feu, pour la grâce, pour le dessin, pour les attitudes. Ce qui me touche dans Jules Romain, c'est son ordonnance. On ne sauroit croire la quantité de Géants, d'une grandeur énorme, qu'il a mis en si peu de place. Tout cela est si bien ordonné qu'il n'y a rien de confus. L'œil voit tout et tout d'un coup. C'est une remarque que j'ai déjà faite sur ses *Batailles*. Dans les *Batailles* du Bourguignon et autres, je ne vois qu'un cheval, et, du reste, de la confusion. Je vois tout dans les *Batailles* de Jules Romain.

Dans cette même chambre où est *le Festin*, il y a un *Fleuve* dont la barbe et la moustache se convertissent et coulent comme de l'eau, qui est admirable. On voit Psyché, qui considère l'Amour avec sa lampe. Il n'y a rien au-dessus de cela. On croit voir une chambre : l'Amour et Psyché sont en relief. Il y a, à la cheminée, un Hercule admirable, tout de la main de Jules. J'oubliois de dire que, dans *la Chute des Géants,* le feu sort par la cheminée, comme un Etna, où ils se voyent précipités.

Mantoue est une seconde Venise. Elle est entourée par trois lacs. Le lac de Dessus est au couchant, le lac de Dessous, au levant, et le lac

du Milieu, au nord. La Ville peut avoir 4 à 5 milles.
Le côté du midi n'est pas entouré du lac, mais seulement par un fossé, où l'on fait couler les eaux.
Mais, quand on en veut, on jette là les eaux du lac,
et on fait un lac par une inondation.

Il y a un pont qui va vers le nord-est, qui a
1 mille de long; au bout duquel il y avoit autrefois
le Château-Saint-Georges, et ce pont étoit couvert.
Mais ce Château est à présent ruiné.

Une grande chaussée, sur laquelle il y a douze
moulins, appelés *les Douze Apôtres,* sépare le lac
de Dessus du lac du Milieu. Cette chaussée va du
midi au nord. Au bout est Borgho-Porto ou la Forteresse, séparée de la Ville par cette chaussée. [Sous]
le pont par où l'on y entre passe la grande défluité
d'eau dont nous avons parlé, qui passe avec une
rapidité à faire tourner la tête. Ce bourg est donc
fortifié et, d'ailleurs, entouré d'eau du lac.

C'est la seule forteresse de Mantoue. Autrefois,
depuis la Forteresse jusques au lac de Dessous, tout
le long de la côte, tout étoit plein de maisons ; mais
la guerre a tout détruit.

Cette chaussée retient les eaux, qui passent avec
une grande rapidité par les moulins. Les eaux retenues s'enflent dans le lac du Dessus, et il m'a
paru qu'elles y étoient plus hautes de 3 à 4 pieds,
et elles renverseroient tout s'il n'y avoit, à côté,
des ouvertures, une grande et petite *(sic),* par lesquelles les eaux se déchargent avec une très grande
rapidité. Ces moulins font moudre tous les grains
nécessaires pour la Ville, et ils ne pourroient être

moulus autre part. Le droit du Prince, pour une mesure de 10 poids, de 25 livres chacune, coûte 4 livres du pays, dont les 20 font 1 philippe; et, comme il faut 4 de ces mesures pour nourrir un homme, joint quelque petit droit de plus, cela va à 20 livres ou 1 philippe par homme.

Mantoue, à présent, a 15 ou 16,000 habitants. Sous les Ducs, il y en avoit plus du double.

Le pays de Mantoue est si bon que, chaque année, la terre produit des fruits pour nourrir le pays sept ans, et le surabondant sort pour nourrir le Pays Vénitien, le Modénois et le Parmesan; mais surtout le premier. La fertilité de la terre fait que le commerce y est totalement négligé. Ils ont des soyes, et point de manufactures. Un gentilhomme vit précisément pour rien : 2 ou 3 philippes, par mois, vous tirent d'affaire. Un gentilhomme m'a conté avoir une très belle maison dans Mantoue pour 7 pistoles du pays, par an. Cela fait que les gentilshommes ne peuvent pas sortir du pays : ils seroient abîmés.

Depuis quelque temps, l'air de Mantoue est meilleur qu'il n'étoit. Cela vient de ce que le lac ne reste plus à sec, et ce changement s'est fait tout seul. C'est qu'il y a eu des années où les eaux venoient si peu abondamment du lac de Garde que le lac restoit à sec. De plus, il y a cinq ou six ans que, pour travailler aux fortifications, on fit couler les eaux : ce qui fit crever une infinité de monde ; et l'on peut dire que le peuple de Mantoue s'est bien renouvelé, étant presque tout des états de Venise, Modène, Parme.

On a vu, mais rarement, les eaux de l'Oglio re- couler dans le lac de Dessous, de 10 à 12 pieds, et empêcher les moulins de moudre.

Le lac de Dessus est le plus grand des trois : il a bien 6 à 7 milles de long, et 3 de large. Il est en forme de calebasse, étant très étroit par le milieu.
Le lac de Dessous entre *(sic)* bien 3 milles, entre est et sud, et va former le Mincio.
Le lac du Milieu est le plus petit.
L'eau du lac de Dessus vient du lac de Garde, du lieu appelé *Peschiera*. Du temps du feu Duc, on alloit en bateau bien avant vers le lac de Garde ; mais les écluses sont gâtées.
Les eaux du Lac Inférieur vont former le Mincio, et on va du port de Mantoue à Goveruolo, qui est un port à 11 milles de Mantoue et peu éloigné du lieu où le Mincio entre dans le Pô.
Outre les embouchures par lesquelles nous avons dit que le lac de Dessus se décharge dans celui du Milieu, il y en a un *(sic)* autre qui forme un canal qui passe dans la Ville et sert à enlever les immondices. Il sort de la Ville par une issue qui est gardée par des sentinelles, et, la nuit, on lève une chaîne, ce qui fait qu'on appelle ce lieu *lo Porto-Catena*. Il se jette dans le lac de Dessous. Là, au *Porto-Catena*,

sont des bateaux qui peuvent aller jusqu'à Venise, passant par le Lac Inférieur, où se rend l'eau du canal, et, de là, on va au Mincio, où généralement toutes les eaux se rendent. Le canal qui traverse la

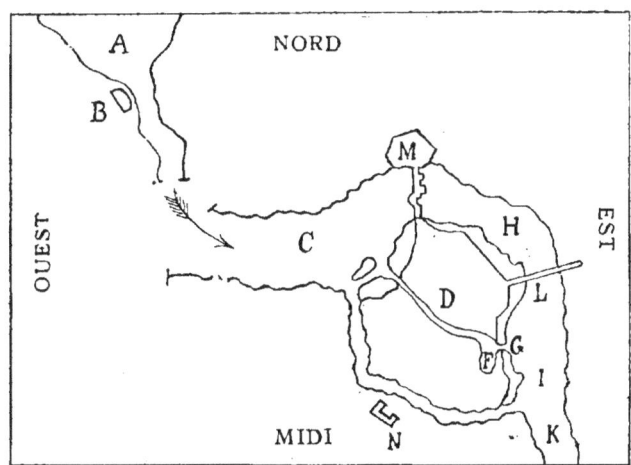

PLAN DE MANTOUE

A. Lac de Garde.
B. Peschiera.
C. Lac de Dessus. (Il n'est point fait comme cela, mais en forme de calebasse.)
D. La ville de Mantoue.
F. Eau du lac de Dessus qui passe par un canal de la Ville.
G. *Porto-Catena*, qui se ferme par une chaîne, pour qu'on [n'] entre point du lac de Dessous dans la Ville.
H. Lac du Milieu.
I. Lac de Dessous.
K. Mincio.
L. Pont Saint-Georges.
M. Forteresse.
N. Château du Té.

Ville ne porte point de barque, si ce n'est au *Porto-Catena*, et va de l'ouest à l'est.

Dans plusieurs endroits, le lac est plein de cannes et de roseaux.

Mantoue n'est pourtant pas précisément dans

l'eau, comme Venise ; c'est terre ferme. Il faut pourtant bâtir presque partout sur des pilotis, comme à Venise. On s'en exempte du côté du lac de Dessus, qui est plus haut, à moins qu'on ne bâtisse un grand bâtiment.

On fait l'hiver, sur le lac, une chasse aux canards et autres oiseaux pareils. C'est un droit du Prince. On y fait aussi une pêche, qui est un bon revenu de la Chambre. Quand on a pris les poissons, on les met dans des réservoirs où passe l'eau du lac.

Le Palais du Té est au midi de la Ville.

Le Dôme est de l'architecture de Jules Romain, et il y a des peintures de lui. Cette église ne fait point du tout d'honneur à Jules Romain. Les proportions ne sont point observées : les colonnes corinthiennes ont les proportions toscanes ; la nef est trop courte ; les membres d'architectures *(sic)* ne recourent *(sic)* point ; les piédestaux des pilastres sont un peu plus bas que ceux des colonnes : la règle est que chaque colonne demande un pilastre opposé, et avec les mêmes proportions.

Pour revenir au Palais du Té, Junon est auprès de Jupiter, rassurée par sa présence : elle est sans frayeur et lui montre des Géants qu'il faut foudroyer. On voit avec plaisir les différentes impressions de tous ces Dieux et Déesses. Il semble que la frayeur est moindre dans ceux qui sont plus proches de Jupiter, et cela doit être ainsi, comme il arrive dans les batailles. Le chef-d'œuvre est le Palais du Ciel, que les Géants vouloient escalader, qui est au milieu, et où est une *(sic)* aigle. Il n'y a rien de si difficile à représenter que cela, et Jules s'en est admirablement acquitté.

J'ai été au Palais ducal. Il est habité par le Gouverneur. C'est une ville. Il est entièrement démeublé, excepté ce qu'occupe le Gouverneur, qui est meublé de meubles pris à La Mirandole.

On peut bien dire que l'Empereur est empereur romain par les dépouilles des princes qu'il a pu subjuguer. Les Allemands ont meublé le Palais de tous les ancêtres des ducs de La Mirandole, et cela en fait une galerie. Je ne sache rien de plus bas que d'avoir employé en meubles tous les tableaux de famille. Du reste, les Allemands ne méritent que d'avoir des verres et des bouteilles. Ils laissent tout périr. Il n'y a rien de si malpropre que le Palais. J'ai vu des tableaux renversés contre terre, et qui y resteront pour jamais. Le reste est exposé à l'air. Dans le lieu où étoit la bibliothèque, il y a encore quelques os de géant et pétrifications, os de poisson, que la poussière mange. Quand les Allemands arrivèrent, ils mettoient leurs chevaux dans les chambres de Jules Romain du Palais du Té. Dans ce palais, la foudre a gâté entièrement quatre grands tableaux de Jules Romain.

Lorsque je suis arrivé, l'Empereur ayant donné l'administration des affaires du Duché à un président

Poulicani, Mantouan, et l'ayant ôtée aux Allemands, on faisoit des réparations au Palais du Té, qui périssoit.

Ce même président, sur les représentations de la dévastation et destruction du Mantouan faites à l'Empereur, au voyage de Gratz, avoit reçu l'administration du Duché, et il avoit diminué les impôts, qui étoient intolérables, et les ailes avoient été rognées au Gouverneur.

A Mantoue, l'Église de Saint-André, assez belle. Le dôme n'est pas fait. Les pilastres sont d'ordre ionique.

———

Le 29 juillet 1729, je partis de Mantoue, et j'arrivai le même matin, de bonne heure, à Vérone, que j'avois déjà vu. J'eus la curiosité de revoir ce que j'avois déjà vu, afin de voir les différentes impressions. Et, *primo,* pour les peintures, j'avoue que j'y ai trouvé peu de chose, et moins que la première fois.

Le palais du comte Orlandino est d'un beau rustique. Un ionique, dessus, imité d'un reste de temple qui est au Capitole : y ayant quatre volutes ; les mêmes. Ce palais a une attique. Au-dessus, il me paroît un peu trop d'ornements *(sic)*.

A la place aux Herbes est le Palais du Podestat, celui du Capitaine et la Loge des Cavaliers véronois, où ils s'assemblent. Il est bien bon que ce soit près du Palais du Podestat. Auprès de là sont les trois mausolées, en forme de pyramide, des trois frères Scaliger, d'un vrai gothique et du plus barbare. Ils sont devant l'Église de *Santa-Maria-Antica*.

Sur une montagne, à la rive gauche de l'Adige, sont deux châteaux (l'un appelé *San-Pietro ;* l'autre, *San-Felice*), qui peuvent battre commodément la Ville. Il y a, à chacun, 5o soldats.

L'Adige passe par le milieu de la Ville. La communication se fait par quatre ponts de pierre. On m'a dit que l'Adige commençoit à porter bateaux à 5 milles au-delà de Bolzano.

A Sainte-Marie-*in*-*Organo*, des Olivétans, la façade n'est que commencée. Elle est d'un dessin très gentil. Il y a quelques belles peintures du Titien : entre autres, une *Résurrection du* (sic) *Lazare ;* une *Vierge* de Hyacinte Bandi (et l'on n'est pas fâché de trouver, parmi les attitudes gênées des Vénitiens, un tableau de l'école de Rome); enfin, c'est un *saint Michel* de Paul Farinato-Véronèse.

A Saint-Lazare, au cloître, sur une porte, une tête de Paul Véronèse, admirable; dans le réfectoire, une *Cène de Jésus-Christ chez le Publicain*, de Paul Farinato-Véronèse, qui n'est pas le grand : mais ces tableaux ne sont que du second ordre.

Auprès du *Ponte-Nuovo*, quelques peintures sur un palais, à fresque, et ouvrages de clair-obscur, où il y a quelque chose d'assez bon.

En général, Vérone brille peu pour sa peinture.

J'ai revu le fameux Amphithéâtre. Je trouvai qu'on y travailloit, et il faut dire à la louange des Véronois qu'ils n'ont pas conservé, mais réparé ce monument : ayant remis à neuf au moins la moitié des degrés; commencé à nettoyer les conduits qui recevoient et rendoient l'eau de l'Adige et entraînoient les urines; ôté les terres des lieux où étoient les cachots de ceux qu'on exposoit; découvert le rez-de-chaussée; et cela, avec 400 philippes que l'Amphithéâtre a de revenu, par an, des boutiques et places qu'on y loue. Remarquez que les pierres qui joignoient dans les degrés anciens étoient relevées dans les jointures, pour empêcher l'eau d'y couler. On ne l'a pas fait dans les réparations nouvelles; ce qui fait que l'eau coule dans les boutiques. Ils ont dessein, à Vérone, de réparer le morceau qui subsiste, qui peut donner l'idée de tout l'amphithéâtre. C'est au troisième ordre, où l'on mettoit des degrés de bois pour les esclaves et le reste du même peuple : ce qui faisoit autant de places qu'il y en avoit en bas.

Le marquis Afféi est l'intelligence de l'Académie de Vérone, et il est chef de secte.

VOYAGE
EN ALLEMAGNE

VOYAGE EN ALLEMAGNE

I

TYROL, BAVIÈRE ET WURTEMBERG

Le même jour, une heure avant Soleil couché, je partis de Vérone pour aller à Trente. Le pays est plein de pierres et de rochers. Depuis Vérone jusqu'à Trente, nous avons suivi l'Adige, et, dès que nous sommes arrivés à Volargne, nous l'avons suivie avec péril (Volargne est la seconde poste de Vérone) et couru risque, dans une nuit obscure, d'y être précipités, surtout auprès d'une forteresse des Vénitiens appelée *La Chiusa,* qui est sur une montagne et ne laisse qu'un passage très étroit entre elle et les précipices du fleuve. Encore, le chemin est-il coupé par un pont-levis. Des soldats traînent votre chaise jusques en haut, et il faut beaucoup chicaner pour les faire contenter d'un teston, qui est leur droit.

Ala est une terre du comte de Castelbianco, où il y a un très grand nombre de métiers pour des velours. C'est là que, pour la première fois de ma vie, j'ai pris une idée de la fabrique des velours. Imaginez-vous qu'au métier et à la chaîne ordinaire pour faire un taffetas ou gros de Tours, il y a une chaîne encore, qui a d'autres fils pour la faire monter et descendre ; et, si le velours et la chaîne ordinaire doit avoir 15 toises, cette chaîne particulière en doit avoir 50, qui doit se consommer. Il y a donc la chaîne ordinaire à toutes les étoffes, qui ne paroît pas, et est au milieu, et est ordinairement d'une autre couleur que le velours : étant, d'un côté, caché par la trème qui se place à l'envers et le couvre, et, de l'autre, par cette chaîne particulière dont j'ai parlé, qui forme le velours. On passe un gros fil de laiton, de la grosseur d'une petite épingle, qui est creux, en canal, des deux côtés, entre les deux fils de la chaîne ordinaire ; puis, on fait descendre la chaîne particulière, de façon qu'elle entoure le cylindre ; puis, on fait passer la trème à l'ordinaire par la chaîne commune à toutes les étoffes. Après quoi, avec un instrument taillant, on suit le long du canal cette chaîne du velours, et on la coupe ; ce qui en fait le poil. Cette chaîne tient toujours, parce que l'opération qu'on a faite avant de passer trois fois la trème la tient. Puis, on recommence sans cesse la même opération.

Tout ce pays, tant vénitien que trentin, jusques à Trente, est plein de mûriers, et même dans les montagnes du Trentin, qui sont des rochers. Les mûriers viennent à merveille dans les collines et les vallées, et cette terre est extrêmement fertile. On voit, dans le même champ, des bleds d'Inde et autres, de la vigne sur des cerisiers, ormes, frênes, noyers, et des mûriers partout.

Tout Roveredo travaille aux premières manufactures de soye, qui est de filer les cocons dans les chaudières. Il y avoit autrefois à Roveredo beaucoup de manufactures d'étoffes de soye; mais il y en a peu à présent. Les soyes de ce pays sont bonnes.

Roveredo est grand comme Dammartin, et tout y travaille.

Ces peuples sur les confins de l'Allemagne et de l'Italie ne sont contenus par rien. Ils sont, en quelque façon, libres et, par conséquent, insolents : car il n'y a rien de pis que la populace libre. D'ailleurs, les fripons font plus volontiers leur résidence sur les confins de deux états.

On est étonné de voir en Italie qu'il faut payer exactement à chaque poste et se faire rendre exactement son reste. Cela est nécessaire. Le menu peuple y a si peu de bonne foi que chacun ne cherche qu'à se *(sic)* tromper, qu'on ment, qu'on nie les faits. Personne donc ne se fie à un autre. Au lieu qu'en France il semble que la bonne foi règne dans ces conventions qui se font et courent d'une, de deux, de trois postes à l'autre.

Les Allemands, très peu vifs dans leur jeunesse, se trouvent souverainement épaissis dans l'âge avancé. Aussi ceux qui ont quelque espèce d'affaire ou de commerce ont-ils coutume de se reposer de tout sur quelqu'un qui puisse se remuer.

On est bien étonné, quand on quitte la belle Italie

pour entrer dans le Tyrol. Vous ne voyez rien jusques à Trente que des montagnes; rien (je crois) jusques à Insprück; rien jusqu'à Munich. Voilà, pourtant, bien du pays!

Trente est une bien vilaine ville. L'Évêque réside l'été à Livolin, maison à 15 milles de Trente. L'hiver, il réside à Trente.

On voit l'Église de Sainte-Marie-Majeure, où s'est tenu le concile, qui n'est bonne que pour la célébration d'une messe de paroisse. On s'imagine bien qu'il n'y a point d'ouvrage de l'art à Trente digne de la curiosité du voyageur.

Le 31 juillet, à 6 heures de France, je partis de Trente. Je ne restai en chemin ni pour manger ni pour dormir, et j'arrivai à Insprück le lendemain, à 11 heures du matin. J'avois mis à Trente un avant-traîne *(sic)* à ma chaise, pour 3 pistoles d'Espagne.

Tout ce que j'ai vu du Tyrol, depuis Trente jusques à Insprück, m'a paru un très mauvais pays. Nous avons toujours été entre deux montagnes, et ce qu'il y a de surprenant, c'est qu'après avoir presque crevé de chaud à Mantoue il m'a fallu souffrir un froid très vif dans ces montagnes du Tyrol, quoique j'eusse des habits bons pour l'hiver, et cela, le 1er jour d'août.

On arrive de Trente à Bolzano, toujours entre deux montagnes, suivant l'Adige, que l'on ne perd jamais depuis Vérone. A Bolzano, l'on quitte l'Adige, qui reste à gauche, et l'on suit l'Eisack. Il y a 7 lieues d'Allemagne (ou 35 milles d'Italie) de Trente à Bolzano. De Bolzano, suivant toujours l'Eisack, on arrive au Grand-Brenner.

Le Brenner est une haute montagne, d'où sortent deux rivières : l'Eisack, qui va dans l'Adige, à 1 mille d'Italie au-dessous de Bolzano, et le Ultz *(sic)*, qui [va], de l'autre côté, à Insprück et se jette là dans l'Inn. Il n'y a pas plus de 200 pas d'une source à l'autre. Ce sont plutôt deux torrents que deux rivières. C'est comme un toit à deux égouts. La carte de de L'Isle marque mal ou ne marque point du tout la source de ces deux torrents. Les sources y paroissent très éloignées ; ce qui n'est point.

Du lieu de cette séparation, qui se fait à la poste appelée *Brenner*, à Insprück, il y a 3 postes (ou 6 lieues d'Allemagne). De Bolzano à cette séparation, il y a 6 lieues et 1/2. — On peut juger, en passant par cette route, combien la terre de Lombardie est basse : car on monte toujours l'Adige de Vérone à Trente, et elle y est fort rapide ; et on monte toujours l'Eisack, qui n'est qu'un torrent et n'est navigable nulle part de Trente jusques à sa source. — Qui sont *(sic)* 13 lieues d'Allemagne.

Voici le nom des postes de Bolzano à Insprück : Bolzano, Leitchen, Kollmann, Brixen, Mittewald, Sterzing, Brenner, Steinach, Schœhnberg, Insprück.

Je regarde le Tyrol comme les Alpes mêmes qui séparent l'Allemagne de l'Italie. Généralement, ce que j'en ai vu est mauvais. Ce sont des montagnes, la plupart du temps couvertes de neiges et la plupart du temps très stériles.

L'Allemagne peut aisément se défendre de l'invasion, et l'Italie aussi, par ces côtés de séparation. Le Tyrol est une forteresse, et, si les Romains avoient fait une seule province de ce que nous appelons à présent *l'Italie*, et que la République l'eût gardée avec jalousie, elle auroit subsisté longtemps. Au lieu qu'en donnant à des gouverneurs particuliers la Gaule cisalpine, le reste de l'Italie, depuis le Rubicon, ne pouvoit pas se défendre, et Pompée fut obligé de l'abandonner.

Il est facile, en parcourant ces pays, de se convaincre que ce sont les fleuves qui ont fait les chemins ou, au moins, ont aidé les hommes à les faire. Dans tout le pays que j'ai parcouru, le chemin suit toujours le fleuve et la croupe des montagnes qui sépare les fleuves. C'est ainsi que la Nature aide à l'art.

Il y a dans l'Eisack des masses de pierre de la couleur du porphyre; mais elles n'en ont pas la dureté. Je croyois avoir fait une trouvaille.

On m'a montré à Kollman une pierre appelée *granach*. C'est peut-être le grenat. Elle est tachetée et d'un rouge qui approche du jaune. On la trouve dans la terre, dans un lieu appelé *Kollman*, près de là.

Insprück est entre les montagnes, dans une petite plaine. Elle est sur l'Inn, qui est déjà là une grosse rivière. Dans l'Église des Cordeliers, il y a vingt-huit statues de bronze, de hauteur naturelle, des souverains et souveraines du pays, toutes très mal faites.

Dans la Maison du Conseil d'Autriche, il y a une espèce de couverture ou d'auvent qu'on dit et qui paroît même être fait de lames d'or. Je n'en sais pas la vérité; mais je ne crois pas que la pauvreté des Autrichiens l'eût laissé.

Je suis parti d'Insprück le même jour, 1ᵉʳ août, à 3 heures après midi. Il faut monter une montagne appelée *Zirl*. Cette montée dure bien 4 milles, d'une montée assez rude. Aussi met-on quatre chevaux à la chaise, et paye-t-on 6 florins et 1/2 pour cette poste.

Je suis arrivé à l'entrée de la nuit à Seefeld, qui est la première poste après Insprück. J'y ai couché et suis parti le lendemain, au lever du Soleil.

De là, j'ai fait une poste et 1/2 jusqu'au lieu appelé *Mittenwald,* qui est un petit lieu fort serré entre les montagnes. Il y faisoit si froid que je fus obligé de me chauffer. La neige étoit tout près de la maison, sur la montagne. On me dit qu'elle étoit là depuis plus de cent ans, et qu'elle est dure comme de la glace. Ils savent, par un baromètre fort singulier, quand il y doit pleuvoir: c'est quand ils voyent de la maison une trentaine de chèvres sauvages sur les montagnes. C'est un signe qu'il fait un grand chaud sur la colline, et elles viennent se rafraîchir; et c'est le chaud qui fait que le Soleil enlève des vapeurs.

De Mittenwald à Molirte *(sic)*, il y a une poste 1/2. Là on trouve un grand lac appelé de ce nom; puis, un autre encore. Ces lacs peuvent avoir chacun 2 ou 3 lieues d'Allemagne de tour. Je n'assure pourtant rien, n'en pouvant guère bien juger par le coup d'œil que l'on donne en passant.

Vers le milieu de cette poste se trouve la séparation du Tyrol et de la Bavière, et on arrive à Benedictbeuern. De là, on fait 2 postes jusques à Wolfrathshausen, qui est un gros village, plein de bestiaux, qui se retirent chacun dans leur maison. Et, de là, on fait encore 2 postes jusques à Munich.

Vous remarquerez que les postes de Bavière et du nord du Tyrol ne finissent jamais. Je ne restai sur le chemin pour boire, manger, ni dormir, et je n'arrivai à Munich que le lendemain matin, une heure avant jour, quoique je n'eusse changé que cinq fois de chevaux. Les lieues de Bavière sont immenses. Je crois que les Allemands, qui pensent peu et, par conséquent, ne s'ennuyent jamais, ont fabriqué les lieues si longues pour nous.

Les paysannes de Bavière n'ont de jupes que jusqu'aux genoux et ont des chapeaux; comme des hommes, tant leurs jupes ressemblent à une culotte large. La plupart des paysans de Bavière portent la barbe comme en Tyrol. Il faut que les modes fassent bien du chemin avant d'arriver aux paysans du Tyrol et de Bavière.

Dès qu'on entre dans le Tyrol, on sent le climat d'Italie changer : c'est un froid très grand. Aussi passe-t-on d'abord des cheveux noirs aux cheveux blonds. Ce sont les montagnes qui font cette différence. Depuis Trente, et même avant, jusqu'à Munich, on marche toujours entre deux montagnes : on ne voit jamais qu'un petit morceau du Ciel, et on est au désespoir de voir cela durer si longtemps. C'est là que l'on trouve la solution du problème de Virgile :

*Dic, quibus in terris, et eris mihi magnus Apollo,
Tres pateat Cœli spatium non amplius ulnas.*

Mais, quand le Soleil, par hasard, se trouve bien darder à plomb dans cet entre-deux, c'est là qu'il fait des moments de chaleur bien vifs.

Dans plusieurs lieux de ces pays-là, on a neuf mois d'hiver; mais on s'y chauffe bien, le bois y étant commun.

Le Tyrol a beaucoup perdu par le chemin que l'Empereur a fait faire par la Styrie et la Carinthie. Bien des hommes et des marchandises y passent à présent; ce qui diminue d'autant le nombre des passagers du Tyrol. Cela y apportoit de l'argent.

Au Brenner, on sème de l'avoine; mais elle ne mûrit pas tous les ans. Le Tyrol a assez de bled, de bestiaux; pas assez de vin, qu'il tire du Trentin.

Le gouvernement de l'Empereur dans le Tyrol est doux. C'est un dicastère qui règle tout. Chacun va jurer de la quotité de son revenu. On le taxe à proportion qu'il a, et cela va ordinairement à 1/40, années ordinaires.

La bonté du Gouvernement et le passage des hommes et des marchandises fait que l'on vit bien dans le Tyrol, en dépit de la Nature. Il faut avouer, cependant, que les voyageurs voyent le Tyrol pire qu'il n'est, y ayant entre les montagnes des vallées très fertiles et des coteaux de même.

Le Tyrol est une forteresse presque imprenable. Les paysans, avec des pierres, déferoient une armée. Le duc de Bavière ne se trouva pas bien d'y être entré. Il vint (je crois) jusqu'au Brenner.

Souvent le Brenner se couvre de neige, de façon que le chemin est fermé d'abord. Les gens du pays sont commandés pour l'ouvrir : ouvrage qui dure quelquefois trois jours.

Je disois à un officier allemand : « Vous ne pouvez résister à notre vivacité; ni nous, à votre lenteur. »

La ville de Belgrade est très bien fortifiée et est une des meilleures places de l'Europe.

On a fortifié aussi Orsova. On sait que c'est une île sur le Danube. On a fait un ouvrage sur le bord de l'île, qui avance sur le Danube, où on a mis des batteries de canons, qui laboureroient une demi-lieue sur les Turcs qui voudroient remonter. On a fait deux redoutes sur les deux côtes *(sic)* du Danube, qui sont deux montagnes escarpées : car, à Orsova, on ne voit que ces deux montagnes et un morceau du Ciel. Le mal est que les ouvrages que l'on a faits dans l'île sont mauvais, parce que le terrain est si humide qu'il s'enfonce dessous, et cette humidité, d'ailleurs, rend l'air très malsain, et Orsova est le tombeau des Allemands.

Le défaut d'argent a empêché que l'on ne fortifiât Temesvar. On a commencé quelque chose; mais c'est peu. Comme il est dans un marais, il en coûte des sommes immenses. C'est encore un autre cimetière des Allemands. Quand Temesvar sera fortifié, l'Empereur aura deux places dans des marais bien bonnes: Mantoue et Temesvar.

Ces pays périssent tous les jours depuis que les Allemands y sont. On est obligé de faire garder les passages pour empêcher les paysans de passer du côté des Turcs. Le morceau de Valachie qu'a l'Empereur est presque entièrement désert, de même que le Banat et le reste. La moitié et plus des étrangers qui s'y sont établis ont crevé.

La Transylvanie est très bien peuplée. Comme les Valaques et Transylvains ont près des trois quarts de l'année maigres, ils ne savent que faire de leur viande et la donnent presque pour rien, et réellement pour rien aux soldats et officiers.

La Valachie impériale est infectée de bandes de

voleurs, que les grands bois empêchent d'exterminer, quoique on y envoye des troupes. Ce sont des déserteurs et gens du pays qui s'assemblent en troupes. Ils envoyent demander tant à un village, sous peine d'être brûlé et de couper la tête à tous les habitants. Ces gens, qui sont timides, payent et ne disent rien aux Allemands envoyés pour les secourir; de façon qu'il faut les tourmenter pour leur faire avouer la vérité.

Demander de l'eau dans les auberges d'Allemagne, c'est une chose qui paroît aussi extraordinaire que si l'on alloit demander à Paris un pot de lait chez Darboulin.

Quand vous demandez en Bavière, à un homme du peuple, quelle heure il est, ou une telle maison, il s'arrête, et pense, et rêve, comme si vous lui demandiez un problème.

Il Bavarese, piu stupido di Germani.

Les Saxons, plus d'esprit, mais sont les plus mauvaises troupes de l'Allemagne.

J'arrivai le 3 juillet à Munich. C'est une belle ville : les rues sont larges et belles; les maisons, assez bien bâties. Elle est sur l'Issel *(sic)*, qui se jette dans le Danube. Le climat y est tempéré : il est plus beau dans l'automne que dans aucune saison.

Le 6, jour de la fête de l'Électeur, je fus présenté à ce prince et à l'Électrice, à Nymphenbourg.

L'Électeur est un prince bien fait. Ce jour-là, toute la cour de Bavière étoit assemblée, et tout le monde étoit venu de sa campagne pour lui faire sa cour. Cela pouvoit bien faire 80 personnes des deux sexes. Il y eut à dîner une petite pastorale; le soir, un opéra : l'un et l'autre mauvais. Il n'y avoit ni de bonne musique, ni une voix seulement médiocre. Il y eut, le soir, un beau feu d'artifice sur le canal, bien mené et bien conduit, et fait avec beaucoup d'art. Le souper fut fort mince. Enfin, il paroît que cette cour est entièrement dans la réforme.

La maison de Bavière qui est à cette cour est composée de l'Électeur et de l'Électrice, du duc Ferdinand, son frère, et de la duchesse, qui est Neubourg (ces deux princesses ne sont pas jolies, à beaucoup près), du prince Théodore, évêque de Ratisbonne. L'électeur de Cologne y vient quelquefois.

Nymphenbourg est une maison de chasse, à une heure de Munich. C'est une belle maison de particulier, bâtie par le feu Électeur sur le goût françois. Tout autour sont les chasses de l'Électeur, très abondantes.

On a commencé un canal qui ira de Nymphenbourg à Munich, et on a mis des deux côtés des rangées d'arbres, et le dessin seroit de mettre des deux côtés des maisons de campagne que la Noblesse bâtiroit. Ce canal reçoit les eaux d'un canal supérieur, qui est de l'autre côté de la maison, et qui les reçoit d'un petit lac. Il y a des jardins qui sont assez bien. Tout cela, à la françoise.

La cour de l'Électeur est dans la réforme. Il songe (dit-on) à payer les dettes du feu Électeur, qui sont grandes, non pas en contrats à rentes, mais en arrérages de pensions et d'appointements et emprunts aux marchands : car, pour les dettes du jeu, elles ont été annulées.

L'Électeur a sur pied 5,000 hommes de troupes, et presque tous les officiers composent sa cour. Il est vrai qu'avec cela il augmentera ce corps à sa fantaisie avec de l'argent.

Il a peu de manufactures.

C'est un prince qu'on dit avoir de l'esprit juste, et qui a (dit-on) des sentiments.

Sa mère est à Venise, où elle amasse.

Morawiski est à cette cour, sombre joueur, et ruiné, et fort peu estimé.

L'Électeur a couché avec une de ses filles et l'a mariée à un fort bon gentilhomme de ce pays-là, lui a promis une dot et ne l'a pas payée. Il f.... actuellement la seconde ; mais à juste prix.

Pour Morawiski, il attrape de cela peu de chose.

Ayant dîné chez le comte Tœrring, il nous montra un plan de la bataille de Belgrade. Le camp impérial étoit justement entre le Danube et la Save, des deux bouts, et entre la Ville et le camp des Turcs, des deux côtés. Dans la Ville, il y avoit une armée. Ce qui trompa le prince Eugène, c'est qu'il ne crut pas que, le pays ayant été mangé et remangé comme il fut, les Turcs arrivant pussent subsister trois jours. Mais il en subsistèrent quatorze, et la cavalerie, obligée de rester dans le camp, étoit comme un squelette. Si les Turcs avoient partagé leur armée et fait passer la Save à un gros corps, nous *(sic)* étions perdus, et nous n'aurions plus eu de convoi.

Il y avoit un pont sur la Save; l'autre, sur le Danube. Nous sortîmes, enfin, des retranchements avec une cavalerie qu'il falloit porter. On alla aux ennemis, et ils fuirent. Le prince Eugène hasarda beaucoup. Mais, cependant, on ne peut pas assiéger Belgrade sans se mettre dans ce camp. On comptoit, d'ailleurs, sur les Turcs, et qu'ils fuiroient.

J'ai ouï dire au comte de Tœrring une chose qui fait bien voir le peu de cas que les Allemands font d'eux. Il y avoit un escadron bavarois et un régiment d'infanterie de la même nation postés, et qui vit *(sic)* venir à lui un corps de 5 à 6,000 Tartares. Le commandant dit : « Voilà une bien mauvaise affaire! Nous sommes perdus. Il faut, pourtant, aller à eux et vendre chèrement sa vie. » Un officier général de l'Empereur qui vit cette manœuvre lui dit : « Où allez-vous? Vous leur faites trop d'honneur. Donnez-moi ce régiment d'infanterie : j'en ai besoin ailleurs; et tenez ferme avec votre escadron. Ils ne vous attaqueront pas. » Effectivement, ils n'attaquèrent pas. Quand les Turcs voyent une troupe ferme, qui tient le fusil en joue et les reçoit froidement, qui peut avancer à eux, ils n'attaquent point :

cela les intimide. Les plus braves forment bien la pointe ; mais cette pointe n'avance pas. Cela est extraordinaire. Ils iront à l'assaut d'une place ; ils grimperont et monteront les uns sur les autres : c'est qu'ils ne voyent personne. Mais un corps, avec le fusil en joue, les genoux en terre, qui se remue et le *(sic)* leur présente, leur fait perdre la tête. Sont *(sic)* comme des pigeons, qui viennent à vous avec impétuosité, puis tournent l'aile et s'en vont en faisant une roue. Les soldats impériaux savent si bien qu'ils s'en iront, s'ils restent fermes, et qu'ils sont perdus sans cela, qu'il n'y en a pas un à qui il vienne dans l'esprit de fuir.

Le comte de Tœrring dit là-dessus qu'il ne peut dire ce que c'est que cette valeur des Turcs. Il dit que des troupes françoises, la première année, seroient embarrassées avec les Turcs, faute de les connoître ; que ce bruit, ces cris, cette impétuosité étonne toutes les troupes qui ne savent pas que ces gens fuiront immanquablement ; qu'il a vu à Malplaquet des régiments françois qui avoient résisté aux meilleurs régiments impériaux, embarrassés par des hussards.

Comme la Bavière a peu de commerce, les seigneurs n'y sont pas riches : 7, 8, 9 ou 10,000 florins. Le comte de Tœrring, le plus riche, en a (dit-on) près de 40,000 ; ce qu'il ne fait pas paroître, et avec esprit.

Le sang est très beau à Munich.

Il y a le Jardin de la Cour, où dames et cavaliers s'assemblent, jouent et se promènent.

La pinte d'Allemagne : 32 onces d'eau; la chopine : 16; le demi-setier : 8 onces.

Le comte de Thürheim, grand-chambellan, donna à M. de Rezé et à moi un fort bon dîner; c'est un bonhomme, qui boit beaucoup.

L'Électeur *(sic)* peut avoir 7 millions de florins de revenu, et l'Électeur d'à présent a augmenté les subsides d'un demi-million; ce qui feroit 7 millions et 1/2.

Les sources principales de ses revenus sont : 1° les sels, qu'il distribue à ses sujets et aux étrangers (quoiqu'ils ne soient pas si bons que ceux de France, ils sont pourtant meilleurs que les autres); 2° la bière (il est le seul brasseur de ses états); 3° le tabac (on dit que les Impériaux en ont tiré jusqu'à 10 millions de florins).

L'Électeur a 30 millions de florins de dettes de feu l'Électeur son père.

J'ai ouï dire ici au ministre de Saxe que l'Électorat rendoit 10 millions d'écus; ce que je ne puis croire. Il est vrai que le pays est plein de manufactures.

M. de Rezé, le comte et la comtesse de Sephel, le comte de Zenzem, M. Danvi, Mad^e Surfal, Mad^e de Honte *(sic)* et moi, allâmes, le 15, voir la maison de l'Électeur à Schleissheim, à deux heures de Munich.

C'est une grande et belle maison; c'est un grand palais. Il y a pourtant de grands défauts dans l'architecture : les portes petites comme les fenêtres; les fenêtres, en certains endroits, si basses qu'elles n'ont guère que leur largeur de hauteur. Le portique et l'escalier sont à la manière d'Italie; mais cela n'est pas de bon goût : les metzanins *(sic)* sont trop bas. Du reste, cela fait une grande maison.

La galerie est pleine d'une très grande quantité de tableaux, que le feu Électeur a acquis à grands frais, mais commodément, quand il étoit gouverneur des Pays-Bas. Beaucoup de Rubens; plusieurs Rembrandts; quelques peintres d'Italie, mais peu; et un petit cabinet où il y a beaucoup de petits tableaux flamands. Tout cela fait un beau recueil.

On entre dans les jardins, et, au bout d'une grande, antique et vénérable allée, qui sert de mail, on trouve Lustheim, qui est comme le Trianon, qui est une petite maison fort jolie. Après Lustheim est un grand canal.

Schleissheim est triste : la maison est trop grande pour la cour de l'Électeur. Le jardin de Nymphenbourg est plus gai.

L'Électeur communique ses affaires à peu de personnes. Pour les affaires étrangères, c'est le comte de Tœrring à qui il les communique, et un président qui étoit au fait du temps du feu Électeur. Le comte de Preising gouverne les finances.

Quatre principaux emplois : le comte de Tœrring-Seefeld est grand-maître; le comte de Thürheim,

grand-chambellan; le comte de Tœrring de Jetten-
bach, grand-maître de l'artillerie et ministre des
affaires étrangères ; le comte de Preising, grand
écuyer.

Principales maisons, sans préjudice des autres
dont il y en a d'aussi bonnes : Tœrring, Preising,
Tauffkirchen, Seinsheimb, Neuhaus, Piosasque, Lodron, Du Wahl.

Mad^{le} de Heineberg : Maillebois en étoit amoureux. Mad^{le} Wolfranchdorf, jolie.

Le grand-chambellan a été gouverneur de l'Électeur et de ses frères, et, comme il est d'esprit autri-
chien et a des terres en Autriche, il a cherché à leur
inspirer des sentiments de ce côté-là. L'Électeur est
donc un peu porté pour la maison d'Autriche, quoiqu'il ne veuille pas perdre la protection de France.
Ses états sont tellement situés qu'il ne peut plus
guère jouer de rôle. Il ne peut guère être secouru
par la France, et il est sous la patte de l'Empereur.

C'est un bonheur que le feu duc de Bavière, lorsqu'il se déclara pour nous, ne fût pas envahi par
l'Empereur avant d'être secouru : car il resta six
mois avant qu'on ne pût venir à lui.

Tous les autres grands princes de l'Empire ont
fait fortune ; il n'y a que la maison de Bavière qui ne
l'a *(sic)* pas faite : Prusse, Saxe, Hanovre, Hesse ! Il
est vrai que l'électeur de Cologne a bien des évêchés
et est plus puissant que son frère.

Cet électeur, petit sujet. Le comte de Plettenberg,
son premier et unique ministre pour la confiance ; il
voudroit fort être vice-chancelier de l'Empire.

L'électeur de Bavière n'a actuellement que 5,000 hommes de troupes.

Le feu Électeur avoit fait venir des ouvriers des Gobelins, qui ont fait une manufacture de tapisserie. J'en ai vu à Schleissheim de très belles.

———

Je partis de Munich le 16 août 1729, après avoir reçu toutes sortes d'amitiés de M. de Rezé, chargé des affaires de France, que j'avois connu à Paris. J'avois la fièvre lorsque je partis; ce que j'attribue au changement du climat de l'Italie, où je mourois de chaud, à celui de Munich, où les étés ne sont pas beaux, et moins beaux que les automnes, et, pendant que j'y étois, il y avoit des jours glaçants; et, effectivement, mon valet eut la fièvre comme moi.

Il y a 5 postes de Munich à Augsbourg.

La ville d'Augsbourg est belle, bien bâtie; des rues larges; de grandes maisons. Elle peut avoir 20,000 habitants, la moitié bourgeois. Elle n'est pas sur le Lech; mais elle en est tout près. L'Hôtel-de-Ville est un assez beau bâtiment, surtout la salle.

Les bourgeois d'Augsbourg sont fort taxés. Comme ils n'ont guère que l'enceinte de la Ville, il faut que l'industrie paye; de façon qu'ils payent presque tous les 2 centièmes deniers de leur capital; ce qui fait la moitié de leur revenu. Ce capital est estimé sous serment.

Les terres d'autour de la Ville appartiennent ou à l'Électeur, ou à l'Évêque, ou à d'autres seigneurs.

Elle est moitié luthérienne, moitié catholique. La religion calviniste n'y est pas soufferte. Parmi les bourgeois riches, il y a plus de Luthériens que de Catholiques. Parmi les pauvres, il y a plus de Catholiques que de Protestants. Les églises sont partagées. L'Évêque (celui qui l'est actuellement est frère de l'Électeur palatin) a un palais dans la Ville et une douane sur les marchandises qui passent par la Ville. L'Évêque est indépendant du Magistrat, et le Magistrat, indépendant de l'Évêque. Il exerce sa justice dans le territoire autour de son palais, et le Magistrat, dans la Ville.

Il y a une abbaye fameuse de Bénédictins, appelée *Saint-Ulric*, dont l'abbé est un grand seigneur. Elle a une infinité de terres dans les pays d'alentour. L'abbaye est un asile pour les criminels. Là, il se boit bien du vin et de la bière.

Le Magistrat est composé de moitié Catholiques, moitié Protestants. Ils sont forcés de bien vivre, et en paix, de crainte d'une commission impériale, qui coûte bien de l'argent, et dont ils ont déjà tâté.

Il y a bien des seigneurs autour d'Augsbourg qui viennent habiter dans la Ville. Ils ne sont pas bourgeois et payent quelques petites choses au Magistrat pour venir y habiter.

L'Évêque a sa cour, son maréchal, etc. Plusieurs de cette cour ont des privilèges qui les exemptent en tout ou en partie des douanes de la Ville. En un mot, au nom de *liberté* près, je ne vois pas l'avantage qu'il y a d'être bourgeois d'Augsbourg. Ils administrent les revenus publics; mais ces revenus sont la moitié des revenus des particuliers, et il arrive que ceux qui n'ont que l'industrie ont tout le fardeau. Encore, à Ulm, les bourgeois ont-ils un grand territoire autour de la Ville, qui les aide à payer les charges; mais Ulm n'est guère que la quatrième partie d'Augsbourg.

La ville d'Augsbourg n'est pas sur le Lech; mais elle en est tout près, à un quart d'heure de chemin. Elle est entre le Lech et une petite rivière appelée *Wertach*. Le Lech se jette dans le Danube; ce qui donne facilement une grande communication à Augsbourg.

Il y a encore un petit torrent qui va tout auprès de la Ville, et qui quelquefois fait bien du ravage.

Le négoce d'Augsbourg consiste particulièrement dans ses manufactures. Elle en a de considérables de futaine et de toile. Elle a, de plus, ses ouvriers en argent et étain : l'orfèvrerie d'Augsbourg étant estimée en Allemagne; quoique je n'aye guère vu d'ouvrages bien finis : s'attachant plus au bon marché qu'à la beauté. Il y a près de 300 maîtres de cette profession-là à Augsbourg. Ils entendent *(sic)* assez bien à dorer l'argent.

Ils négocient beaucoup avec Venise. Ils en tirent des soyes et soyeries, des marchandises du Levant, du café, des laines, des cotons, des épiceries, des raisins secs. Ces marchandises viennent par le
5 Tyrol, sur de petits chariots; ce qui peut coûter 8 à 9 florins par quintal. Ils envoyent à Venise de leurs étoffes ou futaines, de leur argenterie et, enfin, de toutes les marchandises d'Allemagne : car Augsbourg a un très grand commerce avec l'Istrie
10 et Francfort. Ainsi, à certains égards, Augsbourg est l'entrepôt entre l'Allemagne et l'Italie; ce qui n'empêche pas qu'Ulm, et Francfort, et Nuremberg, ne trafiquent directement en Italie.

J'ai vu la Porte-Secrète. C'est une porte par la-
15 quelle les bourgeois (ou tout autre qui a un billet

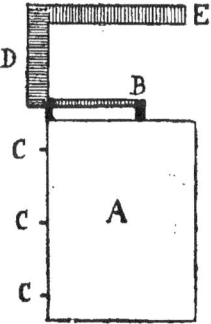

A. Porte qui s'ouvre.
B. Bras qui est attaché à la porte, qui coule tout autour du long et n'est point attaché aux gonds.
C. Gonds.
D. Pivot qui tourne dans les gonds.
E. Autre bras ou manche de manivelle.

du Magistrat) entrent et sortent la nuit, à toute heure, en payant 8 ou 10 kreutzer. Il y en a plusieurs, et elles s'ouvrent par un art que les Allemands croyent magique, parce qu'il leur semble que la porte s'ouvre toute seule. C'est un bras de fer attaché à la porte, avec un autre bras, en haut, et qu'on tourne.

Ils ont, de plus, un pont qui se baisse et s'élève, sans qu'il paroisse que personne le fasse remuer. C'est que la flèche du pont est cachée en bas, et qu'en levant ou haussant la flèche, qui est derrière, on hausse ou lève le pont. Or voici comme on lève ou hausse cette flèche. Il y a dans l'appartement d'en haut une roue perpendiculaire, qu'on tourne,

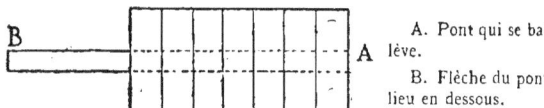

A. Pont qui se baisse ou se lève.
B. Flèche du pont, dans un lieu en dessous.

qui engrène dans une roue horizontale; laquelle engrène dans un arbre qui est au-dessous, et qu'on ne voit pas, non plus que ce qui est au-dessous. Quand on tourne la première roue, qui est perpendiculaire, on fait hausser le pont. Quand on le *(sic)* tourne de l'autre *(sic)*, on le baisse. Ce qui fait voir qu'à l'arbre il y a deux câbles ou chaînes attachées; qu'en tirant l'une, en tournant d'un sens, l'autre descend, et *vice versa;* et, par le moyen de deux poulies, une corde ou chaîne fait descendre, et l'autre fait monter.

Ces choses sont bonnes pour des Allemands qui aiment fort les choses secrètes.

Les François et les Bavarois prirent Augsbourg. Il y avoit dedans 5,000 Impériaux, qui capitulèrent pour eux, non pour la Ville ; ce qui fit que nous y entrâmes à discrétion. Tout l'arsenal fut enlevé. Ce que la Ville perdit ou contribua est estimé 5 millions de florins.

La Ville peut avoir 200,000 florins de revenu. L'Évêque, autant.

L'eau n'est pas rare dans les maisons d'Augsbourg : il y a, à chaque maison ou presque à chaque maison, deux sortes d'eaux : de l'eau de puits, et de l'eau de la rivière, qui vient par une machine et se distribue dans les maisons de la Ville, en payant.

Quand, à une auberge ou poste d'Allemagne, vous demandez de l'eau à boire, on vous porte de l'eau bourbeuse pour vous laver les mains. Quand vous faites comprendre que c'est pour boire, soudain l'hôte ou le principal de la troupe vient vous dire que cela vous fera du mal, et qu'il vaut mieux que vous buviez du vin ou de la bière. Comme vous persistez, on vous en apporte un peu, mais très peu, comme pour satisfaire votre opiniâtreté. Dès que vous en buvez, tout le village se met à rire. Je l'ai dit ailleurs : demander de l'eau dans une auberge d'Allemagne, c'est demander du lait chez Darboulin.

Quand j'étois à Munich, la fièvre me prit. Soudain un palefrenier alla chez un apothicaire me chercher une médecine pour me purger, me la porte, et, le lendemain, elle me fut portée en compte. Je dis que je la payerai à condition qu'il la prenne *(sic)*.

Les Bavarois sont plus stupides que les Allemands ne sont. Effectivement, l'action sur l'esprit de ces nations n'est pas instantanée. Il faut beaucoup de temps pour que l'âme soit avertie. Quelque ordre que vous donniez, vous les voyez rêver longtemps pour se le mettre dans la tête, comme si vous proposiez un problème de géométrie, et ils vous comprennent enfin. Mais, si vous donnez un ordre, et qu'ils l'ayent à la fin compris, n'en donnez pas un second : car, avant que le second soit compris, il faut bien plus de temps encore, parce qu'ils reviennent toujours au premier. J'ai vu souvent arriver à la lettre, en Allemagne, l'histoire de cet Allemand chez Mad{e} de Lambert : « Par ma foi, je ris de ce que Madame a dit tantôt. » Il faut un certain temps.

On m'a montré aux portes de la Cathédrale d'Augsbourg, qui sont de cuivre, avec des bas-reliefs du plus mauvais gothique que j'aye jamais vu, trois figures, où est représentée la création de la Femme, tirée de la côte d'Adam. Or, ce n'est pas un Créateur, mais une Créatrice, qui est la sainte Vierge. Qu'est-ce que ces gens-là vouloient donc faire faire à Dieu ? Il est vrai que l'ouvrage est si mauvais qu'il est difficile de deviner si c'est un homme ou une femme. Il y a apparence que c'est une femme. Si c'étoit le Père éternel, il seroit vieux et auroit de la barbe. Mais la figure est d'une femme ou d'un très jeune homme.

J'ai beaucoup parlé d'Augsbourg parce que j'y arrivai avec la fièvre, que le changement d'air d'Italie et d'Allemagne, le chaud de Rome et les vents froids de Munich, m'avoient donnée, aussi bien qu'au seul valet que j'avois avec moi. Je fus traité par les médecins d'Augsbourg bien à l'allemande. Mon banquier me dit qu'il me donneroit un médecin catholique. Je lui dis que j'en voudrois bien avoir un turc, qui fût bon. Il me dit qu'il n'y en avoit pas dans la Ville.

Pour les médecins de ce pays, ils ne vous demandent rien, ne vous prescrivent rien sur le boire et le manger. Ils vous ordonnent seulement leurs remèdes. Ils vous tâtent le pouls, quand vous le leur demandez. Je suis sûr que mon médecin n'a jamais su de quelle fièvre il a guéri mon valet. Il la croyoit tierce, et elle étoit double tierce. Il donna à mon valet, d'abord, l'émétique, et à moi l'ipécacuana. C'est que ces corps pleins de bière et de jambon ont besoin d'être évacués ; du reste, ne prescrivant rien pour le régime ; du vin à discrétion ; ne s'informant jamais à quelle heure on mange, ni qu'est-ce qu'on mange. C'est qu'on ne gagne rien avec les Allemands de *(sic)* leur défendre de manger.

Mon médecin me donna de l'ipécacuana pour me faire vomir et purger ma bile ; puis, il me donna le quinquina. Cela me chassa ma fièvre. Quand je partis d'Augsbourg, j'avois mon estomac en assez mauvais état ; mais il se remit peu à peu. Le mouvement même de la chaise de poste, le grand air me fit du bien, et même le pays du bord du Neckar est assez sain.

Les Allemands sont hydrophobes. Effectivement il me semble que l'eau en Allemagne ne me plaît pas tant qu'en Italie et en France, qu'elle fatigue plus mon estomac.

Il y a à Augsbourg beaucoup d'hydropiques. C'est pour cela qu'ils ne donnent jamais le quina seul, dans les fièvres, mais mêlé avec quelque apéritif. Ils craignent qu'il ne cause des obstructions, soit du foye ou d'ailleurs, des hydropisies, etc. Ils n'osent pas saigner dans la fièvre : ils disent que cela la rend d'abord maligne.

Il y a une fièvre qu'on appelle *febris hungarica*, qui est la plus dangereuse des malignes : car elle ne forme jamais des bubons, ni d'autres éruptions, par où la matière maligne puisse s'échapper. J'ai oui dire à un médecin d'Augsbourg qu'il l'avoit guérie par l'application des vésicatoires. Il en applique huit, tout à la fois. Dans les fièvres malignes, qui sont ordinaires dans ce pays, ils en appliquent beaucoup.

Les bourgeois d'Augsbourg sont beaucoup plus heureux que ceux d'Ulm, de Francfort, de Nuremberg : car, comme il y a deux religions, et que le

Magistrat est partagé, si un homme est vexé par un magistrat, il a recours à l'autre, sûrement ennemi de celui qui lui a fait injustice, et il la fait réparer : car tout y est double, depuis le premier magistrat jusqu'au dernier balayeur des rues. Cela fait encore que la République est mieux administrée : chacun ayant là son surveillant, ravi de le trouver en faute. Mais, dans les autres villes, où le Magistrat est tout luthérien, ils vivent comme des princes et sont de petits tyrans.

Augsbourg ne laisse pas d'avoir bien des dépenses. Elle *(sic)* donne 400 hommes pour les troupes du cercle : car les villes impériales y sont rudement cotisées; plus, 200 hommes pour sa garde. L'entretien de la Ville, du Magistrat, des ministres, tout cela coûte beaucoup; et, quand tout est rassemblé, il se trouve que l'on paye un grand tiers de son revenu, voire la moitié. Les maisons ni les fonds en argent ne payent pas cela; mais environ 1/2 pour 100. Mais il faut payer tous les mois une taxe pour son industrie et bien des drogues, qui vont à près du 200ᵉ denier. Il est vrai que cela n'est pas exigé bien à la rigueur.

Le nombre des Catholiques prévaut et prévaudra toujours à Augsbourg. Chaque religion reçoit les bourgeois qu'elle veut. Or les Luthériens ne peuvent guère en recevoir : car les terres autour d'Augsbourg, à 10 lieues autour, sont catholiques. Il ne peut donc venir de la campagne que des Catholiques, et on reçoit tout ce qui se présente.

Ainsi, de 5,000 bourgeois ou chefs de familles qu'il y a, on compte 3,000 Catholiques, 2,000 Luthériens.

Quand un homme est grevé d'une sentence de magistrat, il appelle au Conseil aulique, qui même redresse les abus dans l'élection des magistrats et autres choses. Le Magistrat doit être composé de plus des trois quarts nobles. Cela fait en tout une quarantaine. Les roturiers se font anoblir par l'Empereur. A Vienne, on fait tout pour de l'argent, et 2,000 florins feront un noble. Le Magistrat est, par abus, plein de gens parents très proches : père, fils, frères. L'Empereur a défendu cela.

Il y a plus de richesse à Nuremberg qu'à Augsbourg, quoiqu'il y ait deux ou trois familles d'Augsbourg plus riches qu'aucune de Nuremberg.

Le 23 août 1729, je partis d'Augsbourg assez malade; mais le chemin me remit. D'Augsbourg, j'allai à Zusmarshausen : poste 1/2 ; de là, à Günzbourg : poste 1/2 ; de là, à Elchingen : une poste ; de là, à Westerstetten : une poste. J'y couchai. Le lendemain, j'allai à Geislingen ; puis, à Gœppingen ; puis, à Plochingen : chacun distant d'une poste. D'où l'on peut aller indifféremment à Stuttgard ou à Kannstadt : j'allai à ce dernier. Je couchai le 24 à Louisbourg. Kannstadt est vis-à-vis de Stuttgard, le Neckar entre deux. Cette petite ville est tout proche de Stuttgard.

On avoit voulu persuader au duc de Wurtemberg de bâtir sa résidence entre ses deux villes; ce qui auroit été très commode pour lui et aussi pour ses sujets, qui auroient pu se servir de leurs maisons de Stuttgard, sans être obligés d'en bâtir d'autres. Il auroit pu même bâtir sur le Neckar. Mais il fut entêté de Louisbourg, qui est à une poste de

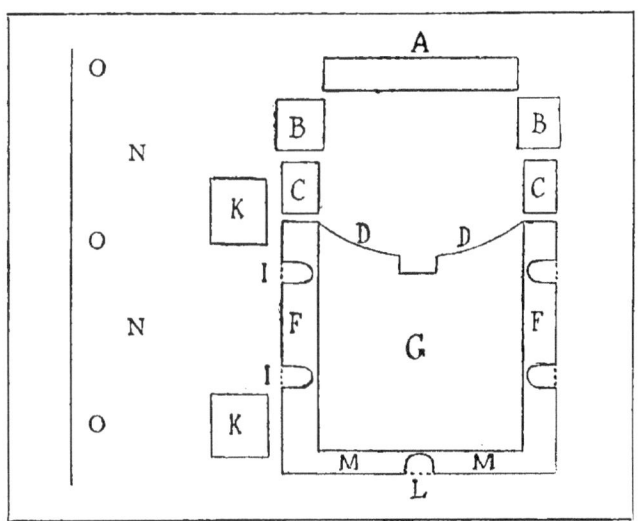

PLAN DU CHATEAU DE LOUISBOURG

A. Façade et corps de logis.
BB. Deux corps de logis, du côté.
CC. Deux corps de logis suivants.
DD. Rampes, ornées de statues, qui séparent la cour de l'avant-cour.
FF. Continuation des ailes et galeries.
G. Avant-cour.
H. Passage de l'avant-cour à la cour.
II. Entrée et arcades très petites.
KK. Deux avant-corps de logis.
L. Petite porte pour aller au jardin.
MM. Continuation de galerie.
NN. Espèce de grande rue ou esplanade qui sépare le Château d'avec la Ville.
OOO. Façades des principales maisons de la Ville.

Kannstadt et à une lieue ou environ du Neckar, et
5 là, a bâti une grosse maison et une ville.

Il a là deux architectes italiens, qui coupent à plein drap ; mais je ne vois pas qu'ils fassent rien

de bon. C'est un grand bâtiment carré-long. On
entre dans la cour par son long côté, et on trouve
à droite la façade, par le bout. Après la façade, à
(sic) chaque côté, suivent deux corps de logis.
Après quoi, le bâtiment continue jusqu'à l'autre
bout, par où l'on va au jardin. Cela fait une cour
carrée-longue, et, avant d'y entrer, il y a deux gros
corps de logis, entre lesquels on passe.

Ce qui m'a frappé le plus dans ce bâtiment, c'est
de voir partout du petit sous l'apparence du grand.
L'avant-cour est entourée de galeries ; mais cela
est si bas, si affaissé, garni de piliers si massifs, que
cela paroît un souterrain. Les portes d'entrée ou
arcades (II) sont petites à accabler la vue. La porte
qui communique aux jardins (L), et le corridor qui
traverse le corps de logis, entre cour et jardin, est
étroit, bas, petit, obscur, enfoncé. On ne voit pas du
dehors la porte où finit ce corridor. Il y a au-devant
des principales entrées des colonnes petites comme
des fuseaux, et, sur ces colonnes, des entablements
d'un gros et pesant massif. En des endroits, on a
voulu imiter le Borromini par des courbes extraordinaires ; mais on l'a imité mal. On a cherché à
faire de certains chapiteaux d'un composé de nouvelle invention, sans goût. Mais ce qui est plus
choquant, c'est que le corps de logis du milieu est
aussi défectueux que le reste. Il y a un *atrium*,
soutenu par des colonnes, si petit que cela fait
enrager. L'escalier est aussi très petit et mesquin.
Au milieu de la façade, il y a deux pilastres qui se
joignent presque ; ce qui fait qu'une espèce de

cintre dont on les a surmontés paroît si petit qu'il est misérable.

Ce qu'il y a de mieux, c'est la Nature qui l'a fait : car, derrière le corps de logis du milieu, il y a un vallon très profond, et, derrière, une croupe de montagne, sur laquelle est une petite maison de plaisance. Or, de l'avant-cour, on voit, à travers l'*atrium*, cette petite maison dans l'éloignement, et cela seroit bien mieux si on avoit fait l'entrée de l'*atrium* plus grande. J'oubliois de dire qu'il y a une terrasse qui règne par le dehors du principal corps de logis sur ce vallon, et qu'on y entre de l'*atrium*.

Du reste, cette maison ni cette ville (comme j'ai dit) n'ont point de rivière, et il m'a paru qu'il y avoit peu d'eau, n'ayant vu qu'une petite fontaine.

Pour la Ville, elle est bâtie de bois. Une grande rue la traverse, au milieu de laquelle il y a une allée d'arbres. Au milieu de la place, on a mis l'Église ; ce qui est d'autant plus mal à propos qu'elle est fort petite et chétive, et qu'on ne devroit avoir mis dans une telle place qu'un très bel édifice.

Le Duc a tellement la fureur de son bâtiment en tête qu'il a fait venir toutes ses cours et sa chancellerie, à la grande mortification de ses ministres. Mais il leur a fait dire que ceux qui ne viendroient pas prendre une maison là seroient renvoyés de leurs emplois. On dit que ce qui lui rend ce bâtiment plus agréable, c'est qu'il le sépare de sa femme et lui donne plus de commodité de voir sa maîtresse. Il foule ses peuples pour cette entreprise, qui n'est qu'une fantaisie d'un homme malade.

Le Duché de Wurtemberg est une belle pièce, tout en un morceau, tout en rond; un fort beau et bon pays. Il lui vaut pour le moins 1 million et 1/2 de florins, et, par sa situation et par ses forces même, ce prince pourroit jouer un rôle, s'il n'aimoit mieux suivre ses fantaisies.

Je crois que [c'est] le château de Radstadt et la ville faite pour le château que le prince Louis de Bade fit bâtir, qui a donné ce goût aux princes de ces quartiers : car l'Électeur palatin fait aussi bâtir Mannheim.

Le Duché de Wurtemberg est d'une très grande étendue et occupe le milieu de la Souabe.

De Louisbourg, on va à Besigheim : il y a 3/4 de poste; et, de là à Heilbronn, il y a une poste; et, derrière Heilbronn, est une petite ville impériale, où il peut bien avoir *(sic)* 2,000 bourgeois, tous protestants. Les Catholiques ne sont point reçus dans la bourgeoisie. Elle n'a pour territoire que deux ou trois villages. Un commandeur de l'Ordre teutonique y a sa commanderie, son église, qui est catholique et ne dépend pas du Magistrat.

II

BORDS DU RHIN

De Heilbronn, il y a 8 milles ou 4 lieues d'Allemagne jusqu'à Sinsheim, et il y a 7 milles de Sinsheim à Heidelberg. Après Heilbronn, on entre dans le Palatinat. Mais c'est à 5 ou 6 milles de Heidelberg que commence le beau pays.

Le prince de La Tour-Taxis a les postes de l'Empire en fief. C'est lui qui met les maîtres des postes dans les états des Princes, retire les ports de lettres, donne des gages aux maîtres des postes. Il est vrai qu'il est obligé à de grandes dépenses. Premièrement, il faut qu'il établisse les postes que les Princes demandent pour leur cour. Toutes les expéditions qui regardent la cour desdits princes, ports de lettres, etc., se font sans frais. Les maîtres de poste, qui doivent fournir beaucoup de courriers publics, doivent avoir des gages. Le prince de La Tour ne vend point ses emplois, mais les donne à ceux qui ont travaillé dans ses bureaux. Le roi de Prusse et l'électeur de Saxe ont leurs postes dans leurs états, excepté, pour le roi de Prusse, dans quelques lieux éloignés.

Le prince de La Tour réside moitié du temps à Francfort, qui est le centre de ses affaires, et l'autre moitié à Bruxelles, ayant maison à l'un et à l'autre. Il a aussi les postes des Pays-Bas. On vouloit les lui ôter; mais cela s'est accommodé.

Le 26 août 1729, j'arrivai à Heidelberg.

Cette ville n'est pas grande. Elle est entre le Mein et une montagne; de façon qu'elle ne peut s'étendre qu'en long. Il peut y avoir 1,700 bourgeois, tous misérables depuis que l'Électeur, piqué de ce qu'on lui a fait rebâtir la muraille qui séparoit la nef de l'Église du Saint-Esprit, qui étoit aux Calvinistes, du chœur, qui étoit aux Protestants, a quitté la Ville, pour aller à Mannheim, où il a fait venir les conseils et dicastères; ce qui a mis la Ville en un tel état qu'on n'y voit pas un sol. Les maisons qui se vendoient 3,000 florins ne s'y vendent qu'à peine 1,000 et 1,100. J'ai vu cette fameuse église, qui a fait tant de bruit, et qui certainement n'étoit pas digne d'être tant enviée. Mais les Protestants craignoient surtout que l'Électeur, ayant l'Église, ne vînt à demander aussi les revenus, qui sont considérables. Il est étonnant que le traité de Westphalie, qui a été fait en faveur des Princes, leur soit à présent si contraire. Ce traité de Westphalie a perdu la religion catholique en Allemagne.

J'ai été au Château voir la fameuse tonne. Effectivement, c'est une belle pièce. Elle contient 204 foudres, 3 *eimers*, 12 pots. Chaque foudre contient 10 *eimers;* l'*eimer,* 48 pots ou pintes. Enfin, on juge dans les communautés que le foudre est la portion d'un moine, toute l'année. Ainsi ce foudre peut suffire pour 204 moines.

Il y a une autre cave remplie de grands foudres, qui ne contiennent tous que ce que contient le grand.

Le tonnelier vient vous servir à boire dans une coupe formidable; mais il y met peu de vin. Il faut boire à la santé de l'Électeur, et, si l'on manque à certaines cérémonies, on est battu sur les fesses, comme aussi si l'on donne un coup sur le sacré foudre.

Le Château est démoli du temps des François. Ils voulurent aussi faire sauter le foudre; mais, par un miracle, la mine s'éventa. Ces sortes de foudres sont faits d'un bois épais de 6 ou 7 doigts, avec des cercles de bois de menuiserie, qui ont près d'un pied de large et d'épaisseur, et les fonds sont soutenus à la muraille par un appui.

Je crois que c'est Germanicus qui planta les coteaux de la Moselle et du Rhin. — Voir les inscriptions de Notre-Dame-les-Marchands-de-Vin, sous quel empereur. — Voir, dans l'extrait de Coringius, quand on planta les vignobles d'Espagne.

L'exercice public des trois religions est permis dans le Palatinat. Depuis cet électeur, les catholiques ont eu un peu les coudées plus franches. On a sollicité des petites gens, qui sont revenus d'ailleurs. Les charges ont été en grande partie entre les mains des Catholiques. Là où il y avoit des églises en commun, on a séparé, et tantôt les Réformés, les Catholiques, ont eu plus de liberté dans leurs prédications que les Protestants, et les Jésuites ont un peu prêché la controverse.

Memmingen est une ville impériale dans la Souabe, toute luthérienne. Elle n'a que ses murailles, et tout le dehors est aux Catholiques. Un Catholique ne peut pas être bourgeois, et, quand il l'est, il perd son droit de bourgeoisie et est obligé de vendre son bien dans trois ans.

Le 25 août, je partis de Heidelberg et arrivai de bon matin à Mannheim, qui en est à une poste. C'est à présent une des plus belles villes d'Allemagne, et en sera une des plus fortes. Sept rues d'un côté, croisées par sept autres rues de l'autre, font la Ville; larges, bien droites. De belles places; des maisons à deux étages, pour la plupart bien bâties. La situation en est charmante, dans le lieu où le Neckar va se jeter dans le Rhin, et elle sera une des principales villes d'Allemagne, et, si les François l'avoient, Mayence, Spire, Worms, Heidelberg, Philipsbourg, Trèves, tomberoient ou seroient en échec. L'Électeur a fait les remparts tout autour, et les bastions du corps de la place, et quelques demilunes. Mais le reste des dehors n'est pas achevé. Il y a même une chose; c'est qu'il ne peut pas fortifier du côté du Rhin, parce que, par les traités de Bade et de Radstad, il est dit que la France et l'Empire ne pourront pas faire des ouvrages sur les bords du Rhin. L'Électeur a pourtant fait quelques petits ouvrages, peu considérables, à la tête du pont sur le Rhin. On est venu voir cela de Landau, et on a trouvé cela si peu considérable qu'on n'a pas jugé à propos de rien dire.

Or voici comme est Mannheim :

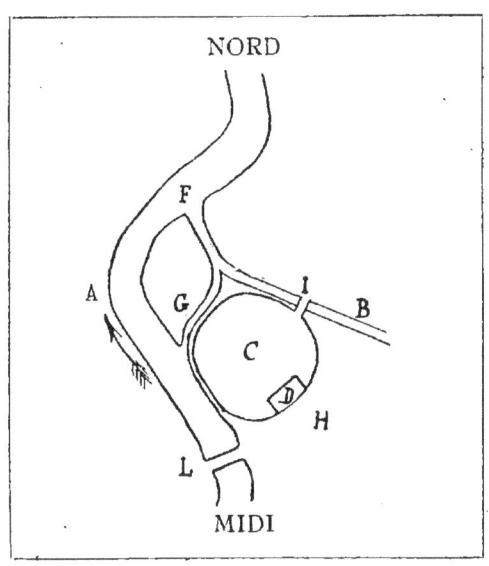

MANNHEIM ET SES ENVIRONS

A est le Rhin.
B. Le Neckar.
C. La ville de Mannheim.
D. Le Palais électoral.
F. La jonction des deux fleuves.
G. Bras de communication que le Rhin a fait l'année passée très heureusement, et qui couvre la Ville de ce côté-là, de façon qu'on pourra faire un fort dans l'île formée par ce bras et les deux fleuves.
H. Lieu où l'on prétend faire une citadelle, et qui est plus étroit qu'il ne paroît là, qui couvrira Mannheim de ce côté-là. N'a *(sic)* que, du côté du Rhin, il est difficile d'ouvrir la tranchée ; parce qu'on trouve l'eau d'abord.
I. Pont de bateaux sur le Neckar.
L. Pont de bateaux sur le Rhin.

5   Si on avoit la guerre, on fortifieroit d'abord le bord du Rhin ; ce qui feroit une forte place. Il y a

une chose : c'est que, du côté du Château, le terrain est fort sablonneux, et que les ouvrages n'y peuvent guères être solides.

Le Château de l'Électeur est au lieu marqué D. Ce sera une très belle chose, et le dessin m'en a paru très beau, quoiqu'il ne soit pas achevé à beaucoup près. On voit le dessin en bois. Il y a un nouvel ingénieur qui a corrigé quelques fautes du premier, et assez heureusement. Par exemple, à chacune des deux ailes qui joignent le corps de logis, on avoit fait deux petits avant-corps de chaque côté, pour placer les escaliers; il n'en a fait qu'un des deux : ce qui fait quelque chose de moins mesquin et n'interrompt pas tant la suite de la perspective. Le défaut est que l'*atrium* ou salle basse d'entrée est basse et petite, sans colonnes, mais voûtée, et cela est indigne d'un si grand bâtiment. De même, dans l'appartement de l'Électeur, la principale salle n'est pas assez grande. Ce qu'il y a de beau, c'est la vue. L'Électeur voit tout son pays et, de plus, les deux fleuves qui courent *(sic)*. Il y a une chapelle à peu près sur le modèle de celle de Versailles.

La Ville est basse et, pour ainsi dire, quasi dans un marais. Ce qui a fait dire à ceux de Heidelberg que l'air en étoit mauvais : mais il ne paroît pas au visage des habitants que l'air soit tel. Ils ont une bonne couleur, et si *(sic)* les aye *(sic)* vus au mois d'août; et, quand l'air seroit actuellement mauvais, je n'en serois pas étonné, parce qu'on y bâtit sans cesse, et qu'on y remue des terres, que les eaux croupissent dans des fonds qu'on ne comble qu'à mesure que l'on bâtit, et que, les rues n'étant pas toutes pavées, l'eau s'arrête, et qu'on l'arrête même. Et cela étoit bien pis avant qu'on eût tant avancé! Pour lors, il y avoit une véritable puanteur; l'eau étoit mauvaise. A présent elle est meilleure, et il y a, à la plus haute ville, de bons puits. D'ailleurs, ils ont à choisir de l'eau du Neckar ou de celle du Rhin.

Le Palais n'avance ni n'avancera, parce que le pays du Palatinat fournit une somme tous les ans, dont il ne faut pas se priver : tout homme aisé paye 1 florin par mois; le reste, à proportion.

Les Capucins ont un fort beau couvent que l'Électeur leur a fait bâtir de l'amende qu'un Juif riche paya pour délivrer de la potence un autre Juif.

Il y a à Mannheim le tiers de Catholiques; le reste, évangélique et réformé.

Les Jésuites ont un couvent sans église; mais ils servent l'église principale et soulagent le curé.

On peut être bien sûr du zèle des Jésuites pour la conversion des Protestants. Je parlai aux Pères de Heidelberg. Je vous assure qu'ils maudissent bien le traité de Westphalie. Ils m'ont dit que l'affaire avance peu; qu'il faut avoir une patience de fer; que les Pères de Rome leur écrivent qu'ils sont étonnés qu'il y ait encore tant de Protestants dans le Palatinat; mais que, s'ils étoient à la besogne, ils trouveroient bien à qui parler; qu'il est vrai que les ministres de l'Électeur sont catholiques; mais il faudroit qu'ils le fussent bons. Mais ils espèrent que les enfants des pères lâches seront plus zélés. Il y a, disent-ils, à Heidelberg, les deux tiers calvinistes; et, de l'autre tiers, la plus grande part est catholique, l'autre, luthérienne. Ils me dirent que l'Électeur avoit fait de plus grands progrès pendant la guerre que pendant la paix : les François, qui sont catholiques, étoient dans le voisinage ; l'Électeur étoit bien armé ; les Protestants avoient peur et ne crioient point leur traité de Westphalie, et, peu à peu, la religion catholique s'étoit provignée sous cette maison de Neubourg. Ils disent qu'avec de l'argent, ils convertiroient beaucoup de pauvres. Ce qu'ils font de mieux, ce sont les soldats qu'ils convertissent presque tous. «Je me convertis, disent-ils, parce que cela fera plaisir à mon capitaine, et que vos cérémonies me plaisent. »

Les bons Pères ont à Heidelberg un beau et bon couvent, une très belle église. Il y a une moitié de faite sur un bon dessin. Ils se vont faire donner par l'Électeur une autre maison pour y faire un séminaire.

A Fulda, ils ont un séminaire d'où sortent des prêtres pour servir les paroisses foibles ou abandonnées, et qui a 4,000 écus romains de la Chambre apostolique ou plutôt de la Propagande. Ils s'indignent que le Palatinat avance si peu ; vu que, à Mayence, Cologne, Trèves, où il y avoit tant d'hérétiques, il n'y en a plus. Sur ce que je leur parlai de l'affaire de l'Église du Saint-Esprit : « Monsieur, nous faisons, me dirent-ils, ce à quoi nous sommes obligés par notre institut. Si cela plaît ou déplaît, nous ne nous en embarrassons pas. »

Les revenus des Duchés de Juliers et de Berg vont beaucoup plus loin que ceux du Palatinat : je les ai ouï porter à 2 millions de florins. Ceux du Duché de Neubourg, 60,000 florins; ceux du Palatinat, 1 million et 1/2. Enfin, je crois que l'Électeur a bien en tout près de 4 millions de florins de revenu. L'Électeur, roi de Bohême, aliéna de très bons bailliages du Palatinat, lesquels ne sont pas encore retirés. Cependant, il paroît que l'Électeur est puissant : car il a, en temps de paix, 10,000 hommes de troupes. Il bâtit (comme j'ai dit), et il fait de très grosses pensions à sa cour. J'ai ouï parler de gens qui tiroient de lui de 40 à 50,000 florins.

Lorsque je passai, l'Électeur étoit à Schwetzingen, petite maison de plaisance à une poste de Mannheim, où il a passé l'été. J'étois pressé, et je n'y allai pas, d'autant que le baron de Ricordin, un de ses chambellans, pour qui j'avois une lettre de recommandation, n'y étoit pas. Cependant plusieurs conseillers que je vis à Heidelberg m'offrirent bien leurs services.

L'Électeur devoit faire, deux jours après mon départ, une chasse dans les îles du Danube *(sic)*. Ce sont des cerfs que l'on prend dans les forêts, que l'on met dans ces îles, et que l'on chasse jusqu'à ce qu'ils se jettent dans le Danube *(sic)*, et on les tue en passant. Mais, comme ils sont auparavant en prison, ils se font assommer, non pas chasser.

Ce qui désespère la cour de l'Électeur, c'est la crainte que les Duchés de Juliers et de Berg ne leur échappent. Le père du prince de Sulzbach est fort riche (dit-on) en argent comptant. Ce prince doit succéder par la mort de son frère, qui avoit épousé la fille de l'Électeur, et qui ne laisse que des filles. Celui-ci a un garçon.

Le 29, je suis parti de Mannheim et suis arrivé, le même jour, à Francfort. La partie du Palatinat que j'ai passée aujourd'hui, la principauté [de] Darmstadt et ce que j'ai passé du territoire de la Ville est un terrain sablonneux et mauvais. J'ai passé par la ville [de] Darmstadt. Le tout ne me paroît pas grand chose.

Je restai à Francfort le 30 et le 31.

C'est une grande ville bien peuplée, fort commerçante, au lieu où le Mein se jette dans le Rhin. On y voit un mouvement que l'on ne trouve point à Augsbourg. Je crois bien que l'approche de la foire y avoit attiré du monde. Le prince de La Tour, grand-maître des postes, y reste une partie de l'année. Plusieurs seigneurs y viennent rester aussi.

La Ville est gouvernée par des magistrats luthériens. Les bourgeois sont aussi luthériens, à la réserve de 3 ou 4, et on n'en reçoit point d'autre *(sic)*. Mais le libre exercice de la religion catholique y est, et il y a bien un tiers de Catholiques, qui ont les principales églises, au nombre de sept ou huit, et même la Cathédrale et ses chanoines. Les Jacobins y ont un grand et beau couvent. Les Calvinistes n'ont pas le libre exercice de leur religion : ils vont dans un village, hors la Ville, où ils ont une petite église.

Je crois bien qu'il y a dans la Ville 50,000 âmes.

On conserve à Francfort la Bulle d'Or.

Les derniers empereurs ont été couronnés à Francfort, au préjudice d'Aix-la-Chapelle.

Le 1ᵉʳ d'août 1729, je partis de Francfort et arrivai à Mayence, qui en est éloignée *(sic)* de 2 postes. C'est une très grande ville, à la gauche du Rhin. Je la crois à peu près aussi grande et aussi peuplée que Francfort. Elle est bien fortifiée, surtout du côté du Rhin, et c'est une des principales places de l'Empire. Je n'y trouvai pas l'Électeur, ni les personnes à qui j'étois adressé. Ils étoient à Mannheim, à la chasse que l'Électeur donnoit.

Je partis le lendemain matin, 2 du mois, pour aller à Bonn.

Je me mis dans un bateau avec ma chaise de poste. Ces bords du Rhin sont charmants, la plupart couverts de vignobles qui valent beaucoup : car le vin du Rhin est cher dans le pays et vaut (me semble) le double qu'il ne se vend dans la Guyenne.

Il se porte avec bien de la facilité en Hollande, Pays-Bas, en suivant le fleuve.

Environ à 9 lieues de Mayence, nous vîmes Kaub, qui appartient à l'Électeur palatin.

Vis-à-vis, au milieu du Danube *(sic)*, est une forteresse appelée *Pfalz*, qui appartient au même électeur. C'est de là d'où est sortie la maison, et, de là, les princes de toute cette maison s'appellent *Pfalzgraves*.

Après vient Sanct-Goar, qui appartient au landgrave de Hesse-Rheinfels. Vis-à-vis, il y a une petite fortification, qui appartient au même landgrave, pour la défendre, dont le nom répond en allemand à celui de *Chat*, et une autre, un peu plus loin, qui défend aussi Sanct-Goar, dont le nom répond à celui de *Rat*. Tout ceci est difficile à prendre.

Le lendemain matin, 3, nous arrivâmes à Coblentz, grande ville, au confluent de la Moselle dans le Rhin. Elle appartient à l'électeur de Trèves. Elle est fortifiée et défendue par une forteresse, qui paroît bonne. Au-dessous de la forteresse, qui est sur une éminence, est le Palais électoral et quelques autres maisons auprès. Ce palais a très bon air par dehors ; je n'ai point vu le dedans.

La situation de Coblentz est très agréable, baigné, du côté du couchant, par le Rhin, et, de celui du nord, par la Moselle. Il y a sur la Moselle un très beau pont de pierre, de neuf ou dix arches, par où l'on entre dans Coblentz du côté du nord. La Ville est grande. Il y a une très belle rue, très droite, et une assez jolie place, entourée de marronniers. Enfin, elle est très digne d'être la résidence de l'Électeur, qui y vient quelquefois.

Toutes ces villes, comme Mayence, Coblentz et autres, sont gardées par les troupes des quatre cercles.

A 1 mille ou 2 de Coblentz, on trouve le château d'un comte de Neuwied, sur le rivage droit du Rhin. Il y a environ 200 hommes de troupes.

A 1/4 de lieue de là, il y a une maison de plaisir bâtie par le grand-père du comte régnant. Comme il fit bien des vexations pour la bâtir, qu'il forçoit ses sujets à des travaux très rudes et fit pendre beaucoup de gens, on dit que le Diable a pris possession de la maison, et l'on l'appelle d'un mot allemand qui répond au mot *Ara-Diaboli*. La tradition, c'est qu'il est impossible d'y habiter, et que, lorsque les François vinrent, ils voulurent y mettre leurs malades, que l'on fut contraint d'ôter.

J'arrivai le même jour à Bonn. M. l'Électeur n'y étoit pas. Il étoit à ses États de Westphalie. Ainsi je n'y trouvai pas M. le comte de Plettenberg, son premier ministre ou celui qui en fait les fonctions.

J'y trouvai le chevalier de Boissieu, qui étoit resté à Bonn, et que j'avois connu à Paris. Le matin, nous allâmes chez M. le comte de .... Le soir, nous allâmes à l'assemblée, chez Mad⁰ la comtesse de Fougres, autrefois favorite du feu Électeur, et qui est dans le retour de l'âge et aime bien la nation françoise.

Bonn est une petite et vilaine ville. Les ministres sensés de l'Électeur voudroient qu'il fît sa résidence à Cologne, où l'Évêque a de grands droits, quoique Cologne soit une ville impériale, gouvernée par ses bourgeois. Mais l'Électeur y a la justice criminelle et y peut avoir sa garde, quoiqu'il n'ait point les autres attributs de souveraineté. Mais on croit que la présence continuelle de l'Électeur feroit que ses droits pourroient augmenter toujours peu à peu. Or Cologne est une grande et belle ville, et une des premières de l'Allemagne.

Le feu Électeur avoit fait bâtir une maison aux portes de la Ville, d'un très beau et bon dessin, qui s'appelle *Poppelsdorf*, et tout étoit fait, excepté le dedans. Comme il *(sic)* a bâti à Brühl un grand et assez vilain bâtiment, on lui a conseillé de démolir celui-là et se servir des matériaux pour Brühl. On a donc jeté à bas la moitié de la maison du feu Électeur, et, quand cela a été fait, on a fait sentir à l'Électeur qu'il ne tireroit rien de ces matériaux, et qu'ils lui coûteroient beaucoup à transporter : ce qui gâtoit la plus jolie maison de l'Allemagne. De façon qu'on a suspendu le démolissement, et que même l'Électeur seroit tenté de faire rebâtir ce qui a été démoli. Le dessin de cela est un cercle dans l'intérieur de la cour, un carré par les façades, et huit pavillons dans le tout : lesquels pavillons, bien percés, laissent échapper la vue et font un très bel effet.

L'Électeur a aussi commencé une fortification à Bonn. Elle étoit si mal prise qu'il a fallu l'abandonner, outre qu'elle étoit trop près du Palais. Cet électeur change aussi facilement de pensées qu'il change de lieu, courant toujours.

L'électeur de Cologne joint à l'Électorat Münster,

Osnabrück, Paderborn et Hildesheim. Dans tout cela, il peut avoir 6,000 hommes de troupes : 1,500 hommes de l'Électorat; 4,000 hommes de Münster; le reste des autres évêchés.

L'électeur de Cologne peut avoir, en tout, 600,000 écus de revenus, et les troupes payées. Münster peut valoir 200,000 écus, et les troupes payées. Cologne vaut bien moins.

État des Revenus de l'Électeur de Cologne.

L'Évêché de Münster rapporte, tous les ans, à l'électeur de Cologne 96,000 écus, indépendamment des dons gratuits extraordinaires : l'année passée (1728), le don gratuit extraordinaire fut de 20,000 écus.

L'Évêché de Hildesheim rapporte environ 90,000 écus.

Celui de Paderborn, 10,000 écus.

Le dernier évêque d'Osnabrück retiroit 50,000 écus de son domaine, et les États du pays lui donnoient 8,000 écus par mois. Mais ce qui est donné par les États à l'Évêque va quelquefois beaucoup plus loin, et le prince de Lorraine, qui étoit évêque d'Osnabrück avant le feu duc d'York, a tiré des États jusqu'à 14,000 écus par mois.

La dernière diète des États de l'électorat de Cologne a accordé à l'électeur un don gratuit extraordinaire de 16,000 écus. Les autres subsides qu'elle a donnés cette même année (1729) pour le payement des troupes, pour celui des ministres employés dans les pays étrangers et pour les autres dépenses auxquelles il est obligé comme souverain, ont été de 100,000 écus, dont un tiers a dû être payé par le Duché de Westphalie, suivant l'ancien usage. Mais, depuis que ce duché fait un état séparé, il donne toujours quelque chose de plus.

Indépendamment de ces subsides, l'Électeur tire tous les ans près de 100,000 écus, qui sont pour l'entretien de la Couronne.

Sur les revenus de tous ces états, l'Électeur est obligé de donner environ 220,000 écus, tant pour les officiers de justice et pour l'entretien des troupes, que pour les réparations et quelques autres dépenses.

Ainsi l'on peut compter que ce qu'il tire de ses différents états, toute charge déduite, monte à 400,000 écus d'Allemagne, dont il peut disposer à sa volonté.

État de ses Troupes

Troupes de l'Électorat de Cologne.

2 Régiments d'infanterie de 750 hommes, chacun	1,500

Troupes de Münster.

Infanterie :

1 Régiment de	800
1 Régiment de	560
5 Régiments à 400 hommes, chacun	2,000
A reporter. . . .	4,860

Report...... 4,860
Cavalerie :
2 Régiments de 2 escadrons, chacun, à
 121 maîtres par escadron......... 484

Troupes de Paderborn.

1 Régiment d'infanterie de............. 690
                              Total...... 6,034

Il y a, de plus, dans l'Évêché de Münster, 1 régiment de milices, composé de 10 compagnies de 100 hommes, chacune.

État des Places fortifiées

L'Électeur n'a de places fortifiées dans ses différents états de Westphalie que Münster et Vechte, qui est dans le Bas-Évêché de Münster.

Les fortifications de la ville et de la citadelle de Münster, qui ne sont que de terre, n'ont jamais été dans leur perfection, et elles ont été si négligées que cette ville est hors d'état de soutenir un siège. L'artillerie qui est dans cette place consiste en 24 canons de 24 livres de balle; 6 canons pour tirer, de 12 livres environ; 130 canons, dont une partie est de 12 livres, et l'autre, de 6; 36 mortiers; 2 pierriers; et 10,000 mousquets.

Les fortifications de la ville et de la citadelle de Vechte, qui ne sont aussi que de terre, sont en meilleur état que celles de Münster, et l'artillerie de cette seconde place consiste en 20 mortiers et 5o canons, parmi lesquels il n'y en a point de 24 livres.

Il y a aussi quelques pièces de canon à Warendorr et à Meppen; mais c'est peu de chose.

Pour ce qui est des munitions de guerre, il n'y a qu'un très petit nombre de boulets et de bombes, et tout ce qui est nécessaire pour servir l'artillerie est fort en désordre.

L'électeur de Mayence est un prince judicieux et sage. Il a remis l'Électorat de Trèves, qui étoit abîmé, a fait bâtir ou réparer les maisons de plaisance, fait des fortifications aux places, surtout à Coblentz, et a toujours vécu grandement. C'est qu'il ne se laisse point voler et est économe. C'est un homme qui a des vues et bien du bon sens.

L'électeur de Cologne est tout ouvert dans ses états et n'a pas une place. Il n'a fortifié ni Bonn, ni Kaiserwerth, ni Rheinberg, de façon qu'il seroit très facile de le culbuter de ses états, n'ayant non plus aucune place en Westphalie.

L'Empereur feroit un grand bien à la religion catholique s'il ne recevoit à son service que des princes catholiques; ce qui feroit que des cadets protestants se feroient catholiques et pourroient devenir aînés.

Cour de l'Électeur de Cologne.

Le comte de Blankenheim, premier ministre sans fonction, homme doux, paisible, content de savoir les choses vingt-quatre heures avant les autres chanoines de Cologne. C'est lui qui a fait réussir la nomination de Cologne pour l'Électeur. Il avoit beaucoup de crédit dans le Chapitre, et ses amis même vouloient qu'il sollicitât pour lui. Il dit qu'il avoit donné sa parole. Il pourroit bien être électeur de Cologne, si l'Électeur passe jamais à Mayence, celui de Mayence quittant l'autre *(sic)*, pour être duc de Juliers et de Berg et se marier. Il est passionnément amoureux de la baronne de Notapht *(sic)*, qui le traite comme un chien, passion qui pourroit lui faire tort. Je l'ai beaucoup vu à Bonn, et il m'a donné à dîner.

Le comte de Plettenberg, faisant la fonction de premier ministre, jeune homme qui a de l'esprit et de la vivacité, étoit neveu d'un évêque de Münster, qui lui laissa du bien et du crédit dans le Chapitre. Livré à la maison de Bavière, il travailla pour cette élection et engagea une partie de son bien pour la faire réussir; promit, donna un argent immense, et se conduisit adroitement. Il étoit ruiné si l'affaire avoit manqué. Il est souvent sur *(sic)* l'Électeur pour les affaires étrangères. C'est lui qui, lors des deux traités, fit faire ce sot traité aux électeurs de Bavière et de Cologne avec l'Empereur, moyennant des subsides, pour l'accession de Vienne. Il étoit mécontent de la France, à qui, au voyage de l'Électeur en France, il avoit fait beaucoup d'ouvertures et proposé plusieurs projets dont on n'avoit pas fait grand cas. Est *(sic)* prodigieusement riche.

Le baron de Notapht *(sic)*, général des troupes de Cologne. Je ne le connois pas; mais seulement sa femme, que j'ai beaucoup vue, qui est sœur de Mad^e de Rübrand *(sic)*, et de la princesse de Holstein, à Vienne.

Le comte de Verita, Véronois, médiocre, mais sûr et fidèle. Le feu Électeur comptoit aveuglément sur lui et le chargeoit des commissions qu'il vouloit cacher à ses ministres. Il est grand ....

Le baron d'Ars, grand-fauconnier de l'Électeur et vice-grand-fauconnier de l'Électeur palatin, homme tranquille; a été fort aimé des femmes; f...... la princesse de Helzbach, fille de l'Électeur palatin; est estropié par ses amours d'une foiblesse dans les jambes et dans les nerfs.

Le comte de Bornheim, président de la Chambre des Comptes, homme très réservé. Il est gendre de la comtesse de Metternich. Je ne l'ai pas vue à Bonn : elle étoit en Hollande.

La comtesse de Fouger ou Fougre *(sic)*, maîtresse du feu Électeur, a rendu des services considérables à un grand nombre de gens, généreusement et sans récompense. Le feu Roi lui faisoit 15,000 livres de pension pendant que l'Électeur fut dépossédé. Elle est *di genio* entièrement *francese*.

L'Évêché de Münster est considérable par les

troupes que ses États lui peuvent fournir. Mais, outre les troupes payées, qui sont actuellement 4,000 hommes, il n'a guère, d'ailleurs, que 100,000 écus de rente. Mais, en temps de guerre, les États lui donnent plus de troupes, et il les vend : car elles sont fort bonnes.

On a remarqué que les évêques de Münster, qui ont siégé en temps de guerre, ont laissé leurs familles fort riches ; les autres, fort pauvres : ne l'ayant pas dédommagée des dépenses de l'élection ; entre autres le dernier, Metternich.

Münster étoit une ville qui étoit souveraine, et où l'Évêque n'avoit point ou très peu de droits, jusqu'au fameux Bernard de Galen, évêque de Münster, qui la soumit.

Les chapitres sont bien revenus de la manie d'élire des princes ; on croit que la mode reviendra d'élire quelqu'un de leur corps.

Osnabrück est partie catholique, partie luthérienne. Il n'y a que 3 ou 4 chanoines luthériens contre une vingtaine de catholiques. Cependant, il faut que l'Évêque soit alternatif ; c'est le seul de l'Allemagne.

La grande-maîtrise de l'Ordre teutonique est une bonne chose. Outre que cela vaut une centaine de mille écus de rente, c'est que cela augmente la cour d'un prince, qui se fait servir par ses chevaliers, avec l'espérance seule qu'il leur donne d'une commanderie, qui est une chose admirable très souvent, tant elles sont bonnes. Il convient assez à l'Ordre que la grande-maîtrise soit donnée à un prince qui la puisse soutenir.

Cet électeur de Cologne est un petit sujet, veut toujours courir, aime assez les femmes, a un bâtard.

Je partis de Bonn, le 8 septembre 1729, avec M. le chevalier de Boissieu, envoyé de France, qui voulut bien venir avec moi jusques à Cologne, où nous voulions voir M. le nonce Cavalieri. J'avois une lettre à lui rendre de la marquise Sacchetti, sa sœur. Il me reçut à merveille, de miracles *(sic)*. Nous y dinâmes. J'y trouvai le prince de Nassau, archevêque de Trébizonde, chanoine de Cologne, qui y dînoit. C'est une manière de fou (dit-on), quoiqu'il ne me le parût pas. Je lui louai beaucoup sa grande naissance. Il est pauvre; d'ailleurs, d'une grande politesse et beau-frère de la princesse de Nassau, sœur de M. de Nesle.

Le nonce de Cologne a un très grand rang et va presque de pair avec l'Électeur, qui lui donne la main chez lui et n'a pas de fauteuil ni de place distinguée là où il est. Il a des fonctions très grandes et très étendues; mais peu de revenu.

La ville de Cologne est très grande. On dit qu'il s'en faut peu qu'elle ne soit aussi grande que Paris, ôté les faubourgs. Elle n'est pas riche. La présence de l'Électeur et de sa cour l'enrichiroit; mais il y a toujours des jalousies.

C'est une ville impériale. Son territoire ne passe pas ses murs. Les bourgeois ayant voulu faire raccommoder un chemin hors des murs, il y a quelques années, l'Électeur s'y opposa, assembla ses troupes, et fit venir deux mortiers pour bombarder la Ville. Tous les bourgeois doivent être catholiques.

M. le Nonce nous mena à une conversation. C'est chez une abbesse d'une abbaye de chanoinesses, et les chanoinesses y étoient, et la principale noblesse de la Ville.

Il y a une autre abbaye, qui a été autrefois à des chanoinesses, qui ont depuis pris la règle.

L'abbesse, que je vis, a un très bel appartement séparé et est comme une princesse.

J'ai vu la grande Église, qui est un très beau bâtiment gothique, dont il n'y a rien d'achevé que le chœur. La nef n'est point encore voûtée. Il y a deux clochers immenses, qui font la façade : l'un est beaucoup avancé; l'autre à peine sort de terre. Celui qui est avancé est un des plus beaux morceaux du gothique. Il y a une grande légèreté dans tout ceci. On y monte par un très bel escalier, comme s'il n'y avoit que vingt marches. Cependant il y en a deux cent trente de faites, sans compter ce qui reste à faire. C'est dans le chœur de la grande Église que sont les corps des Trois Rois. Il y a une cinquantaine de chanoines, tous comtes de l'Empire. La voûte du chœur est d'une élévation d'autant plus surprenante que les piliers ne sont que très peu massifs.

Les Jésuites ont une église gothique, mais très agréable, à Cologne. Ils bâtissent leur collège, qui a été brûlé.

A Sainte-Ursule reposent seulement les Onze Mille Vierges. Le temps ne m'a pas permis de faire ouvrir le trésor, où sont les reliques.

Je partis le lendemain, 9, pour Düsseldorf, qui est à 2 postes de Cologne. La ville est jolie, sur le Rhin. Elle a été beaucoup embellie par le feu Électeur palatin, frère de celui-ci. Elle est petite et fortifiée très bien. On y est en une grande crainte des Prussiens, quoique l'on négocie à présent la cession des Duchés de Juliers et de Berg pour l'électeur de Mayence, qui enrage de se marier et veut absolument faire des enfants.

Il y a la galerie qui est la plus belle chose dans ce genre qui soit en Allemagne. Le feu Électeur a fait venir les copies des principales statues de Rome et de Florence jetées en plâtre ; ce qu'on ne s'attend guère de voir en ce lieu.

Dans les appartements d'en haut, on trouve une très grande quantité de tableaux bien choisis et des meilleurs maîtres. Il y a une chambre, d'abord, de bons auteurs, la plupart flamands ; ensuite, une chambre toute d'ouvrages de Rubens et, entre autres, un *Jugement* de lui, qui est admirable. Il y a, ensuite, une chambre où sont plusieurs histoires du

Vieux et du Nouveau Testament, faites par un peintre hollandois, qui est un excellent auteur; c'est ....

Dans la dernière chambre *(nota* que chaque chambre est si grande qu'elle mériteroit le nom de *galerie)*, il y a un très grand nombre de Van Dycks et de très beaux originaux d'Italie : une *Vierge* du Sartre, un *saint Jean* du *(sic)* Raphaël, quelques tableaux du Corrège. Toute cette galerie est d'un bon choix et faite avec goût, outre qu'elle est très nombreuse, et elle seroit très belle dans Rome même et n'a pas sa pareille en Allemagne.

Je pars demain pour Münster.

III

WESTPHALIE, HANOVRE ET BRUNSWICK

De Düsseldorf, on continue le pays du Duché de Berg, qui est à l'Électeur palatin, par un mauvais pays sablonneux, et on arrive ensuite à Duisbourg, ville du Duché de Clèves, au roi de Prusse, très misérable, à ce qui *(sic)* me parut. Cela fait poste et 1/2.

De là, par le pays du même roi, on arrive, après 2 postes, à Dorsten, petite ville dépendante de l'Archevêché de Cologne. Tout ce pays est mauvais. Là on passe la Lippe, et, par un pays qui est comme nos Landes, on fait une poste et 1/2 jusques à Dülmen; d'où, par un pays un peu meilleur, on arrive à Münster, dans une poste 3/4.

J'y arrivai le 11, à 10 heures. J'avois une lettre du chevalier de Boissieu pour M. le baron de Tuicner ou Tuikel, grand-prévôt de l'Église de Münster, qui me donna un très beau dîner, où il y avoit dix ou douze personnes. Il me fit voir, ensuite, l'Église, où il n'y a pas autrement rien de remarquable.

Le Chapitre est composé de 41 chanoines. Les moindres ont 1,200 écus de revenu; le grand-doyen, 6 ou 7,000 florins. Ils ont, outre cela, l'aubaine des élections.

On conserve encore dans une cage de fer le corps de ce tailleur de Leyde qui se fit roi des Anabaptistes à Münster. Il avoit tourné la tête de toutes ces bonnes gens et persuadé aux religieuses la commu-
5 nauté du sexe, chassé tous les Catholiques et les ecclésiastiques. Ils *(sic)* disent avoir une lettre de Luther, qui les exhorte dans leur rébellion et dit qu'il approuve plus leur religion que la catholique. Ce fut une chose heureuse pour la religion catholique que
10 les excès de cette secte : cela fit que les Catholiques, devenus les maîtres, chassèrent tous les sectaires ; ce qui fit qu'au traité de Westphalie ils *(sic)* n'eurent rien à demander à Münster.

Comme l'Évêque ne résidoit guère dans la Ville,
15 Münster étoit autrefois aussi indépendante *(sic)* que Cologne. L'Évêque n'y a qu'une mauvaise résidence, indigne de lui.

Münster est assez mal fortifié. Il est sur une petite rivière qui se jette dans l'Ems, si ce n'est le commen-
20 cement de l'Ems même.

L'Évêché de Münster tient presque le tiers de la Westphalie ; mais ce pays est assez stérile et mauvais. C'est de là que viennent les cochons qui produisent de si bons jambons. On mange là du
25 bon *pumpernickel*, espèce de pain très noir, qui est excellent avec du beurre.

Les chanoines de Münster sont tous obligés d'aller

faire leur résidence dans quelque chapitre de Rome, France ou Italie, pendant un an, sans découcher jamais de la ville qu'ils ont choisie.

Je partis le 12, au matin, pour Osnabrück.

Le chapitre d'Osnabrück est composé de 23 chanoines catholiques et de 3 luthériens. Les catholiques ont seuls droit d'élire l'Évêque, soit catholique, soit protestant, et ont seuls voix au chapitre. Il faut que le protestant soit toujours de la maison de Hanovre. Cela fait que, même pendant la régence de l'évêque catholique, cette maison prétend avoir un droit de conservation pour empêcher qu'il ne se fasse rien au préjudice de l'Évêché.

La plupart de ceux d'Osnabrück sont luthériens : la religion catholique se détruit peu à peu dans les états de Hanovre et du roi de Prusse.

La dépense du roi de Prusse pour toute sa maison ne monte guère à plus de 1,300 écus, par mois. A sa table est ordinairement la famille royale et quelques généraux. On y meurt de faim. On ne sert qu'un plat à la fois, qui fait le tour, et il est souvent fort bas avant que le tour ne soit fini.

Le Roi ne soupe point et s'enferme dans son cabinet avec quelques uns de ses officiers, à fumer et boire de la bière.

En quelque lieu qu'il voyage dans ses états, il va dîner chez l'officier qui commande, fut-ce un lieutenant. Quelquefois il voyage *incognito* dans un chariot d'Allemagne.

Il aime ses soldats, les rosse très bien, et ensuite il les baise. Leur métier est meilleur que celui des officiers, qu'il ne châtie pas moins et souvent. Il écoute plus les raisons du soldat que de son officier. Souvent les officiers, obligés d'avoir de grands hommes, en enrôlent 5 ou 6 petits pour en avoir 1 grand.

Les affaires ne finissent point dans ses tribunaux. Mais on n'a qu'à s'adresser à quelque soldat qui soit familier avec le Roi, lui donner de l'argent : il présente requête au Roi, qui voit l'affaire lui-même et la juge comme on veut.

C'est une misère que d'être sujet de ce prince : on est tourmenté dans ses biens et dans sa personne. Un homme a beau être riche, homme de robe, marchand, il n'est pas moins sujet à être enrôlé. Cela fait que bien des gens sortent du pays, que les pères envoyent leurs enfants ailleurs.

La navigation du Rhin est si chargée de droits excessifs que presque tout s'envoye par terre, jusques aux marchandises les plus pesantes. Il y auroit (je crois) du profit à envoyer par terre des meules de moulin. C'est le roi de Prusse et l'Électeur palatin qui ont perdu cette navigation. Par les traités, on ne peut pas mettre de nouveaux péages sur le Rhin ; mais, pour les anciens, le tarif est si obscur que les douaniers font payer ce qu'ils veulent.

Les Duchés de Juliers et Berg et ceux de Clèves et de La Marck sont les plus chargés d'impôt qu'il y ait. Aussi les peuples en désertent-ils en foule. L'Électeur palatin avoit fait aux États de ces deux duchés une demande de 800,000 écus. Les États n'en vouloient payer que 600,000. Ils payent actuellement les 600,000, lesquels, avec les autres droits, font un revenu à l'Électeur d'environ 900,000 écus. Et, avec le Palatinat et ses autres états, cet électeur peut avoir environ 1,500,000 écus de revenu.

Les postes de Berg sont à l'Électeur palatin; celles de Münster, à l'Évêque.

L'électeur de Bavière tourmente beaucoup sa noblesse sur ses privilèges : on a beau aller à Vienne, Vienne ne dit rien; et l'Électeur, qui soutient ses prétentions par des exécutions militaires, soutient que Vienne n'a rien à dire.

J'arrivai à Hanovre le 24.

J'y trouvai milord Waldegrave, M. de Chavigni, qui étoit venu de Ratisbonne, M. de Münchhausen et Madame.

Je fis connoissance, le lendemain, avec milord Townshend, qui me fit mille amitiés.

Je fus présenté au Roi; j'eus l'honneur de dîner avec lui. Le soir, on joua à Herrenhausen la comédie de Destouches, de *l'Irrésolu*. Le Roi, qui veut que l'on joue toujours une comédie nouvelle (en quoi il a raison), ne se soucie pas que l'on dise les rôles par cœur : on les lit.

ORDRE DE BATTAILLE DES TROUPES DE HESSE, CAMPÉES A BETTENHAUSEN

Qui ont passé la Revue devant S. M. le Roi de la Grande-Bretagne

le samedi, 30 juillet 1729.

GUILLAUME, prince de HESSE, Général en Chef.

Lieutenant général de DIRMAR.   Lieut! génl de HATTENBACH.   Lieut! génl de VERSCHEVER.   Lieut! génl Pr. MAXIMILIEN.   Lieut! génl de BOINEBURG.
Général-major de BLOME.   Général-major de KUTZLEBEN.   Général-major de DITFORTH.

Brig. de Spiegel.   Brig. de Degenfeld.   Brig. de Borck.   Brig. de Lavent.   Brig. de Rau.   Brig. d'Œppe.   Brig. de Greffendorff.   Brig. de Kagge.

Artillerie
25 pièces de campagne, qui sont placées
au front.

ADDITION

Infanterie : 11 bataillons à 626	6,886
Cavallerie : 10 escadrons à 180	1,800
Dragons : 10 escadrons à 182	1,820
Somme :	10,506

TROUPPES PRUSSIENNES

INFANTERIE
(Toute l'infanterie habillée de bleu.)

	Bataillons
Le Régiment du Roi	3
Marggraff Albert	2
Marggraff Louis	2
Prince Henry	2
Vieux Anhalt	3
Arnim	2
Finckenstein	2
Borck	2
Grumbkau	2
Bechevere	2
Redern	2
Prince George de Hesse	2
Pr. Leopold de Dessau	2
Pr. d'Anhalt-Zerbst	2
Lioeben	2
Glasenap	2
Dehnhoff	2
Sidaw	2
Kalckstein	2
Goltze	2
Gersdorff	2
Schwerin	2
Schlewitz	2
Prince de Holstein	2
Pflantz	2
Marwitz	2
Laujardier	2
Mosell	2
Barleben	2
Dossau	2
Thielen	2
En tout :	**64**

CAVALLERIE

	Esquadrons
Gens d'armes	5
Régiment du Corps	5
Prince Royal	5
Pr. Frédéric	5
Marggr. Albert	5
Blanckensée	5
Pr. Gustav d'Anhalt	5
Lottum	5
Katte	5
Bodenbrock	5
Waldau	5
Egeln	5
	60

DRAGONS

	Esquadrons
Vieux Schulenbourg	10
Schulenbourg	10
Platen	5
Sonsfeld	5
Cosel	5
Dockum	5

Dragons : . . 40
Cavall. : . . 60
En tout : . . 100

Outre ça encore deux escadrons d'Hussars.

Les bataillons sont de 743 hommes.

Les escadrons de 130 maitres.

LES HANOVRIENS

INFANTERIE
(Toute l'infanterie en rouge.)

	Bataillons
Guarde	2
Brig. Behr	1
— Wurm	1
— Schwan	1
— Damproix	1
— Semmerfeld	1
Colonel Behr	1
— Druchtleben	1
— Sastraw	1
— Quernheim	1
— Maw	1
— Melville	1
— Campen	1
— Lucius	1
— Clinckaustoem	1
— Suberon	1
— Rantzau	1
— Rheden	1
— Wrangel	1
— Vincken	1
En tout :	**21**

CAVALLERIE

	Esquadrons
Guarde du Corps	1
(Rouge et bleu.)	
Le Régiment du Corps	2
(Rouge et bleu.)	
Walter	2
(Bleu et rouge.)	
Hasberg	2
(Blanc et bleu.)	
Sultze	2
(Idem.)	
Busch	2
(Blanc et vert.)	
Horn	2
(Blanc et rouge.)	
Schluter	2
(Idem.)	
	15

DRAGONS

	Esquadrons
Bulaw	4
(Bleu.)	
Wendt	4
(Rouge.)	
Pontpietin	3
(Rouge.)	
Loewen	4
(Bleu.)	

Drag. : . . 15
Cav. : . . 15
En tout : . . 5

LES HANOVRIENS

INFANTERIE
(Toute l'infanterie est rouge.)

	Bataillons
Le Ré... Margg	2
Margghr	1
Princeirm	1
Vieuxhwan	1
Arnirmproix	1
Finckinmerfeld	1
BorckBehr	1
GrumDruchtleben	1
BecheSastraw	1
RederQuernheim	1
PrincMaw	1
Pr. LMelville	1
Pr. d'Campen	1
LioebLucius	1
GlaseClinckaustroem	1
DehnlSuberon	1
SidawRantzau	1
KalckRheden	1
GoltzWrangel	1
GersdVincken	1
Schw...	
Schle...	
Prince	
Pflant	
Marw	
Laujar	
Mosel	
Barlel	
Dossa	
Thiele	
En tout :	**21**

CAVALLERIE
Esquadrons

Guarde du Corps	1
(Rouge et bleu.)	
Le Régiment du Corps	2
(Rouge et bleu.)	
Walter	2
(Bleu et rouge.)	
Hasberg	2
(Blanc et bleu.)	
Sultze	2
(Idem.)	
Busch	2
(Blanc et vert.)	
Horn	2
(Blanc et rouge.)	
Schluter	2
(Idem.)	
	15

DRAGONS
Esquadrons

Bulaw	4
(Bleu.)	
Wendt	4
(Rouge.)	
Pontpietin	3
(Rouge.)	
Loewen	4
(Bleu.)	
Drag. :	15
Cav. :	15
En tout :	**30**

Le Roi étoit dans sa gloire d'avoir fait bouquer le roi de Prusse, qui avoit enlevé des soldats de Hanovre et avoit assemblé près de Magdebourg une armée qui menaçoit d'entrer dans le Mecklembourg, où les troupes du Roi étoient en exécution. Le Roi avoit fait des représailles pour les soldats et avoit envoyé demander les troupes de ses alliés. Tout marchoit ou alloit marcher : troupes de Hesse, Danemark, Hollande et France ; mais le roi de Prusse demanda des commissaires, qui furent nommés à Wolfenbüttel.

Le Roi est d'une grande politesse : il me fit l'honneur de me parler beaucoup sur mes voyages.

Les revenus de l'Électorat de Hanovre sont grands. L'Électeur est (je crois) le seul prince de l'Europe chez qui la recette passe la dépense de plus de la moitié : car il peut avoir 700,000 livres sterling. Il en faut 300 pour le maintien des troupes et des tribunaux du pays ; de façon qu'il y en a 400,000 qui se mettent tous les ans à couvert. Ceci est bien vrai et m'a été dit par un homme instruit. Un autre homme, très instruit, m'a fait le thème en une autre façon, qui revient au même. Il m'a dit que le Roi-Électeur a 5 millions de revenu, et que, comme il ne dépense pas à beaucoup près cela, il a 5 ou 6 millions d'écus dans ses coffres.

Ces pays de la maison de Brunswick étoient partagés en trois : un tiers étoit à la maison de Hanovre ; l'autre, au duc de Zelle et de Limbourg *(sic)*; l'autre appartient encore au duc de Brunswick. Les autres deux parts ont été réunies. De plus, le Roi a réuni (comme on sait) les Duchés de Brême et de Verden et a acheté du duc de Saxe les Duchés *(sic)* de Saxe-Lauenbourg.

Le roi de Danemark a un tiers plus de revenu que l'électeur de Hanovre, c'est-à-dire 5 millions d'écus ou 7 millions 500,000 florins. Avec cela, il entretient 30,000 hommes et une flotte. Il en a actuellement 50,000; mais c'est par les subsides des alliés de Hanovre.

Hambourg est une grosse ville. Il y a bien 300,000 âmes, m'a dit un envoyé du roi d'Angleterre qui y réside. Son commerce est avec les pays que l'Elbe arrose, avec l'Angleterre, la Hollande, la France, l'Espagne et Portugal; point ou peu dans la mer Baltique.

Le 21, au soir, le Roi, qui s'ennuyoit à Hanovre, partit pour l'Angleterre. Toute la Cour fut très grosse et vint pour prendre congé de lui. Plusieurs dames allemandes versèrent des larmes; quelques unes firent des cris.

Le lundi, M. le grand-échanson, M. Vanenheim, me fit l'honneur de me prier à dîner à la table de la Cour, qui subsiste toujours pendant l'absence du Roi, pour les officiers et étrangers qui y sont priés.

Le soir, Mad⁰ de Lits me pria à souper; a eu bien
des aventures; *bona roba*.

Le baron Disco, ministre de Hanovre en Suède,
m'a fort prié de venir voir la Suède.

Je connus à Hanovre M. de Groot. Il avoit une
nièce ou belle-fille très aimable, qui devoit se
marier avec un gentilhomme qui devoit avoir une
place à Hambourg; je crois gouverneur. J'en ai
oublié le nom.

Les eaux de Herrenhausen sont belles à cause d'une
machine que le feu Roi a fait exécuter, et qui fait
monter un jet d'eau ou plutôt une espèce de gerbe
jusques à 120 pieds, lorsque toutes les pompes
foulantes travaillent à la fois. La machine est fort
simple et fort ingénieuse. Elle a coûté beaucoup
d'argent; mais c'est que, dans la première exécution,
il a fallu tâtonner. On avoit fait d'abord les tuyaux
de fer, et il les a ensuite fallu faire de plomb, que
l'on a trouvé qui résistoit mieux à la force de la
pression. Ce sont donc des pompes foulantes (et
aucune aspirante) qui poussent l'eau dans les canaux
avec violence, et le même jet d'eau (car, outre le
grand, il y en a d'autres moindres) a plusieurs de
ses tuyaux dans lesquels les pompes poussent l'eau.
Ces pompes sont élevées et abaissées successivement, deux à deux ou plutôt quatre à quatre, par
une machine mise en mouvement par une autre *(sic)*
roue, sur laquelle tombe l'eau d'un ruisseau, et c'est

cette même eau qui, tombée en bas, est élevée. La machine est horizontale, et, à chaque quatre pompes, il y a un très gros rouleau horizontal, qui est mû par la principale roue, toujours du même sens. A chaque bout, il y a deux très gros cercles, fort épais, qui peuvent tourner indifféremment sur le rouleau, et ils sont soutenus, chacun, par une chaîne qui les embrasse par-dessous; et cette chaîne, qui est la même pour les deux, est attachée, à chaque côté, à une roue ou poulie; de façon que toute cette chaîne, les deux roues, les deux poulies, ne font que la même puissance, qui reçoit son mouvement du principal rouleau, qui se meut toujours du même sens; mais les cercles se meuvent tantôt d'un sens, tantôt d'un autre.

Voici comment! Il y a un fer qui entre du cercle dans le rouleau, et qui attache ledit cercle au rouleau lorsqu'il est entré, de manière que ledit ne peut plus tourner, pas plus que s'il ne faisoit qu'un corps avec le rouleau. Mais, lorsque, par le mouvement de la machine, une branche qui tient à ce fer est rencontrée par un listeau, pour lors le fer s'élève

A. Partie du fer appliqué sur le rouleau.
B. Fer qui entre.
C. Queue rencontrée par un listeau qui l'élève.

et dégage le cercle, qui devient libre; mais, dans ce même moment, l'autre cercle, qui étoit libre, devient engagé, parce que le fer est porté précisément au trou où il doit s'engager. De façon qu'alternativement le fer qui étoit libre s'engage, et celui qui étoit engagé devient libre; et, comme le rouleau tourne toujours, il faut que le reste de la machine, qui est forcé à se mouvoir, change alternativement de direction, et que les pompes y attachées qui se relevoient descendent, et que celles qui descendoient se relèvent.

Le 24, je partis de Hanovre et allai avec milord Waldegrave à Brunswick.

Le roi de Prusse exerce sur ses sujets une tyrannie effroyable. Il ne veut pas que les pères fassent étudier leurs enfants; ce qui va mettre dans ses états une barbarie effroyable. Dans ses tribunaux, il met des faquins, à qui il donne 200 florins de gage; ce qui fait qu'ils vendent la justice pour vivre. Lorsqu'un enfant a 10 ans, il le fait enrôler : il n'est plus sous la puissance du père dans la maison duquel il est; ce qui fait qu'il exerce toutes sortes d'insolences. Plusieurs pères ont estropié leurs enfants pour les conserver. Il y a tel gentilhomme, qui a un fils unique; il *(sic)* lui envoye d'abord un drapeau : c'est la ruine d'une famille, parce qu'il envoye ses capitaines de toutes parts pour faire *(sic)* ces grands hommes qui leur coûtent beaucoup, quelquefois 1,000 écus, pièce : le tout, à leurs frais.

Les marchands n'osent plus entrer dans ses états, parce qu'ils sont pillés, insultés, enrôlés par les officiers. Presque tous les gens d'industrie s'en vont, même avec perte. Il n'y a plus de florins dans ses états : il les a tous; et, comme ses fermiers sont obligés de payer en florins, ils enlèvent tous ceux de Hanovre et donnent 10 pour 100 de plus en petite monnoye; mais ils n'auront bientôt plus de petite monnoye.

Aussi, lorsqu'il fit marcher des régiments pour faire son armée à Magdebourg, il y a *(sic)* un tel régiment qu'il fit entourer de paysans, afin qu'il ne désertât personne. Sa puissance va tous les jours tomber d'elle-même. La pauvreté est sur ses états, et le ridicule, sur sa personne. Il commence à boire de l'eau-de-vie. Lors de sa querelle, la Reine se jeta à ses pieds pour le prier de penser auparavant bien à ce qu'il faisoit. Il dit : « Je ne vais seulement que brûler Hanovre. » Elle eut des gardes pendant tout le temps de la querelle. Le Prince royal troqueroit bien sa qualité de prince contre dix bonnes 1,000 livres de rente.

Le prince d'Anhalt est un grenadier comme le Roi. Quand il donne, il dit quelquefois : « Il faut bien que je veuille bien vous récompenser : car vous savez que je n'aime pas à donner. »

Un arpent de terre, qui se vendoit près Magdebourg 50 écus, se vend à présent 15.

Le roi de Suède est devenu le plus petit prince de l'Europe, et le plus réduit : c'est le plus petit pouvoir du monde. Le comte de Horn étoit chancelier et républicain. On fit peur à la Reine que, si elle ne remettoit pas l'élection, le duc de Holstein pourroit succéder. Dès qu'elle descendit du trône, elle demanda l'élection. Les États demandèrent aussi l'extinction du pouvoir arbitraire. Cela fut accordé. On ôta la place de chancelier au comte de Horn, qui se fit nommer maréchal de la Diète, et, se trouvant à la tête de la Noblesse, força le Roi à se raccommoder avec lui. Les Dalécarliens ayant envoyé des députés à la Diète, pour dire qu'ils aimoient mieux un souverain que plusieurs, un roi que les vexations des nobles, on les fit arrêter malgré la sûreté de la Diète, qui veut que chacun soit libre de proposer ce qu'il lui plaît. Mais on dit qu'ils avoient proposé des choses malgré la constitution fondamentale. Le Roi les abandonna et tomba par là dans un plus grand mépris.

La Reine aimoit bourgeoisement le Roi. Comme il estime plus sa Hesse que le royaume de Suède, il n'a jamais voulu entendre parler d'en céder la souveraineté ou la régence au prince Guillaume, son frère. Lorsqu'il l'aura, il pourra en tirer de l'argent pour gagner les sénateurs.

Si la guerre revient, et qu'il vienne un roi plus ferme et plus entreprenant, et qu'une nouvelle génération, qui n'ait jamais vu la souveraineté, n'ait pas eu le temps de se former, la constitution de la Suède changera, et la souveraineté s'établira.

Depuis la perte de la Livonie, il faut que la Suède périsse. Les paysans n'ont pas trop de bled, pas même assez. Ce sont des sapins, qui viennent sur les rochers, que le paysan brûle. Sur ces cendres, on sème, et on recueille. Comme le paysan n'est pas accoutumé à une récolte sûre, il garde tout ce qu'il a de grain, et n'en vend point. Mais la Livonie donnoit aux Suédois tant de bled qu'ils vouloient, et le Czar s'étoit engagé d'en fournir.

Le Czar n'a point violé les moindres privilèges des seigneurs livoniens. Mais cela viendra. Tout se passe par les tribunaux, sans appel à aucun tribunal moscovite. A *(sic)* rendu les terres que les Chambres de Réunion et de Réduction avoient fait venir à la Couronne. N'oblige *(sic)* point les nobles livoniens de servir.

Lorsque le duc de Holstein avoit le Schleswick, il en tiroit deux tiers autant que du reste : le tout valoit 800,000 écus; aujourd'hui, il *(sic)* n'en a qu'environ 300.

Le vice-chancelier de l'Empire, Schœnborn, est évêque de Bamberg et de Würtzbourg. Comme évêque de Bamberg, il peut entretenir 5,000 hommes. Il en entretient 12,000 comme évêque de Würtzbourg. Sa charge de chancelier lui donne une quarantaine de 1,000 florins, et autant, pour le moins, à l'électeur de Mayence. Lorsque ce Schœnborn étoit chanoine des deux chapitres, pour être éligible aux deux évêchés, il fut pendant un temps où, dans les vingt-quatre heures, il étoit obligé d'être présent à un office à Bamberg et [à] un autre à Würtzbourg, quoique éloignés de plus de 9 lieues d'Allemagne. Il a, de ses deux évêchés, près de 800,000 écus. Mais il faut *(sic)* les dépenses de l'entretien du pays; de

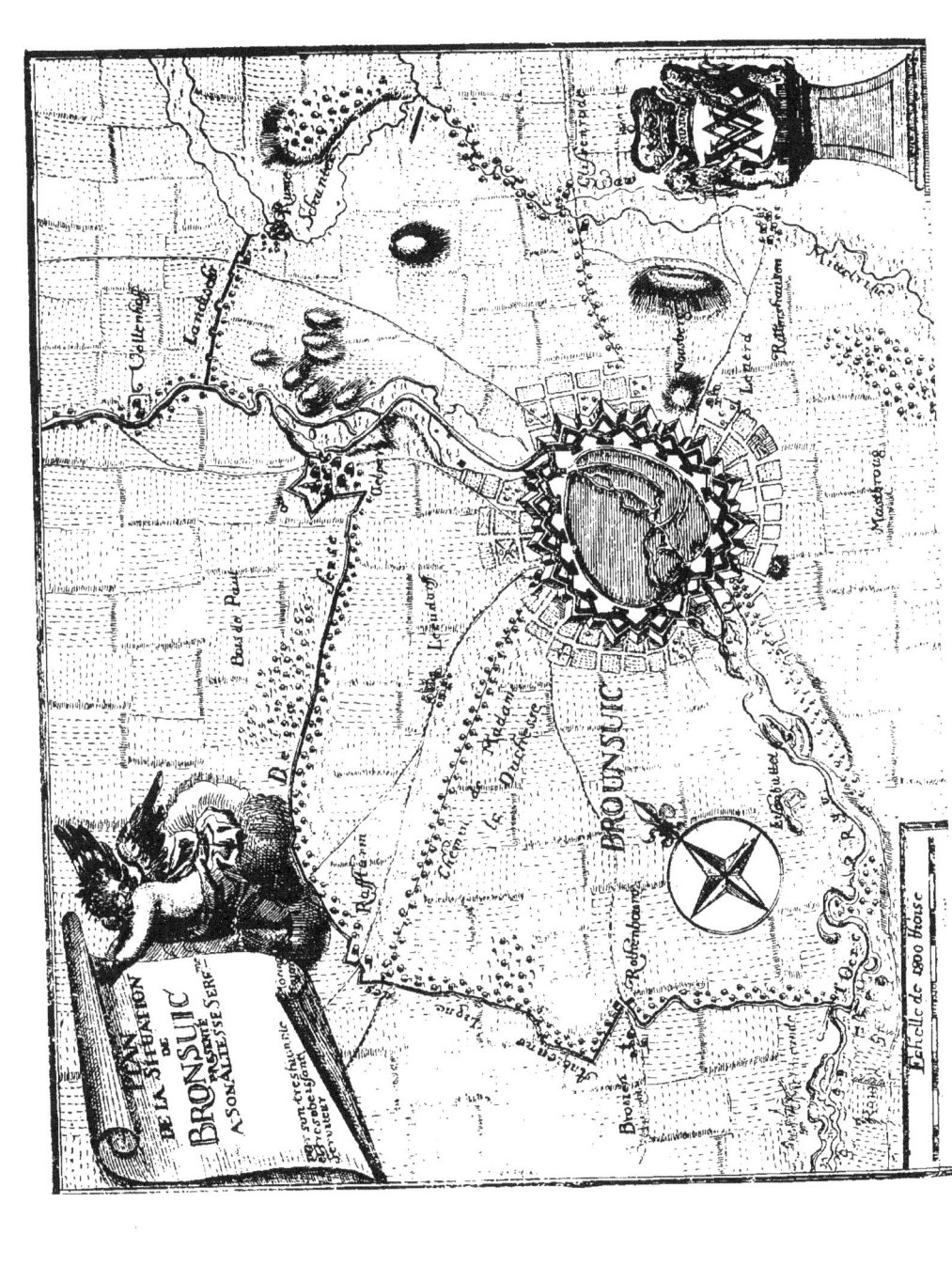

façon qu'il ne peut pr[...]porter à N[...]
plus de 2 à 300[...] Il est [...]
roi. Il a une étendue de p[...]
gne de pays de traverser

Le duc de Brunswick a [...]
premier ministre ou président [...]
le baron Stein, que j'ai [...]
des hommes de l'Allemagne [...]
droit public.

Brunswick est une grande ville [...]
actuellement fortifier. Elle est si grande [...]
environ quatorze [...]. Il faut, [...]
[...]
[...]

Nous arrivâmes [...] Noël [...]
le Duc le [...]
c'étoit un jour [...] peu bu et on [...]
communion.

Wolfenbüttel est une petite ville ou une petite
forteresse, où le Duc réside ordinairement.

Il y a des placets au[...] de Prusse singuli[...]
en a eu un par lequel on lui disait que [...] pour
bien interposer son am[...] pour qu[...]
en Portugal fût rendu[...]
hommes.

façon qu'il ne peut pas porter à Vienne pour vivre, plus de 2 à 300,000 florins. Il est logé comme un roi. Il a une étendue de plus de 30 lieues d'Allemagne de pays de traverses.

Le duc de Brunswick a un habile homme pour premier ministre ou président de ses finances : c'est le baron Stein, que j'ai beaucoup connu ; c'est un des hommes de l'Allemagne qui en sait mieux le droit public.

Brunswick est une grande ville. Le Duc la fait actuellement fortifier. Elle est si grande qu'il y a environ quatorze bastions. Il faut, en cas de siège, 15,000 hommes pour la garder. Ces quatorze bastions et les dehors demandent beaucoup de monde.

Nous arrivâmes fort tard. Nous ne pûmes pas voir le Duc le lendemain de notre arrivée, parce que c'étoit un jour de retraite pour lui, et où il faisoit sa communion.

Wolfenbüttel est une petite ville ou une petite forteresse, où le Duc réside ordinairement.

Il y a des placets au roi de Prusse singuliers. Il y en a eu un par lequel on lui disoit que, s'il vouloit bien interposer son autorité pour qu'une succession en Portugal fût rendue, on lui donneroit 4 grands hommes.

Les Princes d'Allemagne. — Il y a quelque temps que quelques uns d'eux mesuroient leur puissance par le nombre de cerfs qu'ils avoient : l'un disoit : « J'ai 500 cerfs » ; l'autre disoit : « J'en ai 2,000 ».

Le roi de Prusse a tout gâté : il a augmenté ses troupes ; il faut bien que les autres princes augmentent aussi les leurs.

Un homme qui avoit servi à faire *(sic)* des grands hommes ne l'ayant pas voulu faire, le roi de Prusse commença à le recevoir avec froideur. Ce même homme se battit dans une querelle. Il fut condamné par le conseil de guerre à cinq mois de prison ; le Roi, de sa propre autorité, modéra la sentence à la mort et lui fit d'abord trancher la tête.

Outre le baron de Stein, président des finances, il y a le baron d'Heu, président des couvents ; M. Vitercob, de Holstein, qui s'est attaché au service du duc de Brunswick.

Pufendorf, *Histoire de ...., électeur de Brandebourg.* C'est le Tacite de l'Allemagne. Il démêle fort bien les divers intérêts de la cour de Berlin.

Tout petit prince d'Allemagne veut avoir des grands hommes pour sa garde. Cela changera la taille des hommes en Allemagne.

La plupart des sottises des princes viennent de l'éducation. Le roi de Prusse avoit été laissé par le comte Dohna, son gouverneur, entre les mains d'un bas-officier, qui ne lui parloit que des détails d'une compagnie et ne lui inspiroit que l'air grenadier.

Le duc de Mecklembourg avoit été élevé par une espèce de prêtre luthérien, qui ne lui parloit que du royaume des Abdorites; qu'il étoit maître souverain de la vie et des biens; que ce qu'avoit sa noblesse étoit des usurpations.

C'est une fort bonne place que d'être gouverneur de Hambourg : il y a 12 ou 15,000 écus de Hambourg d'appointements.

Le landgrave de Hesse peut avoir 2 ou 3 millions de revenu. — Ceci n'est pas bien sûr.

Nous fûmes priés, le 23, à dîner chez M. le duc de Brunswick. Nous fîmes un très grand dîner, où bien des santés furent bues, surtout celle du roi d'Angleterre. Pettekum y étoit, qui s'y enivra, dit bien des sottises, et apporta la santé de l'Empereur, qui fut fort mal reçue de la compagnie. Ce Pettekum pensa être un grand homme et jouer un rôle à la paix; mais ce n'est que le plus petit homme du monde, méprisé comme de la boue. C'étoit un maquereau de négociations, dont on se servoit pour lâcher les mauvais propos que les ministres vouloient se dire les uns aux autres. Le Duc but un peu, et, sur une sottise, en faveur de la cour..... imp......... que Pettekum lui dit après être sorti de table, il lui dit : « Je m'en f.... » Chacun se retira.

Nous fûmes, ensuite, priés à souper; mais il n'y eut point de grands verres.

Le Duc a soixante-sept à huit ans; mais il paroît plus jeune de vingt. Il est d'une politesse et d'une affabilité surprenante *(sic)*. Il est assez magnifique : il a un service d'or; il fait bâtir un palais, qui ne sera pas laid.

La fortification de Brunswick est très belle, et on y travaille actuellement, et même une partie des subsides que les alliés de Hanovre payent doivent y être employés, afin d'avoir une place qui couvre la Basse-Saxe. Il y a seize bastions, la Ville étant très grande, et il faudroit 16,000 hommes pour la défendre. Mais le Prince compte sur 6,000 hommes de ses troupes, et sur le secours des princes voisins, également intéressés, ou, au moins, sur 10,000 bourgeois. La grande force de cette fortification consiste dans une fausse-braye qui règne tout autour, y en ayant quelquefois deux; de façon qu'un bastion a quelquefois trois flancs. Il y a une petite rivière qui vient du midi au nord; et, du côté du nord, il y a deux batardeaux, qui peuvent arrêter les eaux pour inonder tout le côté du sud. Il n'y a plus que deux bastions du côté du sud à faire, et on les a gardés les derniers à cause qu'on peut inonder ce côté-là.

Brunswick est une fort grande ville. Elle étoit autrefois hanséatique, et se défendoit elle-même, et avoit de beaux droits.

Le baron Stein dit que ces fortifications coûtoient

4 millions, et qu'il voudroit qu'il en eût coûté 4 pour les détruire; que cela faisoit que tous les voisins avoient les yeux sur eux, et jetoit le pays dans des guerres nécessaires.

Le roi Georges acheta Brême et Verden au roi de Danemark. Les tuiles seules des maisons de ces pays n'ont pas été payées. Ce fut le Czar qui, voulant engager la maison de Hanovre à entrer dans son alliance, engagea le roi de Danemark à faire cette vente, lui persuadant que l'Empire ne consentiroit jamais qu'il les gardât, et qu'il en auroit toujours le prix.

Autrefois les Hollandois tiroient du Danemark jusques à 70,000 bœufs, dont il tiroit, de droit, 1 sequin par bœuf. On persuada au Roi de doubler son droit. Les Hollandois piqués prirent les bœufs de l'Ost-Frise, plus proches, et qu'il ne croyoient pas si bons. Mais ils s'y sont faits; de façon qu'à présent il n'en sort pas plus de 8 à 9,000. Les Jutlandois ont été obligés de changer leurs bœufs en vaches et de faire du beurre et du fromage; et la quantité a fait tomber le beurre du Holstein, aussi bien que le beurre d'Irlande.

Le système de la France a changé sur le sujet des Catholiques d'Allemagne. Les Protestants ont fait comprendre que l'Empereur devenoit trop fort. On a fait remarquer que le Rhin se dégarnissoit de Protestants; que Rheinfeld, tombé entre les mains d'un petit prince, étoit à présent entre les mains de l'Empereur, qui y avoit actuellement garnison; que la France devoit travailler à la conservation de la religion protestante; que l'article de la paix de Ryswick qui dit que « la religion catholique subsistera ès églises où elle a été exercée », et qui a fait perdre tant d'églises aux Protestants, est fatal à la France. C'est Chavigni et le baron Stein qui ont le plus prêché cela. — Depuis un an, l'Empereur a perdu son crédit dans l'Empire.

Pour moi, je crois que cette politique de s'unir avec les princes protestants est une vieille politique, qui n'est plus bonne dans ce temps-ci; que la France n'a et n'aura jamais de plus mortels ennemis que les Protestants : témoin les guerres passées; qu'elle est en état de faire des alliances avec les princes catholiques, comme avec les princes protestants, toutes les fois qu'il s'agira d'abaisser la Maison d'Autriche; qu'il ne faut pas en revenir aux vieilles maximes du cardinal de Richelieu, parce qu'elles ne sont plus admissibles; que les Protestants d'Allemagne seront toujours joints avec les Anglois et les Hollandois; que c'est un lien de tous les temps que celui de la Religion; que la Maison d'Autriche n'est plus, comme elle étoit, à la tête du monde catholique; que ce qui nous a pensé perdre en France, c'est l'invasion de l'Angleterre par un prince protestant.

La politique de Rome est à présent admirable : c'est de débaucher les cadets des maisons protestantes; et, si elle s'en étoit avisée plus tôt, le parti protestant seroit bien bas.

Les duchés de Zelle et Lünebourg sont comme nos Landes de Bordeaux. Ce qui fait subsister ce pays ce sont les ruches à miel. Les paysans les portent, dans le temps qu'elles doivent produire, dans le pays de Brunswick, où ils les laissent un mois ou six semaines, où elles trouvent des fleurs, qui leur manquent dans le pays de Zelle.

Les Allemands viennent au point où nous sommes venus pour la dépense. Il n'y avoit autrefois qu'un feu dans la maison; à présent, il en faut quatorze ou quinze. Cela rend le bois rare en Allemagne. Cela fait que les forges ne donnent pas, à beaucoup près, tant de profit à Brunswick. On a déjà été obligé d'en abandonner quatre.

A Ratisbonne, un homme qui *(sic)* vint saluer Waldegrave : «J'étois, dit-il, le fou de l'empereur Joseph.»

Je ne puis concevoir que les chapitres d'Allemagne n'élisent quelqu'un de leur corps. Cela confondroit beaucoup plus les familles des nobles avec celles des princes. Le frère d'un électeur ecclésiastique ne seroit point méprisé d'un électeur séculier.

Les Protestants n'ont aucun intérêt de ne se pas mésallier : ils n'ont point de chapitres.

J'ai vu le soulier d'un jeune grenadier du roi de Prusse : il a une semelle et demie, de long; deux bouts de semelle, de large, par le bout.

Il y a un village en Angleterre où la plupart des habitants sont cordonniers. Celui qui veut être élu membre du Parlement pour ce lieu-là achète tous les souliers qui sont dans la Ville. Ce sont ordinairement des gens qui ont un régiment qui sont élus. Ils donnent ces souliers à leurs soldats. — Je n'ai point ouï dire cela en Angleterre.

J'ai été aujourd'hui, avec milord Waldegrave et M. le baron Stein, à .... , la maison de campagne du duc de Brunswick, qui est à une lieue de Brunswick. La maison est de bois, assez bien entendue : c'est un assez beau modèle. Mais il y a bien des fautes : le jardin est vilain ; les statues qui y sont dedans, très mauvaises ; beaucoup d'appartements et de galeries ; un grand nombre de tableaux : une trentaine de bons ; le reste, qui est sans nombre, du commun. Il y a une grande chambre pleine de cette ancienne fayence qu'on dit avoir été peinte sur les dessins de Raphaël ; mais il y a beaucoup de très mauvais dessins.

De là, nous avons été à Wolfenbüttel, où il y a un palais, qui est peu de chose. Mais, ce qui est une véritable belle chose, c'est la bibliothèque. C'est un ovale d'une très grande hauteur, formé par une circonférence autour de laquelle, intérieurement et extérieurement, sont les livres. Cet ovale est au milieu d'un carré échancré par les coins. Autour *(sic)* des murs sont encore des livres.

Dans la bibliothèque, il y a des livres in-folio écrits de la main du grand-père du Duc régnant.

On montre, dans une armoire, la cuillère du docteur Luther, et son goblet, qu'on sait certainement avoir été à lui: moitié de sa circonférence ne peut être

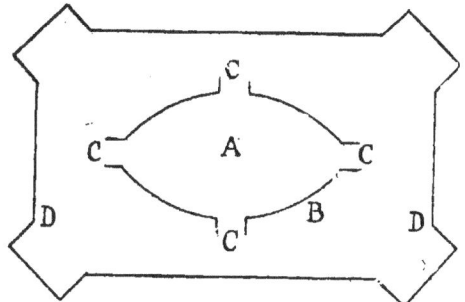

A. Côté intérieur, où sont des livres.
B. Côté extérieur, où sont des livres.
C. Communication.
D. Côtés intérieurs du carré échancré, où sont encore les livres.

embrassée par la main; il a, de haut, un empan et demi. Il y a, outre cela, un grand nombre de volumes manuscrits de la bibliothèque du cardinal Mazarin.

Des différends des rois d'Angleterre, de Prusse, où le dernier, méchant d'abord, demanda la paix. — On mit sur la table du roi de Prusse le 32e et 33e verset du chapitre XIV de Saint-Luc: « Quel est le roi qui, allant à son ennemi avec 10,000 hommes, ne s'assoye pour voir si, avec 10,000 hommes, il en pourra battre 20,000; et, voyant qu'il ne peut les battre, il envoyera des gens pour demander la paix. »

A Brunswick, il y a la maison du comte d'Heu, qui est un vrai colifichet, et la maison de M. Schleinitz, qui est à la françoise: un petit jardin, mais joli.

Il y a une grande division dans la maison de Brunswick entre les héritiers présomptifs, le duc de Blanckenbourg et la famille régnante, à l'occasion : 1° du changement de l'alliance, qui avoit d'abord été une accession au traité de Vienne; et 2° à cause d'un ministre qui avoit été disgracié.

Le baron de Stein, détesté à Vienne : inimitié capitale. Il a le premier, avec feu M. de Metternich, attaqué l'autorité impériale à la Diète, et les deux hommes ont soulevé le parti protestant et ont pris occasion de ce qu'on avoit enlevé l'Église du Saint-Esprit.

On faisoit les lettres de M. de Gergi, et le vieux Péquet ne pouvoit comprendre comment Gergi écrivît *(sic)* tantôt tant de sottises, tantôt des choses si solides. Il disoit : « M. de Gergi avoit deux âmes. » Chavigni vint ensuite, qui travailla de concert.

Le cardinal Dubois ni M. le Duc n'entrèrent jamais dans le parti des Protestants. Le cardinal de Fleury n'a pas été de même. Richelieu, Mazarin, Fleury! Pour Dubois, il dérogeoit à la règle commune : il n'avoit point de système fixé, et, d'ailleurs, il ne craignoit pas qu'on le soupçonnât de bigoterie.

Les places de Ratisbonne étoient toutes occupées par des ministres dont les princes étoient dégoûtés, ou qui étoient disgraciés. Ils n'avoient point la confiance de leurs maîtres, et eux n'avoient point à cœur leurs intérêts et ne cherchoient que le repos ou les douceurs qu'ils pouvoient tirer de la cour de Vienne.

Le duc de Wolfenbüttel et de Brunswick a 800,000 écus de revenu ou 1,200,000 florins d'Allemagne. Ses mines vont à 100,000 écus.

Brunswick étoit une ville hanséatique et se gouvernoit elle-même. Lors de la grande guerre de Hollande, ces princes s'en rendirent les maîtres, et les Hollandois n'osèrent rien dire.

Le landgrave de Hesse a un tiers plus de revenu et un tiers plus de troupes que le duc de Wolfenbüttel. Le landgrave régnant est vieux. Il a pour maîtresse *(sic)* une Made de Langalerie, veuve du fameux de ce nom, plus, une demoiselle Bomhelms, qui lui tirent bien de l'argent. Il commence à perdre la mémoire et quelquefois se lève de table avant le fruit. Il ne faut pas croire que le roi de Suède en tire beaucoup d'argent pour la Suède : peut-être 200,000 écus.

Versailles a ruiné tous les princes d'Allemagne, qui ne peuvent plus résister à la moindre somme d'argent. Qui auroit dit que le feu Roi eût établi la puissance de la France en bâtissant Versailles et Marly ?

Il y a à Brunswick un prince de Bevern qui a épousé une fille de Courlande. Il est fort grand, fort dévot, fort jaloux, fort pauvre, mais poli. Sa femme est une bonne princesse, mais laide.

Le roi de Danemark n'est jamais gouverné que

par des valets de chambre. Il a des ministres; mais c'est inutilement. Il avoit un nain qui l'avoit tellement conquis que tout le monde, les ministres même, venoient lui faire la cour.

C'est un bonheur que d'être disgracié du roi de Danemark : il vous donne des pensions, un gouvernement, une vice-royauté, afin qu'il ne vous voye plus, et que vous n'ayez point à vous plaindre.

Lors de la prise de Brunswick par les ducs de Wolfenbüttel, ils n'y pensoient pas : il n'étoit question que de quelques démêlés avec Bernard de Galen. Un de ces princes dit : « Prenons Brunswick ! » Le duc de Zelle dit : « C'est une affaire à laquelle il faudra penser. » Cela fut fait. — Voir le siège. — Le commerce de cette ville étoit tout à fait tombé.

Le 29, le sieur Durcau, ministre de France à Brunswick, fit une fête pour la naissance du Dauphin. J'y étois.

Le Duc et la Duchesse, les deux princesses de Bevern, la princesse de Bevern qui est courlandoise, quelques enfants des deux princes (ils sont en tout au nombre de dix-huit). L'un des princes de Bevern est frère de l'Impératrice et établi chez l'Empereur, quoiqu'il ait un régiment au service du duc de Brunswick. L'autre est prévôt du chapitre de Brunswick et marié à une Courlandoise, princesse de mérite.

Le duc et la duchesse de Brunswick vivent avec leurs sujets comme avec leurs amis. Ils dînent et soupent toujours en compagnie. Quand un gentilhomme va à la Cour, il y est bien reçu; s'il n'y va pas, il n'y est pas mal. Ce qu'il y a de fatigant, c'est que le Duc dîne à midi et soupe à sept heures, et que, comme il s'ennuye un peu, il devance toujours les heures.

Le baron Stein est son premier ministre et celui qui gouverne ses finances. C'est le premier homme de l'Allemagne, selon moi, par la connoissance qu'il en a. Nous sommes fort amis. C'est un homme très aimable. Il est bien brouillé avec l'Empereur, et avec ses *(sic)* successeurs au Duché, et bien encore des *(sic)* autres ministres.

Le comte d'Heu aussi ministre; mais peu de chose.

C'est une grande commodité pour les gentilshommes allemands de servir qui ils veulent, et de changer, comme ils veulent, de maître, selon que cela leur est plus avantageux.

Le 28 septembre, je partis de Brunswick pour aller voir les mines du Hartz. Le baron Stein me donna sa maison, et j'étois attendu à souper chez M. Imhof, à qui il m'avoit recommandé. Je passai par Goslar, où il y a des mines que je verrai au retour. Le roi d'Angleterre avoit vu ses mines, et j'aurois bien voulu être arrivé à temps. Comme le roi d'Angleterre a vu ces mines, l'électeur de Cologne doit les venir voir : car on a grande envie de faire ce que les autres font.

Le prince d'Anhalt est encore plus grenadier, injuste et brutal que le roi de Prusse. Il a épousé la fille d'un apothicaire d'Anhalt, que l'Empereur a érigée en princesse. C'est une bonne princesse. Il tua son frère. Au siège de Turin, il avoit une compagnie de grands hommes qu'il exposa tant qu'ils furent tous tués. C'est lui qui en a donné l'idée au roi de Prusse. Il a quatre fils, qui ont, chacun, un régiment prussien. Ils n'ont point eu d'éducation, et le père leur donne toutes sortes de licences. Mais sont-ce des princes, après tout? C'est encore lui qui a donné l'idée au roi de Prusse de cette discipline. Quelque temps avant celui dont je parle, un officier, pendant l'exercice, avoit une mouche sur le nez qui le piquoit. Il fit un mouvement de la main. D'Anhalt le remarqua et le fit mettre trois semaines aux arrêts.

Le 5 octobre 1729, l'électeur de Cologne arriva à Clausthal, vis-à-vis Zellerfeld, où j'étois. Il vit une mine le 6ᵉ et descendit jusqu'au fond. Le soir, j'allai le voir. Je lui fus présenté, et je soupai avec lui. Je vis plusieurs personnes que j'avais connues à Hanovre : le chambellan Bulow et quelques autres officiers. L'Électeur me fit mille politesses. Il parle avec tout le monde et avec facilité, et on est d'une grande liberté avec lui. Je vis aussi son ministre Plettenberg, qui a toujours l'air très petit maître. Sa vanité se tourne un peu en ambition. Il veut être vice-chancelier de l'Empire en faisant enrager l'Empereur, voyant qu'il n'est pas plus avancé pour l'avoir servi. C'est l'électeur de Mayence qui nomme; mais l'Empereur peut donner l'exclusion.

Les musiciens du Hartz chantèrent devant l'électeur des chansons pleines d'infamies. Il s'en tira bien, ne fit pas semblant de les écouter, et se leva de table dès qu'elles furent trop fortes.

Le baron de Stein, Madᵉ de Stein et une Madᵉ Felter, et sa belle-fille, fort jolie, étoient venus au Hartz, où se devoit faire la reddition des comptes pour les affaires des mines du Duc. Cela fit que j'y restai jusqu'au 7ᵉ du mois.

Les Barbares qui conquirent l'Empire romain n'avoient garde d'établir le gouvernement despotique : ils n'en avoient pas seulement l'idée encore. Comme Tacite les décrit, tout se passoit dans le commun conseil de la nation ou de la famille. La peur des Romains firent *(sic)* qu'ils se réunirent. Ils étoient couverts par les forêts.

Les auteurs se tuent à chercher pourquoi il n'y a plus de transmigration des peuples du Nord. C'est qu'on y cultive les terres, et qu'on y fouille les mines; de façon que tout le monde y peut vivre.

Le *perpetuus miles* diminue beaucoup le peuple en Allemagne et au Nord.

Sur l'éducation des princes, le baron Stein a remarqué qu'ils naissent tous portés à la volupté : car leur mère, pendant toute la grossesse, ne pense qu'à la volupté, et les enfants sont nourris et tenus de même. Il dit que la volupté est toujours dans les princes la seconde passion. Ainsi, s'il *(sic)* est avare, sa première passion, c'est l'avarice; la seconde, la volupté. Que si la volupté est la dominante, cela va à tous les excès possibles. Il *(sic)* a remarqué que presque tous les princes ont du goût pour la musique et y réussissent même.

Le même baron voudroit qu'on fît une histoire universelle dans laquelle on marqueroit les suites et les changements que de certains grands événements, même les inventions, ont fait, tant sur l'esprit que sur le cœur des hommes, sur les mœurs, sur les manières : l'irruption des Barbares dans l'Empire romain; l'établissement de la religion chrétienne; l'empire de Charlemagne; la découverte des Indes (il me semble qu'elle a dépeuplé l'Espagne et peuplé la Hollande, l'Angleterre et la France, par un commerce particulier qu'elle leur a donné); l'invention de la poudre; la boussole; l'imprimerie.

VOYAGE

EN HOLLANDE

VOYAGE EN HOLLANDE

Je partis le 8, au matin, de Zellerfeld. J'arrivai le lendemain matin à Hanovre, où je ne m'arrêtai pas; le matin d'ensuite, à Osnabrück. Le surlendemain, au soir, j'arrivai à Deventer, et, le lendemain, au matin, 12, j'arrivai à Utrecht, après avoir marché quatre jours et quatre nuits sans sortir de ma chaise de poste.

Un peu avant d'entrer dans les terres des États-Généraux, de ce côté-là, on trouve la comté de Bentheim, petit pays, en souveraineté, au comte de ce nom, qui est marié avec une princesse de Hesse-Rheinfels, sœur de la princesse de Piémont et de Mad^e la Duchesse.

Ensuite, on entre dans la province d'Over-Yssel, qui est un très mauvais pays. De là, dans la Gueldre, et le pays que l'on passe est encore très mauvais, quoique la Gueldre, dans ses autres parties, ne laisse pas d'être bonne. La comté de Zutphen en est, et le roi de Prusse n'en a que la capitale (misérable petite ville, qui porte le nom de la province) et quelques villages.

De là, on entre dans la seigneurie d'Utrecht. On

passe par Amersfoort, petite ville assez jolie. Ce que l'on trouve, de cette ville, sur son chemin n'est que bois et sable, quoiqu'on m'ait dit que le reste de la province est meilleur.

En un mot, tout le pays depuis Bentheim jusques à Utrecht est très mauvais, et qui voit les Provinces-Unies par là en a une très mauvaise idée. Vous saurez, de plus, que tout l'Over-Yssel et tout Groningue est mauvais et sans commerce. Le pays de Frise a le sol bon, et il s'y fait un commerce de bœufs et de chevaux, qui est l'unique. Utrecht et Gueldre, bons en partie; mais aussi sans commerce. La Zélande a du commerce et une terre prodigieusement fertile, surtout en bled. La Hollande, bonne.

Sur le pied que le tarif a été fait anciennement, la province de Hollande supporte 58 pour 100 des subsides que donnent toutes les provinces, et la ville d'Amsterdam, 28 desdits 58 pour 100; de façon qu'Amsterdam paye 28 pour 100 du tout, c'est-à-dire entre le quart et le tiers. Mais ce n'est pas ce qu'elle pourroit porter : car, depuis, la province de Hollande, Amsterdam, en particulier, sont devenus plus florissants et ont augmenté; de façon que la province de Hollande, si l'estimation étoit juste, devroit porter 70 pour 100 du tout, et la ville d'Amsterdam, 40 de ces 70, c'est-à-dire 40 pour 100 du tout.

La ville d'Amsterdam a réduit ses obligations à 2 1/2 de revenu, au lieu de 4, et même elle a certaines rentes à 2 pour 100. Il est vrai qu'elle a fait cette

réduction en offrant le remboursement à ceux qui
ne vouloient pas s'en contenter. Mais, quand on a
voulu prendre, on a dit qu'il n'y avoit pas d'argent.
D'autres provinces payent encore jusques à 4. Mais
c'est que ceux du Conseil sont intéressés dans ces
obligations et ne veulent pas être réduits eux-
mêmes.

Les Hollandois ont deux sortes de rois : les bourgmestres, qui distribuent tous les emplois (il y en a à
Amsterdam quatre regnants, présidant, chacun, trois
mois, qui donnent tous les emplois de la présidence).
Les autres rois sont le bas peuple, qui est le tyran
le plus insolent que l'on puisse avoir.

Tout ce qu'on m'avoit dit de l'avarice, de la fri-
ponnerie, de l'escroquerie des Hollandois, n'est point
fardé ; c'est la vérité pure. Je ne crois pas que, depuis
un homme célèbre appelé *Judas*, il y ait jamais eu
de Juif plus juif que quelques-uns d'eux. Comme ils
sont accablés d'impôts, il faut qu'ils ayent de l'argent par toutes voyes. Ces voyes sont deux : l'avarice
et la rapine. Le bas peuple vous demandera toute
votre bourse pour avoir porté votre porte-manteau.
Le cabaretier, surtout le petit, vous demandera cinquante et cent fois plus que vous n'avez dépensé, et
il faudra payer : car le Magistrat, dont il semble que
l'étranger devroit être le pupille, ne vous fait aucune
justice. « Pourquoi ne faisiez-vous pas le prix ? » dit-
il. Le maître de poste d'Amersfoort, qui me fit attendre deux heures pour les chevaux, me demanda un

escalin pour m'être tenu dans son courroir *(sic)* et sur sa porte. Un homme qui enseigne une rue vient vous demander de l'argent.

Le cœur des habitants des pays qui vivent de commerce est entièrement corrompu : ils ne vous rendront pas le moindre service, parce qu'ils espèrent qu'on le leur achètera.

Du reste, la Hollande est pleine d'impôts ridicules. Votre chaise paye pour être restée sur le pavé de la rue. Tout paye ; tout demande ; à chaque pas que vous faites, vous trouvez un impôt.

Il est certain que le commerce de Hollande diminue considérablement. Une preuve de cela, c'est qu'Amsterdam s'agrandit et bâtit sans cesse. On ôte l'argent du commerce pour l'employer en pierres, et je vois qu'il en sera comme à Venise, où, au lieu de flottes et de royaumes, il reste de beaux palais. Cela vient de ce que le Nord commence à négocier par lui-même dans le Midi. Hambourg, Altona, Dantzig, vont plus qu'ils ne faisoient dans la Méditerranée. Si la Compagnie d'Ostende avoit subsisté, elle auroit renversé celle de Hollande, parce que, faisant tous ses achats en argent, elle avoit d'abord fait ses emplettes, et bien plus tôt que les Hollandois, qui les font en marchandises. La Compagnie d'Ostende a fait de grandes pertes, depuis deux ou trois ans, au cap de Bonne-Espérance. Elle a perdu 10 ou 12 vaisseaux par un vent qui vient de terre, ordinaire dans ces pays ; ce qui fait qu'on quitte le Cap le plus tôt qu'on peut, après s'être rafraîchi.

Un homme m'a dit que le thé perdoit la bourgeoisie de Hollande. Une femme boit 3o tasses de thé le matin. Là, toute la famille s'assemble; il se consomme beaucoup de sucre; le mari demeure là deux heures
5 et perd son temps. Les domestiques, de même. Ce thé relâche les fibres de l'estomac des femmes; dont plusieurs, pour remèdes, recourent à l'eau-de-vie.

Utrecht est une fort jolie ville. Un canal, très large, qui vient du Rhin, passe près des murs, et on
10 en a tiré de l'eau pour les fossés qui les entourent, et pour un canal qui traverse la Ville, le long duquel il y a des arbres. Autour des remparts, il y a de beaux arbres. Mais ce qui est au-dessus de tout art : le Mail, magnifique par sa longueur et la beauté de
15 ses arbres, que Louis XIV fit épargner. Il y a trois ou quatre rangées d'arbres à chaque côté, et, tout du long, de jolis jardins et petites maisons de campagne des bourgeois, qui forment une grande rue, au milieu de laquelle est ce cours.

20 Il y a une grande guerre à Utrecht entre les Jésuites et les Jansénistes : car les Jésuites, chassés des Provinces-Unies (je crois, depuis peu), sont restés dans la province d'Utrecht, où les Catholiques sont riches et puissants. De l'autre côté sont
25 les Jansénistes, dont une grande partie ont à leur tête l'archevêque schismatique d'Utrecht; et, enfin, les Chartreux, qui ont là deux maisons, qu'ils ont achetées, où ils ne manquent de rien, et cela, auprès d'Utrecht, où ils viennent quelquefois habillés en

séculiers. On dit que les lettres de change ne manquent pas.

Les Jansénistes de France ont eu grand tort d'entretenir des correspondances avec ceux de Hollande, et même de ses réfugiés *(sic)*, et d'y faire un corps. Cela a donné un air de secte pareille à celle du pays qu'ils alloient chercher. Cela a donné le moyen au Pape de les déclarer et tenir pour schismatiques : chose qu'il n'auroit jamais pu faire en France sans opposition de toute la Nation. Au lieu que, leurs frères étant schismatiques en Hollande, [ils] le deviennent en France par contre-coup. « Mais, dira-t-on, il falloit bien un asile! » Il falloit le chercher dans tous les états d'Europe, non dans un, surtout les catholiques ou les moins suspects, comme en Allemagne; ou se retirer dans les villes d'Allemagne où le Magistrat est mi-parti, comme à Augsbourg, et où le catholique n'auroit pu les emprisonner par ordre du Nonce, parce que rien ne s'y fait sans la permission des deux. Enfin, ils n'ont *(sic)* jamais dû faire ni avoir des églises particulières : car la politique de Rome a toujours été admirable, de séparer sans cesse tout ce qu'elle juge mauvais grain, et, par là, elle a résisté contre Luther et Calvin; au lieu que, si elle avoit voulu, par des tempéraments, garder tout, elle auroit perdu tout.

Les hommes sont grandement sots! Je sens que je suis plus attaché à ma religion depuis que j'ai vú Rome et les chefs-d'œuvre de l'art qui sont dans ses églises. Je suis comme ces chefs de Lacédémone qui ne voulurent pas qu'Athènes pérît, parce qu'elle avoit produit Sophocle et Euripide, et qu'elle étoit la mère de tant de beaux esprits.

La province d'Utrecht et celle de Gueldre ont fort remis leurs affaires. Ils *(sic)* ont continué les impôts depuis la paix, et, comme ils avoient beaucoup de rentes viagères à 10 pour 100, beaucoup se sont éteintes; ce qui a remis le crédit. Ils ont ôté, depuis deux ou trois ans, quelques petits impôts.

Pour la province de Hollande, elle ne s'est guère remise, et elle a même quelques impôts de plus que pendant la guerre.

Les États ont entretenu, pendant la guerre, 110 au moins et quelquefois 130,000 hommes, sans compter les vaisseaux. L'état de certaines années a été de 44, 46 à 50 millions de florins. L'an 1709 et 1711 ont été exorbitants.

La mortalité des bestiaux a beaucoup ruiné les paysans de plusieurs provinces de Hollande. Les terres, dans les petites provinces, se donnent à 4 pour 100; quelques unes, à 5 pour 100.

Voici la vraye raison de ce que la Hollande ne tire presque plus de bœufs de Jutland, outre l'augmentation de droits du roi de Danemark. Les Hollandois ont vu qu'autrefois les Danois envoyoient leurs bœufs par mer et prenoient des marchandises en échange. Ensuite, ce furent des gens qui allèrent acheter des bœufs dans la *(sic)* Jutland et apportoient de l'argent comptant; ce qui le faisoit sortir. Pour cela, les États ont mis un droit de 4 écus, la première année; de 8, la seconde; 12, la troisième; 16, la quatrième; 20, la cinquième; 24, la sixième année, sur chaque bœuf de Jutland; de façon qu'il n'en reviendra plus. A mesure que le Danemark a voulu faire un commerce par lui-même, il s'est fait des changements.

Les fortunes ne sont pas extrêmement considérables en Hollande : 200,000 florins font une grande fortune. Cela vient des partages entre plusieurs enfants et de la diminution du commerce.

On dit que, des sept provinces, celle qui est la plus mal gouvernée, c'est celle de Hollande.

M. Van Hoy vouloit être pensionnaire et a pensé l'être.

Le Pensionnaire voudroit fort remettre l'ordre : il a des projets pour que de certains fonds rendissent beaucoup plus qu'ils ne font, de plusieurs millions, mais il n'est point écouté.

De 10 vaisseaux qui doivent payer les droits d'entrée en Hollande, il y en a plus de la moitié qui n'en payent point, en donnant de l'argent au Commis.

Enfin, la République tombe dans la corruption.

Les États avoient 30,000 hommes avant cette augmentation au moyen de laquelle ils ont actuellement 50,000 hommes effectifs.

Chaque province envoye un député aux États-Généraux; ce qui fait sept voix. Il est vrai que chaque député est composé de plusieurs personnes qui n'ont qu'une voix. Il y a des provinces qui ont plus ou moins de députés que les autres, et plus ou moins de fauteuils aux États-Généraux; de façon qu'il n'y a souvent place que pour le député de la Noblesse et quelque autre. Lorsqu'il s'agit de la guerre ou de la paix, il faut que la résolution soit unanime. Dans l'accession au traité de Hanovre, il y avoit six provinces qui consentoient, et la seule d'Utrecht (dont un seul député, qui *(sic)* ne consentoit pas), arrêtoit tout. Pour lors, on prend un expédient: le premier député d'Utrecht dit qu'il n'avoit point d'ordre; ce qui fut regardé comme un consentement.

Les États de la province de Hollande sont composés de 18 députés des 18 villes et d'un député de la Noblesse; ce qui fait 19 voix. La ville d'Amsterdam n'a que sa voix, comme les autres, malgré la grande inégalité de la contribution. Le député de la Noblesse a un très grand crédit dans les États de Hollande, parce qu'il entraîne avec soi bien des députés des petites villes, où la Noblesse a du crédit. Le pensionnaire de Hollande est choisi parmi les pensionnaires des 18 villes de la province ou parmi ceux qui l'ont été. Ce pensionnaire est comme le chef de la République; mais, par occasion: car, dans les États-Généraux, il n'est qu'à la tête des députés de Hollande. Mais il a deux autres charges unies, qui ajouté *(sic)* à son crédit et à sa dignité. L'une, c'est qu'il est vice-président de l'Assemblée des États-Généraux, chaque député des sept étant président à son tour, commençant par le député de Gueldre, qui est un duché. Mais ce qui lui donne le plus de crédit, c'est qu'il est rapporteur aux États de toutes les affaires étrangères; et, d'ailleurs, il est perpétuel et a la suite des affaires de la République, pendant que les sept députés changent tous les ans.

La ville d'Amsterdam paye (comme j'ai dit) 28 pour 100 des charges de l'État. Ce qu'elle donne à la caisse des États-Généraux va à peu près à 3 millions 500,000 florins. Les droits d'entrée de toutes les marchandises sont affectés pour l'Amirauté. La ville d'Amsterdam a influence dans les entreprises de l'Amirauté, qu'elle paye (comme l'on voit), uniquement par sa voix dans les États de la province. Cette destination fait (je crois) que ceux d'Amsterdam ne se soucient guère que l'on fraude, ou non, ces droits. La même ville paye, d'ailleurs, 2 millions pour ses charges particulières, soit pour le civil, payement d'officiers, et (je crois) intérêts d'obligations. Mais, à faire la proportion de 28 à 100, sur le pied de 3 millions 8,500 mille *(sic)* livres qu'Amsterdam paye dans la bourse des États-Généraux, il se trouve que le revenu de l'État, indépendamment des dépenses des villes et provinces, en particulier, va tous les ans à 12 millions 850,000 florins de Hollande.

On compte, en Hollande, que les dépenses de la dernière guerre coûtoient, de plus que la somme susdite, à peu près 25 millions de florins à l'État. — Balguerie.

On compte qu'un bataillon de 700 hommes et même les chariots ne revenoient pas à plus de 110 ou 120 ou 130,000 florins à l'État ; ce qui va de 20 à 23 1/2 millions de florins.

A l'endroit où le Roi passa le Rhin, il n'est pas ordinairement profond, surtout en été.

J'ai ouï dire au général-major Derroques, officier normand au service de Hollande, qu'il l'avoit passé à cheval, et que son cheval n'en avoit pas à mi-jambe. C'étoit près du fort de Schenck, c'est au Waal qu'il passa. Le Waal joint le Rhin à la Meuse. Le Leck est un autre bras du Rhin, qui joint le Rhin et la Meuse. Un troisième bras passe à Deventer.

On s'imagine toujours qu'on a passé le Rhin à Kehl, Philippsbourg ou Mayence.

Le commerce d'Amsterdam est plus florissant pendant la guerre que pendant la paix. Pour lors, le Nord ne commerce pas avec le Midi, et Amsterdam est l'entrepôt. Le commerce de nos vins de France ne se fait guère plus que pour la consommation des sept provinces : le Nord s'en allant pourvoir lui-même.

Le caractère des Hollandois est qu'il faut beaucoup de temps pour les mouvoir et leur faire sentir qu'ils sont en péril. Mais, quand vous leur avez mis cela dans la tête, vous ne pouvez pas le leur ôter, même après le péril passé. Ils portent le fardeau de la guerre comme des chameaux et payent de bon cœur. Ce sont des cerveaux qui ne se meuvent que par de grands coups et ne voyent qu'à force de clarté.

Le 15 octobre 1729, j'arrivai d'Utrecht à Amsterdam, par un canal de 8 milles de long. Le chemin se fait en huit heures. Le canal est bordé en bien des endroits de petites maisons de plaisance.

Le 17, je vis la Maison-de-Ville. C'est un assez beau bâtiment, un peu obscur. Ce qu'il y auroit de plus curieux, ce seroit les trésors de la Banque. Il y a plusieurs tableaux, et il y en a quatre ou cinq de très beaux : un de Rubens; un ou deux de Van-Dyck. Ils sont tous (comme on le juge bien) dans le goût flamand.

Les rues d'Amsterdam sont belles, propres, larges. Il y a de grands canaux avec des rangées d'arbres. Dans les grandes rues de la Ville, les barques viennent devant les maisons. J'aimerois mieux Amsterdam que Venise : car, à Amsterdam, on a l'eau sans être privé de la terre. Les maisons sont propres en dedans, et proprement bâties en dehors, égales; les rues, droites, larges; enfin, cela fait une des plus belles villes du monde.

C'est un beau spectacle que la Bourse. Je crois bien qu'il y tient 8 ou 10,000 âmes. Elle est pleine à ne pouvoir s'y remuer.

Quand on voit le peuple travailler au canal qui va au port, les hommes, femmes et enfants porter ou traîner des fardeaux, ils semble que ce sont ces fourmis que Jupiter changea en hommes pour peupler l'île d'Égine. C'est comme la Salente de *Télémaque* : tout travaille.

Avant le VIIIe siècle, la Hollande n'étoit pas habitée : l'hiver, elle étoit sous l'eau ; et, l'été, il venoit des habitants d'Utrecht, qui est bien plus haut, et pays circonvoisins, qui menoient paître leurs troupeaux dans les terres que la mer avoit quittées : car la mer se jouoit là ; tantôt couvroit, tantôt abandonnoit une partie des terres de la Hollande. On trouve, en creusant dans le terrain de Hollande, une terre noire et, enfin, quelquefois à 30 pieds, un sable très fin, sur lequel il y a des arbres qui sont là, peut-être, il y a plus de 2,000 ans, couchés d'un même sens. Il y a apparence que c'étoit une forêt que la mer couvrit. Le terrain noir est la vase que la mer y jeta. Les tourbes sont de cette terre noire mêlée des racines des arbres qui étoient sur la surface de la terre, et on y trouve encore des racines de noisetier et des noisettes. Quand on bâtit, on bâtit en mettant des pilotis, et la plupart des maisons d'Amsterdam sont sur pilotis, surtout la Maison-de-Ville. Il faut aller jusqu'à ce que le pilotis trouve le sable et résiste au mouton. Il faut voir, près de Rotterdam, les lieux d'où on tire la tourbe. On achète un pré ; on indemnise l'État de l'impôt qu'il paye ; on tire une boue liquide ; les enfants la pétrissent en tourbe, comme du fromage ; des moulins-à-vent tirent sans cesse l'eau des canaux. Quand on veut dessécher un endroit inondé, on fait une digue avec de la terre. Comme c'est de la tourbe, souvent l'ardeur du Soleil pourroit la brûler. C'est pourquoi on la mouille. Ensuite, on met les moulins, qui jettent l'eau dans les canaux.

Les sept provinces peuvent devoir encore environ 250 millions de florins, pour la plupart à 2 et 1/2 pour 100. La Zélande a réduit ses obligations à 3 pour 100; offrit *(sic)* de payer; tout le monde acquiesça. La province de Hollande avoit contracté à 4 pour 100; dans les guerres avant la précédente, elle avoit de temps en temps diminué un demi; de façon qu'ils sont maintenant à 2 1/2. La province de Frise tout d'un coup tomba de 5 à 2, sans offrir de remboursement. La province de Hollande a pensé perdre son crédit par une manœuvre faite depuis la guerre : on déclara qu'on rembourseroit les billets de la loterie, si on ne vouloit les réduire à 2 et 1/2 pour 100; d'abord, tout le monde courut chercher son payement; ils se trouvèrent courts, déclarèrent qu'ils n'avoient plus d'argent, et, néantmoins, réduisirent. La province de Hollande a payé très peu de ses obligations. Depuis quinze ans de paix, elle a fait quelques loteries, qui ont peu réussi. Tout ce qu'elle a fait, c'est qu'elle est sortie de la garantie des dettes de plusieurs princes, qui ont payé les sommes empruntées sous sa caution.

La Compagnie des Indes vend ses marchandises franches de droits de sortie. On retient à l'Amirauté la liste des marchandises qu'elle a vendues, et qui sont sorties, et la Compagnie en paye les droits à la fin de l'année. Cela fait que le marchand ne fraude pas les droits. Ces droits (dit-on) que la Compagnie des Indes paye vont à 1 million de florins. Il y a, outre cela, ce que la Compagnie paye, tous les sept ans (je crois), pour l'octroi. De plus, une infinité d'officiers et d'habitants, qui reviennent, leur fortune faite, dans le pays. Plus, ils ont un nombre très grand de gens employés, la Compagnie ayant 36,000 hommes qui la servent, et beaucoup d'emplois à donner.

Les Hollandois ont planté du café aux Indes. Il y est venu à merveille. Il en est venu cette année 3 millions de livres. Il ne leur revient qu'à 6 sols de Hollande, la livre, et ils l'ont vendu 18 sols. Le gros article est celui du girofle et du clou. Ils regardent le commerce du Japon comme un bien plus petit article. — Balguerie.

J'ai été au Jardin-des-Plantes, à Amsterdam; c'est le plus beau que j'aye vu. Comme les Hollandois ont de grands pays aux Indes Orientales et des établissements aux Occidentales, et qu'ils naviguent partout, ils ont une infinité de plantes rares. Dans chaque navire, il y a des chirurgiens, quelquefois des médecins, qui voyent les plantes singulières : si ce n'est l'un, c'est l'autre. On y trouve les arbres du thé, du café, du coton, le palmier.

L'arbre qui porte gomme appelée *sang-de-dragon*, est singulier : il y en a de mâle et de femelle; le mâle a un engin, comme pour l'action; la femelle, un autre, comme pour recevoir. Lorsqu'une de ces plantes est séparée de sa compagne, elle ne fait que languir. On en voit une séparée, qui n'est pas de la septième ou huitième partie si grosse que les autres, qui sont près l'une de l'autre. C'est un grand arbre, haut, et qui a une belle tige.

En Hollande, les postes donnent beaucoup aux officiers particuliers (lesquels sont nommés par le bourgmestre), et peu au public.

La ville d'Amsterdam est une aristocratie, mais une aristocratie la plus sensée : le peuple est gouverné par un petit nombre de personnes, mais qui ne viennent pas *jure hereditario*, mais par élection.

C'est un beau morceau que celui de bourgmestre d'Amsterdam : quatre bourgmestres regnants, distribuant toutes les charges, chacun, de leur *(sic)* quartier. Il y a, de plus, les échevins et les conseillers. Les conseillers représentent le Peuple et élisent les échevins et bourgmestres aussi (je crois).

Le malheur de la République est que la corruption s'y est mise tellement que les magistrats s'entendent avec ceux qui afferment les revenus publics, pour avoir des pots-de-vin; les leur afferment à bon marché. Aussi un député aux États, un bourgmestre ont-ils d'abord fait leur fortune.

Autrefois, l'impôt sur les tourbes étoit un des principaux de l'État; la consommation en a beaucoup augmenté, et l'impôt n'a pas augmenté à proportion.

Il règne à Amsterdam un dégoût général pour ses magistrats, dont on tient la conduite reprochable. Cette république ne se relèvera jamais sans un stathouder.

8 ou 9,000 hommes, matelots, soldats ou passagers, vont aux Indes chaque année. Il en reste environ 3,000 hommes. On prend surtout pour soldats des étrangers, des soldats prussiens accoutumés à souffrir.

La source des matelots de Hollande n'étoit et n'est pas seulement des gens de mer, mais des gens de métier, qui, par débauche, s'enrôloient pour être matelots, et par envie de courir, comme, parmi nous, le libertinage fait qu'un jeune homme se fait soldat; d'autant mieux qu'ils revenoient après la campagne et reprenoient leur premier métier.

J'ai vu à La Haye M. Saurin, M. de Bentheim, oncle de milord Portland, M. de Wassenaer, appelé *le baron de Tuikel*, milady Albemarle, M. de La Roque, ingénieur. Le général Des Brosses, envoyé de Pologne, m'a cherché, et je l'ai cherché. J'ai, de plus, connu milord Chesterfield, ambassadeur d'Angleterre : je lui rendis une lettre de milord Waldegrave.

La province de Gueldre est la plus heureuse de toutes les sept : les obligations y sont à 4 pour 100, et cependant les charges y sont infiniment moins grandes que dans les autres provinces. Le prince de Nassau, stathouder de Gueldre non-héréditaire.

Il n'a que 12,500 florins d'appointements. On lui a fort rogné ses prérogatives à cette fois-ci. Il commande les troupes de la province, qui sont 4 régiments. Il est amiral de la province, qui n'a aucun port. C'est à lui à concilier les nobles et les villes, lorsqu'il y a de la dispute.

Les Hollandois ont un bureau auprès de Bois-le-Duc, appelé *Passage muet*. Là il est impossible de n'être point attrapé : il y a simplement un écriteau, et, si vous passez, on vous confisque. Tous les droits ne sont que très modiques, et le profit des fermiers consiste dans ces contraventions. L'État, qui, sans l'objet des contraventions, n'en retirerait presque rien, en tire une vingtaine de 1,000 florins. Par là, les princes d'Auvergne, de mon temps, eurent leur bagage confisqué; ils en furent quittes pour 800 florins. Ils *(sic)* saisirent, autrefois, la vaisselle d'or de l'électeur de Bavière, qu'il retiroit d'Amsterdam, où elle avoit été mise en gage; mais on la lui rendit.

Les finances de Hollande sont totalement perdues. La province de Hollande met, depuis la paix, tous les jours de nouveaux impôts pour payer le courant. J'ai ouï dire à milord Chesterfield que l'État devoit 30 millions sterling.

Il dit que, dans la dernière année de la guerre, il en coûta aux États-Généraux 10 millions sterling.

Il dit que le pensionnaire actuel, qui est un grand homme, leur a beaucoup parlé de chercher à se remettre; qu'il leur a découvert l'état de leurs affaires et leur a fait des harangues dignes de Démosthène; mais que les bourgmestres ne se soucient pas que l'État périsse après eux, pourvu que, pendant qu'ils gouvernent, leurs charges soient lucratives. Il a pourtant obtenu un nouveau *verponding*, c'est-à-dire une nouvelle estimation pour asseoir la taxe sur les maisons. Depuis l'ancienne estimation, il y a des maisons qui ne valent plus rien; d'autres, dont la valeur est augmentée. De plus, on en a beaucoup bâti depuis. Amsterdam en a bâti plus de 10,000 qui payoient, mais les bourgmestres mettoient dans leurs poches. Cette réforme donnera 100,000 florins de plus pour la taxe. Mais, au bout du compte, ce n'est qu'une goutte d'eau. Il a fait d'autres propositions; mais elles n'ont pas été écoutées.

FIN DU VOYAGE EN HOLLANDE

MÉMOIRES

SUR

LES MINES

MÉMOIRES SUR LES MINES

I

PREMIER MÉMOIRE

DESCRIPTION DE DEUX FONTAINES DE HONGRIE
QUI CONVERTISSENT LE FER EN CUIVRE

Lorsque j'étois en Hongrie, en 1728, j'allai voir les mines de Kremnitz, Schemnitz et Neu-Sohl. J'aurai quelque jour l'honneur de présenter à l'Académie les observations que j'ai faites dans ces pays. Quant à présent, je ne parlerai que des fontaines de la mine de cuivre qui est à 1 mille de Hongrie de Neu-Sohl. Une de ces deux fontaines est à environ 45 toises de profondeur dans la mine; l'autre, à 60.

Le bassin de la fontaine supérieure est divisé en deux pièces : la première a environ 6 pieds de large, sur 8 de long; l'autre a, à peu près, 4 pieds en tout sens.

Le bassin de la fontaine inférieure peut avoir 25 toises de long, sur une de large.

Les gens du lieu croyent que l'eau tombe de la fontaine supérieure dans l'inférieure.

Dans les lieux où sont les fontaines, la mine n'est pas riche; mais bien à 6 ou 7 toises de là, dessus et dessous.

L'eau de ces fontaines a cette propriété que, si on y met du fer, on trouve, après un certain temps, du cuivre au lieu du fer.

La quantité de cuivre qui s'y change chaque année est d'environ 40 quintaux sur 120 de fer, y ayant les 2/3 de déchet. On en feroit bien davantage si la source étoit plus abondante.

L'eau de ces fontaines a environ 1/2 pied de profondeur. Là on met toutes sortes de morceaux de vieux fer : des clous, des vieux hoyaux, des fers de cheval et autres choses pareilles.

La conversion se fait dans le temps de deux, de six et même de douze semaines. Le fer le plus vieux est le plus propre à être converti. Le moins dur y est aussi plus propre.

On voit au-dessus du fer, dans cette eau, une espèce de graisse ou d'écume, qui paroît avoir de la consistance. Mais, quand on veut la prendre avec les doigts, on ne sent rien. On voit le métal, au travers de l'eau, d'un beau bleu de vitriol, et, lorsqu'on le met à l'air, il est du plus beau jaune du monde.

Tous les mois, on a soin d'aller nettoyer la fontaine et d'ôter certaines parties métalliques et jaunes qui sont sur la superficie du fer; afin, sans doute, que, dans la suite, les autres parties dont l'eau se décharge pénètrent mieux.

Le cuivre converti est poreux et cassant : les molécules n'en sont pas bien liées. On le fait fondre pour le rendre propre à être mis en ouvrage. Dans cette opération, il y a un huitière de déchet.

M. de Nefftzer, principal officier de l'Empereur à

Neu-Sohl, me fit présent d'une plaque de ce cuivre, qu'il avoit fait fondre, qui est très beau.

Les officiers de la mine me permirent de prendre dans la fontaine divers morceaux de métal qu'on y avoit mis, les uns, à demi, les autres, tout à fait convertis. Il y avoit un fer de cheval entièrement changé; mais il étoit si foible que je ne pus le porter entier.

J'apportai à Venise une bouteille d'eau de ces fontaines. J'en fis faire l'analyse au feu de sable. Sur 5 onces d'eau, il se trouva demi-once 3 carats de vitriol en cristaux : ce qui est plus d'un dixième.

Cette eau, ayant passé dans des lieux pleins de vitriol, s'en est imprégnée. A environ 100 toises sous terre, dans la mine, on voit les parois couvertes de vitriol, comme d'une chevelure, quelquefois frisée, quelquefois droite.

Pour peu qu'on ait de principes de physique, on voit qu'il ne se fait point de véritable transmutation des parties du fer en parties de cuivre; mais que des parties de cuivre prennent la place de celles du fer qu'elles ont chassées.

Cette eau, comme nous avons dit, est chargée de vitriol. Or, le vitriol n'est autre chose qu'une cristallisation tirée de certains marcassites, qui se trouvent dans les mines de cuivre, et il contient plusieurs parties de cuivre, qui déplacent les parties du fer, métal fort poreux et qui se dissout aisément.

Mais, dira-t-on, pourquoi tous les vitriols ne changent-ils pas le fer en cuivre? Peut-être qu'ils le font. Mais les vitriols de Hongrie et d'Allemagne sont plus propres à cela que ceux d'Italie et d'Angleterre, parce qu'ils participent plus de la nature du cuivre, et que les autres tiennent plus de celle du fer.

J'ai ouï dire que l'Empereur a d'autres fontaines pareilles à Szomolnok, dans la Haute-Hongrie, et que, comme elles coulent plus abondamment, il s'y fait chaque année une conversion de 3 à 400 quintaux ; mais je n'ai point vu cela.

Il faut remarquer que l'art a quelquefois imité ce que la Nature fait dans ces fontaines. On a fait du cuivre avec du fer et du vitriol. Mais, 1° il n'y avoit point de profit; 2° ces opérations étant trop promptes, il n'y avoit souvent qu'une couche extérieure du fer qui fût convertie [1].

---

1. [SECONDE COPIE :] On m'a dit à Goslar, dans la Basse-Saxe, qu'on a fait autrefois, dans la mine de Rammelsberg, l'épreuve de changer le vieux fer en cuivre ; mais cela ne se fait pas si vite ni si bien qu'en Hongrie, et il y a peu d'avantage à le faire.

II

SECOND MÉMOIRE SUR LES MINES

Étant dans la Basse-Saxe, j'eus occasion d'aller au Hartz. C'est une petite partie de l'ancienne Forêt d'Hercynie, qui en porte encore le nom. Tout le reste est défriché.

Il y a plusieurs mines dans les montagnes de cette forêt. Je ne parlerai à présent que de celle de Rammelsberg, près de Goslar, dont on tire de l'argent, du cuivre et du plomb.

Ce qu'il y a de particulier à cette mine, c'est que le minerai ne s'y trouve pas par veines, comme dans les autres, mais dans toute la masse de la montagne.

Dans les autres mines, en suivant les veines et tirant le minerai, on a fait des espèces de rues. Dans celle-ci, où le minerai est partout, on a fait treize salles. On s'est servi des pierres stériles pour en soutenir la voûte.

La mine est excessivement dure ; mais on la rend traitable par le moyen du feu : on l'allume dans ces salles ; la pierre se calcine ; le métal s'amollit ; après quoi, on enlève le minerai avec des pinces, comme on démoliroit une vieille muraille.

Le feu sert encore à assurer la voûte : car la couperose qui est entre deux pierres, se séchant, forme un ciment si bon et si fort qu'il n'y a pas de muraille mieux bâtie. J'ai vu sur ma tête des pierres de 10 ou 12 pieds de long, suspendues à faire peur. Dans les salles où l'on ne travaille plus tant, et où l'on fait moins de feu, ces masses se détachent, et il y a quelquefois du péril à y travailler.

Il est arrivé d'étranges accidents dans cette mine. Un auteur nommé *Schreiber,* qui a écrit un petit traité en allemand des mines du Hartz et de Rammelsberg, dit que, dans le XIIe siècle, 600 ouvriers y furent écrasés. On voit encore aujourd'hui une fente dans la montagne, qui la sépare en deux. Le samedi, à midi, on allume le feu dans les salles. Il y a plus ou moins de bûchers, selon qu'il y a plus ou moins de minerai à enlever. On met à chaque bûcher depuis une jusqu'à 3 mesures de bois. La mesure est un cube de 40 pouces.

Le feu brûle ou fait son opération le samedi, depuis le midi, et tout le dimanche. Le lundi matin, on commence à travailler.

J'entrai un samedi matin dans ces salles. La chaleur y étoit très grande. Que devoit-ce être le lundi?

Les ouvriers vivent dans ces espèces de fours toute la semaine. Ils mettent leurs habits sur la pierre et couchent dessus, ne sortant, la plupart du temps, que le samedi, au soir, pour aller voir leurs familles.

Ils travaillent tout nus, excepté qu'ils ont un tablier de cuir, où est attaché une espèce de couteau ou strigile, pour ôter la sueur.

De tout ceci, ils ne reçoivent aucune incommodité; et moi, qui demeurai plus d'une heure dans un

four pareil, je ne sentis aucune de ces foiblesses que
l'on a dans des lieux moins chauds, et m'y trouvois
à peu près aussi bien qu'ailleurs.

Ces ouvriers vivent très longtemps, plus même
que ceux de Zellerfeld et autres mines voisines. Ils
conservent leurs forces jusqu'à une grande vieillesse.
A soixante-dix ou quatre-vingts ans, ils travaillent
encore, et, quand j'étois là, on venoit de donner la
pension que l'on accorde aux mineurs qui ne peuvent plus servir, à un homme qui y avoit travaillé
jusques à quatre-vingt-deux ans.

Dans les endroits chauds, on tombe ordinairement
en défaillance, parce que l'air trop raréfié n'a pas la
force de soulever les poumons, et encore parce que,
l'air n'ayant pas assez de ressort, il ne donne plus
assez de mouvement aux bouts des fibres pour faciliter le retour du sang des extrémités dans le cœur.

Mais, les mines de cuivre étant pleines de vitriol,
il s'en détache par la chaleur beaucoup de parties.
L'air en est très chargé. Elles lui rendent son ressort,
et il se trouve capable d'entretenir dans le corps la
circulation ordinaire.

On tireroit plus de profit de cette montagne, si
l'on n'y travailloit avec discrétion, afin d'épargner
le bois, qui commence à devenir rare; de façon que,
depuis deux ans, on a été obligé de retrancher les
deux tiers de l'ouvrage et des ouvriers. Avant cela,
le Roi et le Duc en tiroient, chaque année, plus de
80,000 écus courants, tous frais faits.

Cette mine a, en des endroits, de l'argent et du
plomb; en d'autres, du cuivre. Chaque quintal de

minerai d'argent et plomb donne la quatrième partie d'une once d'argent et 20 à 30 livres de plomb. Mais, quoique le minerai en soit si pauvre, la quantité et la facilité de le détacher fait que le profit en est toujours certain. On n'est pas obligé, d'ailleurs, de mettre cette infinité de bois de charpente, pour soutenir l'ouvrage, que l'on est obligé de mettre dans les autres mines pour les soutenir.

On dit au Hartz qu'il n'y a point d'autre mine en Allemagne où l'on travaille par le moyen du feu; mais qu'il y en a en Suède. On dit encore qu'il n'y a point ailleurs de vitriol blanc, ni du métal qu'on appelle *zing (sic)*[1], qui, avec le cuivre, fait le métal de prince. Le zing *(sic)* est sonnant; c'est un étain imparfait, et, si vous le fondiez trois fois, vous en gâteriez la substance. On dit qu'il y en a aussi dans les Indes Orientales.

1. Second Mémoire. — Voir ce que c'est que *le zing (sic)*.

III

TROISIÈME MÉMOIRE SUR LES MINES
CONTENANT QUELQUES RÉFLEXIONS GÉNÉRALES

Généralement toutes les mines que j'ai vues en Hongrie et en Allemagne, sont saines. Il n'y a que les mines de vif-argent, ou celles que l'on travaille en Amérique avec du vif-argent, qui ne le sont pas.

A cette règle générale, je mets une exception générale : toutes les vieilles mines sont malsaines. Comme les bois qui soutiennent se pourrissent, et qu'en des endroits la mine s'éboule, il se fait des cavités où l'air, qui n'a plus de communication avec l'atmosphère, ou en a peu, devient grossier; de plus, les conduits qu'on avoit faits se bouchent, et les eaux croupissent. On y respire donc un air si grossier que la circulation ne peut bien se faire.

De là je tire la raison de l'intempérie de la Campagne de Rome : c'est que c'est une vieille mine. Comme les faubourgs de Rome s'étendoient dans tout ce pays, il étoit plein de bâtiments. Les voûtes sont encore sous la terre; il y a des creux qui se remplissent d'eau dans une saison, qui se corrompt dans une autre; il y en a d'autres qui sont pleins d'air grossier, et, dans l'été, que l'air extérieur est raréfié, l'air intérieur sort de dessous terre et monte à une certaine hauteur.

Lorsque j'étois à Rome, M. le cardinal de Polignac faisoit creuser en plusieurs endroits pour chercher des statues. Il trouvoit qu'environ 2 pieds sous terre la Campagne de Rome étoit presque toute pavée de mosaïque. Les bâtiments se sont enfoncés, et il s'est fait des campagnes.

Je crois avoir remarqué que la plupart des villes détruites n'ont été rebâties qu'à environ une lieue où *(sic)* elles étoient autrefois. C'est que quelques habitants échappés ont été grossir le village voisin, et, lorsqu'eux et les autres habitants ont voulu revenir, ils ont trouvé l'air mauvais.

Ce qui caractérise la maladie de la Campagne de Rome, c'est qu'elle ne se prend que lorsqu'on y dort. J'ai fort demandé si, dans les mines nuisibles, le sommeil augmente le danger; mais je n'ai pu savoir que personne y ait dormi.

On sait que, dans la veille, les fibres de notre corps ont plus de ressort, et que, dans le sommeil, elles sont plus relâchées. Il suit de là que l'on doit plus transpirer dans le sommeil que dans la veille, et, effectivement, on transpire beaucoup plus. La communication entre les fluides de notre corps et l'air qui nous environne, est donc plus grande dans le sommeil que dans la veille.

L'action des bains et celle de la térébenthine que l'on rend par les urines, pour s'être tenu dans une chambre qui en a été enduite, font voir que, dans notre corps, les fluides se portent de dehors en dedans, comme de dedans en dehors.

On a tort de regarder cet accident comme particulier à la Campagne de Rome. Il y est plus marqué ; mais, dans le fond, il est général, et, partout où le chaud, le froid, le brouillard, feront mal à un homme qui veille, ils lui en feroient encore plus s'il dormoit.

Je suis persuadé que, si ceux qui travaillent dans les vieilles mines y couchoient, le sommeil leur seroit pernicieux, et que l'on diroit, comme à Rome, il est mort pour avoir dormi dans la mine.

Dans les vieilles mines, les eaux qui croupissent causent bien de l'incommodité, mais moins que la grossièreté de l'air. Ceux qui y vivent périssent peu à peu ; mais ils peuvent être tout d'un coup saisis par une vapeur si grossière qu'elle leur ôtera toutes les fonctions ; comme il arrive dans la Grotte du Chien, à Pouzzoles.

J'entends par *les vieilles mines*, non pas celles qui sont les plus anciennes, mais celles qui ont été abandonnées, et qu'on recommence à travailler. Or, indépendamment de la pauvreté du minerai, il peut arriver de bien des manières que les travaux cessent : une invasion, une dispersion des mineurs, la destruction des machines, le feu mis aux bois qui soutiennent la mine, qui souvent suffiroient pour bâtir une ville, produisent cet effet.

Ce qui faisoit surtout la rareté de l'argent et de l'or en Europe, il y a cinq ou six siècles, c'est que, le gouvernement gothique y étant partout établi, et chaque seigneur faisant ses guerres particulières, il étoit presque impossible que le travail des mines pût subsister : car les ouvriers étoient d'abord dispersés ou sollicités à prendre les armes.

Et les mines mêmes du Hartz en fournissent un exemple remarquable. Dans un manuscrit de la généalogie des ducs de Brunswick dont Schreiber fait mention, il est dit qu'un Hermann Grewich, dont l'empereur Othon IV avoit débauché la femme, fit révolter les ouvriers des mines de l'Hercynie, à qui il commandoit, et que le travail fut abandonné.

Aussi, dans la Chine, où l'on ne veut pas que beaucoup de gens s'assemblent dans un même lieu, il est défendu d'ouvrir les mines : car le premier voleur viendroit solliciter les ouvriers et s'en feroit suivre.

IV

CONTINUATION

DE MES MÉMOIRES SUR QUELQUES MINES

QUE J'AI VUES[1]

Tout le monde a ouï parler de la machine anglaise qui agit par le moyen du feu. Voici la description de celle que j'ai vue à Kœnigsberg, dans la Haute-Hongrie. Elle sert à tirer l'eau d'une mine par le moyen de plusieurs pompes qu'elle fait aller.

Elle consiste en une chaudière de 9 pieds et 1/2 de hauteur et de 10 pieds de diamètre. On la remplit d'eau à moitié : la vapeur occupe le reste. Au-dessous est un fourneau, et au-dessus, un cylindre de 27 pouces de diamètre, dans lequel est une espèce de piston qui peut couler dans le cylindre. Une grosse barre de fer, de 4 à 5 pieds, est fixée dans le milieu du disque et va s'attacher en haut à un levier d'une pesanteur énorme, qui est joint lui-même à une autre espèce de levier qui est au-dessus, et que l'on charge de pierres.

Lorsque l'eau bout dans la chaudière, elle fait élever le disque qui est dans le cylindre, et le balancier, par conséquent. Dans ce moment, de l'eau froide entre dans le cylindre et condense la vapeur; le piston descend, et le levier le suit. L'art a été de mettre, entre la

---

1. [SECONDE COPIE :] *Mémoire sur la machine de Kœnigsberg en Hongrie.*

chaudière et le cylindre, une plaque de fer qui s'ouvre
et se ferme par le moyen d'une espèce de levier qui
y est attaché, et que la machine fait aller. Lorsque
cette plaque s'ouvre, la vapeur entre dans le cylindre
et fait élever le piston. La machine, en s'élevant, ouvre, 5
par le moyen d'une roue, une autre plaque, pour
laisser passer de l'eau froide dans le cylindre, et ferme
en même temps la plaque qui étoit ouverte entre la
chaudière et le cylindre. Le disque, avec le balancier,
descend donc et, en descendant, fait ouvrir une autre 10
fois la plaque par où entre la vapeur, et ainsi de suite.

J'ai trouvé dans Agathias, livre V de *la Guerre des
Goths,* une machine faite à peu près sur les principes
de celle-ci.

Zénon, dit cet historien, avoit une maison dont 15
une partie étoit bâtie sur un étage de celle d'un
habile physicien nommé *Anthémius.* Celui-ci, en
ayant reçu quelques mauvais traitements, voulut
s'en venger. La ville de Constantinople étoit dans la
frayeur à cause de quelques tremblements de terre 20
qui s'y étoient fait sentir. Anthémius plaça de grandes chaudières pleines d'eau dans plusieurs endroits
de sa maison. Il ajouta à chaque chaudière un tuyau
de cuir assez large pour embrasser la chaudière,
mais qui alloit en diminuant jusqu'au plafond. Il les 25
attachoit fortement et si juste que l'air ne pouvoit
s'échapper lorsqu'il venoit à frapper contre le plancher. Il mit, ensuite, le feu sous les chaudières, et,
l'eau venant à bouillir, une vapeur portée par les
tuyaux alloit avec violence vers le plancher et, 30
l'ayant rencontré, revenoit en bas avec la même vio-

lence. « *Qua reciprocatione sæpius facta, domus tota commota est, et hæc tremere et ligna stridere incipiebant.* » Tous les gens qui étoient chez Zénon, ajoute-t-il, étoient consternés, se mettoient en prières, et alloient par toute la ville de Constantinople demander ce qu'on pensoit de ce nouveau tremblement de terre.

On voit qu'Agathias, qui n'étoit pas physicien, fait une description imparfaite des machines d'Anthémius : car il parle d'une réciprocation, par conséquent, d'une action et d'une cessation d'action. Il falloit donc qu'Anthémius eût trouvé le moyen de refroidir l'air dans le tuyau; ce qui ne pouvoit guère se faire qu'en y introduisant de l'air frais ou de l'eau froide, comme on fait dans la machine anglaise.

La machine anglaise ne doit être employée que dans les mines où il n'y a pas assez d'eau pour faire aller les machines ordinaires, et où l'on est obligé de se servir de chevaux. Elle tire la moitié plus d'eau qu'une machine à 8 chevaux, et elle coûte moins. Par exemple, il en coûte 240 florins à Schemnitz, tous les quinze jours, pour une machine à 8 chevaux ; celle-ci n'en coûte pas 200, en y comprenant même les appointements du machiniste.

Une très petite quantité d'eau suffit pour faire aller cette machine. Il en faut plus à proportion de sa grandeur.

Quand on n'a pas apporté assez d'eau froide, on en fait remonter de chaude; mais il vaut mieux qu'elle soit toute froide : si on pouvoit la mettre à la glace, on le feroit.

Le cylindre de la machine que j'ai vue a 27 pouces

de diamètre. On peut en augmenter la force en augmentant la grandeur de la chaudière et du cylindre, parce que la masse de la vapeur qui est dans le cylindre augmentera plus que la superficie du disque.

Dans une minute de temps, la machine peut faire de 13 à 15 levées d'eau. Il vaut mieux qu'elle n'en fasse que 13; parce que la rapidité peut gâter la machine et use trop les ressorts.

Il faut 24 cordes de bois, par semaine, pour le service de cette machine.

Si l'on n'a de l'eau et du bois, il ne faut point songer à avoir des mines. Mais, avec cela, il faut encore trois choses pour qu'elles portent du profit, quelque pauvres qu'elles soient : de l'économie dans l'administration; de la promptitude dans les opérations; de la continuité dans le travail. La machine dont je parle répond très bien à ces trois objets[1].

Les grandes difficultés que l'on trouve dans ces nouveaux établissements viennent des habitants du lieu : ceux qui louent des chevaux pour les mines, ceux qui vendent les provisions pour leur subsistance, ceux qui les font travailler, sont autant de gens qui ont leurs intérêts à défendre[2].

---

1. [SECONDE COPIE :] Le sieur Potters, gentilhomme anglais et un très galant homme, a la direction de cette machine; il a éprouvé des difficultés sans nombre de la part des habitants.

2. [SECONDE COPIE :] Rien n'altère davantage que d'examiner longtemps une machine qui agit par le moyen du feu. M. Potters me mena chez lui. Il avait d'excellent vin de Tokay; nous en bûmes largement, et je partis.

V

MÉMOIRE SUR LES MINES DU HARTZ

DANS LE PAYS DE HANOVRE [1]

Le Hartz[2] est un reste de l'ancienne Hercynie. Cette immense forêt est aujourd'hui presque toute défrichée, et il n'y a que cette partie qui en porte le nom.

Wildemann, Lautenthal et Zellerfeld sont les trois villes qu'on appelle *métalliques*. Auprès de Zellerfeld est Clausthal, qui ne fait presque qu'une seule ville avec elle *(sic)*. Clausthal appartient au Roi-Électeur. Il a les 4/7 de Zellerfeld; le duc de Brunswick, les 3/7. Wildemann et Lautenthal sont en commun.

Ces trois villes forment un triangle. Wildemann et Zellerfeld sont au midi, et Lautenthal est au nord. Il y a une demi-heure de chemin de Wildemann à Zellerfeld, et une heure de Lautenthal à Wildemann.

En 1521[3], on découvrit les mines d'Andreas-

---

1. Lire Agricola et *History of Hartz Forests* (?).
2. *Sylva Semana.*
3. [NOTES AUTOGRAPHES SUR LES MINES DU HARTZ, page 26:] Les mines de fer au Hartz, qui sont entre Gitelde et Fondi *(sic)* commencèrent à être ouvertes, environ l'an 1498, par les soins d'Élisabeth, fille de Botho, comte de Stollberg (elle fut grand'mère de Henri-le-Jeune). Ces deux villes en prirent de là *(sic)* leur origine. Il y avoit un établissement de Templiers, une

berg[1]. On dit qu'on y trouvoit l'argent pur[2]. Mais les veines riches cessèrent bientôt, et, aujourd'hui, le fort portant le foible, on a peine à trouver 2 onces d'argent par quintal de minerai dans les mines du Hartz.

Il n'est pas extraordinaire que des mines autrefois très abondantes cessent de l'être : soit qu'on les épuise ; soit que la nature du terrain vienne à changer : témoin les mines des Pyrénées que Diodore nous décrit de la façon dont M. Frézier nous parle de celles du Potosi.

Cette découverte des mines d'Andreasberg fit qu'on chercha dans le Hartz. Thomas Scriberius[3] dit que le duc Henri-le-Jeune[4], ayant vu des vestiges des anciens travaux dans les forêts du Hartz, les recommença en 1529. Cela donna origine à la ville de Wildemann, en 1539. Zellerfeld fut bâti ensuite, dans un lieu où il y avoit autrefois un monastère de Bénédictins *(Cella)*. En 1530, le même duc confirma les privilèges des mineurs.

église et de beaux bâtiments. Mais, ayant été détruits en 1311, tout cela tomba en ruine. En 1521, on découvrit de nouvelles mines, ce qui fit bâtir le lieu appelé *Mons-Sancti-Andreæ*... — Sous le duc Chrétien-Louis, ces mines de Gitelde et de Saint-André donnèrent occasion de faire des recherches dans le Hartz...

1. *Mons-Sancti-Andreæ*.

2. J'ai vu à Clausthal un morceau de minerai, où il y a 106 livres d'argent sur 123 de minerai. On pourroit demander si cela a été ramassé ainsi par la fonte du métal faite par un feu souterrain, ou si des parties métalliques dont quelque eau étoit chargée se sont précipitées dans cet endroit.

3. *De Origine et Progressu Metallorum in Hercynia et circa Hercynias Sylvas.*

4. De la branche de Kalenberg.

Dans ces temps-là commencèrent les mines de Lautenthal.

Jules, fils de Henri, à force de travaux et de dépenses, acheva de mettre ces mines en état. Elles avoient été autrefois travaillées. Dans le partage qu'Albert Ier, dit *le Grand,* duc de Brunswick, fit de son état entre ses enfants, l'an 1264, il est déjà fait mention de ces mines. De plus, du temps de Henri-le-Jeune, on en voyoit les ruines et des signes indubitables de leur abandon. On y trouve encore aujourd'hui des armes anciennes enfouies.

Schreiber croit que ce fut sous l'empereur Othon IV que ces mines furent abandonnées. Un manuscrit de la généalogie des ducs de Brunswick qu'il cite, et qui est cité par Althingtit *(sic)*, dit qu'un Hermann Grewich, dont l'Empereur avoit débauché la femme, fit révolter les ouvriers de l'Hercynie, à qui il commandoit, et que le travail fut abandonné.

On ne sait pas bien quand elles ont commencé. Tacite nous apprend que, de son temps, il n'y avoit pas de mines en Allemagne. On croit que celles-ci furent ouvertes sous Henri-l'Oiseleur. On dit que les mines de Saxe ne sont pas si anciennes. La tradition est que ce furent les ouvriers du Hartz qui allèrent les travailler.

Il y a au Hartz sept veines métalliques principales, le long desquelles les mines sont situées. Elles vont d'orient en occident, et celles qui sont dans cette position sont les plus constantes. Il y en a en Saxe qui vont du septentrion au midi [1]; mais elles sont peu constantes et peu riches. Il n'y en a point d'exemple au Hartz.

Les veines des mines du Hartz ne sont pas perpendiculaires [2], mais inclinées suivant le plan de la montagne, comme on voit dans cette figure (1). C'est pour cela que les bois qui empêchent les écroulements et forment les allées et les communications, sont mis dans la position de cette figure (2); au lieu que, dans les mines de Hongrie, ils sont mis dans cette position-ci (3). Dans les mines de Mansfeld, qui sont de cuivre, les couches sont horizontales. Je ne les ai point vues, mais on me l'a dit au Hartz. Comme elles sont basses, les mineurs sont obligés de travailler sur le ventre, avec le ciseau, et ils ont tous une espèce de torticolis.

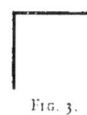

Au Hartz, la veine n'étant pas perpendiculaire, les trous par lesquels on tire l'eau et le minerai ne le sont pas non plus. Les machines sont donc un peu penchées, ce qui en augmente le frottement, que l'on sauve par des rouleaux.

Les lieux où sont les veines métalliques ayant été creusés par les anciens, on n'a plus besoin de les chercher; au lieu que les anciens ne les trouvoient qu'en tâtonnant.

---

1. *Nota* que Marsigli met presque toutes les mines de Hongrie du nord au sud, ou à peu près, dans sa tab. 9, tome III.
2. [N., p. 9:] Les veines des mines du Hartz ne sont pas perpendiculaires comme en Hongrie.

Chaque mine a un aqueduc qui sort au pied de la montagne, et, dans les endroits où les travaux sont à une plus grande profondeur, on élève l'eau jusqu'à l'aqueduc. Il y en a un fameux, qui a 1,300 *klafters* :
5 le *klafter* de 6 pieds 8 pouces [1]. Le duc Henri-le-Jeune le fit faire et passer au travers le rocher. Il fut fini en quatorze ans. Toutes les mines situées sur la veine principale s'en servent. Entrant dans la Dorothée [2], j'ai descendu 75 *klafters* avant d'arriver
10 à l'aqueduc. On voit, par tout ceci, quels avantages les mineurs d'aujourd'hui ont sur les anciens.

Les anciens, qui n'avoient pas la poudre à canon, travailloient les mines dures, telles que sont celles du Hartz, avec beaucoup de difficulté.

15 De plus, leurs pompes n'étoient pas si commodes. Ils les faisoient mouvoir avec des machines de fer, et chaque pompe avoit une machine particulière; ce qui faisoit beaucoup de frottement et beaucoup de pesanteur à vaincre. A présent, on se contente
20 d'attacher bout à bout plusieurs chevrons, qui ne font qu'une seule pièce, le long de laquelle on attache toutes les pompes [3]; de sorte qu'en la baissant

---

1. [N., p. 9 :] La brasse ou *klafter* est de 6 pieds 8 pouces.
2. Il y a un puits à Turnrosenhof de 250 *klafters* de profondeur, dont il y en a 100 au-dessus de l'aqueduc.
3. [N., p. 4 et 5 :] Les anciens... avoient à chaque pompe une machine particulière : ce qui faisoit que tout se rompoit. A présent, c'est une pièce de bois qui va tout du long. *Nota* qu'elle est plus légère. — Voyez la figure qui est dans l'excellent livre intitulé : *Relation des Mines, de la Manière d'y travailler et de les faire profiter,* par Georges Leinesen, capitaine des mines de la Maison de Brunswick, imprimé à Zellerfeld, l'an 1617, en allemand; et ce livre est considérable, parce qu'on y voit com-

et la haussant toutes les pompes se haussent ou se baissent. Rien n'est si léger et si commode que ce bois continu, qui va du haut de la mine en bas, auquel les pompes sont attachées[1].

Autrefois, dans chaque mine, chacun faisoit ses travaux sans guère profiter des inventions des autres. A présent, tout se communique. Il n'y a que les Turcs qui ne profitent point des lumières de la Société humaine. En Hongrie[2], ils se servoient d'hommes pour faire aller les pompes et de chevaux pour tirer le minerai. Aussi étoient-ils obligés de quitter leurs mines sitôt que leurs machines ne pouvoient plus tirer l'eau.

Les anciens n'avoient pas notre économie, ni ces beaux règlements que l'on a fait de nos jours. Ils n'avoient point d'idées de compagnies, de sociétés d'actions.

Depuis le Christianisme, ils n'avoient plus d'esclaves. Il semble donc que, partout où ils ont travaillé en Allemagne, on peut le faire encore aujourd'hui. Je ne dis pas que cela subsiste. Il y a, au contraire, apparence que non, comme je le ferai voir par un mémoire que je fis il y a vingt ans, et que je joindrai ici.

On voit, appliqué ici à une machine pour tirer de l'eau, un moulin à vent. Cela n'a pas réussi. L'action

ment on a travaillé anciennement aux mines du Hartz, comme Agricola a été dans les mines de Saxe. On ne le trouve plus chez les libraires. — Ce livre décrit toutes les machines employées de son temps et la manière dont on y travailloit.

1. Machine d'aujourd'hui. — Il la faut copier.
2. [N., p. 8:] Les mines les plus riches de l'Empereur, à Temesvar, seront les plus riches.

a n[ou]uelle machine de fer pour
lever les eaux des mines. a a a a pompes
b b b b arc de fer qui portent les unes plus
les autres et tient aussi toute la pompe
ensemble c c c c fer, et fer qui
portent les a boutons. au[x]ou[r]d'huy
uec des ashes fu s'est attaché [...]
aux autres de leur long aux quen[x]
les pompes sont attachées pour mouvoir
le tout.

n'en est pas continuelle : les ouvriers chaument. De plus, le mouvement n'en est pas uniforme. Il y a aussi des modèles de machines que l'on a exécutées en Suède. Mais elles sont trop composées.

Ce pays est plein de réservoirs, dont les eaux, qui viennent de source ou de pluie, font aller les machines. J'en ai été examiner un. Il est formé par une digue entre deux montagnes, qui les joint. Elle est faite avec des gazons, de l'argile de chaque côté et des pierres derrière l'argile.

J'ai dit que, dans les mines du Hartz, on employe la poudre à canon ; c'est que le minerai est très dur. Chaque homme doit travailler huit heures par jour et est obligé de faire 2 trous de 30 pouces de long, d'un pouce et quelques lignes de diamètre, et, comme ils ont trop de temps, ils s'employent, environ une heure, à accommoder le bois et les charpentes. Ces trous se font avec un fer, qui, par le bout, est presque plat, excepté qu'il s'élève en une espèce de tranchant, fait en forme de croix. A mesure qu'un homme frappe d'un marteau sur le fer, un autre, qui le tient des deux mains, le tourne. Il faut, à chaque trou, faire acérer l'instrument. On verse de l'eau dans le trou ; ce qui fait que les parties de la pierre que l'instrument a enlevées en sortent. On met plus ou moins de poudre selon que la mine est plus ou moins dure : c'est ordinairement 3 livres, 3 livres et 1/2, et même 4, pour toute la semaine : c'est-à-dire pour 12 trous[1].

---

1. La mine fournit aux mineurs la poudre et les outils.
[N., p. 10 :] Dans le rouleau de papier à poudre, ils mettent

On connoît très bien la veine où le métal est bon, et on la suit [1]. Elle est même plus aisée à rompre et à détacher. Si la veine est trop large, on met de la pierre de la montagne à côté, pour étayer dans le trop grand vide qu'on a fait.

En général, le fort portant le foible, on a peine à trouver dans les mines du Hartz 2 onces d'argent par quintal de minerai.

Le métal du Hartz ne contient point d'or, si l'on n'en excepte celui qui est tiré de la montagne de Rammelsberg, près de Goslar, où on trouve les 3/4 d'un grain sur chaque marc d'argent divisé en 288 grains. On commence à précipiter l'or par le soufre et le plomb. Après quoi, on sépare avec l'eau régale. Si l'on faisoit d'abord la séparation par l'eau régale, elle ne vaudroit pas les frais.

La mine de Lautenthalsglück [2] ne rend qu'une once et 1/2 d'argent par quintal de minerai; mais elle rend 50 à 60 livres de plomb, chaque quintal.

Dans la belle mine du Roi, la Dorothée [3], on trou-

---

une espèce de canevelle trouée, par laquelle ils mettent d'autre poudre, qu'ils enfoncent dans la poudre; puis, ils bouchent bien le trou. Il n'y a donc que le trou de la canevelle, comme le trou du bassinet. Ils mettent de l'argile, et, avec une mèche de soufre, qui leur donne le temps de se retirer, ils mettent le feu.

1. [N., p. 10 :] Les mineurs connoissent où il faut entrer et reculer à merveille.

2. [N., p. 1 :] La principale mine est située près de Lautenthal [et] appelée *Lautenthalsglück,* c'est-à-dire *la Fortune de Lautenthal*.

3. C'est une mine de Clausthal. J'y ai descendu. Elle a 96 *klafters* de profondeur.

ve 4 à 6 onces d'argent par quintal, et 30 à 36 livres de plomb.

A chaque mine du Hartz, on a établi 135 actions, qui ont pour dividende le profit de la mine. Le Souverain, comme seigneur du territoire, a toujours 4 de ces 135 actions dont il ne paye aucune contribution, et dont il retire le dividende dès que la mine commence à gagner.

Un autre profit du Prince est qu'il reçoit le marc d'argent pour 9 à 10 écus, et qu'il le vend à 12 écus. Il prend, de même, le plomb à 2 écus, 2 écus et 1/2, 2 écus 3/4, le quintal, et il le vend 3 écus et 1/2, et jusques à 4 quand le commerce va bien. Il y a ceci de particulier pour Clausthal que le Roi prend la dîme de tous les métaux qui sortent de la terre.

Le dividende de la mine de Lautenthal est de 40 écus de 2 florins, chacun, tous les trois mois, par action. Celui de la mine du Roi, la Dorothée, donne 110 écus de dividende, par action, tous les trois mois[1].

L'administration de ces mines est admirable. Le revenu en est constant, parce que chaque mine a des fonds dans sa caisse. S'il y a un excès sur le dividende ordinaire, on le met dans la caisse. S'il y a moins, la caisse supplée. La Dorothée a dans sa caisse plus de 200,000 écus, et Lauthentalsglück, 120,000. Lorsque quelque mine pauvre est aban-

---

1. [N., p. 1 et 2 :] Le Roi a, à lui seul, dans le district de Clausthal, la principale mine, qui s'appelle *la Dorothée*... Les frais, le profit du Roi et des particuliers montent à 250,000 écus en espèces de 2 florins.

donnée par les actionnaires, on prend de l'argent de ces caisses pour la faire travailler jusqu'à ce qu'on trouve de nouveaux actionnaires [1]. Le Prince garantit cet argent en cas qu'on ne trouve pas d'actionnaires. Le cas n'est pas encore arrivé.

Il y a de ces mines qui ne donnent rien aux actionnaires, et un très grand nombre qui leur coûtent.

Les lieux où l'on fabrique les espèces sont Clausthal et Zellerfeld. On y fait 12,000 écus par semaine : 8,000 à Clausthal ; 4,000 à Zellerfeld ; ce qui revient à environ 624,000 écus, outre les autres métaux et minéraux qu'on en tire. Le tout va à 1 million d'écus ou environ, qui entrent dans le pays ; sans quoi la Basse-Saxe auroit peine à vivre, manquant de bien des choses, surtout de vin. Cet argent est très pur, et la Maison des Brunswicks s'est toujours piquée d'avoir la plus belle monnoye d'Allemagne, ne tirant pas même les droits de fabrication ; ce qui fait que les orfèvres la fondent, et que les états voisins l'enlèvent.

Le Roi tire de ces mines environ 300,000 écus en espèces, de revenu, et le Duc, 70,000.

Il y a, aux villes métalliques, environ 30,000 habitants ; parmi lesquels il y a 4,000 ouvriers qui vivent et les font vivre. Les profits de cette espèce de manufacture se répandent au loin, ceux de Hanovre, de Brunswick et de Wolfenbüttel y ayant part.

Depuis deux cents ans, à Hanovre et en Hongrie,

---

1. [N., p. 3 et 4 :] Les nouveaux actionnaires payent la mine riche peu à peu, par les contributions qu'ils font tous les quartiers.

les salaires des ouvriers n'ont point augmenté, quoique les denrées ayent beaucoup enchéri. Ils sont nés là-dedans et souffrent patiemment leur misère, au lieu que les premiers mineurs ne purent être déterminés à ce travail que par un profit considérable. Ils sont soutenus là-dedans par une espèce d'honneur, s'estimant plus que les autres artisans. Ils peuvent devenir officiers des mines : il y a 30 ou 40 de ces petits officiers, dont chacun peut avoir de 4 à 15 écus par semaine [1]. Ils sont sûrs, d'ailleurs, de ne pas manquer de pain, ni leur famille, quand ils sont vieux ou malades. Il y a une caisse particulière pour les faire vivre, qui est fondée sur 4 pfennings que l'on retient sur le salaire de ceux qui travaillent, à peu près comme ce qu'on retient en France de la paye de nos troupes pour les Invalides.

Un homme, pour huit heures par jour de travail, reçoit, par semaine, 26 gros, qui est 1 florin et 2 kreutzer ou 2/24 de florin. S'ils veulent travailler plus, ils ont plus. Il y en a de laborieux, qui gagnent, par semaine, 2 florins. C'est un avantage de ces mines qu'il n'y a presque point de fêtes dans le pays : une de saint Michel et une de la Vierge.

Les enfants des mineurs commencent à travailler, dès l'âge de neuf, dix à douze ans, à des ouvrages assez pénibles ; comme, par exemple, à séparer le minerai. Ce travail prématuré fait que les hommes y sont petits et mal faits ; et, comme, plus un homme a d'enfants, plus il gagne, le nombre des enfants se

1. [N., p. 10 :] De plus, il y a une certaine fête où le Prince les régale.

multiplie jusqu'à devenir à charge aux mines ; ce qui a fait qu'on a conseillé au Duc de faire entrer dans ses régiments plusieurs jeunes mineurs.

Je quittai Zellerfeld pour aller à Goslar. C'est une petite ville misérable et impériale, qui ne subsiste que par la fabrique d'une espèce de bière très forte, dont il se fait une grande consommation, et que, vu la vertu particulière des eaux, on n'a pu encore bien imiter.

Auprès de là est la fameuse mine de Rammelsberg [1], dont on tire de l'argent, du cuivre et du plomb. On croit qu'elle fut ouverte du temps de Henri-l'Oiseleur, vers l'an 940.

Ce qu'il y a de particulier à cette mine, c'est que le minerai ne s'y trouve pas par veines, comme dans les autres ; mais dans toute la masse de la montagne.

Dans les autres mines, en suivant les veines et tirant le minerai, on a fait des espèces d'allées. Dans celle-ci, où le minerai est partout, on a fait treize salles. On s'est servi des pierres stériles pour en soutenir la voûte.

La mine est excessivement dure ; mais on la rend traitable par le moyen du feu. On l'allume dans ces salles ; la pierre se calcine ; le métal s'amollit. Après quoi, on enlève le minerai avec des pinces, comme on démoliroit une vieille muraille.

Le feu sert encore à assurer la voûte : car la couperose, qui est entre deux pierres, se séchant, for-

---

1. [N., p. 12 :] Le 30, j'allai avec M. Imhof à la mine de Rammelsberg, près de Goslar, qui est une mine de cuivre, d'argent et de plomb.

me un ciment si bon et si fort qu'il n'y a pas de muraille mieux bâtie. J'ai vu sur ma tête des pierres de 10 ou 12 pieds de long, suspendues à faire peur. Dans les salles où l'on ne travaille plus tant, et où l'on fait moins de feu, ces masses se détachent, et il y a quelquefois du péril à y travailler.

Il est arrivé d'étranges accidents dans cette mine. Schreiber dit que, dans le XIIe siècle, 600 ouvriers y furent écrasés. On voit encore aujourd'hui une fente dans la montagne, qui la sépare en deux. Depuis ce temps-là, le travail fut abandonné jusqu'au milieu du XIVe siècle, qu'il fut repris par des particuliers de Goslar.

La salle la plus profonde de la mine est à 120 quelques *(sic) klafters* du lieu par où je suis descendu, qui est presque aux pieds de la montagne. Les anciens ont travaillé au-dessus. Mais on ne peut voir ces salles anciennes : elles sont tombées en ruine.

Le samedi, à midi, on allume le feu dans les salles. Il y a plus ou moins de bûchers selon qu'il y a plus ou moins de minerai à enlever. On met à chaque bûcher, depuis une jusqu'à 3 mesures de bois ; la mesure est un cube de 40 pouces.

Le feu brûle ou fait son opération le samedi, depuis le midi, et tout le dimanche. Le lundi matin, on commence à travailler.

Les ouvriers vivent dans ces espèces de fours toute la semaine[1]. Ils mettent leurs habits sur la pierre et

---

1. [N., p. 14 :] J'y entrai le samedi, et la chaleur étoit encore très grande, quoique le bûcher eût brûlé huit jours auparavant. Que devoit-ce être le lundi ?

couchent dessus, ne sortant, la plupart du temps, que le samedi, au soir, pour aller voir leurs familles.

Ils travaillent tout nus, excepté qu'ils ont un tablier de cuir, où est attaché une espèce de couteau ou strigile, pour ôter la sueur.

De tout ceci, ils ne reçoivent aucune incommodité, et, moi, qui demeurai plus d'une heure dans un four pareil, je ne sentis aucune de ces foiblesses que l'on a dans des lieux moins chauds, et m'y trouvois à peu près aussi bien qu'ailleurs.

Ces ouvriers vivent très longtemps; plus même que ceux du Zellerfeld et autres mines voisines. Ils conservent leur force jusqu'à une grande vieillesse. A 70 ou 80 ans, ils travaillent encore, et, quand j'étois là, on venoit de donner la pension que l'on accorde aux mineurs qui ne peuvent plus servir, à un homme qui y avoit travaillé jusques à 82 ans.

Dans les endroits chauds, on tombe ordinairement en défaillance, parce que l'air trop raréfié n'a pas la force de soulever les poumons[1], et encore parce que, l'air n'ayant pas assez de ressort, il ne donne plus assez de mouvement aux bouts des fibres, pour faciliter le retour du sang des extrémités dans le cœur.

Mais, les mines de cuivre étant pleines de vitriol, il s'en détache par la chaleur beaucoup de parties. L'air en est très chargé: il devient plus pesant. Dailleurs, elles lui rendent son ressort, et il se trouve capable d'entretenir dans le corps la circulation ordinaire.

---

1. Aussi les animaux meurent-ils dans la machine pneumatique.

On tireroit plus de profit de cette montagne, si l'on n'y travailloit avec discrétion, afin d'épargner le bois, qui commence à devenir rare. De façon que, depuis deux ans, on a été obligé de retrancher les deux tiers de l'ouvrage et des ouvriers. Avant cela, le Roi et le Duc en tiroient, chaque année, plus de 80,000 écus courants, tous frais faits.

Depuis la réduction, on ne consomme plus, pour amollir la mine, que 60 mesures de bois tous les samedis.

Cette mine a, en des endroits, de l'argent et du plomb; en d'autres, du cuivre[1]. Chaque quintal de minerai d'argent et plomb donne la quatrième partie d'une once d'argent et 20 à 30 livres de plomb. Mais, quoique le minerai en soit si pauvre, la quantité et la facilité de le détacher fait que le profit en est toujours certain. On n'est pas obligé, d'ailleurs, de mettre cette infinité de bois de charpente pour soutenir l'ouvrage, qu'il faut mettre dans les autres mines pour les soutenir.

On dit au Hartz qu'il n'y a point d'autre mine en Allemagne où l'on travaille par le moyen du feu; mais qu'il y en a en Suède[2].

Au sortir de la mine, j'ai été voir la préparation

---

1. Ces deux espèces de minerai se tirent de la même manière, avec le feu.

2. [N., p. 15:] Il y a une fontaine dans la mine, à une quarantaine de brasses du lieu où nous sommes descendus, qui peut avoir un pouce d'eau. Elle sort au pied de la montagne. Elle est très bonne à boire : elle n'a qu'un goût métallique très léger et presque imperceptible. Elle est située là où la mine est d'argent et de plomb, et à 10 ou 12 brasses du lieu où il y a du cuivre.

que l'on fait sur le minerai que l'on en tire, sur une couche de bois de 30 pieds en carré, et haute de l'épaisseur de 4 bûches mises les unes sur les autres. On met 4,500 quintaux de minerai. On y met le feu, et le bois est bientôt consumé. Mais le feu ne laisse pas de durer de seize à dix-huit semaines : car le soufre brûle toujours. On brûle ainsi le minerai, sans le fondre, pour le séparer de son soufre. Si on ne faisoit pas cette opération, et qu'on fondît d'abord le minerai, l'argent s'en iroit en l'air avec le soufre. Comme le minerai de Neu-Sohl, en Hongrie, ne contient que peu de soufre, on ne fait pas ces préparations-là. Le soufre s'élève, et, trouvant l'air froid, il se condense et retombe dans des trous faits sur la surface supérieure de la masse, où on le va prendre liquide. Les côtés de la masse sont couverts de terre, afin que le soufre monte en haut. Lorsqu'il pleut, il se recueille moins de soufre : la pluie ou l'humidité ayant mouillé le dessus, il se consomme dans le feu ou change de nature. Il y a du soufre qui coule en bas, où il se fige et se durcit comme un bâton ; c'est le plus pur et le meilleur. On fait un second bûcher, comme le premier ; ensuite, un troisième, pour achever l'opération.

On fait fondre le cuivre par les différentes opérations que j'ai décrites dans ma description des mines de Hongrie. Je remarquerai seulement que, dans la dernière, on connoît qu'il est dans le degré de perfection, lorsqu'il n'y paroît rien de jaune, mais que le tout est rouge ; que, lorsqu'il est tombé en bas, dans le fond où il doit être reçu, on le retire en parties et en plaques, en jetant de l'eau tiède par-dessus : car la partie supérieure se congèle et forme une plaque, tandis que l'autre reste liquide ; et ainsi de suite.

Pour tirer l'argent qui est dans le cuivre, on mêle du plomb, qui se charge de l'argent. On met le composé de cuivre, de plomb et d'argent, dans un fourneau. Le plomb, beaucoup plus tôt fondu, tombe en bas avec l'argent, dont il se charge, et le cuivre seul reste dans le fourneau en de lourdes masses. On met, ensuite, le plomb et l'argent dans un autre fourneau. Il est bâti en voûte de brique, et le bas du fourneau est enduit et couvert de cendres de bois dont on a tiré la lessive ou les sels. Sans quoi, ce fondement ne résisteroit pas au feu et deviendroit trop solide. On retire le plomb en forme de litharge, qui n'est que du plomb brûlé, ou bien il se retire dans le fondement des cendres. On connoît qu'il n'y a plus de plomb, lorsqu'on ne voit presque plus dans le fourneau que quelque chose de blanc, et que toutes les autres couleurs se sont évanouies, et qu'on n'aperçoit qu'une espèce de nuage appelé *blick*.

Il y a un lieu dans le fourneau, derrière le mur de devant, qui est une espèce de marche, de degré, où le feu n'est pas. Là s'amasse une espèce particulière de métal ou minéral, appelé *zinc*; lequel, avec le cuivre, fait le métal de prince : c'est la pierre calaminaire non brûlée. On fait sortir peu à peu le zinc qui est à la porte, en y ouvrant un trou, et, comme il dépend de la sagacité de l'ouvrier d'en faire sortir peu ou beaucoup, on lui donne 4 gros par livre, que l'on vend 8 gros. Ce zinc est sonnant : c'est un étain parfait. Il ne résiste pas tant au feu que l'étain. Si vous le fondiez trois fois, vous en gâteriez la substance.

Ce zinc ne se fait que dans les mines de Rammelsberg. On dit qu'on en trouve aussi dans les Indes Orientales; mais les Anglois estiment plus celui-ci. Vous remarquerez qu'il n'y a d'autres mines à Goslar que celles de Rammelsberg.

Le vitriol blanc ne se trouve que dans les seules mines de Rammelsberg. Le bleu et le vert sont très communs; mais le blanc est meilleur pour de certaines teintures[1]. Cela fait que le quintal de vitriol bleu ou vert ne se vend que 3 florins, tandis que le vitriol blanc en vaut 20 : car, comme il ne se fait qu'à Rammelsberg, on en maintient le prix, et, pour cela, on ne le fait que tous les trois ans.

Le vitriol bleu ou vert est une couperose qu'on met dans de l'eau pour en tirer la lessive. On fait bouillir cette lessive dans de grands chaudrons, jusqu'à ce qu'elle prenne une certaine consistance. Après qu'elle a bouilli neuf heures, on la met refroidir dans de grandes futailles de bois. Elle est couverte de longues perches, où l'on attache des pailles ou des roseaux qui entrent dans l'eau. La liqueur, comme toutes les liqueurs salées, se congèle en se refroidissant, s'attache aux roseaux, et se forme en cristaux.

1. [N., p. 24 :] On dit qu'on se sert du vitriol blanc en Angleterre pour blanchir les cheveux pour les perruques; aussi (je crois) pour les teintures.

Le vitriol blanc se fait d'une matière qui se trouve au fond du bûcher où l'on a mis le minerai pour en tirer le soufre, suivant l'opération que j'ai décrite ci-dessus. Elle se trouve à terre, en forme de sable. On en tire le vitriol blanc par le même procédé que l'on employe pour le vitriol vert et bleu.

Voici comment on fabrique le laiton. On met 30 livres de cuivre avec 45 de pierre calaminaire, et on en retire 45 livres de laiton. On le met en tables, en le jetant fondu entre deux pierres dures, séparées par une plaque de fer. On le coupe en carré, de la grandeur qu'il faut pour faire des chaudrons, ou bien on le coupe comme il convient pour le faire passer par les filières.

Il y a à gagner à employer ce métal parce qu'il pèse moins à proportion que le cuivre et est d'un plus grand volume. On fait, dans cette même fabrique, de l'oripeau. Ce sont des feuilles minces, à qui on donne la couleur d'or, en les mettant dans une liqueur qui *(sic)* distille du bois de sapin quand on en fait du charbon.

La pierre calaminaire se trouve de trois manières : on la tire des fourneaux de cuivre, où elle s'attache, n'étant que du métal brûlé ; ou bien on la trouve dans de vieux monceaux d'écume de métal de cuivre, où elle est parce qu'on ne l'employoit point autrefois ; et celle-ci est la seule que l'on employe actuellement à Goslar, que l'on trouve meilleure, parce qu'elle a été longtemps exposée à l'air. Il y en a une troisième, qui est naturelle, et qui se trouve dans la terre auprès d'Aix-la-Chapelle, où la Nature fait là ce qu'ici peut faire l'Art [1].

Je retournai à Lautenthal, pour aller voir la mine de Lautenthalsglück [2]. On en tire les métaux avec la poudre, comme dans la Dorothée. Le métal est argent et plomb.

Lorsque le minerai en est tiré, on le met dans trois fourneaux. Dans le premier, il reste environ douze heures; ce n'est que pour séparer le plus grossier du minerai. Dans le second, il reste de seize à vingt heures; le métal se fond, et on en sépare des écumes de plomb, que l'on envoye à Goslar pour rendre le métal plus fluide. Dans le troisième fourneau, on sépare l'argent du plomb; j'en ai mis ci-dessus le procédé: le plomb entre dans les cendres; par une autre opération, on met le plomb dans un fourneau pour le séparer de la cendre.

On appelle *glætte* la partie la plus friable du plomb, qui est séparée de l'argent, et qui est comme en poussière. On la vend pour les teintures. On peut la remettre, si l'on veut, en plomb.

Les mines du Hartz sont très saines, et l'on ne remarque pas que l'on y abrège ses jours, sinon à quelques mines particulières, comme à celles de Lautenthalsglück, qui a été autrefois travaillée, et qui, ayant été abandonnée, a sous elle des trous

---

1. [N., p. 16:] Je voudrois voir en combien de compositions l'Art fait les effets de la Nature: en faveur des chimistes.
2. [N., p. 28:] J'allai avec Made de Stein et Madle sa fille, Made de Felter et la *frœulein* sa fille, et plusieurs cavaliers, voir à Lautenthal la mine de Lautenthalsglück. Nous y descendîmes. Elle n'est pas perpendiculaire non plus.

souterrains, qui ont été rebouchés, et qu'on ne peut retrouver.

Les seules vieilles mines (j'appelle ainsi celles qui ont été autrefois abandonnées) sont malsaines : la chandelle s'y éteint ; les mineurs y respirent difficilement ; il est surtout dangereux d'y travailler en été. On a des machines pour pomper l'air le plus grossier. Cela ne fait rien ou peu de chose, surtout en été.

Ceux qui périssent de maladies contractées dans ces mines meurent éthiques ou asthmatiques.

Quand je dis que les seules vieilles mines sont malsaines, je ne parle point de celles de vif-argent ou de celles que l'on travaille en Amérique avec du vif-argent : celles-ci sont non seulement malsaines, mais destructrices.

Comme, dans les vieilles mines, les bois qui soutiennent se pourrissent, et qu'en des endroits la mine s'éboule, il se fait des cavités où l'air, qui n'a plus de communication avec l'atmosphère, ou en a peu, devient grossier. De plus, les conduits qu'on avoit faits se bouchent, et les eaux croupissent. On y respire donc un air si grossier que la circulation ne peut bien se faire.

De là, je tire la raison de l'intempérie de la campagne de Rome : c'est que c'est une vieille mine. Comme les faubourgs de Rome s'étendoient dans tout ce pays, il étoit plein de bâtiments. Les voûtes sont encore sous la terre. Il y a des lieux qui se remplissent d'eau dans une saison, qui se corrompt dans une autre. Il y en a d'autres qui sont pleins d'air grossier, et, dans l'été, que l'air extérieur est raréfié, l'air intérieur sort de dessous terre et monte à une certaine hauteur.

Lorsque j'étois à Rome, M. le cardinal de Polignac faisoit creuser en plusieurs endroits pour chercher des statues. Il trouvoit qu'à environ 2 pieds sous terre la Campagne de Rome étoit presque toute pavée de mosaïque. Les bâtiments se sont enfoncés, et il s'est fait des campagnes.

Je crois avoir remarqué que la plupart des villes détruites n'ont été rebâties qu'à environ une lieue où *(sic)* elles étoient autrefois. C'est que quelques habitants échappés ont été grossir le village voisin, et, lorsque eux et les autres habitants ont voulu revenir, ils ont trouvé l'air mauvais.

Ce qui caractérise la maladie de la Campagne de Rome, c'est qu'elle ne se prend que lorsqu'on y dort. J'ai fort demandé si, dans les mines nuisibles, le sommeil augmente le danger. Mais je n'ai pu savoir que personne y ait dormi.

On sait que, dans la veille, les fibres de notre corps ont plus de ressort, et que, dans le sommeil, elles sont plus relâchées. Il suit de là que l'on doit plus transpirer dans le sommeil que dans la veille, et effectivement on transpire beaucoup plus. La communication entre les fluides de notre corps et l'air qui nous environne, est donc plus grande dans le sommeil que dans la veille.

L'action des bains et celle de la térébenthine que l'on rend par les urines, pour s'être tenu dans une

---

1. Mont Testaccio. — Si le fond de ce mont étoit malsain, quel mal ne feroit-il pas?

chambre qui en a été enduite, font voir que, dans notre corps, les fluides se portent de dehors en dedans, comme de dedans en dehors.

On a tort de regarder cet accident comme particulier à la Campagne de Rome. Il y est plus marqué; mais, dans le fond, il est général, et, partout où le chaud, le froid, le brouillard, feront mal à un homme qui veille, ils lui en feroient encore plus s'il dormoit.

Je suis persuadé que, si ceux qui travaillent dans les vieilles mines y couchoient, le sommeil leur seroit pernicieux, et que l'on diroit, comme à Rome : « Il est mort pour avoir dormi dans la mine [1]. »

Dans les vieilles mines, les eaux qui croupissent causent bien de l'incommodité, mais moins que la grossièreté de l'air. Ceux qui y vivent périssent peu à peu; mais ils peuvent être tout d'un coup saisis par une vapeur si grossière qu'elle leur ôtera toutes les fonctions [2]; comme il arrive dans la Grotte du Chien, à Pouzzoles.

J'entends par *les vieilles mines*, non pas celles qui sont les plus anciennes, mais celles qui ont été

---

1. [N., p. 24:] Comme personne n'y a dormi, on ne sait pas si d'y dormir est plus mortel. Mais il est impossible de bien faire cette expérience, puisque la vapeur attaque de même ceux qui ne dorment pas. Voyez page 260, dans le *Coringius,* où Boërgrave explique comment les mouvements intestins (?), dans le sommeil, se font plus laborieusement; d'où il sera aisé de comprendre comment l'air qui est nuisible à la respiration offense plus dans le sommeil.

2. [N., p. 24:] Quand on entre dans cette vapeur, la chandelle s'éteint; l'homme ne peut pas respirer; il mourroit si on ne le retiroit pas...

abandonnées, et qu'on recommence à travailler. Or, indépendamment de la pauvreté du minerai, il peut arriver de bien des manières que les travaux cessent: une invasion, une dispersion des mineurs, la destruction des machines, le feu mis aux bois qui soutiennent la mine (qui souvent suffiroient pour bâtir une ville), produisent cet effet. Si le dommage n'est pas réparé sur-le-champ, les ouvriers qui restent manquant de subsistance, achèvent de se disperser; les terres s'éboulent; les conduits se bouchent; les eaux s'amassent, pourrissent les bois qui restent, et couvrent la mine.

Ce qui faisoit surtout la rareté de l'argent et de l'or en Europe, il y a cinq ou six siècles, c'est que, le gouvernement gothique y étant partout établi et chaque seigneur faisant ses guerres particulières, il étoit presque impossible que le travail des mines pût subsister: car les ouvriers étoient d'abord dispersés ou sollicités à prendre les armes.

A la Chine, où l'on ne veut pas que beaucoup de gens s'assemblent dans un même lieu, il est défendu d'ouvrir les mines: car le premier voleur viendroit solliciter les ouvriers et s'en feroit suivre.

Extraits des Notes autographes de Montesquieu sur les Mines du Hartz.

[PAGE 1:] De Hanovre. — Il faut aller à Zellerfeld, à 6 lieues d'ici, chez M. Imhof. On passe par Goslar, à 4 lieues d'ici, où il y a des mines; mais c'est pour le retour. Je trouverai aussi à Zellerfeld M. Didon, de Hanovre, qui a écrit à M. Schlüter.

....

[PAGE 4 :] Il y a, dans la liste, une mine qui ne donne ni ne dépense, et subsiste par elle-même; c'est *la Grâce-de-Dieu*. Elle donne une once et 1/2 d'argent par quintal et 5o à 6o livres *(sic)* : car la veine de Schulenberg est fort riche en plomb. Mais ceci n'est pas général : car le tout dépend de la facilité qu'il y a à tirer et détacher le minerai.

....

[Page 10 :] De la Dorothée, nous avons été à la Caroline.

....

[PAGE 11 :] Lorsque les trous de déux mines se communiquent, un vent passe. Mais, indépendamment de la plus ou moins grande profondeur relative, le vent entre ou sort indifféremment par un des deux trous. Cela dépend de la direction d'un tel ou tel vent.

....

[PAGE 21 :] Nous allâmes, ensuite, à Goslar, voir le cabinet de minéraux de M. le receveur Schlüter.

On y voit, d'abord, une grande quantité de ces pierres, appelées en Allemand *drüsen*, qui se trouvent dans les mines. Il y en a de très singulières, et qui semblent dénoter une végétation. On les trouve quelquefois dans des trous qu'on découvre dans la pierre; ce qui semble prouver qu'il n'y a pas eu de congélation de matière, mais que le tout s'est fait par intussusception (?); outre qu'il y en a de tirées des mines de fer de Styrie (?), et qui sont blanches, qui sont véritablement comme les plantes ou fleurs d'un parterre. Ce qui fait croire le contraire, et que ce ne sont que des cristallisations, c'est : 1° la régularité de la plupart de ces *drüsen,* dont les branches ont toujours six faces, comme les cristaux ; 2° c'est qu'il y en a dans ce cabinet une qui est venue sur un morceau de bois, où il paroît manifestement une congélation.

LETTRE SUR GÊNES

LETTRE SUR GÊNES

J'arrivai à Gênes, Monsieur, le 9 novembre 1728, et, puisque vous voulez que je continue à vous parler de ce que j'ai remarqué dans mes voyages, je vais vous obéir.

La mer entre dans la terre et fait une espèce d'arc. C'est tout autour de cet arc qu'est situé le faubourg de Saint-Pierre-d'Arène, du côté du couchant, et la ville de Gênes, du côté du levant. On a assez bien fortifié le tout : du côté de la mer, par une muraille, et, du côté de la terre, par des bastions.

La rade de Gênes est très mauvaise, et, pour assurer les vaisseaux, on a fait deux môles. Le Môle-Neuf est du côté du couchant, à la tête de Saint-Pierre-d'Arène; mais il est fort délabré. Au-dessus de ce môle, du côté de la terre, est la Tour de la Lanterne, qui a été bâtie pour les François; de façon que le môle commence à peu près de *(sic)* cette tour, aussi bien qu'une petite jetée, qu'on a faite, il y a environ vingt-cinq ans, dans la mer, pour y mettre une batterie de canons. C'est sous le Môle-Neuf que se tiennent les galères de la République. Au *(sic)* côté opposé est le Môle-Vieux, qui prend son origine du milieu environ de la Ville. Ces deux môles forment ce qu'on appelle *le Port,* qui est un des plus mauvais de la Terre : car la mer entre avec impétuosité par l'ouverture qui est entre ces môles, surtout lorsque le vent du midi et celui de l'est et l'ouest *(sic)* soufflent; d'autant mieux que l'ouverture qui est entre les môles est très grande, que la mer y est très peu profonde, que le fond y est assez mauvais, et que cette ouverture est très exposée ; de façon que les navires chassent sur les ancres, se heurtent les uns contre les autres, et il y a peu d'années que quelque bâtiment ne périsse dans le port.

Comme la mer est moins profonde au Môle-Vieux qu'au Neuf, les Génois viennent de faire une prolongation au Môle-Vieux de 80 pans[1], et l'on remarque que cela fait un très bon effet, et que les vaisseaux sont un peu plus sûrs ; ce qui fait qu'on a dessein de continuer. Mais cela coûte beaucoup : car il faut faire, avec du ciment, une espèce de maçonnerie dans des bateaux faits exprès. On envoye des plongeurs voir et accommoder le lit où doit être assise cette maçonnerie. Ensuite, on la laisse tomber, avec le bateau, dans le lieu convenable, où elle s'enfonce par son propre poids.

Vous savez que le Pays de Gênes a environ 170 milles de long, et 20, 25 à 30 milles de large, et il seroit impossible de défendre ce pays s'il n'étoit couvert de montagnes et de rochers.

Il n'y croît presque point de bled du côté de la mer. Le long de la côte, il y a beaucoup d'oliviers : cet arbre aime l'air de la mer. Depuis que les Génois

1. C'est une mesure moindre d'un pied.

ont perdu un peu de leurs capitaux à Vienne, à Venise, en Espagne, en France, ils commencent à employer leur argent à défricher ces montagnes pelées pour y mettre des oliviers, et, depuis vingt ans, les plantations en sont beaucoup augmentées. L'huile de la Rivière du Ponant est meilleure que celle de la Rivière du Levant. L'huile est précisément la denrée des Génois. La France en tire beaucoup, la Provence ne pouvant suffire pour la consommation du royaume. Ils font encore quelque revenu de leurs citrons et de leurs champignons. Quant au pays qui est plus avant dans la terre, et dans tout le côté du nord, il n'y vient que des chataigniers, et les paysans ne vivent que de chataignes. Cependant, toutes ces collines sont pleines de maisons de paysans, et ce pauvre pays paroît très peuplé. Cela peut venir de ce que les Génois ont la maxime de ne point trop charger d'impôts la campagne; et même les pays où l'on vit de chataignes ne sont-ils *(sic)* pas si mauvais qu'ils le paroissent, et le Limousin, qui est aussi stérile que le Pays génois, et est *(sic)* où l'on ne vit aussi que de chataignes, est plus peuplé qu'aucun autre *(sic)* de France. Comme cette denrée vient sans culture, on n'y appréhende pas le nombre des enfants.

Le plus grand commerce que Gênes fasse, c'est avec l'Espagne, et elle est beaucoup intéressée au retour des flottes et des galions. Son commerce avec le Levant est toujours une chimère. Avec la France, ce n'est qu'un troc de ses huiles et quelques fruits contre des pêches françoises, des indigos et du sucre (quoique celui de Portugal y soit plus estimé), et quelques manufactures. Depuis M. Law, il n'y a plus de change réglé avec la France. Elle fait aussi un grand commerce avec l'Angleterre: car presque [tous] les draps, chapeaux, cuirs et autres manufactures lui viennent d'Angleterre pour sa consommation.

Elle a privé Genève de presque tout son commerce avec le Piémont: car, autrefois, les manufactures d'Angleterre, qui *(sic)* y venoient par Genève, y viennent à présent par Gênes. Ce sont les Genevois eux-mêmes, qui ont été s'établir à Turin et se sont servis de la route de Gênes. D'ailleurs, Gênes tire du Piémont des bœufs, qui s'y engraissent, et des soyes. Elle a bien des manufactures de velours et de damas; mais il faut qu'elle tire la soye du dehors.

La République est infiniment pauvre. Les revenus publics pourroient aller à 6 millions. Mais la plus grande partie est hypothéquée à Saint-Georges, qui, ayant prêté à la République dans ses besoins, en a reçu la plus grande partie de ses revenus en engagement.

Ce Saint-Georges est une banque, où tout le monde porte son argent et le retire sans en recevoir d'intérêt, et cette banque gagne sur l'argent courant. Et le même Saint-Georges est une espèce de mont-de-piété, qui, ayant prêté à la République, et en ayant reçu des fonds en engagement, paye elle-même 2 et 1/2 pour 100 à ceux qui lui ont prêté pour cela.

Les troupes de la République peuvent monter à

4 ou 5,000 hommes, et sa caisse militaire est dans un désordre épouvantable. Elle est mieux défendue par ses montagnes[1], et par l'argent qu'elle donne sans cesse à l'Empereur, qu'elle ne le seroit par ses propres forces. Elle entretient 5 galères, et, lorsqu'elle acquit Finale, elle en désarma une pour faire le fonds pour cela. On voit par là que l'article du traité avec la France, qui l'oblige de ne tenir que 5 galères est très peu onéreux pour cette république.

La ville de Gênes peut avoir 80 à 100,000 âmes.

Ce n'est pas un grand bonheur d'être habitant de cette ville. Premièrement, le Peuple y est accablé de monopoles sur le pain, sur le vin et sur tout le comestible. La République vend ces choses-là elle-même. La punition des crimes y est si mal ordonnée que c'est un moindre malheur d'y avoir tué un homme que d'avoir fraudé un impôt. Il y a 8 ou 900 nobles, qui sont autant de petits souverains. Surtout, ce sont les tribunaux de la Terre les plus iniques. Il n'y a point de ressource contre la puissance d'un noble qui cherche votre bien, votre honneur ou votre vie. Si l'on avoit le malheur d'offenser quelqu'un d'eux, on seroit puni sans miséricorde. Mais la chose est bien différente lorsqu'on tue ou vole un simple citoyen. Cette affreuse différence met le Peuple au désespoir, et je n'ai pas vu un seul Génois qui ne déteste ses souverains. A Venise, au contraire, les Nobles sont aimés du

---

1. [EN MARGE :] Mais le pays se défend presque de lui-même : les défilés des montagnes sont gardés par des forteresses, et les paysans seroient redoutables avec des pierres.

Peuple, qui [a] une bonne opinion de la justice de ceux qui le gouvernent. A Venise, les Nobles commettent quelques injustices à l'égard du trésor public; à Gênes, les injustices sont et contre le public, et contre les particuliers.

Il y a à Gênes des particuliers fort riches; mais, comme la République a souffert qu'ils acquissent des terres dans le Royaume de Naples et l'État de Milan, cela fait que les principales familles deviennent étrangères ou indépendantes : car, dès qu'ils veulent punir un particulier, il leur dit qu'il est sujet de l'Empereur.

Il n'y a pas d'état dans l'Europe qui ait été sujet à tant d'avanies que celui de Gênes, et qui se soit conduit avec tant de bassesse dans les différents démêlés qu'ils *(sic)* ont eus.

Lors de la querelle des Vénitiens avec le Pape, ils déclarèrent que le Pape avoit raison, et que leur république n'avoit pas le droit d'empêcher l'augmentation des biens ecclésiastiques. On sait leur traité avec la France, l'argent qu'ils donnent sans cesse à chaque peur qui leur vient, et, enfin, l'action qu'ils firent lorsqu'ils arrêtèrent le cardinal Albéroni, jusques à ce que les princes même ennemis de ce cardinal les firent rougir et leur firent prendre une délibération contraire.

Il y a toujours quelque noble de Gênes en chemin pour demander pardon à quelque prince des sottises que sa république a faites. Lorsque j'étois à Turin, il y avoit un marquis Mari, qui y étoit envoyé pour satisfaire à un accord fait par la médiation de l'Empereur, à l'occasion de quelques bâtiments d'Oneille que la République avoit fait arrêter, et, de plus, ils avoient fait mettre les matelots en prison, sous prétexte de certaines contrebandes. Le roi de Sardaigne disoit qu'il falloit se plaindre à son agent, et non pas se faire justice soi-même. Le Roi menaça; la République arma de peur et fit quelques levées de Suisses. Mais, aussi incapables de soutenir une affaire que légers à l'entreprendre, prompts à apaiser comme à offenser, ils demandèrent la médiation de l'Empereur, qui jugea qu'ils enverroient un noble pour reconnoître le roi de Sardaigne en cette qualité, ce qu'ils n'avoient point fait jusque-là. Mais lui fit un discours où l'excuse n'étoit contenue que dans des termes généraux. Le Roi le fit attendre très longtemps pour lui donner cette audience, et, enfin, il permit leurs humiliations.

La France traite avec eux presque comme avec des sujets. Lorsque son ministre a quelque proposition à faire, il envoye avertir le secrétaire de la République de passer chez lui. Il *(sic)* prend la proposition, la communique au Sénat, rapporte la délibération ou la donne au secrétaire de France.

Les Génois sont entièrement insociables[1]. Ce caractère vient moins d'une humeur farouche que de leur avarice suprême: car vous ne sauriez croire

---

1. [EN MARGE:] Il y a des gens farouches par timidité; les Génois le sont par avarice. Mais on peut vaincre la timidité, et jamais l'avarice. — Les Génois sont en Italie une tribu particulière de Juifs. — Les Génois sont les seuls Italiens qui n'ont jamais eu aucun goût pour les arts, ni pour les choses bonnes. L'avarice fait cet effet.

à quel point va la parcimonie de ces princes-là. Il n'y a rien dans le monde de si menteur que leurs palais. Vous voyez une maison superbe, et, dedans, une vieille servante qui file. Dans les grandes maisons, si vous voyez un page, c'est qu'il n'y a point de laquais. Les étages d'en bas de ces beaux palais sont des magasins pour leurs marchandises. Jamais lumière n'a éclairé celui qui va dans l'obscurité trouver en haut le maître ou la maîtresse. Là, jusqu'au Doge, tout est marchand. Ils ont des palais, non pas parce qu'ils dépensent, mais parce que le lieu leur fournit du marbre. C'est comme à Angers, où les maisons sont couvertes d'ardoise, parce qu'il n'y a que de l'ardoise. Ils ont pourtant de petites *cassines* le long de la mer, assez jolies. Mais ce qui en fait la beauté, c'est la situation et la mer, qui ne leur coûte rien.

Les Génois d'à présent sont lourds, comme les anciens Liguriens : ils ne se polissent point. Ceux qui ont été dans les pays étrangers, employés dans les affaires, en reviennent aussi génois qu'ils y étoient allés : ce sont des pierres matérielles qui ne se laissent pas tailler.

Je ne dis pas qu'ils n'ayent de la sagacité pour leur commerce : mais c'est une affaire de routine, et, d'ailleurs, l'avarice ouvre les yeux.

Vous ne sauriez croire jusqu'où va la vanité de ces bourgeoises de Gênes ! Elles en ont plus qu'il n'en faudroit pour les têtes de toutes les princesses de la Terre. Elles étoient toujours sur le qui-vive avec la princesse de Modène, qui étoit allée à Gênes pour faire ses couches. Mais elle les accabloit par son esprit et par la grandeur de sa naissance. Cependant, elles vouloient toutes avoir des prétentions avec elle et parloient toujours du cérémonial. Je dis, à cette occasion, que de mettre les marchandes de Gênes au pair avec Mad[e] de Modène, c'étoit mettre les chauves-souris au rang des aigles. Comme M. et Mad[e] de Modène et le prince de Portugal voyoient la comtesse Guicciardini, femme de l'envoyé de l'Empereur, et qui étoit détestée des femmes génoises, cela combloit la mesure de la mésintelligence et causoit dans Gênes une espèce de guerre étrangère, et je suis persuadé que, si Mad[e] de Modène n'avoit pas été de la Maison de France, on l'auroit traitée bien sans façon.

Je ne vous ai pas parlé des sigisbées. C'est la chose la plus ridicule qu'un sot peuple ait pu inventer : ce sont des amoureux sans espérance, des victimes qui sacrifient leur liberté à la dame qu'ils ont choisie. Enfin, après les chevaliers errants, il n'y a rien de si sot qu'un sigisbée. On ne peut s'empêcher de rire en voyant passer une femme dans les rues, dans sa chaise, et un sénateur qui lui conte ses raisons, fait des gestes, et sa *(sic)* souveraine aussi, au milieu de la rue; on ne peut s'empêcher de rire la première fois que l'on voit cela. Le sigisbée ne quitte pas sa dame d'un pas : il est toujours auprès d'elle et à ses ordres; le crime d'indifférence est un crime impardonnable.

Les galères de Gênes ayant pris un petit bâtiment barbaresque, où il y avoit 33 Turcs, la Seigneurie voulut voir ces esclaves et jouir du plaisir de sa victoire. J'allai, ce jour-là, voir le Palais, ne sachant point cela; mais je pensai y être étouffé par plus de 20,000 Génois, qui accouroient à ce spectacle et me portèrent d'un bout de la cour à l'autre. Et, comme ils *(sic)* avoient aussi été chez le Doge, chaque noble les voulut aussi avoir chez lui; de façon que ces misérables ne firent que courir pendant toute une semaine.

Le Palais du Doge comprend aussi les salles où les Conseils s'assemblent. Il s'en faut bien qu'elles soyent aussi belles que celle de Venise. L'une est peinte par Francheschini, de Bologne, et, dans l'autre, il y a trois grands tableaux que Solimène leur a fait à Naples.

Dans le même palais est l'Arsenal, qui est tout ce qu'on peut voir de plus commun en ce genre.

A Saint-Pierre-d'Arène est le jardin du prince Doria, qui est bien petit pour sa réputation. Il est vrai que la situation en est charmante. De là, on voit à plein la Ville, les deux môles, la mer. Au milieu du jardin est une pièce d'eau digne de Versailles: Neptune est au milieu, traîné par trois chevaux marins, et lance son trident, et, tout autour, sont des oiseaux placés sur des tortues, des dauphins, tritons; ils jettent de l'eau.

Au bout du jardin, il y a une terrasse revêtue de marbre blanc. On descendoit autrefois de cette terrasse à la mer, et il y avoit une porte dans le mur qui entoure la Ville, par laquelle on pouvoit descendre dans la mer. Mais la République, à l'occasion de quelque contrebande, à ôté ce privilège au prince Doria, et lui à ôté de même la plupart de ceux qui furent accordés à André Doria et à ses descendants, pour avoir donné la liberté à sa patrie.

Les rues de Gênes sont étroites et obscures. Dans la *Strada-Nuova,* un peu plus large que les autres, sont les plus beaux palais. Il est assez difficile de voir ces palais : ils sont presque toujours démeublés, et, quand le maître sort ou va à la campagne, il emporte (comme le gouverneur de Notre-Dame-de-la-Garde) la clef dans sa poche.

Il y a un très beau pont, bâti aux dépens de la Maison Sauli, qui joint une montagne de la Ville à l'autre, et est bâti sur des maisons, et est d'une prodigieuse hauteur.

L'Église de l'Annonciade est la plus belle de Gênes : elle est d'une assez belle architecture et, d'ailleurs, très riche. Il y a sur le portail, dans le dedans, un bon tableau de Procaccini et deux tableaux de Cortone *(sic),* dans le chœur : celui qui est à droite représente Jésus-Christ qui enseigne les Docteurs. Il est admirable pour l'expression ; mais le peintre a eu la sottise d'habiller les Juifs comme des Turcs, avec un turban, des moustaches et des vestes à la turque, de sorte que, d'abord, on ne sait ce que c'est.

L'Église de Saint-Cyr est assez belle. Le plafond de l'Église est orné de peintures très mauvaises, outre que c'est une grande sottise d'avoir représenté des maisons au ciel, et des gens qu'on y martyrise. Il y a des statues qui sont bien matérielles. La façade n'est point encore faite.

A Saint-Étienne, il y a un beau tableau de Raphaël, qui représente le martyre de ce saint. Le sujet est peint par Raphaël; mais les accessoires ordinaires des tableaux des matyrs, du Père éternel, des Anges et du nuage qui les soutient, sont de Jules Romain. Rien n'est si gracieux que le tout ensemble.

A 3o milles de Gênes, du côté du couchant, est la ville de Savone. Les Génois en ont autrefois détruit le port. Ils y coulèrent à fond des vaisseaux, et il s'est comblé peu à peu, et, à présent, le lieu où étoit le port est terre ferme, est plein de maisons, et fait une partie de la Ville. A côté *(sic)* de l'ouest étoit une bonne partie de la Ville: la Cathédrale et plusieurs églises. Les Génois ont détruit tout cela, et y ont bâti une forteresse, qu'ils gardent avec beaucoup de jalousie. Entre la Ville et le port comblé, il y a une espèce de petit port pour les barques seulement, et encore faut-il faire tous les jours de grandes dépenses pour empêcher qu'il ne se comble. L'ancien port étoit très sûr; il n'étoit exposé qu'au vent du midi: car les côtes le défendoient du côté du nord, de l'est et de l'ouest, et même les vaisseaux pouvoient se mettre à l'abri du vent du midi, parce que la mer entroit dans la terre.

Quand on est sur les lieux, on voit aisément l'impossibilité de rétablir cet ancien port, et le projet de M. de Saint-Olon, qui vouloit que le Roi prit Savone, est entièrement chimérique, aussi bien que la crainte des Génois et leur jalousie sur cette ville: car il n'auroit pas été question de rétablir, il auroit fallu créer, et, quand le Roi auroit eu Savone, après les premières dépenses, il lui en auroit fallu de très grandes pour le garder.

Près de Savone, du côté de l'ouest, est Vado, qui est une rade très sûre et n'est exposée qu'au vent du midi, et encore, comme la mer y est très profonde, et que le fond y est très bon, les vaisseaux y sont-ils toujours en sûreté. Il n'y a point d'exemple qu'il s'y soit perdu de vaisseaux. Les flottes de toutes les nations s'y retiroient souvent dans les dernières guerres.

A 15 milles de Savone, toujours vers l'ouest, est Finale. C'est une plage où aucun vaisseau ne peut aborder, ni même une barque. Il faut que les vaisseaux se retirent dès qu'ils ont jeté leur monde avec leurs chaloupes : car ils sont là exposés à tous les vents. Les rois d'Espagne avoient très bien fortifié Finale, et il y avoit de très bons forts à La Marine, qui est le lieu qui est sur la côte, et au Bourg, qui est un village éloigné de La Marine d'un mille. Ces fortifications ne subsistent plus.

Les Génois, qui ont très bien fait d'acheter Finale, ont aussi très bien fait de le démolir, tant pour ôter à l'Empereur ou au roi d'Espagne l'envie de le ravoir, que pour s'épargner une garnison qui est au-dessus de leurs forces. Sous Philippe V, il y avoit 2,000 hommes de garnison ; 1,200 hommes, sous l'Empereur ; et les Génois n'y ont que 50 hommes, dans deux petits ouvrages qu'ils ont gardés[1]. Pour

---

1. [EN MARGE :] Il y a tel noble génois qui se fait descendre de Charlemagne ou de ses neveux, et cela froidement. Les (?), mais c'étoit des bourgeois, qui ont été connus à cause des guerres intestines de chaque ville d'Italie ; au lieu que les autres bourgeois vivoient en paix.

cela, l'Empereur n'a mal fait que de le vendre à si bon marché. Finale étoit bon au roi d'Espagne pour communiquer avec le Milanois, et il ne pouvoit être utile à l'Empereur que pour communiquer par mer avec le Royaume de Naples. Mais la communication par terre est si aisée, et il est si fort maître de prendre son passage par Saint-Pierre-d'Arène, suivant la condition de la vente, qu'il n'étoit pas nécessaire qu'il perdît là une grosse garnison.

Le marquisat peut avoir 15,000 habitants, et ce que les Génois en tirent peut aller à 150,000 livres. Ils l'ont acheté 1,200,000 piastres; mais ils ont eu une partie de l'artillerie.

Un vice-consul de France m'a dit qu'il se faisoit dans le marquisat 36,000 barils d'huile; ce que j'ai de la peine à croire.

FLORENCE

FLORENCE

I

GALERIE DU GRAND-DUC

Ce sont deux galeries d'une très grande longueur, jointes par une galerie courte, qui est au bout et les joint à angles droits [1]. Il y a une espèce de cour ou place entre les deux galeries, qui leur donne un grand jour. Là sont les bustes et statues antiques. A côté et tout le long sont diverses chambres où sont conservées diverses curiosités différentes, avec un grand ordre.

Il y a, dans la Galerie, une suite de bustes en marbre d'Empereurs et d'Impératrices, qui est (je crois) presque unique; et, pour ne se point tromper, lorsqu'on a baptisé chaque buste, on s'est réglé par les médailles qui ont le même visage et le nom. Cette suite d'Empereurs finit à Gallien, et il y a 12 bustes qui manquent jusqu'à lui. Le 1er est Pescennius Niger; le 2d est Macrin; le 3e est Maximin et son fils Julius

---

1. [EN MARGE :] L'architecture est de Georges Vasari, d'ordre dorique, faite du temps de Cosme Ier, grand-duc. Elle est contiguë au Vieux-Palais.

Verus Maximinus, qu'il déclara César, et fut *(sic)* tué avec lui, les deux Gordien ayant été élus par le Sénat; le jeune Gordien, le fils, manque; Balbin est le 6ᵉ qui manque; le 3ᵉ Gordien, neveu du 1ᵉʳ, est le 7ᵉ; le jeune Philippe est le 8ᵉ; Ostiliano *(sic)*, la *(sic)* 9ᵉ; Gallus, la *(sic)* 10ᵉ; Émilien, le 11ᵉ; Valérien, père de Gallien (qui finit la suite), est le 12ᵉ. Il ne faut pas se fier aux titres des autres sur la ressemblance des médailles, depuis Gallien jusques à Constantin, dont on a la suite, et encore moins de ceux qui suivent. Vous voyez que la plupart de ceux qui manquent ont eu des règnes courts.

Il y a du plaisir de voir dans cette suite le temps de la décadence de la sculpture et l'affoiblissement insensible qui se fit à cet égard. Il semble que cela commence à paroître à Didius Julien. Le buste de sa femme Julia *(sic)* Scantilla est assez bon; mais les draperies sont bien moins fines, et cet *indusium* qui couvre le sein, et qui est fin comme du linge même dans les bustes précédents, est tout à fait grossier. Sa chevelure est mal mise; il sembloit que les femmes mêmes ne connussent plus l'art de se coiffer avec grâce: elle ressemble à une perruque d'abbé. De même, *Didia Clara*, fille de Didius Julien. Sa chevelure est comme une perruque un peu plus longue.

Dans le buste de Diadumenianus, fils de Julien *(sic)*, on sent aussi déchoir la sculpture. — Voir.

Héliogabale n'est point si bien travaillé: il y a moins d'art dans ses cheveux [1].

---

1. [EN MARGE :] A revoir.

Alexandre Sévère, encore moins bien : pour faire la barbe, ils ont fait grossièrement des trous dans le visage ; ses oreilles sont très grossièrement faites.

Sa mère *Mammée* est aussi d'une pauvre sculpture. — Voir *Mammée.*

Julia Mœsa est sans art : il semble que le trou de ses oreilles entre dans sa cervelle.

Le vieux Gordien a une barbe faite avec aussi peu d'art qu'*Alexandre Sévère.* Celle de *Dèce* est d'un mauvais tour. *Herennius,* encore pis. *Volusien* est une tête plus que commune. Pour lors, on ne trouve plus d'art, plus d'air de tête, et on trouve ce droit et cette roideur du gothique.

Enfin, la suite finit à Gallien.

Il y a encore quelques statues d'Empereurs qui viennent après la suite. On voit un *Constantin* entièrement et totalement gothique. Il a un diadème de perles ; ce qui convient bien à ce qu'en dit Julien dans ses *Césars.* On a donné le nom de Gallien à une tête qui est très bonne ; ce qui fait manifestement voir que ce n'est pas un *Gallien.*

Cela me fait croire que la manière gothique ne vient point des Goths et autres peuples du Nord : ils ne l'introduisirent point, mais ils la confirmèrent, en faisant régner l'ignorance.

Il y a apparence qu'à mesure que les Chrétiens se provignèrent, on acheta moins de statues ; de même que Pline dit à Trajan qu'on n'achetoit plus de victimes. Ce nombre innombrable d'ouvriers qui étoit à Rome ne fut plus occupé. Plus d'émulation ! Les ouvriers ne travaillèrent plus que pour gagner leur vie, et travaillèrent à la hâte. Il n'y eut plus des gens qui eussent une certaine éducation, qui se mêlassent des arts. Le long séjour des Empereurs dans les provinces fit encore tomber cette école de Rome, où le bon goût régnoit plus que pas *(sic)* dans les provinces [1].

On peut surtout juger de l'antiquité d'une statue par les cheveux, la barbe et les oreilles. Les Anciens avoient une industrie singulière à faire ces parties. Les oreilles toujours découvertes attiroient leur attention, et ils y donnoient ce tour que nous pouvons si difficilement attraper : comme on le peut voir dans les portraits que les historiens nous ont laissés, comme Suétone.

On le connoît encore bien dans les plis et la finesse des draperies. Les anciens sculpteurs les faisoient nombreux, légers, pour faire paroître le nu. Dans la suite, ils les firent boudinés, grossiers et sans art.

De plus, les Anciens possédoient mieux que nous l'art de donner une certaine mollesse et rondeur aux parties : on ne voyoit rien d'aigu dans les membres des femmes ou des hommes jeunes et vigoureux.

Je dirai, en passant, que le goût d'architecture gothique n'est, non plus que la sculpture, un goût du pays dont venoient ces peuples, qui certainement ne menèrent point d'ouvriers avec eux. C'est

1. [EN MARGE :] On comprendra ce qui est arrivé à Rome par ce qui est arrivé à Florence, où, depuis Jean de Bologne et Francavilla, la sculpture étoit entièrement tombée (comme il paroît par les ouvrages qu'on voit à Florence, de ce temps-là), jusques à ce que le Grand-Duc envoya Foggini et autres jeunes gens à Rome.

le goût de l'ignorance. Lorsqu'on ne connoît pas les véritables beautés, on s'imagine d'abord que la multiplicité des ornements donnera de la grâce, et que la beauté augmentera à proportion du nombre des choses qui composeront le tout. Ainsi les gens du peuple assommeroient une jeune mariée sous les ornements, s'ils pouvoient y fournir par la dépense. Ainsi les femmes et les enfants aiment-ils les colifichets. Il n'y a que les beaux génies qui soyent d'abord capables du grand simple.

Ces bustes d'Empereurs et d'Impératrices ont entre eux toutes sortes de statues et de groupes grecs et romains d'une grande beauté.

On voit la différence du goût grec et du goût romain, les statues grecques étant plus ordinairement nues; ce qui vient de ce que les Grecs représentoient ordinairement leurs Dieux et les représentoient nus [1]. Car quels habits leur donner? Les Romains représentoient plus souvent leurs magistrats et leurs empereurs; ce qui fait qu'ils les habilloient comme ils les voyoient. D'ailleurs les Grecs voyoient sans cesse des hommes nus dans leurs jeux. Mais, dans les commencements de la République, il n'étoit guère question de ces jeux, où l'on combattoit nu; ce qui fit un goût différent.

Les statues grecques sont toutes représentées avec de la barbe. Les romaines, non, jusqu'à l'empereur Hadrien, qui, ayant reçu une blessure au visage dans une bataille en Afrique, se laissa croître la barbe

---

1. [EN MARGE :] De Piles a dit cela avant moi.

pour cacher cette difformité. Que s'il y a des bustes de Néron avec très peu de barbe, ce pouvoit être une fantaisie de ce prince chagrin et peu sensé (dit Bianchi) [1].

Toutes ces impératrices sont différemment coiffées, soit que la mode changeât sous différents règnes, soit que chacune se coiffât à l'air de son visage : car ce sont des coiffures en (?) cheveux qu'on peut faire d'une infinité de sortes, et ne sont pas comme les nôtres, qui sont faites par des ouvriers. Je crois qu'il faudra bien remarquer la différence de toutes ces coiffures. L'abbé Nadal, qui a écrit là-dessus, auroit bien fait de consulter les statues, et non pas les auteurs.

Il n'y a rien de si admirable que la finesse des draperies grecques et romaines. Il y a des habits longs romains qui semblent voler : ils sont pleins de plis légers, et la robe remonte ou se met sous le bras avec les contours du monde les plus naturels. On voit tous les membres d'un consul dans une robe qui l'entoure de tous côtés.

On voit, dans les antiques, la nature presque toujours imitée. Les femmes, sveltes par en haut, plus grosses par les hanches. Les hommes, au contraire, puissants par en haut et sveltes par en bas.

C'est avec bien de la discrétion qu'il faut donner le nom à une statue. Bianchi (car les cicérons *(sic)* des diverses galeries se détruisent tous) dit qu'à Rome,

---

1. Il faut mettre : « C'étoit une trace du dérèglement de ce prince, qui déshonoroit son sexe, et qui s'étoit même marié avec un de ses affranchis. »

lorsqu'ils voyent un homme sans barbe, grave, c'est un consul; avec une grande barbe, un philosophe; un jeune garçon, un Antinoüs [1].

Les têtes des statues grecques sont ordinairement petites. Cela a plus de grâce, les grosses têtes étant un signe de stupidité ou grossièreté. Lysippe remarqua qu'il faut faire la tête petite; il vouloit qu'on la diminuât plus que ne portent les proportions ordinaires de l'art.

D'ailleurs, coiffures de cheveux, long col des statues grecques et romaines.

Il paroît que les Romains n'allèrent jamais si loin en sculpture que les Grecs. Lors de la prise de Corinthe, les Romains n'entendoient rien dans cet art, comme il paroît par l'ignorance du consul qui dit à ceux chargés de porter les admirables ouvrages de cette ville que, s'ils les cassoient, il leur en feroit rendre d'autres. Aussi ce ne fut que peu à peu que les Romains s'y rendirent habiles, et peut-être que le règne d'Auguste ne fut pas celui où les Romains allèrent au dernier degré où ils ayent été, et que les sculpteurs étoient encore meilleurs du temps de Trajan et d'Hadrien.

Voyez page [47], ce que j'ai dit sur les petites figures antiques, où généralement il paroît beaucoup d'ignorance ou de négligence de l'art. C'est que c'étoient des choses faites pour la dévotion du peuple, aussi

---

1. [EN MARGE :] En Italie, les diverses galeries se disputent les têtes comme les églises se disputent les reliques.

Ils se disputent les têtes des Empereurs comme les églises et les monastères se disputent les têtes des saints.

généralement mal travaillées que nos images. Mais, quand ces petits morceaux représentent quelque grand homme, héros ou héroïne, elles *(sic)* sont estimées (?); non, quand elles sont sur un sujet idéal.

Il y a quelques statues que les connoisseurs ont établies pour l'exemple et pour la règle, chacune dans leur espèce : *la Vénus de Médicis, le petit Faune, le Paysan qui écoute* et *les Lutteurs* (ces quatre pièces sont chez le duc de Florence), et (à Rome) *l'Apollon du Belvédère, l'Hercule Farnèse, le Laocoon*. Et ces statues ne sauroient être assez regardées : car c'est sur elles que les Modernes ont établi les proportions, et elles nous ont presque rendu l'art.

J'ai été voir la Galerie avec mon sculpteur, après l'avoir vue tant de fois avec Bianchi.

Pourvu qu'on ait une tête antique, il est facile de lui mettre un buste, et la plupart des statues de la Galerie de Florence ont été raccommodées par Foggini et par d'autres avant lui. Souvent il n'y a pas la moitié du groupe ou statue qui soit antique. Le prince Ferdinand faisoit beaucoup travailler à cela ce Foggini.

Le clair-obscur doit être mis dans les cheveux; c'est-à-dire qu'il faut qu'il y ait de grandes masses dans le commencement de la racine; qu'ensuite elles viennent en pointe, et que là on mette des ombres par des trous, rayes et enfoncements. C'est ainsi que sont faits les cheveux de l'*Antinoüs* qui est dans la Galerie, et ceux des deux bustes d'Hadrien, et que le cavalier Bernin a bien imité dans un buste d'une de ses écolières ou maîtresses qui est dans la Galerie.

Et il ne faut pas que l'on commence, dès la racine des pelotons, à faire des rayes et des trous pour des obscurités. C'est ce qu'ont suivi nos modernes, et il me semble qu'ayant trouvé impossible d'imiter cet art suprême des Grecs, d'imiter la chevelure humaine et la frisure des cheveux, ils se sont jetés dans le clair-obscur, comme une beauté plus imitable. Souvent la ligature même des cheveux fait l'effet du clair-obscur : exemple, dans *Sabina*, femme d'Hadrien. Les cheveux ne doivent donc pas être accompagnés de la masse d'obscur dès leur naissance, à moins que ce ne soit des cheveux qui tombent sur les épaules, parce qu'ils portent toujours avec eux une grande masse de clair dans le milieu. Il ne faut pas que les masses des cheveux soient trop égales, comme au *Soldat* qui est dans le fond de la Galerie. Sa barbe forme des boucles rondes et si égales qu'il semble qu'on l'a voulu faire exprès. Dans les fameux bustes de *(sic)*, qui sont dans la Galerie, celui de Sénèque, de Cicéron et de Caligula, on voit bien de l'art dans les cheveux et la barbe, mais non pas ces masses de clair-obscur. Il faudra observer des chevelures et barbes grecques, et quel art il y a, à cet égard-là, dans le fameux *Sanglier* de la Galerie. Les soyes commencent à être divisées et sans masses dès la racine ; ce qui vient de leur rigidité. Mais il est vrai qu'elles font ensemble des masses séparées, et qui ont des ombres entre elles.

Remarquez que vous ne trouvez point dans les têtes de Cicéron, de Marc Agrippa, de Sénèque, cet art du clair-obscur dans les cheveux que les

Modernes trouvent dans les bustes d'Hadrien et de l'*Antinoüs*. Dans *Cicéron* et *Sénèque,* les cheveux et la barbe sont à peine marqués, mais avec beaucoup d'art. Dans *Marc Agrippa,* les cheveux sont très bien faits, mais d'une autre manière et un peu plus confuse. Et, dans quelques têtes grecques, comme *Sophocle,* il y a bien des masses; mais elles ne sont pas dans la manière d'aujourd'hui : les ordres de masses étant plus confuses et d'une manière qui (me semble) approche plus de la vérité exacte et est plus inimitable. Enfin, ces cheveux grecs me paroissent plus mols.

Dans les antiques, les plis qui collent la *(sic)* chair sont souvent dans un même ordre, sans qu'un domine plus que l'autre. Il n'y a aucun pli descendant ou montant qui s'élève plus que l'autre; ce qui les rend secs, disent nos modernes. Nos sculpteurs d'à présent en font de plus relevés les uns que les autres [1]; ce qui rend la draperie et les plis plus riches.

Il me semble que nos modernes ne pouvant attraper la finesse des draperies des antiques, ont eu raison de changer de méthode : car ils auroient fait une draperie toute d'une venue, sans aucune utilité; on n'auroit pas vu le nu, et on n'auroit pas vu une draperie agréable.

Il me semble que les Anciens regardoient avec raison les plis et draperies comme accessoires et ne songeoient qu'à faire voir le nu. Il semble que nos modernes en ayent fait le principal.

---

1. Comme dit de Piles, ils ont imité en cela les peintres et se sont gâtés : car il faut de petits plis dans la sculpture.

Il me semble qu'il y a un grand avantage de faire voir le nu sous les draperies : car on peut donner plus aisément à sa figure une attitude qui ne soit pas dure ni droite. Ainsi, dans l'*Auguste* de la Galerie,
5 on voit tout son flanc sous sa robe, fait de manière que la statue paroît posée dans une bonne attitude, et non pas trop droite, d'une position dure.

Il faut bien prendre garde dans cette Galerie : car on a bien des fois raccommodé ces antiques, qui
10 sont comme le *Palladium, ex ossibus factum ;* de façon que souvent, dans une statue, il n'y a que le torse ou la tête d'antique ; ce qui peut induire en erreur. Il y a même des bustes qu'on donne là pour antiques, et qui pourroient bien ne l'être point. Ce
15 sont des mystères de la Galerie.

J'avoue que nos modernes ont fait de plus grands plis que les Anciens, mais ces plis n'ont pas si bien accompagné les membres, et j'avoue que je ne sache rien de si désagréable, dans une statue, que
20 des plis trop séparés du corps. Dans le naturel, vous voyez bien distinctement la différence du corps et des habits. Dans la peinture, vous le voyez encore par les couleurs des draperies. Mais, dans la sculpture, où le même marbre fait la figure et les draperies,
25 vous ne pouvez bien faire sentir la différence qu'il y a de l'un à l'autre qu'en montrant tous les deux à la fois, l'un à travers de l'autre. Mais quand vous ne montrez que les draperies, vous ne montrez qu'une masse de pierre. Quand je vois une statue d'un évêque
30 en chape, il me semble que sa chape fait partie de son corps, et je dirai que cet habillement et celui de

quelques moines n'est pas favorable aux sculpteurs, qui ne devroient jamais en vêtir leurs figures.

Au commencement de la Galerie, il y a deux statues assises : ce sont deux statues sépulcrales, et elles se trouvent ailleurs de même. Il paroît à l'air que l'une est *Felicitas*, et l'autre, *Securitas*. Il y en a une assise dans un fauteuil long et fait à peu près comme nos verrues. Ces statues représentent parfaitement chacune leur attribut moral. — Légèreté des draperies.

Au milieu est un groupe d'*Hercule qui abat le Centaure*. On voit dans Hercule des muscles puissants, mais moins que ceux de *l'Hercule Farnèse*. Il met sa main sur la tête et une autre sur un bras du Centaure, qui souffre une contraction générale dans tous ses membres. Sa queue est roide. Il semble qu'il soit dans une attitude qui le disloque. Il est à demi abattu sous ses quatre jambes, et il n'y en a qu'une qui le soutient encore. Sa peau se replie dans sa longueur sous le poitrail. Il porte sa main [1] contre celle d'Hercule, sans la prendre ; ce qui est un signe de douleur et de foiblesse : il semble qu'incapable de se défendre il ne fasse que sentir sa douleur.

Le peu d'effort d'Hercule [2] et l'impossibilité où le Centaure paroît être de se défendre a peut-être donné à Raphaël l'idée, dans son fameux tableau où il fait combattre saint Michel avec le Diable, de ne

---

[1]. Elle est moderne ; mais cette attitude est bien, et c'étoit apparemment l'ancienne.

[2]. Je me suis trompé à *(sic)* cela : car Hercule a une attention dans le visage, qui marque de l'effort.

donner aucun effort à l'Ange, qui, d'un coup de pied et sans toucher le Diable, le terrasse, comme par une vertu invisible.

On voit le buste de Sapho. Elle ouvre un peu la bouche, et l'on voit le bout de ses dents, qui, plus blanches, semblent être d'un autre marbre. Elle a une espèce de diadème, marque peut-être de divinité : car ce ne peut être un attribut royal. — Il faut voir si les femmes grecques se coiffoient ordinairement de même.

César est représenté effectivement sans cheveux sous *(sic)* les tempes. Cette tête ne me paroit pas bien belle. — On lui a mis un trop grand buste pour sa tête. — Le buste est moderne, comme il y en a plusieurs qu'on a ajustés sur des têtes antiques.

Buste d'Auguste. — Les cheveux lui tombent sur le front, comme à Antinoüs.

Outre le buste d'Auguste, il y en *(sic)* a une grande statue. Il harangue au (le) Sénat et tient d'une main son papier roulé. Les bras sont nus, et il en avance un. Légèreté des plis de sa robe. Il semble qu'il y a deux robes. Celle de dessous les plis descend sur les jambes et remonte, pour passer du côté droit sur le bras gauche, où elle descend par derrière jusqu'à terre. La robe de dessus vient des épaules, et, sans couvrir le dos, un côté descend à droite au-dessous du genou, et remonte sur l'épaule gauche, et tombe à terre ; l'autre côté, qui est à gauche, passe sur l'épaule gauche et va se fourrer (?) dans le contour qu'a fait, sous le ventre, l'autre partie de cette espèce de manteau. Comme cette robe se replie, il y a un contour ovale de quelques plis admirable *(sic)*, et ils ne sont point trop ronds dans le lieu où ils sont pliés davantage. Comme cette robe n'est fendue nulle part, on croit qu'elle se mettoit comme une jupe de femme.

Les bustes de Cicéron, et de Sénèque, et de Marc Agrippa, avec ceux d'Hadrien, dont nous parlerons, sont les plus estimés des connoisseurs. Ces trois premières têtes, outre l'expression, ont un art qu'il est très difficile d'imiter. On en sentira encore mieux la beauté, en les comparant avec la tête de Claudius, qui n'a point ce tour qui plaît, qui est plate, mal tournée et sans art.

Matrona Romana. — *Il suo abito è nero, di marmo-basalte.* La tête, les mains et les pieds sont de marbre blanc, qui sont postiches. Le voile qui couvre la tête est encore de basalte, et l'on y a rapporté la tête dedans. — Ce basalte est un marbre d'Égypte, couleur de plomb.

Léda. — Elle a la gorge et la poitrine découverte jusqu'au genou *(sic)* et une espèce d'*indusium*, qui lui descend du bas de l'épaule gauche et laisse voir toute la droite; de façon que tout le bras droit est découvert. Les deux bouts de cette espèce de manteau passent sur le bras gauche, et, au-dessous, sort un cygne qu'elle tient par la main. Cette chemise est légère comme du linge, et le nu est marqué, surtout ses fesses. Vous diriez que les draperies sont d'un autre marbre que le nu. Sa posture, un peu accroupie, est un signe de honte. Elle baisse un peu la tête et présente sa main à ses tetons. Elle a une noble

pudeur; elle n'ose regarder son cygne, qui la regarde amoureusement. Ses cheveux sont arrêtés par une espèce de diadème étroit, qui étoit (je crois) la coiffure grecque. Elle est dans une pondération juste. Ses membres sont d'une rondeur admirable : vous diriez que c'est de la chair. Elle est svelte et dégagée.
— C'est une très belle statue : plis beaux, en petit nombre; les membres paroissent.

Tibère. — Cette tête pourroit bien n'être pas de son temps et être un peu moderne.

Une grande statue de Marc-Aurèle jeune, avec un ornement impérial, qui, sans prendre les bras, va, du côté droit du col, envelopper le bras gauche et tombe. De la main gauche, il tient le globe du Monde, et, de l'autre, une espèce de sceptre. Il est couronné de lauriers, le corps nu; les contours sont nobles, et il paroît dans les membres une fraîcheur et une rondeur admirable.

Un *Lutteur,* qui regarde avec plaisir un vase qui est le prix de sa victoire. — Rondeur dans les membres. Les muscles des bras sont un peu plus marqués depuis le coude. Très bonne statue.

Caligula. — Bonne tête.

Celle de Claude n'est pas bonne.

Agrippina.

Il y a quelques bustes hors de la suite, dans une pièce à côté. Il y a un buste du feu Grand-Duc, de Montacuti. Il a fait une perruque, non un visage ou un buste, tant le visage est enfoncé dans la coiffure.

Une *Bacchante.* — Un tigre auprès d'elle. Elle lui

met la main sur la tête. Elle marche et semble se mouvoir. Le pied de devant, qui n'appuye que des doigts, et celui de derrière, qui se lève, semblent être en mouvement. Le vent ou l'air agité fait aller ses habits en arrière, et ils plaquent sur le devant de ses cuisses. Ses bras sont admirables.

Buste de Néron, une Méduse sur la poitrine, imité dans plusieurs bustes de ses successeurs : il semble que les Empereurs voulussent se rendre formidables[1].

Galba a sur sa poitrine une tête double; apparemment c'est Janus.

Une *Bacchante*. — Il me semble que le contraste de ses bras, étendus, l'un, en haut et, l'autre, en bas, et *(sic)* de façon qu'il est trop contraste *(sic)*, c'est-à-dire trop affecté.

Vestale. — Elle a une tunique qui tombe sur les talons, par-dessus un autre habit, qui ne joint point en devant *(sic)*, mais se relève et se plie de droite à gauche et va passer sur le bras gauche, qui en est couvert. Une ceinture lie ces deux habits immédiatement sous les épaules et forme mieux la rondeur du sein, qu'il semble que l'on voye nu sous l'habit. Elle a, à côté droit *(sic)*, le feu sacré; une tasse à la main gauche. Ses cheveux sont arrêtés par un bandeau, et son voile laisse voir les cheveux et le bandeau. Le diadème est donc un ornement sacré.

Mercure appuyé contre un tronc d'arbre, avec son bonnet ou *petasus*.

1. [EN MARGE :] Les auteurs le disent de certains : de Caligula, par exemple, et de Commode ou Caracalla (je crois).

Othon, avec son *galerius* ou fausse perruque; le visage délicat, comme celui d'une femme.

Le *Bacchus* de Michel-Ange est parmi ces statues antiques et ne cède à aucune. L'ivresse y est admirablement exprimée. Beauté des contours. Il est droit; mais on sent la peine qu'il a à se soutenir. Ce ne sont point ces attitudes violentes qui mettent un homme en l'air, comme le font voir les peintres flamands : un Dieu ne doit pas tomber. Il est appuyé sur un petit Faune, aussi ivre, qui est lui-même appuyé sur un tronc. — C'est ce *Bacchus* que Michel-Ange fit enterrer, lui ayant auparavant cassé une main, pour faire une pièce à Raphaël.

Bérénice. — Elle étoit là inconnue; le père de Montfaucon, passant à Florence, la baptisa et fit voir une médaille où elle est de même. Le Grand-Duc a cette médaille, m'a dit le sieur Bianchi. Elle a beaucoup de cheveux, et ils sont artistement arrangés dessous et dessus son bandeau royal. Cependant ce n'est pas cette reine d'Égypte Bérénice dont les cheveux furent changés en une constellation. Les rois et reines d'Orient ont tous le diadème. Il paroît que Monime pouvoit bien s'en servir pour s'étrangler.

Censor romanus. — C'est la gravité même.

Julie, femme de Tite. — Coiffure de cheveux très haute.

Une statue d'un jeune homme penché, qui se retourne et regarde vers le ciel. Un chien est derrière lui, qui regarde aussi vers le ciel et jappe; ce qui fait voir que c'est Endymion, qui regarde la Lune.

Une *Bacchante couronnée de lierre*. — Des raisins dans la main; un tyrse de l'autre.

Domitia. — Elle a un voile sur ses cheveux. Son front paroît presque en triangle : car ces cheveux se reculent, et font une pointe au milieu, et tombent jusque sur les sourcils au *(sic)* côté.

Nerva a l'air d'un bon prince.

Matidia.

Plautina, femme de Trajan. — Elle pria (?) les Dieux.

Une statue d'un homme nu, sans aucuns attributs particuliers. Lorsqu'on en trouve de telles, on juge que c'est un *Génie*, et il y a raison pour cela, parce qu'on en trouve de tels dans les médailles. Mais, d'ailleurs, si cela n'étoit pas ainsi, l'ignorance le demanderoit de même.

Une autre *Vénus*, comme celle *de Médicis*. Le torse, antique; et les jambes ont été faites par Foggini. Il y a une troisième statue de même dans la Galerie, et toutes trois, dans les mêmes attitudes; ce qui fait voir que c'étoit une manière particulière pour représenter la honte matronale. En effet, elle fait tout ce que peut faire une femme nue pour se couvrir : s'accroupit; met une main en bas; l'autre à son sein.

Nerva et *Trajan*. — Bonnes physionomies.

Hadrien est le premier empereur qui ait de la barbe [1].

Mars. — De marbre noir d'Égypte, appelé *basalte*.

---

1. [EN MARGE :] Il y a deux têtes (bustes) d'Hadrien dans cette Galerie, et toutes deux admirables. Beaux airs de tête. *Capelli e barba dolci al principio, e poi ritrovati.*

Les contours me paroissent ondoyants, incertains et grossiers. Tient d'un côté une épée où il n'y a que la poignée : point de garde, mais des branches; et le doigt index passe par-dessus. Les autres doigts sont à la poignée; de façon qu'elle se tenoit différemment de la nôtre. Il tient de l'autre main un bouclier. La poignée est toute grossière.

L'Apollon qui se repose. — Il est assis et paroît fatigué. Il a un pied sur une tortue. Son carquois pend à l'arbre sur lequel il s'appuye. Il tient d'une main son arc; la flûte, de l'autre.

Une *Vestale,* et, vis-à-vis d'elle, *Antinoüs.* — Il a la tête un peu penchée : signe pour le reconnoître. Ses cheveux tombent sur son front et en couvrent une partie. Je croirois que les Anciens, qui parlent sans cesse d'un petit front, n'ont jamais voulu parler d'un front qui n'eût point de hauteur : ce qui feroit paroître un crâne étroit ou le haut de la tête trop grand et disproportionné; mais qu'ils ont voulu parler d'un front sur le haut duquel les cheveux tombent, comme ceux d'Antinoüs : « *Et nigros angusta fronte capillos*[1]. » Cet *Antinoüs* est une des plus belles têtes de la Galerie.

Prométhée. — Torse très beau. Il élève un bras et un doigt en haut. Sa tête est élevée et tournée un peu de l'autre côté. Il s'appuye sur un tronc, encore de l'autre. Tout cela pour la pondération. Il tient un

---

1. [EN MARGE :] Et, en effet, le front de Pan est excessivement étroit. Il *(sic)* est camus; défaut que les Anciens haïssoient beaucoup : témoin le *Pan* antique qui est dans la chambre que Bianchi s'est réservée pour son étude, dans la Galerie de Florence. — Voyez page 53.

flambeau à la main. Ses cheveux tombent sur le devant de ses épaules avec tendresse. Tout est proportionné. Il est svelte. Beauté, et grandeur, et noblesse des contours. Sa tête est (je crois) moderne.

Le jeune Faune masqué qui dérobe les raisins de Bacchus. — Bacchus lui ôte le masque et le découvre. Le petit Faune lui embrasse les genoux. Attributs.

Lucius Verus et *Lucilla*. — Têtes rares. Autres...

Mars et Vénus. — Mars veut s'en aller. Vénus le retient. Elle a au bras le *cestus*. C'est cette divine ceinture qu'Homère décrit si bien. Il me semble que la raison pourquoi les sculpteurs n'ont pas voulu la mettre autour du corps, c'est qu'ils n'ont point voulu couvrir et rompre le nu de cette partie ; ce qui auroit empêché de voir la beauté du dessin.

Bacchus et Faune. — Bacchus, orné de lierre, s'appuye sur le petit Faune. Il semble lui demander de le suivre, et le Faune, lui demander de rester. Il a une peau de bélier. Au bas est sa flûte, qui, au lieu de sept tuyaux, en a dix ; ce qui pourroit bien venir de l'ignorance de l'ouvrier. La chaussure de Bacchus est singulière : ce sont des espèces de brodequins ; une jarretière sous le gras de la jambe, et, dessous la jarretière, quatre figures de tête de bélier.

Ensuite la Galerie retourne en équerre une vingtaine de pas, et on voit sur ce bout :

Sabina, femme d'Hadrien. — Les ligatures de ses cheveux tiennent lieu d'obscurités, et les cheveux, même liés, de grands clairs.

Plus, une statue d'une fille, élève ou maîtresse du cavalier Bernin.

Une ébauche d'un buste de Brutus, avec ces vers :

*Dum Bruti effigiem sculptor de marmore finxit,
In mentem sceleris venit et abstinuit.*

L'inscription dit que ce sculpteur étoit Michel-Ange.

Un petit *Annius Verus*.

Un *Dieu Pan* affreux : des grimaces; *hirsuta barba*.

Deux trophées ou deux colonnes carrées, où sont exprimées en bas-relief toutes les armes dont on se servoit.

Très grand buste d'Hadrien. — Très beau.

Grande Statue étrusque. — C'est un *Magistrat* en robe longue, qui harangue le Peuple. Elle est en bronze. Sa robe est moins étendue que celle des magistrats romains; mais elle se relève sur le bras comme la leur. C'est une bonne sculpture. Il y a des lettres étrusques qui ne se peuvent entendre, et l'attitude et l'air d'un homme qui harangue sont très bien exprimés.

Une *Muse*, avec une robe qui lui descend jusqu'en bas. Aujourd'hui, on feroit moins de plis.

Une statue du moyen empire, où l'on voit le mauvais goût commencer : car les lettres latines sont, dans l'inscription, mêlées avec des lettres grecques.

La *Vénus qui se tire une épine du pied*. — Elle est assise, et s'appuye d'une main, et porte son pied sur son genou. On voit qu'elle souffre, et elle va pleurer. Corps grec et svelte. Elle a une épaule un peu contrainte (?).

La Chimère, en bronze.

Ganymède, une grande aigle à son côté, qui, avec une aile lui couvre une fesse et le regarde amoureusement. Ganymède lui montre un aiglon. Les plumes de l'aigle s'élèvent. Les cheveux du garçon sont admirablement bien bouclés.

Un joli groupe : *l'Amour caresse Psyché,* qui le serre de ses bras. L'Amour lui passe une main derrière la tête, et, de l'autre, il lui touche la joue. Psyché paroît languir d'amour. Cupidon est plus animé. Psyché a ses ailes de papillon.

Un bel *Apollon* de marbre.

Un bel *Apollon* en bronze, avec un piédestal orné d'un beau bas-relief de Ghiberti, le même qui a fait la belle porte de Saint-Jean. Il y a la même légèreté. Un côté représente un sacrifice à Bacchus. Il y a un feu sur un bûcher très bien représenté, aussi bien que la résistance de la victime qu'on conduit. Dans l'autre, on voit Ariane traînée par des tigres; une Bacchante la couronne. Feuillages et pampres très bien faits.

Une *Muse, un papier à la main.* — La draperie en est admirable.

Un *Alexandre mourant.* — On voit qu'il avoit le visage beau; il étoit assez plein. C'est un buste admirable et un des plus beaux de la Galerie.

Un *Buste inconnu.* — C'est sans doute quelque roi d'Asie. Il a au-dessus du front cinq rangs ou boucles de cheveux. Derrière sa tête, ses longs cheveux sont tournés en forme de couronne, et entre cette couronne et les cheveux du dessus de la tête est un

enfoncement de séparation, comme si c'étoit le lieu où il mît son diadème. Il n'y en a pourtant point.
— C'est un buste des plus beaux de la Galerie.

Là commence la seconde aile de la Galerie. Non seulement les bustes, mais aussi les statues qu'on a mis dans cette partie de la Galerie ne sont pas de la force de celles *(sic)* de l'autre aile.

Le Satyre Marsyas, attaché par les bras à un arbre et écorché. — Ses bras sont trop petits et trop grêles; le reste paroît bien proportionné. L'expression n'est pas vraye : il semble que c'est une espèce de rire. On a bien vu des gladiateurs blessés sous les aisselles rire; mais c'est un accident peu ordinaire.

Un *Scrinarius,* en grand. — Sa robe est un peu moins ample que celle des consuls. Il y a, à côté de lui, une espèce de coffre fait comme un boisseau, où ils *(sic)* mettoient leurs papiers. Il tient un papier à la main gauche, un peu déroulé, et il indique, de l'autre main, l'endroit cherché.

Le jeune *Commode,* sans barbe.

Crispine, sa femme, assez laide. Le devant de ses cheveux est comme une perruque d'abbé.

Un *Pertinax,* dont la barbe n'est pas encore finie, tant il régna peu. — Les médailles et statues de ces empereurs *(sic)* doivent être très rares. Par exemple, les statues de Didius Julien et de sa famille pourroient bien n'être qu'ébauchées, tant elles sont mal faites, et tant cette famille subsista peu. — Voir cela.

Le buste de Pertinax. — Assez bon.

Didia Clara, fille de Didius Julien.

Statue d'Esculape, avec un serpent autour du bâton où il s'appuye, et des herbes dans la main. — Sa tête et ses cheveux sont liés par un cordon, un peu au-dessus du front.

Une statue assise : *Venere genitrice*. — Elle tient l'Amour naissant sur un bras, et lui montre, de l'autre, son arc. L'Amour lui tend les bras.

Consul loquens.

Julianus.

Manlia Scantilla, sa femme. — Buste assez bon.

Albinus. — Tête rare, d'albâtre oriental.

Un *Roi de Phrygie*, avec ses longs cheveux. — *Paludamento reale ha soprà il braccio; la fibula, soprà il petto, con un elefante dentro; il scettro alla mano; il petto nudo al mezzo;* et les culottes ont des jours par lesquel on voit la peau. Il est presque tout moderne : les cuisses, les jambes, la tête. Il n'y a que son torse et une épaule d'antique.

Narcisse, qui se regarde avec attention et amour dans une fontaine. Pondération et équilibre : la main droite étant en avant, la gauche se porte derrière.

Septimius Severus. — C'est un buste qui n'est pas rare. La position de sa tête est dure. Ses cheveux moins bien faits que ceux des premiers temps; mais assez bons.

Julia Severina. — Son col, contre les règles, est plus grêle en bas qu'en haut. Ses cheveux sont un peu mieux que ceux des deux ou trois bustes précédents.

Julia Severi (sic)[1]. — *Bona testa*.

1. [EN MARGE :] Savoir si ces deux Julies ne sont qu'une.

Plautilla. — Tête charmante. Arrangement admirable de ses cheveux. *Bellissima testa.*

Caracalla. — *Bella testa.*

Una Vittoria. — *La corona tiene d'una mano; la palma, d'una altra.* Belle ligature, *che arricchiscono il fianco e non lo guastano.*

Un *Philosophe*.

Un *Diadumenianus, figlio di Juliano* (sic).

Un *Soldat*, un genou à terre ; un bouclier au bras gauche, comme s'il paroit les coups ; un javelot de l'autre, qu'il va lancer ; une peau autour des épaules ; le milieu nu ; un vêtement léger commence aux hanches.

Vénus qui sort de la mer, la conche d'une main ; et, de l'autre, elle se cache. — Elle n'a pas l'air assez délicat.

Héliogabale.

Sa femme *Julia Aquilia Severia.*

Alexandre Sévère. — Oreilles mal dessinées.

Mammée.

Un *Assistant aux Sacrifices*. — Ils *(sic)* se nommoient *camilli*. Son habit descend jusqu'aux genoux et ses mains en sont enveloppées.

Apollon qui joue de la lyre, le serpent Python à ses pieds.

Le vieux Gordien.

Julia Mœsa, qui fit élire Héliogabale. — L'art tombe. Il semble que les oreilles entrent dans le cerveau.

Un *Antiochus Evergète*, buste. — Mauvais cheveux ; mauvaises oreilles.

Dea Salus, le serpent à la main ; *una patera*, de

l'autre, pour le lait pour nourrir le serpent. Ce n'est pas une bonne statue. La position de sa tête est dure; ses cuisses sont petites.

La *Diane*, son chien à côté gauche *(sic)*, tient d'une main son arc et prend une flèche derrière son carquois, de l'autre. Mais il semble que cette attitude n'est pas bien naturelle, mais exprime plutôt une imitation. Ce n'est pas une belle statue. La position de sa tête est dure. La plus grande partie du corps, les cuisses et les pieds sont modernes.

Un *Giove fulminante*. — La poitrine découverte; le reste couvert d'un long habit, qui se replie sur le bras; ce qui doit (me semble) faire penser que c'est une statue romaine, et non grecque. Cette statue n'est pas des bonnes.

Un *Faune*. — Il a la peau de bélier; des raisins à la main. *Coronatus hedera cum baccis.* Beau torse antique. La tête et la moitié des cuisses en sont modernes.

Juno. — Le sceptre à la main; la main droite élevée; une tasse, à l'autre; une couronne ou un diadème à la tête; un habit long; col aussi long. Ce n'est pas grand chose. La position de la tête est dure; la plus grande partie des plis tombent à plomb.

Hercule jeune. — Muscles puissants. Faute grossière de lui avoir déjà mis la massue à la main; il tient une pomme de l'autre main. Cette statue est bonne.

Tête de L. *(sic)* Philippe.

Orientalis Rex, cum diademate.

Decius. — Mauvais tour de tête; cheveux faits à la moderne.

Une très belle tête inconnue.

Une autre *Vénus* dans l'attitude de celle *de Médicis*. — Belle statue.

Bacchus assis. — Il a un tigre aux pieds; des raisins à la main. Très belle statue. — Belle statue.

Quintus Herennius. — Cheveux à la manière moderne.

Auprès de là est une tête inconnue, dont les cheveux sont très bien faits.

Volusianus. — Tête plus que commune.

Minerve. — La navette à une main. *Galeam in capite habet; supra serpens, erecto capite; vestem habet talarem.* La position en est dure et droite.

Après les trois Déesses vient un beau *Paris*, qui montre la pomme. Ce *Paris* est une belle statue.

On voit ensuite deux statues à qui on a donné le nom de *Gallien*. L'un *(sic)* est le vrai et est une tête très mauvaise. L'autre n'est point un *Gallien*, et il est aisé de sentir la différence et de la physionomie, et encore plus de la manière : car c'est une très bonne tête; les cheveux, bien touchés et hardiment.

Constantin. — Très mauvaise tête.

Ébauche de Michel-Ange. — On voit qu'il commençoit par la figure, avant d'aller aux ornements. On voit un très grand nombre d'ébauches de Michel-Ange, et plus qu'à un autre sculpteur. Outre qu'il étoit accablé d'ouvrage, c'est que ce grand génie sentoit d'abord le défaut du marbre ou de la proportion et le laissoit. Mais on doit les respecter comme ces vers que Virgile n'a point finis.

Un bellissimo Baccho *di Sansovino.* — *Un Satiro*

l'appoggia; tiene l'uva d'una mano; dell'altra, il ciato alto, e lo riguarda con gusto.

Le Laocoon. — Copie par Bandinelli. Il y a mis un peu du sien.

Le fameux *Sanglier*, fier et tranquille. — On me dit que le Roi en a une copie.

Dell'altra parte, un Gladiatore *o* Soldato, *l'asta in mano, che va percuotere.* — Défaut en la barbe, qui est en masses rondes et si égales qu'il semble qu'on les ait faites ainsi exprès.

Il y a une salle où l'on trouve six statues bien fameuses, placées en rond au milieu de la pièce.

1° *La Vénus de Médicis.* — Cette statue étoit rompue en bien des endroits : au milieu du corps, aux pieds, aux jambes, aux cuisses. Bandinelli raccommoda ce chef-d'œuvre environ en 1600, et on peut dire qu'elle paroît n'avoir jamais été rompue. Il y a un dauphin, sur lequel jouèrent (?) deux petits Amours, qui sont prodigieusement disproportionnés avec le dauphin, tant ils sont petits, et, d'ailleurs, ils sont très mal dessinés. Il y en a un dont la carrure des lombes est si grande qu'il est presque aussi large que long.

Ainsi il n'est pas possible que le même ouvrier ait fait la statue et les ornements. Celui qui a fait l'un, n'a jamais pu faire l'autre, et il est aussi impossible que celui qui a fait la Vénus ait fait les Amours, qu'il l'est que celui qui a fait les Amours ait fait la Vénus. S'il n'y avoit que de la disproportion entre les figures, on pourroit regarder cela comme un défaut d'exactitude que les plus grands hommes peuvent avoir; mais des fautes grossières du dessin ne sont point faites par des ouvriers incomparables. C'est donc un apprenti qui a fait ces accessoires, et j'en ai trouvé la preuve dans la même chambre. Il y a un petit *Morphée* qui dort sur un oreiller. Rien n'est plus parfait que ses petites cuisses et tout ce petit corps; mais il y a auprès de lui un papillon qui est très mal fait.

Elle *(sic)* a les oreilles percées. Ses cheveux ont été dorés; ce qui fait croire qu'elle a été adorée dans quelque temple. La tradition est que saint Grégoire la fit briser. C'est (je crois) la tradition de la Galerie. On m'y a dit que Lucien parle d'une *Vénus* qui est de même. Enfin, cette statue est non pas le modèle de Vénus, mais de la beauté, et la décrire, c'est dire comme une femme doit être, et comme on la doit représenter.

Son front est petit, ni trop plat, ni trop rond. Ses yeux, ni trop enfoncés, ni trop peu, bien fendus. Une tête, petite. Les joues, fraîches et fermes. La partie qui joint l'oreille, admirable. L'oreille, médiocre et bien tournée. La bouche, aussi grande qu'il le faut pour être proportionnée avec les lèvres. Le col, s'élargissant doucement de la tête aux épaules, et qui paroît flexible. Épaules belles, mais moins larges que celles d'un homme. Ses bras, ronds et qui se joignent au bras *(sic)* par degrés; ils paroissent d'une chair ferme. Ses mains, longues et comme de chair. Tetons, séparés, ni trop bas, ni trop haut. Cuisses, admirables : elles s'élèvent un peu du pénil et ensuite diminuent peu à peu au genou. Son jarret est tendu. Mais surtout le derrière est admirable : vous croyez que c'est de la chair. Un peu plus haut que les fesses [1], vous voyez sur l'os un petit enfoncement, comme pour leur donner naissance. On sait son attitude : elle porte une main sur ses tetons et l'autre à sa partie, et est un peu accroupie, comme pour se cacher autant qu'elle le peut dans l'état où elle est.

Auprès de *la Vénus de Médicis* est *la Venere vincitrice col pomo* ou *la Vénus du Belvédère*. Elle a le ventre plus relevé, plus ferme et moins foulé, plus frais que celui de *la Vénus de Médicis,* qui paroît être un peu plus fané et céder un peu, non pas tomber comme s'il avoit été moulu. Mais le derrière est très mal fait et est plat. La draperie n'en est pas faite avec l'art et la légèreté ordinaire aux Grecs. Sa tête, ses bras, ses pieds, sont modernes et ont été faits par Hercule Ferrata, et avec beaucoup d'art, et d'une manière qui ne l'a point dégradée.

La troisième *Vénus* est *la Vénus céleste*. Elle a un bandeau ou diadème, sur lequel il paroît qu'il y avoit autrefois des pierres précieuses.

Revenant (?) à *la Vénus de Médicis*. Comme elle sert de règle, et que ce qui est semblable dans les proportions à cette statue est bien, et que ce qui s'en écarte est mal, on ne sauroit trop la décrire et la remarquer.

Par derrière, au-dessus des fesses, il y a, à chaque côté, deux petits enfoncements, et un au milieu, qui

---

1. [EN MARGE :] Voyez Félibien, lorsqu'il traite de la beauté des parties.

vient de la raye du dos ; puis, deux petites éminences ; et, enfin, l'enfoncement qui va sous le coccys. Les fesses sont rondes, et, à côté de chacune, il y a un petit enfoncement pour plus marquer la rondeur des fesses. Les fesses, en bas, retournent court, et, quand elles se sont unies à la cuisse, il y a une nouvelle petite élévation ; puis, un petit enfoncement insensible pour une nouvelle petite élévation.

Le col est long et partagé par un petit enfoncement transversal au milieu, qui fait deux petites élévations. Ses tetons séparés tournent court pour s'unir en bas. Après le petit enfoncement transversal formé par les tetons, il se fait une élévation, aussi transversale, qui finit un peu au-dessus du nombril ou à la ceinture. Cette élévation est partagée de haut en bas, comme les tetons, mais d'une manière insensible. Au-dessous du nombril, il semble se former un angle non-pointu, comme opposé à celui du pénil ; de manière qu'il se forme comme une espèce de losange. Il y a, dans le nombril même, une marque insensible d'un nouveau partage transversal. Au côté *(sic)*, vers les lombes, il y a deux enfoncements insensibles. Au-dessus de la motte, il y a trois rayes [1] ; les deux dernières sont (approchent de) plus près et près *(sic)* de la motte ; laquelle motte forme comme la pointe d'un triangle. Là les cuisses s'élèvent, pour diminuer ensuite jusques au genou, avant de s'y attacher. Il y a un petit enfoncement ; puis, une petite élévation ; puis, un enfoncement pour le

1. Il n'y en *(sic)* a qu'une seule raye transversale depuis le nombril jusqu'à la motte de *Vénus victorieuse*.

mollet. Les pieds sont petits et charnus. Enfin, la proportion est admirable.

Le petit Faune. — Sa tête est de Michel-Ange, et ses bras, aussi ; mais la statue en est devenue plus admirable aux connoisseurs, tant le moderne s'ajuste avec l'antique par la couleur du marbre, par l'air, par le tout ensemble et l'harmonie. Il [a] aux mains deux instruments ronds et enfoncés en dedans, appelés *crotalum*, qu'on faisoit battre, l'un contre l'autre, en dansant ; ce qui pressoit l'air. On m'a dit que les Turcs s'en servoient encore. Il danse. Il a un pied sur un *crupetius*, instrument qui est comme une espèce de soufflet et étoit lié au pied, dont le mouvement le faisoit hausser et baisser ; ce qui donnoit quelque son. Il tenoit au pied comme une sandale, et un autre ligament prenoit depuis. Ce ligament transversal passoit entre deux doigts et s'alloit attacher au bout de l'instrument ; de façon qu'en levant le cou du pied on faisoit lever la table supérieure de l'instrument.

Les muscles du *petit Faune* sont fort ressentis. On lui voit des creux et enfoncements sous les clavicules. Une raye très marquée va du col au nombril. Le devant de sa poitrine est élevé de muscles. On y voit trois grandes séparations transversales : l'une, sous le sein ; l'autre, sous le nombril ; l'autre, sous le pénil. Entre celle du nombril et du pénil, il y a plusieurs autres séparations et muscles ressentis ; à quoi contribue encore son attitude penchée. Un enfoncement entoure en long l'os du genou. Un autre va le long du dedans de la cuisse, qui semble être séparée en deux muscles. Enfin, tout le muscle du mollet semble être séparé de l'os de la jambe. Du bas du pénil, il y a une séparation qui monte le long de la ceinture et des lombes et va comme descendre le long de la fesse et se terminer au bout du dos. A côté de chaque fesse, il y a un enfoncement fort ressenti. Ce marbre paroît de chair endurcie. Il est l'exemple pour les muscles grossiers et confus.

Le Paysan qui, en aiguisant son couteau, écoute une conjuration. — Statue admirable pour l'expression. Il y en a une très belle copie sur l'escalier de la terrasse de Versailles. On m'a dit ici qu'elle avoit été faite par Foggini, aussi bien que celle du *Bacchus* de Michel-Ange et du *Sanglier* de cette galerie.

Les Lutteurs. — Douleur du vaincu. Il a un genou plié, qui lui vient jusqu'à la clavicule. Tout son corps porte sur ce genou et sa jambe pliés, et la chair, pressée entre la cuisse et la jambe pliés, se retire à côté, en une espèce de bourlet. Le vainqueur, qui est dessus lui, lui tient le bras, qu'il lui retire en arrière, et, ayant appuyé son genou contre, le lui a cassé et tourné à contre-sens. Ce qui fait dire à quelques uns que cette attitude n'est pas naturelle. Effectivement, elle est très violente. Le vainqueur lui a passé sa jambe entre la cuisse et a pris son pied avec le sien; ce qui l'a fait tomber et lui fait plier le genou. Le vaincu s'appuye tout le corps sur sa main, qui paroît disloquée à l'endroit qui la joint au bras. Les muscles dans ce groupe sont très ressentis; ce qui vient en grande partie de la violence de l'action et de la grandeur de l'effort. Le visage du vainqueur n'a aucune marque de colère ou de fureur; mais on y voit de la force et de cet effort que font toutes les autres parties de son corps. Ce sont deux jeunes hommes robustes, puissants, très bien proportionnés.

Outre les six statues qui sont au milieu de cette pièce, il y en a tout autour d'autres plus petites, comme le petit *Morphée* dont nous avons parlé; un autre petit *Morphée,* admirable pour l'expression. Il dort et est couché sur un lion. Ses membres paroissent affaissés et ne point se porter eux-mêmes. Il a des ailes au dos et aux oreilles: image des songes qui volent...; des pavots et un lézard auprès de lui.

Un *Silène,* en petit. — Il a un air de gaieté et d'assoupissement. Son corps semble plein de vin. Il a un vase à une main, et, de l'autre, il s'appuye sur des raisins. La barbe et les cheveux en sont admirables. Il est long d'environ 2 pieds. Un libertin pourroit dire que les hommes se sont joués un mauvais tour en renonçant au Paganisme.

Deux petits enfants: l'un qui présente, l'autre qui demande quelque chose. On appelle ces enfants des *Génies de Bacchus.* La tête du premier est trop grosse.

Un petit *Bacchus* qui cueille des raisins et tient la patère. Son attitude et l'expression de sa joye sont admirables. Le pied de vigne est très bien fait.

Deux statues d'albâtre, sur chacune desquelles il y a un *Enfant qui dort.* Il y en a un qui s'appuye sur son genou; mais l'attitude, telle qu'elle est, paroît impossible, parce que la cuisse, en se levant, ne peut faire un pli pareil.

Le petit Hercule qui combat contre les Serpents.

— Efforts de l'enfant. Son corps est puissant ; sa poitrine est large, et, à la différence des autres enfants, sa tête n'est pas disproportionnée : non qu'elle soit petite ; mais le corps est encore plus gros. Il en *(sic)* étouffe un de chaque main.

Un petit *Génie de Bacchus*. — C'est la représentation de quelque enfant qui n'a point de signe particulier. Je ne sais pourquoi on leur donne ce nom.

Le petit *Britannicus* en habit de dictateur, de marbre-basalte. — Il tient un papier à la main.

En haut, je n'ai mis que les choses plus en petit principales.

Le Lion qui dévore le Cheval. — Image de Carthage et de Rome. Attitude admirable. Le lion le tient embrassé et le plie de manière que ses deux jambes sont à côté, sans mouvement. Le lion a une jambe entre les siennes. Il le dévore, et l'on voit sur le col de longues traces des morsures. Il est à Rome, en grand, *in Campidoglio*.

La fameuse tête de Tibère (non de César, comme dit Misson), d'une turquoise. Elle est plus grosse que le poing. Le dessus de la tête est grisâtre ; c'est que cet endroit est la mine de la turquoise, au lieu que la turquoise est bleue.

Un *Orphée* en bronze, qui joue d'un instrument à peu près fait comme notre violon. — Adisson en parle.

Il y a encore des bustes d'Empereurs et Impératrices en marbre, de moyenne grandeur, comme Domitia, Domitien, Galba et autres.

Une petite figure de pâte grise inconnue, à qui on fait l'honneur de donner le nom d'*Apollon*, parce qu'elle représente un jeune homme, et qu'elle a quelques cheveux.

Une petite *Vénus* moderne, en porphyre, qui tient un petit Amour. C'est une *Vénus* hollandoise, tant elle est grosse.

Un petit buste de Cléopâtre. Un air charmant; mais sa bouche et ses lèvres sont trop grosses.

Un *Cupidon* penché en arrière, qui tire son arc. Son pied recule aussi pour la pondération.

Esculape. — Toujours en robe longue, le sein découvert; ce qui ne me paroît pas être particulier à Esculape, mais très commun aux statues grecques. Son serpent.

Deux beaux *Satyres*.

Une *Cybèle* assise, sa tour sur sa tête, ses lions au côté.

Une tête antique, qu'on appelle *Bacchus* sans le savoir.

Un *Néron* enfant; un *Marc-Aurèle,* aussi enfant. — Il y a une infinité de copies de l'un et de l'autre, *in marmo, gesso o bronzo.*

Un buste de Platon. — L'inscription qui l'intitule ainsi est grecque et antique.

Mater Deum, avec plusieurs figures de Dieux sur sa robe.

J'ai passé un très grand nombre de pièces de bronze, marbre, compositions, cristal de roche, surtout de petits antiques. Sur quoi, il faut remarquer que, quand ces petits morceaux représentent quelque prince, ou héros, ou héroïne, elles *(sic)* sont très estimées. Ainsi il y a une *Domitia,* de cristal de roche, qui est d'un grand prix. Mais, quand ce sont des choses idéales, on en fait beaucoup moins de cas. Toutes ces petites statues, surtout en bronze, sont ordinairement mal travaillées. On les faisoit pour la dévotion du peuple. Ainsi elles étoient à peu près de la force de nos images. Aussi tout ce que j'ai vu là en ce genre est fait sans art. Il y a, par exemple, une *Dea Salus* dont le bras est presque long comme tout le corps.

La même chambre est pleine de tableaux des plus grands maîtres. Il y a deux *Vierges* de Raphaël, de la première et de la seconde manière, et un *saint Jean*, de la troisième manière, admirable. J'avoue que les deux premiers tableaux ne m'ont pas fait grand plaisir, et que je les croirois volontiers d'un élève de Raphaël. On m'a dit qu'il y avoit une copie du *saint Jean*, une, à Rome, l'autre, à Cologne, l'autre, chez M. d'Orléans, qui fut portée en France par la reine Catherine.

Un beau crucifix de Michel-Ange. — Deux Anges à côté qui pleurent. La Vierge, d'un côté, avec un air assuré : *Stabat*. Saint Jean, qui ne sait pas le mystère, est dans la douleur. Comme les mêmes nerfs des mains ne sont pas probablement piqués, la contraction des mêmes doigts ne doit pas se faire; ce que Michel-Ange a pratiqué avec jugement.

Une *sainte Famille*, du même. — Beauté du dessin, mais coloris trop rouge pour la chair; d'ailleurs, *vaghezza*.

Deux tableaux du Titien. — Une *Vénus* admirable; elle est couchée nue; vous croyez voir la chair et le corps même. Une *Vierge*, du même ; mais c'est la même personne qu'il a peint *(sic)*.

Une *Vierge*, du Corrège, qui tient l'Enfant. — Une autre *Vierge*, qui l'adore. — Grandes bouches du Corrège.

Deux tableaux du Parmesan. — On y voit les mêmes airs de tête, des cols longs et pointus, et les mêmes physionomies.

Deux tableaux de Paul Véronèse. — J'y ai remarqué des physionomies de son fameux tableau de *la Cène*, à Venise.

Deux tableaux admirables du Bassan : l'un, sa *Famille*, qui l'écoute lire ; l'autre, *le riche Épulon de l'Évangile*.

Un beau *Massacre des Enfants*, de Gaudence.

Un *Raphaël* (?) peint par Léonard de Vinci.

Une *Cléopâtre*, qui se fait piquer, du Guide, et une *Vierge*, du Guido *(sic)*, et une *Vierge*, du même.

Un beau tableau d'Allori, Florentin. — C'est un miracle d'un saint, qui allant au martyre, la barque s'arrête.

Des copies en miniature de plusieurs des tableaux susdits, par un moine.

Un tableau de *(sic)* Guerchin, *da Cento*.

Quelques tableaux flamands, dont le jour est tiré d'une lumière d'une chandelle.

Et quelques autres que je passe ici.

Il y a une chambre[1] où sont tous les portraits des

---

1. [AU-DESSUS :] *Suite de la Galerie et autres Choses de Florence.*

peintres peints par eux-mêmes. A un côté *(sic)* sont les peintres florentins et romains; à un autre, les vénitiens; à un autre, les ultramontains. Le cardinal Léopold de Médicis commença le recueil. Sa statue y est, et M. de Newton, envoyé d'Angleterre, fit ce distique qu'on y lit:

Hic Leopoldus : adhuc statua non dignior alter,
Nec stetit ulla prius nobiliore loco.

On voit là les différentes manières des peintres, quoiqu'à dire la vérité il est plus difficile d'en juger que par leurs autres ouvrages, parce que l'échantillon est trop petit. La manière d'un peintre paroît beaucoup moins dans une figure que dans une grande ordonnance, parce qu'il y a plus de choses à comparer. Je parle d'un peintre qui fait des histoires, non d'un peintre à portrait, comme Rigaud, Holbein, Van Dyck. Il me semble qu'on y voit un peu le génie des nations. Les François s'y sont mis un peu à leur avantage : ils sont ajustés et se sont donné de belles robes, qui, là, ne leur coûtoient rien. Mais souvent les Italiens se sont peints en laid, avec un air singulier, et n'ont pensé qu'à exprimer leur vivacité et leur génie. Les Flamands, Hollandois, Allemands, sont graves. Il y a, en grand, un Jésuite à demi couché : Simon Pozzi; il semble qu'il veuille tenir (occuper) toute la chambre. Ils ont le Bourguignon, autre Jésuite (je crois), fameux pour les batailles; mais il tient dans ses propres bornes.

Les François qui sont là sont de Troy, Rigaud, Coypel, Lebrun, Vivien, Nanteuil. Le Poussin et Mignard leur manquent.

Ils n'ont pu trouver le portrait de Michel-Ange, du Corrège.

Les peintres flamands et hollandois, qui peignoient en petit, avoient coutume de mettre dans le portait un tableau avec des figures en petit, qu'ils sembloient présenter, afin qu'on jugeât d'eux par cet accessoire, et non par l'ouvrage principal, qui n'étoit point de leur manière. Ainsi ont fait Van der Berg, Miéris, Van der Meer.

Généralement, tous ces peintres ont un air qui marque du génie.

Ils se sont presque tous peints dans un fond noir.

Schalken s'y est peint à la lumière de la chandelle.

On voit, dans le portrait de Carlo Dolci, sa manière finie; tout y est marqué : un poil blanc, une petite raye du linge, la moindre différence sur le collet; tout y est représenté.

Belotti s'y est peint avec un air de joye, et tout délabré et crasseux; un verre à une main, une chaîne d'or de l'autre, avec ces mots : « *Hinc hilaritas.* »

Le Grand-Duc souhaite que les peintres vivants s'empressent à mettre leur portrait dans sa galerie. Solimène, de Naples, a refusé le sien, disant qu'il ne méritoit pas cet honneur; ce qu'on a pris pour un grand trait de vanité.

On y voit Simon Pignoni, qu'on dit être excellent pour les femmes nues.

Georges Vasari, architecte de la Galerie.

Dans une autre chambre sont conservés plusieurs vases de Japon, ancien et nouveau, de la Chine, ancienne et nouvelle. On distingue le Japon d'avec la Chine en ce que la Chine est toute blanc et bleu *(sic)*, et le Japon est de diverses couleurs. Dans l'ancienne Chine, le bleu turquin paroît plus en foncé; dans la nouvelle, il est plus clair. D'ailleurs, dans l'ancienne, le bleu est en plus grandes masses; dans la nouvelle, il y a plus de confusion et plus de *triture* (?), comme disent les Italiens. Les dragons sur les pièces en augmentent (m'a-t-on dit) le prix; ce sont les armes de l'Empereur de la Chine.

Dans la même chambre, il y a des vases d'une terre grise d'Égypte, qu'on nomme ....

Dans une autre chambre, il y a un petit arsenal où sont toutes sortes d'armes anciennes, plutôt curieuses et magnifiques qu'utiles; plusieurs brins d'estoc bénis par les Papes; plusieurs présents de rois et princes faits à la maison de Médicis; le carquois, le masque de mosaïque et les ornements de cheval et de chasse de la sultane qui fut prise sur un navire qui alloit à La Mecque; plusieurs armes pour tuer son ennemi en traître.

J'y ai vu un *serricunnium* très ancien. Il est d'une gravure affreuse; ce qui le fait voir antique; et, comme il y a des inscriptions en caractères allemands, il faut croire que l'invention n'en est pas due aux Italiens, mais aux Allemands. On y voit une femme nue, avec sa ceinture, un mari fier à côté, et une femme, de l'autre, qui a la direction sans doute de l'affaire. Elle *(sic)* se plaint, dans une inscription allemande, de ce qu'elle est ainsi emprisonnée par son mari. Cette invention peut fort bien être l'effet de l'industrie des ouvriers allemands.

Bianchi m'a fait voir une chambre particulière où il y a un *Priape* sur des jambes de lion. Il est de la figure du membre viril, presque gros comme le corps, haut de 3 pieds à 4 (à 3 et 1/2). Au-dessus est un prolongement sur lequel est gravée la partie de la femme. Autour sont les figures de plusieurs animaux qui finissent toutes, par la partie supérieure, en forme de membre viril.

De plus, *l'Hermaphrodite*. Il est couché sur un lit. Il a la tête et les seins d'une femme, avec les parties viriles. Il est nu et est couché sur le côté, mais penchant sur le ventre. Il a la tête sur un bras.

De plus, un *Dieu Pan* antique. Son front petit confirme ce que j'ai dit, que c'est une erreur de croire que la petitesse du front fût une beauté chez les Anciens [1]. Il a le nez camus; ce qui étoit un très grand défaut chez les Anciens.

Il y a aussi d'autres belles pièces : entre autres, l'ébauche du tableau ou estampe des différents mystères de la Passion, faite par Albert Dürer, et la copie que Breughel en a faite.

1. Voyez page 20.

II

J'ai été au Baptistère ou Saint-Jean. C'étoit autrefois un temple de Mars. Il est de figure octogone. Ce n'est proprement qu'un dôme, et, dans le dedans, il y a seize colonnes de granit. Il y a trois portes de bronze, dont deux sont de Ghiberti, que Michel-Ange disoit être les portes du Paradis. Elles sont en bas-relief. Il n'y a rien de si léger : les feuillages paroissent si naturels, les attitudes si justes, les éloignements si sensibles qu'il ne se peut voir rien de plus admirable. Il y en a une plus ancienne d'André Pisano. C'est un ouvrage gothique ; mais on voit le goût se former. Il y a des airs de tête et du dessin ; mais l'ouvrage est grossier et beaucoup inférieur.

Le Dôme, commencé à bâtir en 1294. C'est un des grands édifices qu'il y ait, et un des plus beaux morceaux que l'architecture gothique ait pu faire. Tout en est grand, et, quand on a bien admiré la grandeur de la nef, on entre sous le dôme, qui fait paroître la nef petite, et c'est là où l'on peut admirer le grand simple. Les deux arceaux qui vont des deux ailes dans le dôme sont d'une beauté, d'une hardiesse, d'une coupe, d'un tour admirable. Quand on est dans le dôme, ces ailes, qu'on avoit trouvées si grandes, ne paroissent plus que comme des boyaux. Il y a un défaut : c'est que, lorsqu'on est dans la nef, l'arceau du milieu, qui sépare le dôme de la nef, paroît trop petit : il auroit fallu faire la nef plus large et plus longue[1].

Cambio, disciple de Cimabué, le commença. Brunelleschi fit la coupole. Les bas-reliefs qui sont autour du chœur sont très bons et de divers maîtres. Mais il s'en faut bien que vous y trouviez le dessin et les draperies antiques. Il y a un ouvrage que Michel-Ange laissa imparfait, parce que le marbre se refusoit.

Enfin, cette église est d'une beauté majestueuse.

Il y a au dehors une *Annonciation* de Ghirlandajo, admirable. L'extérieur est de marbre blanc, rouge et noir ; ce qui fait un très bel effet.

Le clocher[2], séparé du corps du bâtiment, a, comme l'Église, outre sa grandeur, un grand air de beauté. Il est carré et s'élève en l'air en diminuant en pyramide tronquée. Il est encore bâti de marbre blanc et gris, et, comme ces marmousets gothiques

---

1. [EN MARGE :] Les arcs de l'édifice intérieur sont admirables : on n'en sait plus faire de tels. Ils vont en pointe, et, par conséquent, poussent plus à côté que les arcs circulaires, qui poussent en bas. C'est ce qui en fait la hardiesse et la difficulté. Mais ces arcs sont plus propres à soutenir un grand poids que les circulaires. Mais il faut qu'ils soyent *(sic)* un grand soutien par le côté. Aussi les autres pièces qui sont autour de la coupe, ces trois chapelles, ne sont pas seulement là pour ornement ; mais encore pour aider à en soutenir le poids immense.

2. Un homme disoit que, si on y mettoit un étui et qu'on le découvrît tous les vingt ans, on viendroit le voir de toutes parts. Ce qui rend ce clocher admirable, c'est sa dégradation de haut en bas si belle, cette composition si gaie de marbre noir, rouge et blanc, qui fait un clair-obscur, par lequel les couleurs se relèvent. Avec tout cela, on ne voit qu'un objet unique.

n'y sont point, ni cette multiplicité de petites pyramides, tourettes et ouvrages différents; que le tout se présente uni, simple et seul(?); que les ornements sont dans le tout, et non dans les parties : cela fait le meilleur gothique qu'il y ait peut-être en Europe, et il falloit que les ouvriers florentins fussent, dès ce temps-là, de beaux génies, puisqu'ils étoient déjà supérieurs à leur art et faisoient (si j'ose me servir de cette expression) avec goût des choses de mauvais goût. Il est du dessin de Giotto.

Il y a sur la porte d'une chapelle ou sacristie une espèce de bas-relief représentant l'Ascension, qui est de terre cuite, secret (m'a-t-on dit) trouvé, à Florence, au commencement du xive siècle et perdu un siècle environ après.

L'Annunziata, aux Pères Servites. — Dans leur cloître, on voit la fameuse *Madona del Sacco*, peinte par André del Sarto, et si bien et avec tant de grâce qu'il y en a, par le monde, une infinité de copies. Une partie du cloître est peint *(sic)* par Bernardin Poccetti, et il y a de lui quelques morceaux admirables. Il y a encore une autre espèce de cloître où il y a des peintures à fresque d'André del Sarto, du Rosso et de Pontorne.

Grand défaut à Saint-Laurent, où les pilastres d'à côté, qui forment les chapelles, ont le même entablement que les colonnes du milieu, et, cependant, sont plus courtes, parce que l'architecte a voulu élever les chapelles et a posé les pilastres sur trois ou quatre marches. Il auroit mieux valu poser les pilastres en bas, comme les colonnes du milieu et élever les chapelles de deux marches derrière les pilastres. Dans la sacristie, il y a deux fameux tombeaux faits par Michel-Ange : l'un, de Julien de Médicis (et deux statues : l'une, *le Jour ;* l'autre, *la Nuit*); l'autre, de Laurent de Médicis (et aussi deux statues, dont l'une représente l'Aurore; l'autre, le Crépuscule). Il n'y a rien de si admirable que les attitudes de ces quatre statues et que celles de ces deux princes, qui sont dans une niche, au-dessus de leurs tombeaux, de façon pourtant qu'elles en font partie. La dévotion en a voilé quelqu'une, trop nue, avec une draperie faite avec du plâtre. *Le Crépuscule* est couché, et il semble qu'il se repose; *l'Aurore* semble pencher (?) en l'air; *la Nuit* s'enveloppe ; et *le Jour* est nu. L'architecture de cette chapelle est noble, simple et belle. Enfin, c'est là où l'on voit et où l'on sent le grand goût. De tous les sculpteurs, il n'y a que Michel-Ange qui soit comparable aux Anciens. Il ne s'arrêtoit pas au dessin qu'il avoit fait sur le papier, mais il faisoit poser (?) l'ouvrage rude, et, ensuite, il faisoit dégrossir par les ouvriers à sa fantaisie, jusques à ce que son œil fût content.

Un architecte, à Florence, nommé *Chimini (?),* m'a dit avoir mesuré tous les ouvrages de Michel-Ange à Florence, et qu'il n'y avoit jamais presque trouvé les exactes proportions des règles de l'architecture; mais l'œil est satisfait. C'est qu'il avoit le goût excellent et faisoit toujours, en chaque lieu et chaque occasion, ce qui devoit se faire pour plaire.

Santa-Maria-Novella (Dominicains). — Michel-Ange l'appeloit son *épouse*. On y trouve de très beaux tableaux de Santi di Tito, de Macchietti, de Naldini (le chœur est peint par Ghirlandajo), de Bronzino, de Strada, de Vasari, de Cigoli. Le cloître est peint à fresque par Santi di Tito et Poccetti. Les peintures n'en sont pas bonnes.

San Spirito. — Belle église ; belle architecture de Brunelleschi. Elle est d'ordre corinthien. Deux rangs de colonnes. Au-dessus, un bel entablement. Le maître-autel, presque au milieu de l'Église, et il est partout ouvert et dégagé pour laisser voir l'autre partie de l'Église, qui est derrière. Les trois rangs de colonnes continuent vers l'autel. Les deux côtés de l'Église s'étendent en croix et forment trois péristyles : un, de chaque côté, et un, au fond. Le mal est qu'une colonne unique dans le fond répond justement au milieu de la porte d'entrée de l'autre bout.

Outre les peintures de l'Église, dont la plupart sont anciennes, il y a, dans la sacristie, un beau tableau de Lippi, où un saint (je ne sais quel) délivre une possédée. Je crois, au moins, que c'est celui-là. Rien n'approche de l'air mourant et fatigué de la possédée, dont les bras paroissent tomber, et le visage d'une fille qui la tient, et qui est plein de vie, fait un contraste charmant.

Les Carmes. — Église ancienne. Une *Adoration des Mages* du Passignano, à la chapelle des Brancaccio. Il y a l'histoire de saint Pierre commencée par Masolino[1] et finie par son élève Masaccio, qui surpassa bien son maître, et ouvrit le chemin à la bonne peinture, et auroit été bien plus loin s'il ne fût mort à 26 ans.

La chapelle de la famille Corsini, où est un corps saint de cette maison, est un ouvrage moderne. Elle est couverte de marbre blanc, et il y a de bonnes sculptures de Foggini. L'architecture est d'ordre corinthien. Le dôme de la chapelle est peint par Lucas Jordan.

Il y a, dans l'église, plusieurs tableaux de Naldini, très bons, et quelques-uns du Poccetti et de Pagni.

A l'Église des Feuillants françois, il y a un beau tableau de Lucas Jordan, au milieu du soffite.

J'ai été voir la galerie de tableaux du marquis Gherini, qui est très belle et pleine de tableaux d'excellents peintres.

Le sieur Chimini trouve dans les galeries que cette longueur sur la même ligne, si longtemps suivie en ligne droite, ne satisfait pas la vue, et il auroit voulu que l'on eût fait comme on a fait au fond, à l'endroit de l'union des deux galeries, où l'on a fait une espèce de cintre entre deux colonnes et fait régner tout du long l'architrave.

Il y a apparence que les Grecs furent les pères de la sculpture. Il est (je crois) certain qu'ils ne prirent

1. Voir cela.

pas ce qu'ils en savoient des Égyptiens. Je le prouve par la Table d'Isis, que j'ai vu *(sic)* dans la Bibliothèque du roi de Sardaigne, à Turin; dans laquelle on ne trouve aucun art. Les Grecs n'ont pas non plus pris l'excellence de l'art des Perses : car il paroît par les ruines de Tche-elminar que la sculpture et l'architecture étoit *(sic)* très grossière. Ils ne l'ont pas non plus prise des Indiens : car ils n'ont pu passer que par l'Égypte ou par l'Asie pour aller jusques aux Indes, et il est impossible que l'art fût dans les deux bouts, pendant que le milieu eût *(sic)* resté dans l'ignorance. La sculpture, et, par conséquent, la peinture, la gravure, l'architecture, en un mot, tous les arts fondés sur le dessin, sont *Græco solo ortæ*.

Le genre de la religion des Grecs fit le progrès de ces arts et leur perfection, et, avec cela, les hommes nus qu'ils voyoient sans cesse. Il falloit qu'ils eussent des Dieux à représenter en hommes, et il falloit qu'ils eussent sous leurs yeux des hommes propres à être dessinés, et qui leur fissent à tout moment sentir les proportions du corps humain et les différentes attitudes et mouvements. Les Égyptiens (je ne sais pourquoi) ignorèrent l'art; les Perses, qui n'avoient point de Divinités corporelles à représenter, le négligèrent; et les Indiens d'autrefois, qui, apparemment, comme ceux d'aujourd'hui (car les coutumes ne changent jamais en Orient), détestent *(sic)* la nudité [1], n'eurent pas occasion de se rendre forts dans le dessin.

---

1. Voir ce que dit Platon sur la nudité.

J'ai vu dans la galerie de M. le Grand-Duc de Florence une statue étrusque d'un bon goût de dessin, d'une grande légèreté de draperies ; ce qui pourroit faire penser que l'art avoit été beaucoup connu en Étrurie. Mais il faut voir si les autres monuments étrusques répondent à celui-là. Il me paroît que non sur ce que j'en ai vu en jetant les yeux sur le livre de ...., où j'ai vu des choses assez mal dessinées. Ce pourroit donc être quelque statue idéale de quelque sculpteur romain, d'autant que l'on sait que les Romains, qui avoient vaincu les Toscans, ne devinrent pas plus connoisseurs dans le dessin, et que ce ne fut qu'après la prise de Corinthe qu'ils surent quelque chose. La difficulté est qu'il y a sur cette statue des caractères étrusques ; ce qui la feroit croire originale et vraiment étrusque[1].

On peut considérer avec quelle rapidité les Grecs allèrent de l'art à la perfection de l'art : car ce peuple qui devint peuple grec, et qui, d'abord, n'étoit que des barbares dispersés, ne pouvoit pas se vanter d'une grande antiquité. Il n'y a pas un long trajet de la fondation des empires grecs jusques aux plus excellents peintres, et ces peintres ou sculpteurs ont

1. [EN MARGE :] On dit que Dibutade, de Sicyone, fit le premier des figures d'argile. D'autres disent que cet art fut retrouvé dans l'île de Samos par un Rhœcus et un Théodore, longtemps avant Dibutade, et que Démarate, fuyant de Corinthe, mena avec lui des sculpteurs, qui répandirent cet art par toute l'Italie et surtout dans la Toscane, où il fleurit longtemps. Démophile et Gorgase ornèrent de statues et de peintures le Temple de Cérès, à Rome, et Marc Varron a écrit que tous les ouvrages de ces arts qui se voyoient avant le temps de ces ouvriers-là, à Rome, avoient été faits par les Toscans.

été excellents et ont porté l'art à la perfection. Nous avons inutilement travaillé depuis l'inondation des Barbares jusques à Giotto. Quelques prêtres grecs donnèrent à Cimabué et à Giotto quelques foibles rayons de l'art. Ils en restèrent là jusques à ce que la vue des antiques ouvrit l'esprit de Michel-Ange et de ses contemporains. Les Grecs eux seuls ont fait ce que nous n'avons pu faire que par eux.

Je remarque cette même rapidité dans quelques parties de la poésie. Les Grecs ont peu à peu inventé la tragédie. Voyez la rapidité avec laquelle ils ont été, je ne dis pas à la perfection, mais à la totale invention; si bien que les règles qu'ils ont établies subsistent toujours. Ces règles d'Aristote, qu'il a établies sur les tragédies de Sophocle et d'Euripide, subsistent toujours.

Il y a quelque chose d'admirable dans le progrès que firent les ouvriers florentins dans le dessin. Il y a au Baptistère de Florence une porte de bronze, faite par Ghiberti, qui est un ouvrage admirable et au-dessus de celles de Pisano, qui sont dans la même église. — Savoir quand ces sculpteurs ont vécu. — Mais le Dôme est un grand coup de génie de ce siècle rude, où l'architecture grecque n'étoit pas connue.

Je ne sais ce qui se perfectionna plus vite en Italie, ou la sculpture, ou la peinture. Ghiberti, qui a fait cette admirable porte, vivoit avant Michel-Ange[1]. Il faut savoir s'il y avoit dans ce temps un

---

1. Ce Ghiberti étoit bien avant Michel-Ange et peu après Giotto, comme je le conjecture de la place qu'il tient dans le *Riposo del Borghini*.

peintre qui fit d'aussi bons ouvrages de peinture que Ghiberti en faisoit de sculpture. Il me semble que, les statues et les bas-reliefs des Grecs ayant ouvert le génie sur le dessin, les sculpteurs ont été plus promptement en état d'en profiter que les peintres : l'imitation étant (si j'ose parler ainsi) plus immédiate.

J'ai vu, ce 28 décembre 1728, le Palais Pitti.

Il fut commencé du dessin de Brunelleschi et fait par Luca Pitti, de la famille duquel est encore le commandeur Gaddi. Cosme Ier l'acheta et les Grands-Ducs l'ont agrandi. La face donne le long de la place, et il *(sic)* est d'ordre rustique. L'Ammanati, architecte, fit la cour avec trois ordres : le dorique, l'ionique, le corinthien, et fit les deux ailes qu'on y voit. Mais, afin que l'architecture de la façade du jardin et des ailes répondît à celle du dehors, il mit le tout, jusques aux colonnes, en bossage. Il est vrai que cette cour est beaucoup trop petite; les grandes ailes qui y sont sont trop grandes pour le corps de logis; et, enfin, l'escalier n'est pas assez grand pour un si grand bâtiment. Les principaux appartements sont peints par Berrettini, de Cortone.

Il y a un très grand nombre de tableaux, tous exquis, et, entre autres, il y a la fameuse *Vierge assise* de Raphaël, qui est autant au-dessus des ouvrages ordinaires de Raphaël que Raphaël est au-dessus des peintres ordinaires. Un autre jour me donnera une plus ample notion de ces tableaux.

Il y a une longue galerie qui communique du

Palais Pitti au Vieux Palais, par laquelle le Grand-Duc peut passer sans être vu, et elle traverse même la rivière sur un pont. Les jardins sont assez beaux, et, dans le terrain haut et bas, on a fait de très belles pièces. Il y a des eaux jaillissantes. Mais on ne sauroit les comparer en aucune façon à celles que nous avons en France. Ce ne sont que quelques petites pissotières, comme à Liancourt. Il y a une île artificielle, qui fait une assez belle pièce.......

J'ai été, ce 19 *(sic)* décembre 1728, avec M. Piemontino, le fils, sculpteur de Florence, voir plusieurs ouvrages de sculpture. *Primo,* nous avons été voir la Chapelle de Saint-Laurent, où sont les deux tombeaux et les sept statues de Michel-Ange. Il m'a, d'abord, fait remarquer comme les muscles de ces deux femmes, surtout ceux de l'une, sont trop ressentis; mais avec quel art admirable il a exprimé les contours des hommes. Combien les proportions sont justes! Il m'a fait remarquer dans la statue de ce prince assis qui paroît pensif, l'art d'avoir mis un si grand prince dans un si petit lieu : car il est dans une niche médiocre, et, s'il se levoit, il toucheroit à la voûte. La figure en entrant, qui est couchée et a un genou l'un sur l'autre, est admirable, majestueuse et grave. Il y a, outre les six statues des tombeaux, trois autres statues : celle du milieu est une ébauche de Michel-Ange; les deux du *(sic)* côté sont froides : point d'attitude; les deux pieds sont placés l'un contre l'autre; sans variété; sans contraste.

Nous avons, ensuite, été voir les portes du Baptistère de Saint-Jean. Nous avons vu celles de Ghiberti. La première, il la fit dans sa jeunesse, et on n'y voit point de goût, d'ordonnance : les figures se suivent par derrière sans variété ; les plis qui tombent sur les jambes sont en arc ; ce qui feroit penser que la jambe seroit de même. La seconde manière, qui est celle de sa vieillesse, est excellente : les feuillages et les oiseaux qui sont autour des portes, bons ; mais, à présent, on les feroit mieux. Les anciens ne faisoient que jeter au moule les figures, ce qui fait qu'elles ne sont pas finies. Ainsi l'on voit les plumes de ces oiseaux toutes unies ; à présent, on les cisèle encore après être sorties du moule, et on verroit des plumes plus naturelles et plus marquées, soit les unes les autres, soit les groupes.

Nous avons été au Palais Vieux, et nous avons vu *l'Hercule qui assomme Cacus*, de Bandinelli, qui paroît un peu court[1], le *David* de Michel-Ange, et nous avons vu la différence des contours d'un jeune homme, comme David, et ceux *(sic)* d'Hercule, qui sont moins nobles et plus marqués. Nous avons vu le groupe du *Ravissement des Sabines*, par Jean de Bologne : il est étonnant qu'il ait pu mettre trois grandes figures et tant d'action dans un si petit groupe. La manière de Jean de Bologne est peu ressentie. Attitudes admirables du Romain, de la Sabine et de son père ! La *Judith qui coupe la tête à Holopherne :* peu de chose. L'attitude de Judith, qui veut couper la tête d'Holopherne, ne marque pas ce

1. Il a une épaule trop mince ; ce qui vient du défaut du marbre, outre que cette statue étoit commencée par un autre.

qu'elle veut exprimer. Holopherne, les deux bras appuyés, est mis là à la gothique.

Entrés dans le salon peint par Vasari [1]. Nous avons trouvé beaucoup de statues, la plupart sur les travaux d'Hercule. Il y a un *Hercule qui étouffe Antée*. Il y a peu de bon [2]. Dans l'une *(sic)*, Hercule, qui combat, se met dans une attitude si contrainte qu'il semble aller tomber à la renverse. Dans l'autre, Hercule, ayant ses deux pieds sur la même ligne, ne peut plus étouffer Antée. Dans la plupart, les proportions manquent, et les cuisses sont si courtes qu'au lieu de deux longueurs de face à peine y en a-t-il une. Dans l'autre, Hercule est si maigre qu'il paroît un squelette. Dans l'autre, il est assommé de chair. Il ne faut pas faire Hercule si court qu'il n'ait point les proportions. *L'Hercule Farnèse*, qui les a justes, paroît presque court. Il y a des évêques ou papes qui ont des vêtements si chargés que l'on ne devine rien de ce qui peut être dessous. D'ailleurs, ils n'ont pas les proportions, et il faut remarquer que les vêtements doivent laisser apercevoir ou deviner le nu et faire les mêmes apparences. Remarquez que toutes les figures sont censées devoir ou pouvoir être vêtues. Or, que seroit-ce de ces *Hercules* s'ils étoient vêtus?

Il y a une figure de femme qui foule aux pieds un vieillard enchaîné, dont elle tient les chaînes. Cette

---

1. Ce salon est très beau. Entre autres peintures, on y a peint les douze Florentins qui étoient envoyés de différents princes à la cour de Boniface VIII.
2. Ces six groupes d'Hercule sont de Vincent Rossi.

statue me paroît admirable : le vieillard bien proportionné, et il ne tient presque aucun espace sous cette femme qui le domine. Il me semble seulement qu'elle n'appuye pas assez le pied. Mais il faut regarder (je crois) que l'action va commencer ou finir, et peut-être que l'action telle est *(sic)* règle toutes les autres. Ce groupe est de Michel-Ange, et on dit qu'il avoit été fait pour le tombeau de Jules II. Ce n'est donc pas (comme dit mon sculpteur) *la Ville de Florence qui terrasse Sienne.*

J'ai été, avec le même sculpteur, voir les statues du Palais Pitti et du jardin. Nous avons vu, dans la cour, un très bel *Hercule* antique, qui n'est pas *l'Hercule Farnèse* et est (m'a-t-on dit) son rival. Il y a, dans une fontaine, un *Moïse* de porphyre. Mon sculpteur m'a dit que nous n'avons plus l'art de faire des figures de porphyre: il est trop dur. Il y en a une autre, qui est une statue de la Justice, sur une colonne de granit oriental, laquelle colonne est toute d'une pièce. Nous avons perdu la trempe dont ces ouvriers trempoient leurs outils. Il est dit, dans mon itinéraire, que cette colonne fut tirée des Thermes d'Antonin et donnée au duc Cosme par Pie IV. Il y est dit, de plus, que la statue est de la main de Romolo del Dadda. Je ne sais quand vivoit ce Dadda. Mais elle ne seroit point antique, et on auroit eu la trempe de son temps [1].

---

[1]. J'ai vu, dans la galerie du Grand-Duc, deux bustes de porphyre de princes ou seigneurs de la maison de Médicis. Il faut voir Bianchi là-dessus. Il faut que l'art ne soit pas perdu depuis longtemps. — Mon sculpteur ne sait ce qu'il dit. Bianchi m'a

Le jardin du Palais est appelé *le Jardin de Boboli*.
Le terrain n'en est pas uni, mais haut et bas [1]. On y
a fait une pièce en forme d'île, au milieu de laquelle
il y a un *Neptune* colossal et trois *Fleuves* à ses pieds,
bel ouvrage de Jean de Bológne. Les proportions et
les attitudes, admirables. Les fleuves sont grands,
majestueux ; mais ils sont, pour ainsi dire, couverts
par Neptune, tant il y a de majesté, de force et de
grandeur, et tant ce colosse règne sur eux.

Il y a encore une pièce d'eau dans ce jardin, où
Neptune, de la main de Stoldo Lorenzi, est sur une
espèce de rocher. Dans ce rocher, en bas, sont des
Dieux marins et des *Tritons*. Cela paroît d'un naturel
admirable. Il y a, dans un endroit, une espèce de
ruine du rocher qui fait une fente, par où l'on voit
l'épaule et le côté d'une Divinité, comme par hasard.

Le prince Ferdinand fit tirer plusieurs statues
antiques qu'on a mis dans la Galerie, parce qu'elles
se ruinoient, et l'on n'a laissé dans les bosquets que
les antiques des moins bons ouvriers, et quelques
statues modernes, dont la plupart ne valent pas
grand'chose.

Il y a, dans une pièce dont les murailles sont
faites d'une espèce de bas-relief de rocaille : *primo*,
dehors, à l'entrée, deux statues d'Adam et Ève très
belles. Ève paroît de chair. Ces statues sont si nues
qu'elles ont beaucoup tourmenté la conscience du

dit qu'il y a quelque temps qu'il y avoit à Florence un sculpteur
qui le tailloit bien. Mais il n'y en a plus : ils ne retireroient pas
les frais.

1. Ce jardin est renfermé dans   Ville.

feu Grand-Duc. Les confesseurs lui siffloient *(sic)* sans cesse que, dans les confessions, ils apprenoient les mauvais effets de ces nudités.

Il y avoit pour lors à Florence un chanoine si idiot qu'il vouloit faire mettre une culotte à un crucifix.

Dans cette pièce, on a mis à chaque coin des statues que Michel-Ange avoit ébauchées pour le tombeau de Jules II. Le sculpteur m'a dit que, dans le temps de Michel-Ange, on ne travailloit pas comme à présent, qu'on ébauche, d'abord, le tout ensemble. Mais, pour lors, on finissoit une partie, et on alloit, ensuite, à l'autre. Et, quand Michel-Ange voyoit, après avoir fait une partie, qu'elle ne pouvoit pas répondre au tout, il la laissoit. On dit que, dans ce temps-là, on mettoit le modèle dans l'eau, et qu'on n'en mettoit à l'air que la partie qu'on exécutoit, et à mesure qu'on l'exécutoit.

Ce jardin est plein des statues des chiens de chasse des princes, fils du feu Grand-Duc, qu'ils ont fait représenter.

Sur le pont principal de la Sainte-Trinité, de l'architecture de l'Ammanati, il y a les statues des quatre Saisons. Il y a un *Hiver*, fait par Taddée Landini, qui se cache, et, quoique ses jambes aillent *pari a pari,* cela exprime ce qu'il faut qu'il exprime. Il y a seulement à dire que sa chair est trop tendre, et qu'il en a trop pour un vieillard. *L'Automne* et *l'Été* sont de Jean Caccini. Ils sont (me semble) les moindres des quatre. *Le Printemps* est de Francavilla, Flamand, sous la figure d'une femme. Son col est long; son air de tête, bien; les plis, très bien aussi. Celle qui l'accompagne est bien aussi. Les plis sont plus à la manière grecque. Mon sculpteur me dit qu'à présent on ne fait pas les plis si petits que les Grecs, pour leur donner plus de majesté [1]. Mais on ne fait pas si bien voir les membres de dessous : ce qui est infiniment plus mal, à mon avis.

Dans la fontaine qui est à la place du Grand-Duc, il y a un *Neptune,* entouré de ses Tritons, qui est de l'Ammanati. Quand Michel-Ange le vit, il lui dit : « Tu as mis là une belle pièce de marbre. » Il y a tout autour plusieurs figures qui ne sont ni bonnes ni mauvaises.

Dans la même place du Grand-Duc est la statue de bronze de Cosme Ier, de Jean de Bologne, avec un piédestal qui a trois bas-reliefs, où il faut remarquer la manière des bas-reliefs de Jean, qui les faisoit plats, peu finis et comme plaqués. Ce qui ne se fait plus à présent ainsi. Le Prince est bien sur la selle, point trop enfoncé dans le cheval, comme il arrive quelquefois. Le cheval devroit avoir les deux jambes du même côté en l'air ; mais, par une licence, afin que la statue soit bien posée, on permet (?) de faire élever un pied de devant du côté droit, avec un pied de derrière du côté gauche.

J'ai vu, dans une place, un soldat qui soutient son camarade mort, et qui en est presque entraîné. Statue admirable ! Les membres du soldat mort ne se soutiennent et semblent tomber. Cette statue est

1. [EN MARGE :] Cela est pris des peintres, et mal.

antique. On a voulu, non la copier, mais l'imiter dans un groupe qui est au Palais Pitti. Mais le moderne reste bien derrière.

Sculpteurs.

Michel-Ange, dont les figures sont fort ressenties.

Jean de Bologne, qui les fait très peu ressenties. Il met toujours une espèce de touffe de cheveux au-dessus du front de ses statues, et on peut les reconnoître là.

Francavilla, élève de Jean de Bologne, que l'on connoît par le long col qu'il donne à ses figures.

Ghiberti, qui étoit avant eux, que l'on connoît, surtout dans sa première manière, par le cercle ou la courbure qu'il fait faire à ses plis; ce qui vous feroit croire que les jambes ou les bras sont arqués.

Baccio Bandinelli.

Vincenzo Rossi a sa manière de faire des figures courtes, grossières et confusément chargées de muscles.

Donatello. Il a fait la *Judith* de la Loge de la place du Grand-Duc; mauvaise statue à mon avis, et qui n'exprime ni ce que Judith doit faire, ni l'état d'Holopherne.

Cellini, qui a fait le *Persée* de la susdite loge.

L'Ammanati.

Le Palais Pitti. — L'architecture rustique en est admirable. Dans le dedans, il a fait le premier ordre rustique, moitié toscan, moitié dorique, afin que ce fût un milieu entre le dorique et le toscan, et que l'on pût, dans les galeries qui règnent sous les ailes, faire quelque chose de moins matériel. On a fait la corniche architravée, pour qu'on ne mît point de frise à cet ordre si grossier. L'ionique du dessus et le corinthien, qui est encore dessus, est *(sic)* toujours en bossage. Le tout répond à la solidité de l'édifice. Le malheur est que la cour est trop petite ; les escaliers, aussi ; l'entrée, aussi.

La façade extérieure, qui donne sur la place, est d'un rustique sans distinction d'ordre. Il semble que ce sont des rochers, non pas des pierres. J'en ai mesuré une qui a plus de 11 pas de long. Elles paroissent, en des endroits, avoir été mises confusément ; en d'autres, elles paroissent tomber. Ces gros morceaux de rochers diminuent à mesure que l'ouvrage s'élève. Le dessein du feu grand-prince Ferdinand étoit : de pousser la place jusques à la rue voisine ; d'y faire deux fontaines ; de mettre un étage supérieur au corps de logis ; de mettre la place à niveau ; et de mettre dessous un étage inférieur pour les domestiques et cuisines ; de mettre aux côtés des ailes, qui seroient basses de deux étages, où seroient la garde et les officiers logés.

Au Vieux Palais, à la grande salle, il y a des peintures sur la soffite. Mais les peintres de ce temps-là n'avoient encore point trouvé le secret de peindre sur une surface plate, de bas en haut, et la perspective étoit, à cet égard, peu connue. Ce sont les Carrache qui ont mis l'art, à cet égard, dans la perfection. Les peintures de cette soffite semblent tomber à terre, parce que les tableaux sont faits pour être mis perpendiculairement, non pas horizontalement.

Dans le péristyle du Vieux Palais, pour que chacune des deux portes n'eût pas une colonne au milieu, on a mis, à un côté où est une porte, deux arcs, et, à l'autre, trois.

Dans l'Église de Sainte-Croix, grande église gothique, est la chapelle des Niccolini, d'une très belle architecture. Il y a cinq statues de Francavilla, et la coupe est peinte à fresque par Volterra. On voit, dans cette église, le tombeau de Michel-Ange et de très beaux tableaux.

Lorsque l'on met des avant-corps à un étage, il faut qu'ils règnent partout : ainsi il ne faut pas que la porte n'ait point de saillie, et que les fenêtres en ayent ; il ne faut pas qu'un étage ait des avant-corps, l'autre, non.

Il y a la maison de Frédéric Zucchero, qui est dans la rue de............, qui est capricieuse. Il semble que toute la maison ait été taillée comme une pierre ; qu'il y ait des endroits taillés, et d'autres, non ; et qu'ainsi elle soit à demi-faite.

Michel-Ange, à la Bibliothèque de Saint-Laurent, dans le degré, a mis de grosses consoles sous des colonnes, parce que l'endroit étoit trop élevé pour y mettre un piédestal, et trop bas pour y mettre un autre ordre. Il ne faut imiter cela que dans la nécessité, comme lui; et, dans ce cas, il faut que les consoles soyent bien fortes.

Mgr. Incontri a bâti une maison d'un très bon goût ; il étoit lui-même son architecte.

On dit que les pierres en bossage, qui s'étrécissent par le bas, dans les fenêtres carrées, ne conviennent pas, parce qu'il n'y a pas de cintre; mais cela me paroît une chicane.
On critique des escaliers parce qu'ils sont à la main gauche; cela me paroît aussi une petite chicane.

Il y a une assez belle maison et la *(sic)* du marquis Capponi, derrière *l'Annunziata*, où il y a un bel escalier, peint à *fresco,* par Matteo Bonechi et Giovani Sacrestani.

Peintures du Masaccio à Florence, dans l'église où est la chapelle Corsini (à ce que je crois). Il y a le sublime qui commence, et des têtes que Raphaël a presque copiées. C'est M. Veuve qui m'a fait remarquer cela.

DE LA

MANIÈRE GOTHIQUE

DE LA MANIÈRE GOTHIQUE

La manière gothique n'est la manière d'aucun peuple particulier; c'est la manière de la naissance ou de la fin de l'art, et nous voyons dans les monuments qui nous restent que le goût gothique régnoit
5 dans l'Empire romain bien longtemps avant les inondations des Goths. Lorsque l'on commence à faire des figures, la première idée est de les dessiner, et on les dessine comme on peut. Dans la suite du temps, on songe à les mettre dans des attitudes
10 convenables. On vient, ensuite, à leur donner du mouvement, et, enfin, de la grâce [1].

Lorsque l'art commence à décliner, on ne connoît plus ce qu'on appelle *la grâce*. Bientôt, on ne sait plus donner de mouvement aux figures. Ensuite, on
15 ignore la variété des attitudes. On ne songe plus qu'à faire bien ou mal des figures, et on les met dans une position unique. C'est ce qu'on appelle *la manière gothique*.

Cette position unique est celle qui se présente

---

1. [EN MARGE :] Les Grecs découvrirent d'abord, comme nous, lorsque des prêtres grecs et lorsque les antiques vinrent nous ouvrir les yeux, et lorsque les poètes grecs nous furent connus.

d'abord à ceux qui ignorent l'art : de la roideur, de la dureté, de la symmétrie dans les diverses parties du corps, et, comme pour en venir là, il faut aussi avoir peu de connoissance du dessin, aucune proportion dans les parties du corps.

Ces différents degrés où passe l'art depuis sa naissance jusques à sa perfection, et depuis sa perfection jusques à sa perte, se voit bien, d'un côté, dans les monuments que nous avons depuis le siècle où la sculpture et la peinture a *(sic)* été renouvelée parmi nous, jusques à Raphaël et à Michel-Ange ; et, de l'autre, dans les monuments grecs et latins depuis les grands maîtres de la Grèce jusques au Bas-Empire, où l'on voit l'art expirer, et surtout dans cette admirable Galerie de Florence, où l'on suit pas à pas la décadence de l'art.

Tout le monde tombe d'accord que les Grecs ont pris leurs arts des Égyptiens [1], même jusques au culte de leurs Dieux. Ils en ont donc pris la peinture et la sculpture, deux arts essentiels à la religion payenne. Mais, si la Grèce a pris ces deux arts des Égyptiens, d'où vient que les Grecs ont attrapé toutes les finesses de ces deux arts et les ont portés à la plus grande perfection, et que les Égyptiens ne sont jamais sortis de la manière que nous appelons aujourd'hui *gothique,* et qui est celle de tous les peuples qui ont travaillé à l'art sans le connoître ? D'où vient que les Égyptiens se sont, d'abord, arrêtés, et que les Grecs ont été jusques au bout ?

---

1. Peut-être que les bonnes statues égyptiennes sont du temps des Ptolomées.

2° Les peuples qui ont eu la manière gothique (au moins pendant le temps qu'ils l'ont eue) ont toujours mal dessiné. En effet, il paroît incompatible [1] qu'un peintre sache bien le dessin, et qu'il ignore les attitudes qu'on peut donner aux figures, qu'il les laisse dans une situation froide et dure. Mais d'où vient que cela ne se trouve pas ainsi chez les monuments égyptiens qui nous restent, et que les Égyptiens ont été une exception à cette règle?

En effet, on voit les statues égyptiennes dans la position du monde la plus dure, et, d'un autre côté, une science de dessin dans les parties qui est admirable [2]. Exemple de ceci se voit sur l'escalier de M. le cardinal de Polignac, à Paris. On y voit une statue égyptienne dans la manière ordinaire et avec une très grande beauté de dessin.

Je trouve l'explication de tout ceci dans un passage de Platon. C'est au second livre de ses *Lois*, où, parlant de la discipline, et combien il est utile à une

---

1. [EN MARGE :] Milord Pembroke a des statues égyptiennes et des statues de cette colonie d'Égypte que Sésostris fonda en Thrace. Il a, de plus, aussi deux statues qui ont servi au palais des vice-rois perses en Égypte, et qui portoient la porte de ce palais; ce qui dément l'origine de l'architecture cariatide.

2. [EN MARGE :] J'ai vu aux Archives de Turin la fameuse Table d'Isis, qui fut prise au sac de Mantoue, et qui est parvenue aux ducs de Savoye. Elle est d'une espèce de métal mêlé, comme du métal de Corinthe. Il faut en voir la description dans Ligorius et le père Mabillon. Le père Mabillon ne l'a pas donnée de la vraye grandeur de la table et n'a consulté qu'une fausse édition. Celle de Ligorius est de la vraye grandeur. Elle est très mal gravée et dessinée à la manière gothique. La main de l'ouvrier, s'il étoit habile, ne s'est trahie en aucun endroit. — Voir ce Ligorius dans quelque bibliothèque.

république que les poètes, les musiciens et les danseurs soyent bien policés : « Cela, dit-il, ne se trouve point dans la Grèce, mais est en Égypte établi par les lois ; ce qui est même signifié par leurs sacrifices. Et il n'est permis ni aux peintres, ni aux autres artisans, de faire paroître quelque chose de nouveau ou d'introduire quelque autre invention, outre celles qui sont de tout temps observées par l'usage de la Patrie. Et vous trouverez que, depuis dix mille ans (ce qui n'est pas une expression, mais un fait), les ouvrages des artistes ne sont ni plus beaux ni plus mauvais, mais toujours faits de la même façon. » Ces faits rapportés par Platon une fois posés, il est aisé de voir que les ouvriers égyptiens travaillèrent comme on travailloit dans le commencement de la sculpture en Égypte, et la Religion, à cet égard, ne leur permit de rien réformer. Mais cela n'empêcha pas qu'ils ne se perfectionnassent autant que la Religion le pouvoit permettre, et cela ne pouvoit pas être autrement, puisque, chez un grand peuple, où la Religion demandoit une infinité d'ouvrages, il falloit qu'il y eût de bons et de mauvais ouvriers : les bons peignoient toujours dans le goût ancien, mais de la meilleure manière que ce goût pouvoit souffrir. Les Grecs, qui n'étoient point gênés par la Religion, portèrent l'art infiniment plus loin, et les Romains ne se trouvèrent pas à une bien grande distance des Grecs, et les arts, par la Religion, furent retardés en Égypte.

Platon ajoute que les législateurs égyptiens avoient aussi prescrit un genre de musique et établi, par une loi constante, des chants qui représentoient la vraye nature des choses. Il n'étoit donc pas permis d'en changer. Il y a apparence qu'ils portèrent l'art, à cet égard, aussi loin qu'il pouvoit aller sans s'écarter des formes de la Religion.

Les Grecs portèrent les trois arts qui se fondent sur le dessin à leur perfection. Le genre de leur religion et de leurs exercices, où ils voyoient des hommes nus, dans toutes sortes d'attitudes, en firent *(sic)* le progrès. Il falloit qu'ils eussent des Dieux à représenter en hommes, et il falloit qu'ils eussent sous leurs yeux des hommes propres à être dessinés, et qui leur fissent à tout moment sentir les proportions du corps humain, les attitudes défectueuses, et les mouvements naturels.

L'extrême horreur que les Indiens ont pour la nudité fait qu'encore aujourd'hui, dans tout ce qu'ils peignent, ils ignorent le dessin. Comment peindre les corps, lorsqu'ils en ignorent les proportions? Comme les modes et les goûts ne changent jamais en Orient, il faut croire que la même raison a empêché les anciens Indiens de réussir dans le dessin, comme elle a empêché ceux d'aujourd'hui. Il seroit sans cela difficile à concevoir que, dans les grands empires de la Chine ou du Japon, les arts fondés sur le dessin ne se fussent pas perfectionnés si quelque cause particulière ne s'y fût pas opposée.

Les Perses, qui n'avoient point de Divinités corporelles à représenter, ne durent pas porter l'art bien loin : c'est la dévotion ou la Religion qui encourage ces sortes d'arts.

Lorsque les Payens se firent chrétiens, on n'acheta pas plus de statues que de victimes. Il est vrai qu'Hadrien porta l'art de la sculpture plus loin qu'elle *(sic)* n'avoit été sous Auguste. Mais on sait bien ce que peuvent les soins et les dépenses d'un grand prince pour la perfection des arts. Celui-ci ne négligea rien de ce qui les peut faire fleurir. Mais, après lui, la raison que j'ai dite les fit tomber peu à peu.

Et il ne faut pas accuser de ce changement les inondations des Barbares, ni mettre le goût gothique sur le compte des Goths. Ces peuples ne menèrent point d'ouvriers avec eux. Ils n'en avoient pas même chez eux.

Les arts étoient déchus chez les Romains avant l'inondation des Barbares. Dans la fameuse galerie du grand-duc de Florence [1], il me semble que l'affoiblissement commence à paroître à Didius Julien. Le buste de sa femme Julia *(sic)* Scantilla est assez bon ; mais les draperies sont moins fines, sa chevelure est mal ajustée. Il sembloit que les femmes ne connussent plus l'art de se coiffer avec grâce : elle a comme une perruque d'abbé. Celle de Didia Clara, fille de Didius Julien, est comme une perruque un peu plus longue. Mammée est d'une très pauvre sculpture. Son fils Alexandre est encore moins bien : pour faire la barbe, ils ont fait grossièrement des trous dans le visage. Le vieux Gordien a une barbe faite avec aussi peu d'art qu'Alexandre Sévère [2]. Julia Mœsa est sans art : il semble que le trou de ses

---

1. [EN MARGE :] Voir cela.
2. [EN MARGE :] Voir cela.

oreilles entre dans sa cervelle. Dèce est d'un mauvais tour. Herennius, encore pis. Volusien est une tête plus que commune. Pour lors, on ne trouve plus d'air de tête : tout est avec ce droit et cette roideur gothique. Enfin, la suite finit à Gallien. On a donné le nom de *Gallien* à une tête qui est très bonne ; ce qui fait manifestement voir que ce n'est pas un *Gallien*.

. . . .

Le culte que la religion catholique permet de rendre aux images a beaucoup contribué à renouveler l'art, parmi nous, que ce même culte avoit entretenu chez les Grecs. Et, si la religion protestante avoit prévalu en Europe, de combien de beaux ouvrages aurions-nous été privés ?

. . . .

Les anciens Indiens, qui détestent *(sic)* apparemment la nudité comme ceux d'aujourd'hui [1] (car les coutumes ne changent jamais en Orient), n'eurent pas occasion de se rendre forts dans le dessin. Nous devons attribuer à cette seule raison, l'ignorance où l'on est dans tout l'Orient. On y a des ouvriers ; on y peint presque toutes sortes d'ouvrages ; on y a des couleurs très bonnes et des secrets pour les rendre vives. Ainsi rien ne manqueroit pour faire un bon coloris. L'ignorance du dessin se répand sur tout.

. . . .

On peut considérer avec quelle rapidité les Grecs allèrent de l'art à la perfection de l'art. Il n'y a pas

---

1. [EN MARGE :] Voir ce que dit Platon sur la nudité.

un long trajet de la fondation des empires grecs jusques aux plus excellents peintres et sculpteurs qui ayent jamais été. Il s'est coulé *(sic)* .... siècles depuis le commencement du Bas-Empire jusques à ce que quelques prêtres grecs donnèrent à Cimabuë et à Giotto quelques foibles rayons de lumière. Ils en restèrent là jusques à ce que la vue des antiques ouvrît l'esprit de Michel-Ange et de ses contemporains. Les Grecs eux seuls ont fait ce que nous n'avons pu faire que par eux.

On peut remarquer cette même rapidité dans les diverses parties de la poésie. Les Grecs ont inventé la tragédie. C'est le divertissement des vendanges qui le *(sic)* fit. Voyez la rapidité avec laquelle ils ont été à la perfection; si bien que les règles qu'ils ont établies subsistent toujours. Les règles d'Aristote, formées sur les tragédies d'Eschyle, de Sophocle et d'Euripide, sont encore des règles pour nous aujourd'hui, et, malgré le changement de mœurs, nous ne pouvons nous en départir.

Homère, leur premier poète, nous a donné les deux seuls genres de poème épique que nous connoissions encore. Ils ont trouvé la pastorale, et nous l'avons. Les Latins n'ont rien ajouté aux divers genres de leurs poésies que celui que Martial nous a donné, et que nous aurions très bien fait de ne pas recevoir.

Ce n'est pas la longueur des temps qui prépare (?) les arts; ils naissent tout à coup d'une certaine circonstance. Nous faisions des pièces de théâtre avant Corneille et Rotrou. Nous les aurions faites toujours aussi mauvaises, si les ouvrages des Grecs n'avoient éclairé ceux qui avoient reçu de la Nature un génie propre pour le théâtre.

Il y a au Baptistère de Florence des portes de bronze avec des bas-reliefs de Ghiberti, qui sont très bons. Je voudrois savoir s'il y avoit, dans ces temps-là, un peintre qui fît d'aussi bons ouvrages de peinture que Ghiberti en faisoit de sculpture. Peut-être les statues et les bas-reliefs des Grecs, ayant ouvert le génie sur le dessin, les sculpteurs ont été plus tôt en état d'en profiter que les peintres : l'imitation étant (si j'ose parler ainsi) plus immédiate.

. . . .

Les Romains prirent les arts des Grecs, comme ils prirent des Asiatiques les manières efféminées. Quand ils eurent fait porter en triomphe les tableaux et les statues de la Grèce, ils se perfectionnèrent dans le dessin : la sculpture commença à fleurir à Rome et se perfectionna jusques à Hadrien. Après quoi, il *(sic)* tomba peu à peu. A mesure que les Chrétiens se multiplièrent, on acheta moins de statues ; de même que Pline dit à Trajan qu'on n'achetoit plus de victimes. Ce grand nombre d'ouvriers qui étoit à Rome ne fut plus si occupé. Bientôt les ouvriers devenus pauvres n'eurent plus une certaine émulation. De plus, le long séjour des Empereurs dans les provinces acheva de perdre cette école de Rome, où le bon goût avoit régné.

RÉFLEXIONS

SUR LES

HABITANTS DE ROME

RÉFLEXIONS

SUR LES

HABITANTS DE ROME

Ceux qui voyent Rome et se rappellent ce qu'ils ont lu sur la prodigieuse gourmandise des anciens Romains doivent être frappés de l'étonnante sobriété de ceux d'aujourd'hui.

Si, autrefois, à Rome, la débauche de la table étoit portée à un point qui alloit jusqu'au ridicule, on peut dire qu'aujourd'hui l'excès de la frugalité ne l'est pas moins.

Les anciens Romains faisoient cinq repas [1]; le dernier, appelé *comessatio*, duroit une bonne partie de la nuit. A présent, il est impossible, à Rome, d'en faire plus d'un.

Je trouve plusieurs causes de ce changement : les unes physiques, les autres morales. Rome moderne est bâtie dans un lieu bas et autrefois inhabité, et on n'y respire plus cet air subtil de la Ville des Sept Montagnes.

---

1. Tout le monde ne les faisoit pas, mais les femmes, les enfants, les vieillards, ceux qui avoient un estomac foible, les débauchés.

Les Papes étant revenus à Rome, que leur absence avoit rendue déserte, se logèrent près de l'Église de Saint-Pierre et du tombeau d'Hadrien, qui est le Château-Saint-Ange. Cela étoit assez naturel, parce que cette église étoit l'objet de la dévotion de tout l'univers, et le tombeau d'Hadrien étoit la meilleure fortification de la Ville. Rome se rebâtit auprès du palais des Papes, c'est-à-dire dans le Champ de Mars, et la plaine le long du Tibre, qui est un lieu bas, et où l'air est grossier. Ce lieu étoit autrefois presque inhabitable, à cause des affreuses inondations du fleuve. Mais les débordements fréquents et les destructions diverses de la Ville ont un peu élevé ce terrain.

L'air a même changé dans les quartiers autrefois peuplés. Cela se prouve par des maladies nouvelles et est très aisé à expliquer. Les ouvrages faits pendant tant de temps, par un peuple immense, sont la plupart ensevelis sous terre ; l'eau y croupit, et l'air s'y renferme.

De plus, la manière de vivre a changé à tous égards.

Les anciens Romains employoient l'art pour manger beaucoup. Ils se baignoient toujours avant le repas, pour préparer leur estomac. Arthémidore disoit que, de son temps, le bain n'étoit qu'un passage à la table. L'usage en étoit si invétéré que les médecins ne pouvoient être obéis lorsqu'ils le défendoient [1].

---

1. Les anciens médecins se plaignoient de cela.

Dans le tome XIe des *Lettres édifiantes,* le père Antoine Sepp écrit au père Guillaume Stinglhaim que les rivières sont nécessaires aux habitations des Indiens : ces peuples, qui vivent de leur chasse, sont sujets à de grandes indigestions, dont le bain seul peut les guérir.

Les anciens Romains faisoient encore usage des vomitifs[1] pour mieux manger. Je ne parle point des débauches de Vitellius et de ceux qui lui ressemblèrent ; je parle d'une vie unie et ordinaire.

La vie de Rome étoit extrêmement agitée. La constitution du gouvernement, la multiplicité des devoirs et des affaires, les brigues pour les élections qui exigeoient que l'on connût un nombre infini de gens, et que l'on en fût connu, le demandoient ainsi. Rome est aujourd'hui la ville du monde la plus tranquille. Chez les ambitieux, toute l'agitation est dans l'esprit, et le corps se repose.

Aujourd'hui, de certaines circonstances y font qu'un peuple pauvre met tout ce qu'il peut avoir de bien, dans une pompe extérieure, et sacrifie à sa vanité ses voluptés mêmes. Autrefois, un peuple immense et riche, chez lequel la magnificence ne distinguoit personne, n'employoit guère ses richesses que pour ses plaisirs.

L'ambition pour une place suprême que l'on ne peut obtenir que par la vieillesse, par une vie réglée

---

[1]. Cicéron, dans une lettre à Atticus, livre XIII, décrivant la façon dont César vécut chez lui, dit : « Ἐμετικὴν *agebat ; itaque edit et bibit et* ἀδεῶς *et jucunde.* »

« *Qui mane vomuit,* dit Celse, *ungi debet ; deinde cœnare.* »

et de bonnes mœurs, inspire aujourd'hui à tous une sobriété générale : chacun défend ses espérances en prenant un soin continuel de sa santé, et Rome est un peuple de convalescents.

Une vie réservée, que la constitution de l'État rend nécessaire, fait que l'on ne mange point ensemble. Cela seul fait naître la sobriété : car, dans les festins, la multiplicité de mets irrite l'appétit, et chacun s'exhorte aux excès.

L'estomac s'accoutume à tout le travail qu'on veut lui donner. Les athlètes, dont la profession exigeoit qu'ils mangeassent beaucoup, et qui mangeoient tant, en sont une véritable preuve.

On peut objecter contre ce que j'ai dit ci-dessus l'exemple des Turcs, qui se baignent beaucoup et mangent très peu.

Mais ils se lavent plus qu'ils ne se baignent. Le café, qu'ils prennent sans cesse, et la fumée du tabac préviennent la faim. D'ailleurs, ils sont affoiblis par une vie plus paresseuse et un usage continuellement immodéré des femmes.

Aujourd'hui, à Rome, il est absolument nécessaire de dormir après le dîner. Les Anciens ne nous parlent point de ce besoin.

Sur le milieu du jour, on devient incapable d'application : on est dans l'impuissance de veiller ; il semble que les organes tombent les uns sur les autres.

Je me persuade que l'ancien peuple, *patiens pulveris atque solis*, avoit tout une autre force que celui-ci : l'institution, l'habitude, les mœurs, font aisément vaincre la force du climat.

De plus, la chaleur excessive ne procure le sommeil que parce qu'elle augmente la raréfaction des liqueurs et le relâchement des fibres, et le cerveau s'affaisse plus aisément. Mais le bain, que les Anciens prenoient continuellement, mettoit une certaine fraîcheur dans les parties, rendoit aux liqueurs leur consistance et aux fibres leur action.

SOUVENIRS DE LA COUR

DE

STANISLAS LECKZINSKI

SOUVENIRS DE LA COUR

DE

STANISLAS LECKZINSKI

Le roi de Pologne étant en Saxe avec le roi de Suède, un meunier vint se plaindre à lui que le valet d'un écuyer du prince Lubomirski lui avoit enlevé sa femme. Il envoya chercher ce valet, qui lui dit :
5 « Sire, faites-moi donc rendre la mienne, que mon maître m'a enlevée. » Il parla à cet écuyer, qui lui dit : « Sire, faites-moi donc rendre la mienne, que le prince Lubomirski m'a enlevée. » Il parla au prince Lubomirski, qui lui dit : « Sire, faites-moi donc
10 rendre la mienne, que le roi Auguste m'a enlevée. »

Le roi de Pologne étant à Dantzig, la résolution fut prise qu'il quitteroit la Ville. On tenoit tous les jours un conseil des magistrats de la Ville, et il fallut proposer à ce conseil la résolution du Roi.
15 Comme on dit au Conseil que le Roi étoit obligé de les abandonner, un magistrat dit : « Monsieur, cela ne se peut pas. » On lui dit les raisons. Il dit encore : « Cela ne se peut pas. » Et, en disant ces paroles, il tomba mort. Le Roi m'a dit que ceux de Dantzig

avoient montré un courage aussi héroïque que le peuple de Gênes.

Le Roi m'a dit qu'étant jeune il passa en Prusse et y fut admirablement bien reçu par le grand-père du Roi, qui n'avoit encore que le titre d'électeur; d'autant que sa maison avoit toujours été attachée à celle de Brandebourg. L'Électeur lui dit : « Vous voyez ici que je suis électeur. Souvenez-vous-en bien. » Le lendemain, il alla dans une maison de campagne qu'il avoit fait bâtir pour son ministre, et là l'Électeur fut traité de la même manière que s'il avoit été son ministre. Ensuite, il alla dans une maison faite pour un gentilhomme, et là le Roi étoit traité et traitoit les autres comme un gentilhomme. Ensuite, dans une maison pour un bourgeois, et là lui et toute sa cour étoient des bourgeois. Ensuite, dans une maison de paysan, et là lui et toute sa cour étoient des paysans : habit, nourriture, labourage. Ensuite, il retourna à son palais. Le Roi m'a dit que, s'il avoit été assez grand seigneur, une pareille idée lui seroit venue, et l'auroit *(sic)* exécutée.

Il m'a dit que le feu Czar avoit pensé de mettre un couple de chameaux à la tête de chaque troupe de sa cavalerie. Il en avoit dans des lieux de son empire. Les chameaux font une certaine peur et une certaine horreur aux chevaux, et, comme sa cavalerie ne pouvoit tenir contre celle des Suédois, il espéroit que cela feroit fuir et arrêteroit la cavalerie suédoise.
— Et qu'il *(sic)* ne savoit s'il l'avoit exécuté.

Le Roi disoit que, lorsqu'il eut appris la mort du roi de Suède, il se jugea perdu, et qu'il fit venir ses domestiques, et fit apporter tout ce qu'il avoit de bijoux, et leur donna tout ce qu'il avoit de meubles dont il ne *(sic)* pouvoit absolument se passer, et les leur distribua, et ne se garda que l'espérance; qu'étant dans sa retraite de Wissembourg, il étoit sorti le matin seul et rêvoit fort triste aux moyens de faire subsister sa famille; et que tout d'un coup le courrier de M. le Duc arriva; qu'il alla éveiller la Reine; qu'il lui dit: « Bonnes nouvelles! Nous marions notre fille. — Avec qui? Avec quelque prince de la Maison Palatine? — Non! Elle sera reine de France! »

Lorsque le roi de France, après le voyage de Metz, vint en Lorraine, toute la cour du Roi, même les valets de pied, furent nourris. Le duc d'Ossolinski m'a dit que toute la Cour fut traitée; qu'il y avoit seize tables, et qu'il n'en coûta pas au Roi plus de 180,000 francs; que toute la Cour étoit étonnée de la grandeur de la dépense; et qu'on croyoit qu'il en coûteroit au Roi 4 ou 500,000 francs; que le Roi disoit toujours : « Je sais ce qu'il a. Comment a-t-il pu faire bâtir toutes ces maisons? Il faut qu'il ait la pierre philosophale. »

Le roi de Pologne a un goût admirable pour les maisons et les jardins. Il a fait à Lunéville des choses extraordinaires, et ce sont d'aussi beaux jardins qu'il y en ait en Europe. Il y avoit un vilain cloaque à Lunéville. Il y a jeté la rivière de la Meurthe et fait par là un très beau canal, qui côtoye ses jardins, outre que cela rend l'air plus sain. Il a fait une belle cascade au bout de ce canal, et, après la cascade, un très beau salon, percé de vingt-quatre très belles croisées. Il semble que l'on soit dehors, tant il est bien éclairé. Il est très beau et peut-être le plus beau qu'il y ait nulle part. Tout y est singulier et respire le génie du Roi, qui a des idées toutes à lui et a formé son architecte et ses ouvriers. Ce salon est en face et vis-à-vis de Lunéville, et, à 4 ou 500 pas autour, il y a fait des logements, qui font seize petits appartements. Ce lieu s'appelle *Chandeu*.

Inville est une petite maison des ducs de Lorraine. Pour un déjeuner, le Roi a construit une belle galerie, qui, illuminée, forme, surtout lorsqu'elle est éclairée, un coup d'œil admirable. Elle est détachée de la maison, qui est devenue plus considérable, parce que le Roi y a bâti de quoi loger sa cour.

La Male-Grange est la maison du monde la plus singulière. La maison et les parterres et jardins sont admirables. On y voit partout le génie du Roi, qui a un talent unique pour faire des choses charmantes et qui ne ressemblent à rien.

J'ai trouvé mon trèfle exécuté à Lunéville, et le Roi l'a donné à M. le duc d'Ossolinski. Il a fait cinq ou six maisons qu'il a données à ses courtisans, et qui sont entre Chandeu et Lunéville, entre le canal et la rivière.

NOTES

NOTES

Page 4, ligne 2. — Kaïr-Eddin, dit *Barberousse*, frère d'Aroudy, roi d'Alger, lui succéda en 1518, reconnut le sultan de Constantinople pour suzerain en 1520, fut nommé capitan-pacha en 1536, et mourut en juillet 1546. C'est après sa nomination de capitanpacha qu'il s'empara de Fondi. Il voulait (dit-on) enlever la belle Julia Gonzague, qui s'échappa par la fenêtre et en chemise.

Page 4, ligne 15. — Caligula, petit-neveu de Tibère, naquit le 31 août de l'an 12 après Jésus-Christ, succéda à son grand-oncle le 16 mars de l'an 37 et fut assassiné le 24 janvier de l'an 41.

Page 5, ligne 27. — L'ancienne Capoue, détruite par les Sarrasins au IXe siècle, était située à 4 ou 5 kilomètres du lieu où se trouve la nouvelle, mais sur l'autre rive du Vulturne.

Page 7, ligne 16. — Le manuscrit donne *Charpenteriana* au lieu de *Carpenteriana*. — Le *Carpenteriana*, publié en 1724, est un recueil de mots attribués à François Charpentier, membre de l'Académie française et de l'Académie des Inscriptions et Belles-Lettres, né le 15 février 1620 et mort le 22 avril 1702.

Page 7, ligne 18. — Michel de Marolles, abbé de Villeloin, né le 22 juillet 1600 et mort le 6 mars 1681, publia, entre autres traductions, une version en prose et une version en vers des *Épigrammes* de Martial; la première en 1655, et la seconde en 1671.

Page 7, ligne 23. — Pierre de Lancre, né en 1560 et mort vers 1630, fut conseiller au Parlement de Bordeaux et publia, entre autres ouvrages, un *Tableau de l'Inconstance des mauvais Anges et Démons, où il est amplement traité des Sorciers et de la Sorcelerie,* dont la première édition parut à Paris, chez Jean Berjon, en 1612.

Page 7, ligne 25. — M. Pitres, doyen de la Faculté de Médecine de Bordeaux, a bien voulu nous apprendre que le philosophe Gassendi (né le 22 janvier 1592 et mort le 24 octobre 1655) fit l'expérience à laquelle Montesquieu fait ici allusion pour démontrer à des paysans l'inanité de leurs croyances au sabbat et aux sorciers.

Page 8, ligne 3. — Le cardinal Borgia dont il s'agit ici est le cardinal Charles (frère du cardinal François). Né vers 1648, il fut nommé patriarche des Indes en 1708 et promu cardinal le 29 novembre 1719. Il mourut le 8 août 1733.

Page 8, ligne 13. — Rodrigue Lenzoli-Borgia naquit, en 1431, près de Valence, dont il devint archevêque. Promu cardinal en 1456, il fut élu pape le 11 août 1492 et prit le nom d'*Alexandre VI*. Il mourut le 18 août 1503.

Page 8, lignes 10 à 14. — Cette fin de paragraphe a dû être ajoutée après la mort de Benoît XIII : car c'est évidemment lui qui est désigné ici sous le titre du *feu* Pape.

Page 8, ligne 17. — Marc de Beauvau, né le 29 avril 1679 et mort le 11 mars 1754, fut créé prince du Saint-Empire le 13 novembre 1722. Il conclut le mariage de l'archiduchesse Marie-Thérèse avec François, duc de Lorraine, dont il avait été le gouverneur. Quand François acquit le grand-duché de Toscane, il chargea Beauvau d'en diriger le gouvernement.

Page 9, lignes 4 à 6. — Ce fut le 3 avril 1725 que le duc de Bourbon, premier ministre de Louis XV, renvoya en Espagne l'infante Marie-Anne-Victoire, fille de Philippe V. Née le 31 mars 1718, elle avait été fiancée au roi de France le 25 novembre 1721. Son renvoi faillit amener la guerre. Le 19 janvier 1729, elle épousa le prince Joseph de Bragance, futur roi de Portugal. Elle mourut le 15 janvier 1781.

Page 10, ligne 1. — La comtesse de Harrach que Montesquieu connut, ne peut être que la troisième femme du comte. Celui-ci avait, en effet, eu les fils dont il sera question tout à l'heure de sa seconde femme Anna-Cécile de Thanhausen, veuve du comte de Thun, et non du comte de Gallas, ainsi que l'était la comtesse de Harrach de 1729. Cette comtesse-là mourut le 30 janvier 1745.

Page 11, lignes 9 et 10. — Mathias Preti, dit *le Calabrais*, peintre de l'école napolitaine, naquit à Taverna, le 24 février 1613, et mourut à Malte, en 1699.

Page 11, lignes 15 et 16. — Héritier des empereurs Frédéric II, son aïeul, et Conrad IV, son père, Conradin naquit le 25 mars 1258. A l'âge de seize ans, il revendiqua par les armes la couronne de Naples et de Sicile, que portait Charles d'Anjou. Mais, vaincu à Tagliacozzo, fait prisonnier et condamné à mort, il fut décapité le 29 octobre 1268, avec son fidèle compagnon Frédéric de Bade, qui s'intitulait *duc d'Autriche*.

Page 11, ligne 17. — Est-ce Louis Roderigo ou Rodriguez, de

Messine, peintre du XVIIᵉ siècle, que Montesquieu appelle ici *Louis Sicilien?*

Page 11, lignes 23 et 24. — Dominique Fontana, le plus illustre architecte de son nom, naquit à Mili, près de Côme, en 1543 et mourut en 1607. C'est en 1600 que l'on commença à bâtir, sur ses plans, le palais royal de Naples. L'incendie qui éclata dans cet édifice en 1837 n'a laissé subsister que la façade primitive.

Page 12, ligne 15. — Mathieu Ripa, né à Éboli, le 29 mars 1682, et mort le 29 mars 1746, fut missionnaire en Chine. Revenu en Europe, il entreprit l'œuvre dont Montesquieu parle dans son *Voyage en Italie*. Le 11 avril 1732, un bref de Clément XII approuva la fondation du Collège des Chinois à Naples, collège qui fut inauguré le 25 du même mois, et qui existe encore sous le nom de *Reale Istituto orientale*.

Page 12, ligne 22. — La Congrégation de la Propagande fut organisée en 1622, par Grégoire XV, pour s'occuper de la propagation de la foi. Elle siégeait à Rome, dans son Collège. Les futurs missionnaires étaient spécialement initiés à la théologie et aux langues orientales.

Page 13, ligne 1. — Marie-Élisabeth, fille de Jean-Wenceslas, comte de Gallas, naquit le 18 janvier 1718 et mourut, sans enfants, le 8 janvier 1734. Elle épousa, en 1733, Ferdinand-Bonaventure, comte de Harrach. Mais celui-ci était le plus jeune fils, et non le petit-fils du vice-roi de Naples que Montesquieu connut.

Page 13, lignes 4 et 5. — Le comte de Harrach, qui est mentionné ici, à propos de son frère, est Frédéric-Auguste, né le 18 juin 1696 et mort le 4 juin 1749. De 1728 à 1733, il représenta à la diète de Ratisbonne l'empereur Charles VI, électeur de Bohême. Plus tard, il fut chargé successivement des plus hautes fonctions politiques.

Page 13, ligne 27. — Le manuscrit donne ici et plus loin *Pouzol*, au lieu de *Pouzolles*.

Page 16, ligne 5. — L'École de Salerne, dont les origines remontent (dit-on) au IXᵒ siècle, fut réorganisée au XIᵉ. Pendant fort longtemps, elle fut l'école de médecine la plus célèbre de l'Europe. Mais elle déchut peu à peu de ce rang, si bien qu'elle disparut en 1817.

Page 16, lignes 11 à 13. — C'est le 27 septembre 1538 que commencèrent à se produire les phénomènes volcaniques à la suite desquels le village de Tripergola fut englouti et le Monte-Nuovo apparut haut de 134 mètres.

Page 17, ligne 11. — M. Fallot, professeur à la Faculté des

Sciences de Bordeaux, a bien voulu nous apprendre que le minerai blanc dont parle Montesquieu doit être de l'alunite ou de l'alunogène.

Page 18, lignes 21 et 22. — Saint Janvier, évêque de Bénévent, fut martyrisé à Pouzolles en 305. On conserve son corps dans la cathédrale de Naples. C'est dans une chapelle de cette église que s'opère chaque année, à certains jours, le miracle qui intriguait tant Montesquieu. Il en parle à deux endroits de ses *Voyages*. Au tome Ier de ses *Pensées* manuscrites, page 535, il revient sur la question et développe cette idée que « les hommes sont plus aisément dupes qu'imposteurs ».

Page 19, ligne 12. — Philippe V vint à Naples le 5 avril 1702 et le quitta le 2 juin suivant.

Page 20, ligne 5. — Deux reines de Naples sont connues sous le nom de *Jeanne :* la première, petite-fille de Robert-le-Sage, née en 1326, succéda à son aïeul en 1343 et mourut en 1382; la seconde, fille de Charles III, née en 1371, succéda à Ladislas, son frère, en 1414, et mourut le 2 février 1435.

Page 21, ligne 8. — Thomas Aniello, dit *Mazaniello*, né en 1622, à Amalfi, était un simple pêcheur lorsque les Napolitains se révoltèrent contre les Espagnols, le 7 juillet 1647. Chef de l'insurrection, il obligea le duc d'Arcos, vice-roi de Philippe IV, à traiter avec lui de puissance à puissance. Mais il devint alors comme fou et fut assassiné le 16 juillet, sans que le peuple parût s'émouvoir de sa mort.

Page 21, lignes 14 et 15. — Ce fut dans la nuit du 22 au 23 septembre 1701 qu'éclata à Naples une révolte fomentée par François, baron de Chassignet, agent de l'empereur Léopold Ier. Les chefs de l'entreprise étaient Gaétan, prince de Macchia, et Barthélemy, duc de Télèse. Mais, dès le 24, les troubles furent réprimés par le vice-roi Louis-François, duc de Médina-Celi, aidé des partisans de Philippe V.

Page 23, ligne 12. — Pierre Giannone, né à Ischitella, dans la Capitanate, le 7 mai 1676 et mort le 7 mars 1748, publia, en 1723, sa *Storia civile del Regno di Napoli*. Les propositions qu'elle renfermait relativement aux rapports du royaume avec le Saint-Siège irritèrent le Clergé contre lui. Il dut quitter Naples et se réfugia d'abord à Vienne, puis à Genève, enfin à Turin, où Charles-Emmanuel III, roi de Sardaigne, le fit arrêter et le garda en prison de 1736 jusqu'à sa mort. A la page 390 du tome Ier de ses *Pensées* manuscrites, Montesquieu mentionne en ces termes la grande œuvre de Giannone :

« Une histoire civile du royaume de France comme Giannone a fait l'*Histoire civile du Royaume de Naples.* »

Page 25, ligne 28. — Dans le manuscrit des *Voyages* sont insérées deux notes relatives au Vésuve et écrites sur deux feuilles de papier réunies par une épingle :

« Mes *Voyages*. — Citer Cassiodore, livre IVe, lettre L, page 81 de mon extrait sur la fertilité des matières brûlées du Vésuve. »

« Mes *Voyages*. — Voyez mon extrait du tome Ier des *Historiens d'Italie* de Muratori, page 4e de l'histoire miscella, page 8. On y parle de la ville Herculanum-Pompeii. Ce qui paroît être la ville découverte de nos jours auprès du Mont-Vésuve. Or, si Eutrope en parle, elle ne peut avoir été abîmée du temps de Pline. Il seroit bien ignorant de n'avoir pas su qu'elle étoit abîmée : car je crois qu'Eutrope a écrit après Pline ; ce qu'il faut examiner. »

Page 26, ligne 3. — Tibère, beau-fils et fils adoptif d'Auguste, naquit le 17 novembre de l'an 42 avant Jésus-Christ, succéda au fondateur de l'Empire le 19 août de l'an 14 de notre ère, s'établit à Caprée en l'an 27, et mourut le 16 mars de l'an 37.

Page 26, ligne 29. — M. Millardet, professeur à la Faculté des Sciences de Bordeaux, a bien voulu s'informer pour nous, en Italie, du nom scientifique de la plante dont Montesquieu parle sous le nom d'*herba neggia*. C'est, paraît-il, le *reseda luteola*, appelé en français *la gaude*. On extrait de cette plante une belle teinture jaune.

Page 27, lignes 2 et 3. — L'écu romain valait 10 jules 3/4, c'est-à-dire près de 5 livres, 13 sous, 7 deniers de France ; et, par suite, l'écu napolitain ne valait que 4 livres et 4 à 5 sous.

Page 28, ligne 6. — Fernandez Pacheco, duc d'Escalone et marquis de Villena, né le 7 septembre 1648 et mort en juillet 1725, avait pris possession de la vice-royauté de Naples le 15 février 1702. Quand les Impériaux envahirent le royaume, il fut bientôt réduit à s'enfermer dans Gaëte. Il dut même se rendre le 30 septembre 1707, après une belle résistance, dont les vainqueurs se vengèrent en le maltraitant.

Page 28, ligne 16. — Cicéron possédait, en effet, près de Formies, une villa, dans le voisinage de laquelle il fut tué par les sicaires d'Antoine, le 4 décembre de l'an 43 avant Jésus-Christ.

Page 28, ligne 24. — A la suite de l'alinéa qui finit par les mots *tiennent à Bayes* se trouve, dans le manuscrit, un blanc d'une demi-page, ménagé sans doute pour y dessiner un plan de Gaëte.

Page 28, ligne 30. — Charles III, duc de Bourbon, né le

28 février 1489, fut nommé connétable le 12 janvier 1515, s'enfuit de France, pour se mettre au service de Charles-Quint, au mois de septembre 1523, et fut tué le 6 mai 1527, au siège de Rome. Brantôme dit avoir vu le tombeau du Connétable, en 1560, dans la chapelle du Château de Gaëte. Son cadavre fut donc enlevé plus tard du lieu consacré où les Espagnols l'avaient mis d'abord.

Page 33, ligne 24. — A la place des points que nous mettons dans cette ligne, le manuscrit donne le mot *niterie;* mais ce mot est biffé.

Page 35, ligne 7. — Nicolas-Marie Lercari, Génois, fut promu cardinal le 9 décembre 1726 et mourut en 1757.

Page 36, ligne 13. — Le *Pastor fido,* idylle ou tragédie pastorale, fut composée par Jean-Baptiste Guarini, né à Ferrare, en 1537, et mort à Venise, en 1612.

Page 37, ligne 24. — Joseph-René Imperiali, Génois, fut promu cardinal le 13 février 1690 et mourut en 1737.

Page 37, ligne 25. — Léandre, des comtes de Porzia, naquit dans le Frioul. Après avoir été fait évêque de Bergame, il fut promu cardinal le 30 avril 1728. Il mourut en 1740.

Page 37, ligne 26. — Charles Colonna, Romain, fut promu cardinal le 17 mai 1706 et mourut en 1739.

Page 37, lignes 26 et 27. — Marie Mancini, nièce de Mazarin, naquit en 1640, se maria en 1661, avec Laurent-Onufre Colonna de Gioëni, grand-connétable du royaume de Naples, et mourut en mai 1715.

Page 38, lignes 10 et 11. — La fin du paragraphe a dû être ajoutée après l'élection de Clément XII.

Page 39, ligne 12. — Marcus Porcius Cato, dit *le Censeur,* né vers 233 et mort en 148 avant Jésus-Christ, était originaire de Tusculum, près duquel se trouvait la montagne qui porte encore le nom de *Monte-Porzio.*

Page 39, lignes 14 et 15. — Cicéron possédait à Tusculum une très belle villa, située à 4 kilomètres environ du village actuel de Frascati. Le président de Brosses en parle dans ses *Lettres,* et ce qu'il en dit permet de combler la lacune du manuscrit des *Voyages* de Montesquieu, qui omet d'indiquer l'ordre auquel appartenait le couvent qui a remplacé *la maison de Cicéron :* « Nous allâmes, d'abord, à Grotta-Ferrata, autrefois le *Tusculum* de Cicéron, à qui des *moines grecs de l'ordre de saint Basile* ont indignement succédé [1]. »

---

1. *Lettres familières,* tome II, pages 272 et 273.

NOTES

Page 39, ligne 19. — Caius Marius, né vers l'an 153 et mort le 13 janvier 86 avant Jésus-Christ, se couvrit de gloire dans les guerres étrangères, mais de honte dans la guerre civile.

Page 39, ligne 26. — Par *Connétable*, il faut entendre ici Fabrice Colonna, prince de Paliano, mort en 1755, et chef de cette famille des Colonna qui se transmettait depuis 1520, par ordre de primogéniture, le titre de grand-connétable du royaume de Naples.

Page 40, ligne 17. — Christophe Layer, avocat anglais, né le 12 novembre 1683, prit une part active aux conspirations des Jacobites. Il fut cependant traité d'une façon moins sommaire que Montesquieu ne le dit. Après le voyage qu'il fit à Rome en 1721, il revint à Londres, où il ne fut arrêté qu'au printemps de 1722, et puis pendu et écartelé, le 17 mai 1723, en vertu d'un arrêt rendu par la Cour du Banc du Roi.

Page 41, ligne 1. — Philippe-Antoine Gualtieri, né le 24 mars 1660, à Fermo, fut nommé successivement nonce en France et évêque d'Imola. Promu cardinal le 17 mai 1706, il devint évêque de Todi; puis, abbé de Saint-Remy de Reims et de Saint-Victor de Paris. Il mourut le 21 mai 1728.

Page 41, ligne 15. — Claudine-Alexandrine Guérin, marquise de Tencin, née en 1681 et morte le 4 décembre 1749, fut d'abord religieuse, et puis chanoinesse. C'était la sœur de l'abbé de Tencin, qui devint archevêque et cardinal. La Fresnaye, conseiller au Parlement de Paris et un de ses trop nombreux amants, s'étant tué chez elle, elle fut incarcérée quelque temps à la Bastille, en 1726.

Page 41, lignes 17 à 20. — Les deux abbayes dont il est ici question appartenaient toutes les deux à l'ordre de Saint-Benoît. L'abbaye d'Anchin se trouvait dans le diocèse d'Arras, tandis que l'abbaye de Saint-Germain-des-Prés était à Paris même. Saint-Germain fut donné à Bissy en décembre 1714; Polignac n'obtint qu'en 1715 l'abbaye d'Anchin.

Page 41, ligne 20. — Michel Le Tellier ou Tellier, né le 16 décembre 1643 et mort le 2 septembre 1719, entra dans la Société de Jésus. Il fut le confesseur de Louis XIV pendant les six à sept dernières années de ce prince. Sous la Régence, il fut d'abord éloigné de la Cour, et finalement interné à La Flèche.

Page 42, lignes 5 et 6. — Joseph-Emmanuel de La Trémouille, né en 1658, fut promu cardinal le 17 mai 1706, devint évêque de Bayeux, puis archevêque de Cambrai, et mourut le 9 janvier 1720.

Page 42, ligne 8. — Louis-Auguste de Bourbon, duc du Maine, fils légitimé de Louis XIV et de Mme de Montespan, naquit le

31 mars 1670. Pendant les trois premières années de la Régence, il fut surintendant de l'éducation de Louis XV. Il mourut le 14 mai 1736.

Page 42, ligne 16. — Le testament dont s'inquiétait Le Tellier est celui de Louis XIV, testament que le duc d'Orléans devait faire casser par le Parlement de Paris, le 2 septembre 1715.

Page 42, ligne 22. — L'évêque de Chartres dont il s'agit ici est Paul Godet des Marais, né en juin 1649 et mort le 25 septembre 1709. Il fut nommé évêque de Chartres le 11 février 1690, par l'influence de Mme de Maintenon.

Page 42, lignes 22 et 23. — Pasquier Quesnel, théologien, né le 14 juillet 1634 et mort le 2 décembre 1719, publia, en 1693, des *Réflexions morales sur le « Nouveau Testament »*, *les « Actes » et les « Épîtres » des Apôtres*, dont cent et une propositions furent condamnées par Clément XI, le 8 septembre 1713, dans la célèbre bulle *Unigenitus*.

Page 42, ligne 25. — Françoise d'Aubigné, marquise de Maintenon, naquit le 27 novembre 1635 et mourut le 15 avril 1719. Après avoir eu Scarron pour premier mari, elle épousa secrètement Louis XIV, en 1684. Protestante de naissance, elle s'était convertie dans sa jeunesse et s'occupa beaucoup des questions religieuses sur la fin de sa vie.

Page 42, ligne 25. — L'évêque de Meaux dont il s'agit ici est, bien entendu, Jacques-Bénigne Bossuet, né le 28 septembre 1627 et mort le 12 avril 1704. Il fut évêque de Condom du 13 septembre 1668 jusqu'en novembre 1671, où il démissionna ; puis, évêque de Meaux, à partir du 2 mai 1681.

Page 42, lignes 26 et 27. — L'archevêque de Cambrai dont il est ici question est, bien entendu, François de Salignac de La Motte-Fénelon, né le 6 août 1651 et mourut le 7 janvier 1715. C'est en février 1695 qu'il fut appelé à la haute fonction dont il resta chargé jusqu'à sa mort. Mais ses écrits mystiques n'en furent pas moins condamnés à Rome, le 12 mars 1699.

Page 42, ligne 30. — Joachim Trotti de La Chétardie, né en 1636 et mort le 1er juillet 1714, fut curé de Saint-Sulpice, à Paris, et exerça sur les affaires ecclésiastiques de son temps une influence plus ou moins heureuse.

Page 43, ligne 5. — Michel-Ange Conti, Romain, né le 15 mai 1655, fut promu cardinal le 7 juin 1706. Élu pape le 8 mai 1721, il prit le nom d'*Innocent XIII*. Il mourut le 7 mars 1724.

Page 43, ligne 8. — Armand-Gaston-Maximilien de Rohan-Soubise, né le 26 juin 1674, fut nommé évêque de Strasbourg et membre de l'Académie française en 1704. Le 30 janvier 1713, il fut promu cardinal. Il mourut le 19 juillet 1749.

Page 43, ligne 9. — Fabius Olivieri, né à Pesaro, fut promu cardinal le 6 mai 1715 et mourut en 1738.

Page 43, ligne 10. — Louis-Gui de Guérapin de Vauréal devint évêque de Rennes le 24 août 1732, résigna ses fonctions en 1758, et mourut le 17 juin 1760.

Page 44, ligne 8. — Par *Couronnes,* il faut entendre sans doute les souverains qui avaient le droit d'exclusion, c'est-à-dire le droit de s'opposer, chacun, à l'exaltation d'un cardinal. Vers la fin du moyen âge, ce privilège appartenait à quatre princes. Mais, depuis que le royaume de Naples ne formait plus un état indépendant, il n'était exercé que par l'Empereur, par le roi d'Espagne et par le roi de France, si bien que les *quatre couronnes* d'autrefois n'étaient « que trois », ainsi que le cardinal de Polignac le dit au conclave de 1721.

Page 45, ligne 11. — Il s'agit sans doute ici d'Antoine-Félix, marquis de Monti, né le 12 juillet 1681 et mort le 13 mars 1738, qui était de Bologne, et qui remplit des fonctions diplomatiques, notamment en Pologne, où il fut envoyé par le cardinal de Fleury, et où il fit élire roi, en 1733, Stanislas Leczinski.

Page 45, ligne 19. — Le manuscrit donne ici et plus loin *Ursini,* au lieu de *Orsini.*

Page 45, ligne 23. — Joseph Pereyra de La Cerda, évêque de Faro, dans les Algardes, fut promu cardinal le 19 novembre 1719 et mourut le 29 septembre 1738.

Page 46, lignes 25 à 28. — C'est en l'an 212 avant Jésus-Christ qu'Annibal marcha sur Rome et en ravagea les environs, dans l'espoir d'obliger les généraux romains qui bloquaient Capoue de lever le siège de cette ville.

Page 47, ligne 18. — Le cardinal de Polignac n'acheva jamais son *Anti-Lucretius (sive de Deo et Natura Libri IX).* Ce poème ne fut publié qu'en 1745, après la mort de l'auteur, par l'abbé de Rothelin. Il a été traduit en français plusieurs fois, et de plus en italien.

Page 47, ligne 29. — Ignace-Hyacinthe Amat de Graveson, né le 13 juillet 1670 et mort le 26 juillet 1733, appartenait à l'ordre de saint Dominique et fut un des célèbres théologiens de son temps.

Page 48, ligne 7. — Par *M. de Saintes,* il faut entendre Léon de Beaumont, qui fut nommé évêque de Saintes le 20 janvier 1716, et qui mourut le 10 octobre 1744.

Page 49, lignes 12 et 13. — La Villa d'Este fut construite en 1549, par Hippolyte d'Este, de Ferrare, qui fut promu cardinal en décembre 1538, et qui mourut en 1572.

Page 49, ligne 14. — Par les mots *præceps Anio,* Montesquieu fait allusion à l'ode d'Horace (I, 7), où le poète rappelle à Munatius Plancus les charmes de la campagne de Tibur :

> ..... *Domus Albuneæ resonantis*
> *Et præceps Anio, ac Tiburni lucus et uda*
> *Mobilibus pomaria rivis.*

Un peu plus loin (page 50, lignes 15 à 19), en revenant sur le *præceps Anio,* il montrera qu'il avait encore le souvenir des *uda pomaria* d'Horace.

Page 49, ligne 30, et page 50, ligne 1. — La statue dont Montesquieu parle ici se trouve sur le maître-autel de l'église de Sainte-Bibiane, à Rome.

Page 50, ligne 4. — Frédéric Zuccari ou Zucchero, peintre de l'école romaine, naquit à Sant'Angelo-in-Vado, en 1543, et mourut à Ancône, en 1609.

Page 50, lignes 21 et suivantes. — C'est vers l'an 123 qu'Adrien entreprit la construction de sa villa de Tibur, où il se plut à faire reproduire les sites et les édifices qui l'avaient frappé dans ses voyages à travers l'Empire romain.

Page 51, note 1. — Nous n'avons relevé aucun passage des *Voyages* de Montesquieu où le jugement du cardinal Imperiali sur l'avenir de Civita-Vecchia ait été rapporté une première fois.

Page 53, ligne 4. — Jérome Muziano ou Mucien, peintre de l'école vénitienne, naquit à Acquafredda, en 1530, et mourut à Rome, le 27 avril 1592.

Page 53, ligne 6. — Camille Cibo, des princes de Massa et Carrara, fut promu cardinal le 23 mars 1729 et mourut en 1743.

Page 53, ligne 20. — Cneus Pompeius Magnus, dit *le grand Pompée,* qui fut le rival de Jules César, naquit le 9 septembre 106 et mourut le 24 juillet 48 avant Jésus-Christ.

Page 53, ligne 31. — Le manuscrit donne ici et plus loin *Lariccia, l'Ariccia* ou *La Riccia,* au lieu d'*Ariccia.*

Page 54, lignes 29 à 31. — Au lieu de *Lavinium,* il faudrait *Civita-Lavinia.* Cette ville est, en effet, sur l'emplacement de l'ancien Lanuvium. Mais Énée fut, d'après la légende, le fondateur non de *Lanuvium,* mais de *Lavinium,* qui se trouvait plus à l'ouest, au lieu où, de nos jours, on voit le village de Pratica.

Page 54, ligne 30. — D'après la légende qu'a immortalisée

Virgile, Énée vint, après la prise de Troie, en Italie, où il épousa Lavinie, fille de Latinus, roi du Latium.

Page 55, ligne 1. — C'est par le récit de la mort de Turnus, roi des Rutules, que Virgile a terminé son *Énéide*.

Page 55, lignes 6 et 7. — Samuel Pitiscus, archéologue, né à Zutphen, le 30 mars 1636, et mort le 1er février 1727, publia, en 1713, à Leeuwarden, la première édition de son *Lexicon Antiquitatum Romanarum, in quo Ritus et Antiquitates tum Graecis et Romanis communes, tum Romanis particulares, exponuntur*.

Page 55, ligne 11. — Laurent Imperiali, Génois, qui était gouverneur de Rome en 1662, avait été promu cardinal le 19 septembre 1652, et mourut en 1673.

Page 55, ligne 12. — Le 20 août 1662, une rixe sanglante éclata à Rome entre les gardes corses du pape Alexandre VII et les gens du duc de Créquy, ambassadeur de France. Une réparation solennelle fut exigée par Louis XIV. Entre temps, il occupa Avignon et le Comtat, qu'un arrêt du Parlement d'Aix avait réunis provisoirement à la France, le 26 juillet 1663.

Page 55, ligne 27. — La famille des Savelli, une des quatre les plus anciennes de Rome, s'éteignit en 1712.

Page 56, ligne 14 à 16. — La Daterie expédiait et datait les provisions relatives aux bénéfices ecclésiastiques, et la Secrétairerie des Brefs s'occupait des lettres closes où le Pape statuait sur des affaires : le tout, moyennant finances.

Page 56, ligne 29. — Jean de Médicis, né à Florence, en 1475, fut promu cardinal en 1489. Élu pape le 10 mars 1513, il prit le nom de *Léon X*. Il mourut le 1er décembre 1521.

Page 57, ligne 1. — Jean-Baptiste Altieri, né à Rome, fut promu cardinal en novembre 1669. Élu pape le 29 avril 1670, il prit le nom de *Clément X*. Il mourut le 22 juillet 1676.

Page 57, lignes 4 à 6. — En 1630, Thadée Barberini, qui mourut en 1647, acheta Palestrina à François Colonna, prince de Carbognano (mort en 1636).

Page 57, ligne 13. — La célèbre mosaïque de Palestrina représente un paysage égyptien et, d'après certains archéologues, le voyage de l'empereur Adrien en Égypte.

Page 59, ligne 4. — Le manuscrit donne *Sarde*, au lieu de *Saïda*.

Page 59, lignes 9 à 11. — Nous n'avons pas relevé, dans le manuscrit des *Voyages*, un seul passage antérieur où il soit question de *Villa* ou *Cita-Lavinia*. Après avoir raconté sa visite à Palestrina, Montesquieu dit seulement qu'il a vu « la petite ville Lavinium », dont le nom vrai est *Civita-Lavinia*. C'est l'antique *Lanuvium*, et non le *Lavinium* d'Énée, ainsi que nous l'avons dit plus haut.

Page 59, ligne 14. — Nicolas Desmarets, né le 10 septembre 1648 et mort le 4 mai 1721, fut nommé contrôleur général des finances le 22 février 1708 et le resta jusqu'aux premiers jours de la Régence.

Page 59, ligne 14. — Daniel-François Voisin ou plutôt Voysin, né vers 1655 et mort le 2 février 1717, fut chargé par Louis XIV du département de la guerre le 9 juin 1709, et créé chancelier de France le 2 juillet 1714.

Page 59, ligne 16. — Thomas Raby, comte de Straffort, eut, avec Robinson, évêque de Bristol, la mission de représenter l'Angleterre au congrès d'Utrecht.

Page 59, ligne 19. — Le manuscrit donne *Bolinbroke*, au lieu de *Bolingbroke*. — Henri Sent-John, vicomte de Bolingbroke, homme d'État et écrivain anglais, naquit en 1678 et mourut le 12 décembre 1751. Sceptique et versatile, il servit et trahit tour à tour les divers partis politiques de son pays. La France, où il se réfugia de 1715 à 1723, doit cependant lui tenir compte du rôle décisif qu'il joua dans les négociations du traité d'Utrecht.

Page 59, lignes 19 et 20. — L'abbé Gautier était venu, en 1698, à Londres, comme aumônier du comte de Tallart, ambassadeur de France. Quand les événements obligèrent le comte à partir, l'abbé resta. Aussi put-il servir plus tard d'intermédiaire entre le gouvernement anglais et le gouvernement français. L'un et l'autre le récompensèrent largement après la paix d'Utrecht. Il n'en mourut pas moins, en 1720, sans être évêque, dignité qu'il ambitionnait par-dessus tout.

Page 59, ligne 24. — Mathieu Prior, écrivain et diplomate anglais, naquit le 21 juillet 1664 et mourut le 18 septembre 1721. Après avoir débuté dans les lettres, il fut chargé de missions diplomatiques auprès de puissances étrangères, notamment en France. La part qu'il prit aux négociations du traité d'Utrecht lui valut une accusation de haute trahison et deux ans de prison préventive.

Page 59, ligne 26. — Le manuscrit donne *Uxels*, au lieu d'*Huxelles*. — Nicolas Du Blé, marquis d'Huxelles, né le 24 janvier 1652 et mort le 10 avril 1730, renonça à l'Église pour suivre la carrière des armes. Créé maréchal de France en 1703, il fut un des principaux négociateurs du traité d'Utrecht en 1713. Sous la Régence, il devint président du Conseil des Affaires étrangères et membre du Conseil de Régence. En 1726, il reçut le titre de ministre d'État.

Page 60, ligne 11. — Les deux places dont Montesquieu n'a pas mis ici les noms sont celles de Furnes et de Menin, que Louis XIV abandonna aux États-Généraux, avec Ypres et Tournay, par le traité d'Utrecht.

Page 60, lignes 15 et 16. — François de Boufflers, né le 10 janvier 1644 et mort le 22 août 1711, fut créé maréchal de France le 27 mars 1693. C'est lui qui défendit Lille contre le prince Eugène, en 1708. Ses exploits lui valurent le titre de pair de France.

Page 60, ligne 19. — Sébastien Le Prestre de Vauban, le grand ingénieur militaire, naquit le 15 mai 1633, fut fait maréchal de France en 1703, et mourut le 30 mars 1707.

Page 61, ligne 8. — Louis, vicomte d'Aubusson, duc de Roannais et de La Feuillade, naquit le 30 mai 1673 et mourut le 29 janvier 1725. Fils de maréchal de France, il le devint lui-même le 2 février 1724. Marsin et lui commandaient les Français à la bataille désastreuse de Turin (7 septembre 1706).

Page 61, ligne 29. — Louis d'Ornaison, comte de Chamarande, né vers 1660 et mort le 1er novembre 1737, fut nommé lieutenant général en 1704.

Page 62, ligne 12. — A la suite du paragraphe sur le *Mont Testaccio,* se trouvent, dans le manuscrit (mais biffées) quatre lignes sur la nature du froid :

« Le froid consiste en de petits ressorts de l'air qui cherchent à se détendre. Voilà ce qui cause les fluxions de poitrine. Ces petites spirales, se détendant, rompent les bronches. »

Page 62, ligne 26. — Sigismond II Auguste, roi de Pologne, né en 1520, succéda à son père Sigismond Ier, le 1er avril 1548, et mourut lui-même le 7 juillet 1572.

Page 63, ligne 17. — Le Prétendant eut deux fils : Charles-Édouard, né le 31 décembre 1720 et mort le 31 janvier 1788, qui prit le titre de *comte d'Albany;* et Henry-Benoît, né le 6 mars 1725 et mort le 13 juillet 1807, qui fut promu cardinal le 3 juillet 1747, et s'appela *cardinal d'York.*

Page 65, ligne 7. — Par *Almanza,* il faut entendre ici la bataille d'Almanza, que l'armée franco-espagnole, commandée par le duc de Berwick, remporta le 25 avril 1707 sur les troupes anglaises, hollandaises et portugaises, qui soutenaient la cause de l'archiduc Charles contre celle de Philippe V.

Page 65, ligne 12. — Louis de Lorraine, fils de François, duc de Guise, naquit le 6 juillet 1555. Il fut nommé archevêque de

Reims en 1575 et promu cardinal en février 1578. Sa dignité de prince de l'Église n'empêcha point Henri III de le faire tuer à Blois, le 24 décembre 1588.

Page 65, lignes 13 à 15. — Montesquieu a cité les paroles de Sixte-Quint dans ses *Réflexions sur quelques Princes*[1]. Il ne les aurait pas notées dans ses *Voyages* s'il les avait connues auparavant. Les *Réflexions* ont donc été rédigées après 1729.

Page 65, lignes 16 et 17. — Le 24 juillet 1712, le maréchal de Villars remporta à Denain, sur le prince Eugène, la glorieuse victoire qui fut suivie, le 26 septembre, de la prise de Douai.

Page 65, ligne 22. — Il s'agit ici de la prise de Lille en 1708, à laquelle nous avons déjà consacré une note.

Page 66, lignes 21 et 22. — Jean-François Fouquet devint Jésuite, fut envoyé comme missionnaire en Chine, vers 1690, et rentra en Europe en 1720. A la suite de quelques difficultés, il quitta la Société, mais n'en fut pas moins nommé évêque *in partibus* d'Éleuthéropolis. Les études qu'il fit pendant son séjour en Orient lui permirent de publier, entre autres ouvrages, celui qui a pour titre : *Tabula chronologica Historiæ Sinicæ* (Rome, 1729). Montesquieu parle de lui, à plusieurs reprises, dans son *Spicilegium*, notamment au folio 397 :

« J'ai eu, ce 1er février [1729], une très grande conversation avec Mgr Fouquet, qui étoit un Jésuite, que M. Mezzabarba trouva contraire aux rites; fut *(sic)* envoyé à Rome par ledit Mezzabarba, pour soutenir devant la Congrégation la sagesse de ces *(sic)* décrets; et, comme M. de Tournon avoit fait un autre Jésuite (qui s'éleva contre les rites) évêque, on appela le P. Fouquet *la seconde édition du Père* ..... »

Page 70, ligne 6. — Jean-Marie del Monte, né à Rome le 10 septembre 1487, fut promu cardinal en 1536. Élu pape le 8 février 1550, il prit le nom de *Jules III*. Il mourut le 23 mars 1555.

Page 70, ligne 23. — Donato Lazzari, dit *Bramante*, peintre et écrivain, mais surtout grand architecte, naquit à Monte-Astroaldo, près d'Urbin, en 1444, et mourut à Rome, en 1514. La basilique de Saint-Pierre est son œuvre capitale. Parent de Raphaël, il le fit venir à Rome et le présenta à Jules II.

Page 70, ligne 26. — André Sansovino, sculpteur de l'école florentine, naquit en 1460 et mourut en 1529.

Page 71, ligne 16. — Le 13 janvier 1638, Louis XIII mit le royaume de France sous la protection spéciale de la Vierge, et,

---

1. *Mélanges inédits de Montesquieu*, page 189.

le 10 février suivant, il donna à son vœu une forme authentique, dans une déclaration solennelle. Le 5 septembre de la même année naquit le futur Louis XIV. Sa mère témoigna sa reconnaissance par un don que le président de Brosses décrit en ces termes :

« Vis-à-vis, un ange d'argent présente à la Madone un petit Louis XIV d'or, du même poids qu'avait ce prince en venant au monde : c'est un vœu d'Anne d'Autriche[1]. »

Page 71, ligne 29. — Christophe Roncalli, dit *le Pomerancie*, peintre de l'école romaine, naquit aux Pomerancie, près de Volterre, vers 1552, et mourut à Rome, en mai 1626.

Page 73, lignes 3 et 4. — L'inscription de l'arc d'Ancône est imprimée dans l'*Inscriptionum latinarum selectarum amplissima Collectio*, de J.-G. Orelli (Zurich, 1828), tome Ier, page 190 (n° 792).

Page 73, ligne 4. — Trajan eut pour femme Plotina Pompeia, qu'il avait épousée bien avant d'être empereur, et qui mourut après lui, en 129.

Page 73, ligne 4. — Marciane fut sœur de Trajan et grand'mère de Sabine, femme d'Adrien.

Page 73, ligne 7. — Juvénal, *Satire IV*, v. 40. — Le manuscrit donne *quem*, au lieu de *quam*.

Page 73, ligne 29. — A la suite de l'alinéa qui finit par les mots *tout est en l'air* se trouve, dans le manuscrit, un blanc d'un tiers de page, ménagé sans doute pour y dessiner un plan d'Ancône ou un croquis représentant *la batterie supérieure* dont Montesquieu vient de faire la description.

Page 74, ligne 24. — Jules Hardouin-Mansart, architecte, naquit à Paris, le 16 avril 1646, et mourut à Marly, le 11 mai 1708. S'il dessina les plans du Château de Versailles, il construisit, en revanche, le dôme des Invalides. Montesquieu s'est montré dur pour lui, tout aussi bien que Saint-Simon, dans ses *Mémoires*.

Page 74, ligne 24. — François Mansart, architecte, naquit le 23 janvier 1598, à Paris, et y mourut le 23 septembre 1666. Sa nièce, Marie Gaultier, avait épousé le peintre Raphaël Hardouin, père de Jules Hardouin-Mansart. Celui-ci, qui prit le nom de son grand-oncle, n'était pas le neveu, mais le petit-neveu de François.

Page 75, ligne 20. — Les ducs d'Urbin appartinrent à la famille des Montefeltri de 1443 à 1508, et à la famille des Della Rovere de 1508 à 1631.

Page 77, ligne 22. — Ænas-Sylvius Piccolomini, né en 1405,

1. *Lettres familières*, tome II, page 394.

à Corsignano, près de Sienne, devint successivement évêque de Trieste et archevêque de Sienne. Promu cardinal en 1456, il fut élu pape le 27 août 1458 et prit le nom de *Pie II*. Mais il ne régna pas même six ans : car il mourut le 16 août 1464. De son temps, l'Italie fut en proie à la guerre civile, suite de la rivalité de Ferdinand d'Aragon et de Jean de Calabre, qui se disputaient le royaume de Naples. C'est à quelque incident de cette guerre que Montesquieu fait sans doute allusion en parlant de l'arc de Fano.

Page 78, lignes 1 à 4. — C'est en l'an 207 avant Jésus-Christ qu'Asdrubal, frère du grand Annibal, fut battu, près du Métaure, par les consuls romains C. Claudius Nero et M. Livius Salinator ; et c'est en 551 après Jésus-Christ que Narsès, général de Justinien Ier, défit dans le voisinage, peut-être à Tagina ou Pagina, Totila, avant-dernier roi des Ostrogoths.

Page 78, ligne 21. — Le manuscrit donne *Nesconi*, au lieu de *Rusconi*, vrai nom du sculpteur dont Montesquieu parle ici, et dont il a parlé déjà.

Page 79, ligne 5. — Le manuscrit donne *Enzino*, au lieu d'*Enzio*. — Fils illégitime de l'empereur Frédéric II, Enzio naquit vers 1224. Son père lui conféra, en 1239, le titre de roi de Sardaigne ; mais il ne put entrer en possession de son royaume. Le 26 mai 1249, les Bolonais le firent prisonnier à la bataille de Fossalta et le tinrent captif jusqu'au jour de sa mort, 14 mars 1272.

Page 79, lignes 9 et 10. — Pierre II, roi de Chypre de 1369 à 1382, fut fait prisonnier lors de la guerre qu'il fit aux Génois en 1373 et 1374, et dut leur céder Famagouste comme gage de la rançon d'un million de ducats qu'ils exigèrent de lui.

Page 79, ligne 10. — C'est à Gertruydenberg qu'eurent lieu, du 9 mars au 25 juillet 1710, les conférences où les représentants de la France, le maréchal d'Huxelles et l'abbé de Polignac, s'efforcèrent vainement d'obtenir la paix des représentants des États-Généraux, Buys et Vanderdussen, qui parlaient « comme des gens qui ne sont pas accoutumés à vaincre », ainsi que Polignac le leur dit fièrement.

Page 79, lignes 21 à 23. — L'inscription rapportée ici par Montesquieu est imprimée, parmi les fausses, dans le *Corpus Inscriptionum latinarum* de l'Académie de Berlin, tome XI, première partie, page 8 (n° 34).

Page 79, ligne 28. — De 1295 à 1500, les Malatestes furent seigneurs de Rimini presque sans interruption. Ils y revinrent, pour quelques mois, en 1503, en 1522 et en 1527. Mais, depuis 1528, Rimini resta incorporé aux États de l'Église.

Page 80, lignes 21 à 25. — L'inscription de l'Arc de Rimini est imprimée dans le *Corpus Inscriptionum latinarum,* au tome XI, première partie, page 80 (n° 365).

Page 80, lignes 29 à 31. — La double inscription du pont de Rimini est imprimée dans le *Corpus Inscriptionum latinarum*, au tome XI, première partie, page 81 (n° 367).

Page 81, lignes 23 à 29. — L'inscription dont Montesquieu parle ici, et qu'il mentionne également dans le chapitre XI des *Considérations sur... les Romains,* est apocryphe. On l'a transportée dans la Bibliothèque de Cesena. Elle a été publiée au tome XI, page 6 (n° 30), du *Corpus Inscriptionum latinarum,* mais parmi les inscriptions fausses.

Page 82, ligne 5. — Montesquieu fait ici allusion à un passage qui se trouve dans le traité de Vitruve sur *l'Architecture,* au chapitre VII du livre Ier.

Page 82, lignes 10 à 14. — Il y a dans ce paragraphe du *Voyage en Italie* une confusion qui tient sans doute à une erreur du copiste. Les mots *à présent Fiumicello* auraient dû être mis plus bas, après le mot *Rubicon.* Le cours d'eau qu'on rencontre en allant de Sinigaglia à Ancône s'appelle, en effet, à présent *Esino* et s'appelait autrefois *Æsis.* Quant à l'ancien Rubicon, on croit que c'est le *Fiumicino* ou *Fiumicino di Savignano* moderne, petite rivière coulant au nord de Rimini, et formée de trois ruisseaux qui descendent de l'Apennin. C'est elle que Montesquieu aura appelée *Fiumicello.*

Page 82, lignes 23 et 24. — En 1729, le cardinal de Saint-Agnès était, depuis le 19 novembre 1719, Georges Spinola, de Gênes, qui fut promu cardinal-évêque de Palestrine le 3 septembre 1738, et qui mourut le 17 janvier 1739. Si Montesquieu le désigne par son titre, et non par son nom de famille, c'est probablement afin d'éviter une confusion. En 1729, un autre Spinola était aussi cardinal, mais du titre de Saint-Sixte.

Page 83, ligne 13. — Eustache Manfredi, de Bologne, né le 20 septembre 1674 et mort le 15 février 1739, fut un savant mathématicien. Il s'appliqua spécialement à l'astronomie, qu'il enseigna dans sa ville natale dès 1698, et à l'hydrostatique, qu'il pratiqua en qualité de surintendant des eaux du Bolonais, à partir de 1704. L'Académie des Sciences de Paris et la Société royale de Londres se l'associèrent : l'une, en 1726, et l'autre, en 1729.

Page 83, lignes 18 à 20. — Les deux paniers de Bologne rappellent l'immense panier de linge sale qui joue un rôle important dans la pièce de Shakespeare : *les Joyeuses Commères de Windsor* (acte III).

Page 84, lignes 1 et 2. — Alexandre Caprara, de Bologne, fut promu cardinal le 17 mai 1706 et mourut en 1711.

Page 84, ligne 6. — Louis Carraci ou Carrache, un des maîtres de l'école de Bologne, naquit dans cette ville, en 1555, et y mourut en 1619.

Page 84, ligne 18. — Laurent Sabattini, peintre de l'école bolonaise, naquit à Bologne, vers 1530, et mourut à Rome, en 1577.

Page 84, ligne 19. — Pellegrino Tibaldi, peintre de l'école bolonaise, naquit à Bologne, en 1527, et mourut en 1595.

Page 84, ligne 21. — Innocent Francucci, dit *Innocent d'Imola*, peintre de l'école bolonaise, naquit à Imola, en 1494, et mourut à Bologne, vers 1550.

Page 85, ligne 2. — Charles-César, marquis de Malvasia, né le 18 décembre 1616 et mort le 10 mars 1693, fut chanoine de la cathédrale de Bologne. Il publia en 1678 la *Felsina pittrice, Vite e Retratti de' Pittori bolognesi*. Quant à l'autre ouvrage dont Montesquieu parle également, le *Pitture di Bologna*, il ne parut qu'en 1732, c'est-à-dire après la mort de l'auteur.

Page 85, ligne 5. — Georges Vasari, peintre et architecte, naquit à Arezzo, en 1512, et mourut à Florence, le 27 juin 1574 ; mais il est surtout connu comme auteur des *Vite de' piu eccellenti Pittori, Scultori e Architteti,* dont la 1er édition parut à Florence en 1550, et la seconde, en 1568.

Page 85, ligne 13. — Frédéric-Marcel Lanti était fils d'Antoine Lanti della Rovere et de Louise-Angélique de La Trémouille. Il était donc le neveu de la célèbre princesse des Ursins. Promu cardinal le 9 septembre 1743, il mourut le 3 mars 1773.

Page 85, ligne 20. — Christine, reine de Suède, naquit le 18 décembre 1626, succéda le 14 mars 1633 à son père Gustave-Adolphe, et abdiqua le 16 juin 1654. Elle quitta ensuite sa patrie, abjura la foi luthérienne, et voyagea en Allemagne, en France et en Italie. Le 19 avril 1689, elle mourut à Rome, après avoir essayé de redevenir reine en Suède ou ailleurs.

Page 86, ligne 7. — Le tableau de *Samson,* dont parle Montesquieu, est une des plus belles œuvres du Guide.

Page 86, ligne 21. — A la suite des mots *académies des sciences,* on lit, dans le manuscrit : *1° On nous a menés.* C'est là un renvoi, qui a été ajouté après coup, et qui indique la suite du texte. Le lecteur aurait pu hésiter, attendu qu'il n'y a rien d'écrit au verso de la page que ce renvoi termine.

Page 87, ligne 3. — François de Marchi, ingénieur du XVIe siècle, naquit à Bologne. Son traité *Della Architettura militare Libri III* parut à Brescia, en 1599, pour la première fois. Il a été réimprimé à Rome, en 1810.

Page 87, ligne 4. — Menno, baron de Coehorn, le rival de Vauban, naquit en 1641 et mourut le 17 mars 1704, après avoir fortifié nombre de villes dans les Provinces-Unies.

Page 87, ligne 9. — Guillaume-Jacob S'Gravesande, géomètre et physicien hollandais, naquit en 1688 et mourut en 1742. En 1720, il publia ses *Physices Elementa mathematica, Experimentis confirmata,* auxquels Montesquieu fait sans doute allusion. Plus tard, il s'occupa particulièrement de philosophie.

Page 89, ligne 2. — M. Fallot, professeur à la Faculté des Sciences de Bordeaux, a bien voulu nous apprendre qu'on donne le nom de *pierre de Bologne* à une sorte de barytine globuleuse et radiée. Pulvérisée et chauffée, elle devient lumineuse dans l'obscurité. On en faisait autrefois une sorte de pâte appelée *phosphore de Bologne.*

Page 89, ligne 28. — Louis-Ferdinand, comte Marsigli ou plutôt Marsiglii, né le 10 juillet 1658 et mort le 1er novembre 1730, servit d'abord Léopold Ier en tant qu'ingénieur militaire et diplomate. Après la reddition de Brisach, le 17 septembre 1703, il fut dégradé sans raison par un Conseil de guerre et quitta l'Allemagne. Il fit alors de nombreux voyages, puis revint à Bologne, où il était né, et où il devait mourir après des absences nouvelles. C'est le 11 janvier 1712 qu'il fonda, par acte authentique, l'Institut que Montesquieu s'est plu à décrire. Savant de premier ordre, il fut associé aux Académies les plus célèbres, notamment à l'Académie des Sciences de Paris, en 1715. Son ouvrage le plus important a pour titre : *Danubius pannonico-mysicus Observationibus geographicis, astronomicis, hydrographicis, historicis, physicis, perlustratus,* et fut publié à La Haye, en 1726. A la page 260 du présent volume, Montesquieu cite un fait rapporté dans cet ouvrage à l'occasion des mines de Hongrie.

Page 89, ligne 31. — Montesquieu cite ici, en le modifiant, le 556e vers de *l'Andrienne* de Térence, dont voici le texte :

Amantium iræ, amoris integratio 'st.

Page 90, ligne 3. — Le professeur dont Montesquieu n'a pas mis le nom dans ce passage est sans doute Joseph Monti, qu'il a mentionné plus loin.

Page 91, ligne 1. — C'est à l'évangéliste saint Luc que sont attribuées la *Madone* de Bologne et quelques autres du même style.

Page 91, ligne 13. — Le manuscrit donne *Santuzzi,* au lieu de *Fantuzzi.*

Page 92, ligne 4. — Horace Sammacchini, peintre de l'école bolonaise, naquit en 1532 et mourut en 1577.

Page 92, lignes 20 et 21. — Il y avait d'abord dans le manuscrit : *Les revenus de,* au lieu de *non a;* et plus loin : *non compris,* après les mots *d'anguilles.*

Page 92, ligne 27. — Antoine-François de La Trémouille, duc de Noirmoutiers, frère de la princesse des Ursins, naquit le 17 juillet 1652 et mourut le 18 juin 1733.

Page 92, ligne 28. — Marie-Anne-Césarine Lanti della Rovere, née vers 1685, épousa, en 1712, Jean-Baptiste-Joseph de Croï, duc d'Havré, qui devait mourir en 1727, et mourut elle-même le 16 avril 1753.

Page 93, ligne 9. — Le manuscrit donne *Saint-Michel-in-Bosso,* au lieu de *Saint-Michel-in-Bosco.*

Page 93, ligne 11. — Charles Cignani, peintre de l'école bolonaise, naquit à Bologne, en 1628, et y mourut le 6 septembre 1719.

Page 93, ligne 12. — Le manuscrit donne ici *Brisio* et plus loin *Briscio,* au lieu de *Brizzio.* — François Brizzio, peintre de l'école bolonaise, naquit à Bologne, en 1574, et y mourut en 1623.

Page 93, ligne 13. — Jacques Cavedone, peintre de l'école bolonaise, naquit à Sassuolo, en 1577, et mourut à Bologne, en 1660.

Page 93, ligne 25. — Lionel Spada, peintre de l'école bolonaise, naquit à Bologne, en 1576, et mourut à Parme, le 17 mai 1622.

Page 93, ligne 28. — Alexandre Tiarini, peintre de l'école bolonaise, naquit à Bologne, en 1577, et y mourut le 8 février 1668.

Page 94, ligne 21. — François Raibolini, dit *Francia,* un des maîtres de l'école bolonaise, naquit à Bologne, vers 1490, et y mourut le 5 janvier 1517.

Page 96, ligne 9. — Le manuscrit donne *la Tanara,* au lieu de *le Panaro.*

Page 97, lignes 24 et 25. — Les douze derniers mots de l'alinéa ont été ajoutés après coup dans le manuscrit.

Page 98, lignes 13 et 14. — Louis Pic de La Mirandole fut promu cardinal le 18 mai 1712, devint ensuite évêque de Sinigaglia, et mourut en 1743.

Page 98, lignes 17 à 19. — Renaud, duc de Modène, fut investi du comté de Novellara, le 12 octobre 1737, ce fief étant devenu vacant par la mort de Philippe-Alphonse de Gonzague (1728).

Page 98, lignes 20 et 21. — Louis-Antoine Muratori, savant italien, naquit le 21 octobre 1672 et mourut le 21 janvier 1750. Avant d'être le bibliothécaire du duc de Modène, il avait rempli les fonctions de conservateur de la Bibliothèque ambroisienne, à Milan. Nous avons consacré déjà une note à son recueil des *Rerum Italicarum Scriptores*. Mais ce grand ouvrage ne donne qu'une idée très imparfaite de son activité littéraire, archéologique et historique. A la page 104 du présent volume, on trouve le titre de quelques-uns de ses autres livres.

Page 99, lignes 1 et 2. — Montesquieu avait d'abord écrit *de mon temps* une seconde fois, après les mots *à Rome*.

Page 99, lignes 2 et 3. — Célestin Galiani, né à Foggia, en 1681, et mort à Naples, en 1753, prit l'habit des Célestins. Il était non moins versé dans les sciences que dans les lettres, si bien que, nommé d'abord professeur d'histoire ecclésiastique à Rome, il fut ensuite appelé à faire partie d'une commission hydraulique. Plus tard, il obtint de hautes dignités ecclésiastiques, fonda l'Académie des Sciences de Naples, et remplit d'importantes fonctions administratives et judiciaires. En 1741, il négocia le concordat qui régla les rapports du royaume de Naples avec le Saint-Siège. Il était l'oncle du célèbre abbé Ferdinand Galiani.

Page 99, ligne 7. — Joseph Monti, naturaliste, né à Bologne en 1682, y enseigna l'histoire naturelle, à partir de 1720, et y mourut le 4 mars 1760.

Page 99, ligne 8. — Joseph Roma, de l'ordre des Pères minimes, d'abord professeur de philosophie et de théologie à Rome, fut nommé, le 15 novembre 1720, professeur de physique à l'Université de Turin, dont il devint le bibliothécaire en 1732.

Page 99, ligne 8. — Bernard-André Lama, Napolitain, fut nommé professeur d'éloquence à l'Université de Turin, le 15 novembre 1722.

Page 99, lignes 9 et 10. — Constantin Grimaldi, né en 1667 et mort en 1750, fut conseiller royal à Naples. C'était un magistrat très versé dans la jurisprudence, la théologie, la médecine, etc. Mais il se fit remarquer surtout par des écrits où il prit la défense de la philosophie de Descartes contre le père Beneditis.

Page 99, ligne 10. — Dans le manuscrit, les mots [*J*]*e les ai tous vus*, sont écrits au-dessus des mots *ai connu les susdits*, que Montesquieu jugea sans doute trop dédaigneux, et qu'il fit biffer.

Page 99, ligne 11. — Jean-Joseph, marquis d'Orsi, né à Bologne, en 1652, et mort en 1733, s'intéressa vivement aux lettres et écrivit lui-même en vers et en prose. Il défendit la poésie italienne contre le P. Bouhours, qui l'avait critiquée dans son livre sur *la Manière de bien penser dans les Ouvrages d'Esprit*. Renaud, duc de Modène, l'appela à sa cour, où il jouit d'une certaine influence.

Page 99, lignes 26 et 27. — Marie-Béatrix, filles d'Alfonse IV, duc de Modène, née le 5 octobre 1658 et morte le 7 mai 1718, se maria, par procuration, le 30 septembre 1673, avec le duc d'York, qui devait régner en Angleterre, sous le nom de *Jacques II*. Louis XIV avait constitué une dot à cette princesse. Aussi, quand elle se rendit en Angleterre, passa-t-elle par la France, accompagnée de son oncle Renauld, qui n'était pas encore duc de Modène.

Page 100, lignes 6 à 10. — Les ducs de Brunswick descendaient de Welf, fils d'Albert-Azon II, marquis d'Este, mort en 1097. Ce Welf s'établit en Allemagne. Son frère cadet Foulques demeura en Italie et fut le chef de la branche italienne de la famille.

Page 100, ligne 10. — Le manuscrit donne *de Scafnabourg*, au lieu d'*Aschaffenbourg*. — Lambert, né à Aschaffenbourg (d'où son nom latin de *Schafnaburgensis*), vécut au XIe siècle, prit l'habit de saint Benoît, et écrivit une *Chronique* qui va depuis Adam jusqu'en 1077.

Page 100, lignes 13 à 17. — Les généalogistes modernes s'accordent avec Muratori pour contester l'origine saxonne des ducs de Savoie; mais ils n'osent plus remonter au delà d'Humbert-aux-blanches-mains, mort vers 1050, qu'on donnait au siècle dernier pour fils de Bérold, comte de Savoie et de Maurienne, mais dont la filiation n'est pas établie sûrement.

Page 100, lignes 18 à 21. — Dans son *Histoire de la Formation territoriale des États de l'Europe centrale*[1], M. Aug. Himly dit à propos des Welfs : « Pour eux, comme pour leurs prédécesseurs, l'imagination des historiographes officiels s'est donné libre carrière en fait d'origine et d'extraction antique; Leibniz et Muratori ont même trouvé moyen de faire des Este un rameau du vieux tronc guelfe; en tout cas, l'illustration historique de leur race remonte au Xe siècle. »

---

1. *Histoire de la Formation territoriale des États de l'Europe centrale,* par M. Aug. Himly, 2e édition (Paris, Hachette et Cie, 1894), tome II, page 230.

Page 100, ligne 21. — Il y eut, au IXe siècle, deux Adalbert, margraves de Toscane : le premier le fut de 847 à 884 ; le second, de 890 à 917.

Page 100, lignes 22 à 28. — La branche des Este dont Montesquieu parle ici descendait de Sigismond, marquis de San-Martino, qui mourut en 1507, et dont la descendance masculine s'éteignit en 1752.

Page 100, ligne 30. — Les électeurs de Hanovre, qui étaient des Brunswick-Lünebourg, et les ducs de Modène, qui étaient des Este, avaient pour auteur commun cet Albert-Azon II, marquis d'Este, dont nous avons dit un mot dans une note antérieure.

Page 101, lignes 17 et 18. — Renaud, duc de Modène, avait épousé, le 18 novembre 1695, Charlotte-Félicité, fille de Jean-Frédéric de Brunswick-Lünebourg, duc de Hanovre. Lorsque celui-ci mourut, le 27 décembre 1679, il laissa deux filles. Mais le duché de Hanovre ne pouvait être recueilli que par des héritiers mâles, et le fut par le plus jeune frère de Jean-Frédéric, Ernest-Auguste, auquel Léopold Ier devait conférer le titre d'*électeur*.

Page 101, lignes 18 et 19. — C'est sans doute par suite d'une erreur du copiste qu'il est ici question du duché de Guise. Que vient faire ce duché après une phrase sur *la succession de Brunswick,* dont il ne faisait pas partie ?

Page 101, ligne 19. — En 1729, Élisabeth-Sophie-Marie, fille de Rodolphe-Frédéric, duc de Holstein-Nordberg, était, depuis dix-neuf ans, duchesse de Brunswick. Née le 2 septembre 1683, elle se maria en secondes noces, le 12 septembre 1710, avec Auguste-Guillaume de Brunswick-Wolfenbüttel, dont elle fut la troisième femme. Elle mourut le 3 avril 1767.

Page 101, lignes 23 et 24. — Renaud, duc de Modène, avait marié sa fille Henriette-Marie à Antoine, duc de Parme, le 5 février 1728. Elle était née le 2 février 1702 et devait mourir le 29 janvier 1777. Une de ses sœurs s'appelait Bénédicte-Erneste, et l'autre, Amélie-Joséphine.

Page 102, ligne 20. — Bernardin Ramazzini, savant médecin, naquit à Carpi, le 5 novembre 1633, et mourut à Padoue, le 5 novembre 1714. Montesquieu a dû lire ses ouvrages, du moins en partie. Il cite, en effet, le *De Morbis Artificum* dans l'*Essai sur les Causes qui peuvent affecter les Esprits*[1].

Page 108, ligne 3. — Les villes de Parme et de Plaisance

1. *Mélanges inédits* (Bordeaux, G. Gounouilhou, 1892), page 152.

furent cédées, en 1512, au pape Jules II, par Maximilien Sforza. En 1515, elles furent occupées par les Français. Mais le Saint-Siège les recouvra en 1521 et les conserva jusqu'en 1545, où le pape Paul III investit son fils naturel Pierre-Louis Farnèse du double duché de Parme et de Plaisance.

Page 111, ligne 15. — Le Silhouette dont Montesquieu parle ici est le père de celui qui devint contrôleur général. Ce fut d'abord un simple receveur des tailles à Limoges. Son fils, qui l'accompagnait dans son voyage, en rédigea une relation. Né le 25 juillet 1709 et mort le 20 janvier 1767, Étienne de Silhouette administra les finances de la France du 4 mars au 21 novembre 1759. Le récit de ses voyages ne parut qu'après sa mort, en 1768, sous le titre de *Voyage de France, d'Espagne, de Portugal et d'Italie, du 22 avril 1729 au 6 février 1730.*

Page 111, lignes 19 et 20. — Attachés à la grande chancellerie, les secrétaires du Roi devenaient nobles au bout de vingt ans d'exercice de leur charge.

Page 112, ligne 16. — Outre François Mazzola, auquel nous avons déjà consacré une note, on connaît au moins quatre autres Mazzola qui furent également peintres : Philippe, père de François, ses oncles Michel et Pierre-Hilaire, et son cousin Jérôme.

Page 112, ligne 28. — Antoine Van Dyck, l'illustre peintre de l'école flamande, naquit à Anvers, le 22 mars 1599, et mourut à Londres, le 9 décembre 1641.

Page 113, ligne 29. — Par *le feu Duc,* il faut entendre François Farnèse, auquel nous avons déjà consacré une note.

Page 114, ligne 14. — Le manuscrit donne *Skeden,* au lieu de *Schedone.* — Barthélemy Schedone, peintre de l'école lombarde, naquit à Modène vers 1570, et mourut à Parme, le 27 décembre 1615.

Page 115, ligne 23. — Le Palais du Té ne doit pas son nom à la lettre T, dont il n'a point la forme. *Té* serait (dit-on) une abréviation de *tejetto,* qui signifie coupure ou passage destiné à l'écoulement des eaux. C'est par l'existence, plus ou moins ancienne, d'une coupure semblable dans le voisinage du Palais qu'on explique le nom par lequel on désigne cet édifice.

Page 115, ligne 25. — Le duc de Mantoue, dont le nom manque dans le manuscrit, est Frédéric II de Gonzague (1519 à 1540). Il n'était encore que marquis en 1524, lorsqu'il chargea Jules Romain de construire le Palais du Té. C'est le 25 mars 1530 seulement qu'il fut créé duc par Charles-Quint.

Page 115, ligne 28. — Par *Jules,* il faut entendre Jules Pippi, dit *le Romain,* auquel nous avons déjà consacré une note.

Page 117, ligne 15. — Jacques Courtois, dit *le Bourguignon*, né à Saint-Hippolyte (Doubs), en 1621, et mort à Rome, le 14 novembre 1676, est célèbre par ses tableaux de bataille. Montesquieu, dans ses notes sur les objets d'art de Florence, rappelle qu'il devint Jésuite. Voyez ci-dessus, page 339.

Page 118, ligne 19. — D'après une indication du manuscrit, nous insérons en cet endroit l'alinéa qui commence par les mots *C'est la seule forteresse,* bien que cet alinéa soit, dans l'original, à la suite de celui qui commence par les mots *Cette chaussée retient,* et que nous imprimons à partir de la ligne 23.

Page 122, ligne 5. — C'est à la suite de l'alinéa qui finit par les mots *un grand bâtiment,* que se trouve, dans le manuscrit, le plan de Mantoue. Des raisons typographiques nous ont obligé d'insérer ce plan plus haut. Nous avons reproduit le croquis de Montesquieu ou plutôt de son secrétaire, en en rectifiant le dessin, mais en en transcrivant la légende sans y rien changer.

Page 125, ligne 4. — Le manuscrit donne ici et plus loin *Adigée,* au lieu de *Adige*.

Page 125, ligne 19. — Paul Farinato, peintre de l'école vénitienne, naquit à Vérone en 1524 et y mourut en 1606.

Page 129, lignes 7 et 8. — Le manuscrit donne à deux reprises *Volarni,* au lieu de *Volargne.*

Page 129, ligne 17. — Le manuscrit donne *Hala,* au lieu de *Ala.*

Page 132, ligne 3. — Le manuscrit donne toujours *Inspruch,* au lieu de *Insprück.*

Page 132, ligne 13. — Montesquieu met *heures de France* parce qu'en Italie on compte les 24 heures du jour à la suite, en partant de ce que nous appelons la 6e heure du soir.

Page 133, ligne 4. — Le manuscrit donne toujours *Eysock,* au lieu de *Eisack.*

Page 133, ligne 5. — Le manuscrit donne toujours *Prener* ou *Perner,* au lieu de *Brenner.*

Page 133, ligne 8. — *Ultz* est écrit dans le manuscrit au-dessus de *Syll,* qui est biffé, et qui est, cependant, le vrai nom du cours d'eau dont Montesquieu parle ici.

Page 133, ligne 28. — Le manuscrit donne *Mitebald,* au lieu de *Mittewald.*

Page 133, ligne 29. — Le manuscrit donne *Sternach, Ochnberg,* au lieu de *Steinach, Schœnberg.*

Page 134, lignes 11 à 15. — César était gouverneur de toutes les Gaules lorsqu'il envahit, au mois de janvier de l'an 49 avant

Jésus-Christ, l'Italie proprement dite, que Pompée ne sut pas défendre.

Page 135, lignes 7 à 9. — Montesquieu avait raison de se défier des lames *d'or* de la Maison du Conseil. Elles ne sont que dorées, bien que la tradition prétende qu'elles aient coûté 30,000 ducats. Frédéric IV, duc de Tyrol, les aurait fait faire en 1425, pour prouver qu'il était riche, malgré son surnom de *Frédéric-à-la-Poche-vide*.

Page 136, lignes 3 à 5. — C'est, sans doute, par suite d'une erreur de copiste que le manuscrit donne ici *Molirte*. En allant de Mittenwald à Benedictbeuern, on rencontre d'abord le Walchensée. Plus loin, on suit la rive du Kochelsée, dont la superficie est bien moindre.

Page 136, ligne 11. — Le manuscrit donne *Venedipaern*, au lieu de *Benedictbeuern*.

Page 136, ligne 12. — Le manuscrit donne *Volfitihausen*, au lieu de *Wolfrathshausen*.

Page 137, lignes 12 et 13. — Virgile, *Églogue III*, v. 104 et 105.

Page 138, lignes 14 et 15. — Il faut entendre ici par *le duc de Bavière*, Maximilien-Emmanuel, électeur de Bavière, né le 11 juillet 1662 et mort le 26 février 1726. Il succéda à son père Ferdinand-Marie, le 26 mai 1679, et gouverna les Pays-Bas espagnols de 1692 à 1701 et de 1704 à 1706. Allié de Louis XIV, il faillit perdre tous ses états pendant la guerre de la Succession d'Espagne, et c'est alors aussi qu'il fit, de juin en août 1703, une expédition malheureuse dans le Tyrol, pour se mettre en rapport avec les armées françaises qui opéraient en Italie.

Page 140, ligne 23. — Le manuscrit donne *Issel*, au lieu de *Isar*.

Page 140, ligne 26. — Charles-Albert, électeur de Bavière, né le 6 août 1697 et mort le 20 janvier 1745, succéda à son père Maximilien-Emmanuel, le 26 février 1726. A la mort de l'empereur Charles VI, il prétendit le remplacer et fut, en effet, élu empereur à Francfort, le 24 janvier 1742. Il prit alors le nom de *Charles VII*, mais faillit perdre ses états dans la guerre qu'il déclara à Marie-Thérèse, et dont il ne vit pas la fin.

Page 141, ligne 13. — L'électrice de Bavière était, en 1729, Marie-Amélie d'Autriche, fille de l'empereur Joseph Ier. Née en 1701, elle s'était mariée le 5 octobre 1722 avec Charles-Albert. Elle mourut le 11 décembre 1756.

Page 141, lignes 13 et 14. — Ferdinand-Marie de Bavière, qui avait reçu, en 1712, le landgraviat de Leuchtenberg en apanage, mourut en 1738.

Page 141, lignes 16 et 17. — Jean-Théodore de Bavière, né le

3 septembre 1703 et mort le 27 janvier 1763, devint successivement évêque de Ratisbonne le 29 juillet 1719, de Freising en 1727, et de Liège en 1744. De plus, il fut promu cardinal le 9 septembre 1743, mais proclamé seulement en 1746.

Page 141, ligne 17. — Clément-Auguste de Bavière, né le 16 août 1700 et mort le 6 février 1761, devint successivement évêque de Paderborn et de Münster en 1719, coadjuteur de l'archevêque de Cologne le 9 mai 1722, archevêque de Cologne le 12 novembre 1723, évêque de Hildesheim en 1724, évêque d'Osnabrück en 1728, et grand-maître de l'Ordre teutonique le 17 juillet 1732.

Page 141, ligne 20. — Par *le feu Électeur,* il faut entendre l'électeur Maximilien-Emmanuel, auquel nous avons déjà consacré une note.

Page 142, ligne 22. — Ignace-Félix, comte de Tœrring-Jettenbach, né le 28 novembre 1682 et mort le 18 août 1763, fut chargé, par Maximilien-Emmanuel, électeur de Bavière, d'accompagner ses fils dans la campagne que les armées de l'empereur Charles VI firent, en 1717, contre les Turcs. Il remplit les plus hautes fonctions politiques et militaires, sous le règne de l'électeur Charles-Albert, mais sans bonheur. Aussi, fut-il disgracié par le fils et successeur de ce prince, l'électeur Maximilien-Joseph.

Page 142, ligne 23. — La bataille de Belgrade fut livrée, le 16 août 1717, par le prince Eugène de Savoie au grand-visir Khalil-Pacha, qui fut complètement défait, et qui dut abandonner aux Impériaux la ville de Belgrade elle-même.

Page 144, lignes 20 et 21. — Le 11 septembre 1709, les Français, sous les ordres de Villars, furent battus, à Malplaquet, par les armées du prince Eugène et de Marlborough ; mais les vainqueurs perdirent près de trois fois plus d'hommes que les vaincus.

Page 145, ligne 5. — Le manuscrit donne *Tirem,* au lieu de *Thierheim* ou *Thürheim.* — Georges-Sigismond-Christophe, comte de Thürheim, né en 1666 et mort en 1738, fut grand-chambellan et ministre de l'électeur Charles-Albert.

Page 145, ligne 6. — M. de Rezé avait été envoyé en 1726 à la cour de Bavière, en qualité de représentant de la France.

Page 145, ligne 17. — Par *les Impériaux,* il faut entendre ici les agents des empereurs Léopold Ier, Joseph Ier et Charles VI. On sait qu'en vertu d'un traité signé le 9 septembre 1704, au camp de Landau, l'électorat de Bavière fut occupé et administré pendant une dizaine d'années comme une possession des Habsbourg. L'électeur Maximilien-Emmanuel ne fut rétabli dans ses états qu'en vertu des traités de Radstadt et de Bade, des 26 mars et 7 septembre 1714.

Page 145, lignes 24 à 26. — Nous avons imprimé tels quels les noms barbares qu'on lit en cet endroit du *Voyage en Allemagne,* et nous n'avons pas osé leur substituer des noms de forme plus allemande, comme *Seefeld, Sinzheim,* etc., que rien ne nous autorise à adopter.

Page 145, ligne 27. — Le manuscrit donne *Sleisem,* au lieu de *Schleissheim.*

Page 146, ligne 7. — Les Italiens désignent les entresols sous le nom de *mezzanini.* Dans son *Dictionnaire des Termes propres à l'Architecture,* Félibien donne *mezanines* comme un terme qui « n'est guère en usage » en France. Montesquieu écrit *metzanins.*

Page 146, ligne 13. — Le manuscrit donne *Rimbrans,* au lieu de *Rembrandts.* — Rembrandt Harmens Van Rhyn, le grand maître de l'école hollandaise, naquit à Leyde, le 15 juin 1606, et mourut à Amsterdam, au commencement d'octobre 1669.

Page 146, lignes 18 et 19. — Le manuscrit donne *Louchtem,* au lieu de *Lustheim.*

Page 146, lignes 26 et 27. — Le *président* dont Montesquieu parle sans le nommer est, sans doute, François-Xavier-Joseph, baron d'Unertl, né le 21 février 1675 et mort le 22 janvier 1750, qui remplit des fonctions diplomatiques sous trois électeurs de Bavière : Maximilien-Emmanuel, Charles-Albert et Maximilien-Joseph, et qui avait été nommé, en 1726, chancelier du Conseil privé.

Page 146, ligne 28. — Jean-Maximilien-Ferdinand, comte de Preising, fut grand-écuyer et ministre de l'électeur Charles-Albert et mourut en 1739.

Page 147, ligne 9. — Jean-Baptiste-François Desmarets, marquis de Maillebois, né en 1682 et mort le 7 février 1762, était le petit-neveu de Colbert. Il suivit la carrière des armes avec distinction, si bien qu'il obtint le bâton de maréchal de France en 1741. En 1726, il fut chargé d'une mission diplomatique auprès de l'électeur de Bavière.

Page 147, lignes 24 à 26. — Montesquieu fait ici allusion à des événements contemporains. En moins de vingt ans, on avait vu trois électeurs de l'Empire devenir rois : celui de Saxe, en Pologne (1697); celui de Brandebourg, en Prusse (1701), et celui de Hanovre, en Angleterre (1714). Peu après, l'héritier présomptif du landgrave de Hesse-Cassel avait été appelé au trône de Suède par les États de ce pays (1720).

Page 147, ligne 29. — Ferdinand, comte de Plettenberg-Nordkirchen, né en 1690 et mort en 1737, fut pendant quelques années le favori et le premier ministre de l'électeur Clément-Auguste ; mais, en 1733, ses intrigues le firent disgracier.

Page 148, ligne 16. — Le manuscrit donne ici et plus loin *Ausbourg,* au lieu de *Augsbourg.*

Page 149, lignes 10 et 11. — Alexandre-Sigismond de Bavière-Neubourg, né le 19 avril 1663 et mort le 23 janvier 1737, devint évêque d'Augsbourg le 1er avril 1690.

Page 149, lignes 21 et 22. — L'organisation du *Magistrat* dans la ville d'Augsbourg, telle que Montesquieu l'a décrite, avait été stipulée dans le § 2 de l'article 5 du traité d'Osnabrück, signé le 24 octobre 1648 par les représentants de l'Empire germanique et de la Suède.

Page 150, ligne 13. — Le manuscrit donne ici et plus loin *Leck,* au lieu de *Lech.*

Page 151, ligne 17. — Le manuscrit donne *creis,* au lieu de *kreutzer.*

Page 152, ligne 4. — C'est à la suite du paragraphe qui finit par les mots *et qu'on tourne,* que se trouve, dans le manuscrit, le dessin de la porte secrète d'Augsbourg, dessin que nous avons inséré à la page précédente pour des raisons typographiques.

Page 152, ligne 22. — C'est à la suite de l'alinéa qui finit par les mots *fait monter,* que se trouve, dans le manuscrit, le dessin du pont d'Augsbourg, dessin que nous avons inséré un peu plus haut pour des raisons typographiques.

Page 153, ligne 1. — Pendant la guerre de la Succession d'Espagne, les Français et les Bavarois obligèrent les Impériaux, qu'ils assiégeaient dans Augsbourg, à capituler le 14 décembre 1703.

Page 154, ligne 17. — Anne-Thérèse de Marguenat de Courcelles, née en 1647 et morte le 12 juillet 1733, épousa, le 22 février 1666, Henri de Lambert, marquis de Saint-Bris. Sa mère s'était remariée avec François de Bachaumont, qui cultiva avec soin son intelligence. Elle écrivit sur divers sujets de morale et tint à Paris un salon des plus recherchés.

Page 155, ligne 21. — Le manuscrit donne *éméthic,* au lieu d'*émétique.*

Page 156, ligne 4. — Le manuscrit donne ici *Necre* et ailleurs *Nekre,* au lieu de *Neckar.*

Page 156, ligne 17. — M. le Dr G. Perry, bibliothécaire de la Faculté de Médecine de Bordeaux, a bien voulu nous apprendre que la *febris hungarica* ou *castrensis* est la maladie qu'on nomme en français *le typhus des armées*. Elle fut étudiée pour la première fois dans la Basse-Hongrie, sur les armées qui y campèrent en 1566. De là le double nom latin qu'on lui donnait autrefois.

Page 157, lignes 12 et 13. — La ville d'Augsbourg était comprise dans le cercle de Souabe.

Page 158, lignes 16 à 20. — Les noms des villes que Montesquieu traversa, en allant d'Augsbourg à Stuttgard, sont orthographiés de la manière suivante dans le manuscrit : *Sousmarhausen, Gunsbourg, Ælihingen, Vesterstat, Geinhague, Jaspingnen* et *Plockingen*. Nous avons essayé de les rectifier et de les identifier dans le texte que nous imprimons.

Page 158, ligne 26. — Le manuscrit donne *Virtemberg*, au lieu de *Wurtemberg*. — Éberard-Louis, duc de Wurtemberg, né le 18 septembre 1696 et mort le 31 octobre 1733, succéda à son père Guillaume-Louis, le 23 juin 1677.

Page 160, ligne 8. — C'est à la suite de l'alinéa qui finit par les mots *entre lesquels on passe,* que se trouve, dans le manuscrit, le plan du château de Louisbourg, plan que des raisons typographiques nous ont obligé d'insérer plus haut.

Page 162, lignes 8 et 9. — Louis-Guillaume, margrave de Bade, né le 8 avril 1655 et mort le 4 janvier 1707, succéda à son aïeul Guillaume, le 22 mai 1677.

Page 162, ligne 10. — Charles-Philippe de Bavière-Neubourg, électeur palatin, né le 4 novembre 1661 et mort le 31 décembre 1742, succéda à son frère Jean-Guillaume, le 8 juin 1716. Il fut le troisième et dernier électeur palatin de cette branche de Neubourg qui avait remplacé la branche de Simmern, et dont hérita la branche de Sulzbach. Les électeurs palatins appartenaient à la famille des Wittelsbach, comme les électeurs de Bavière, dont ils étaient les agnats.

Page 162, ligne 14. — Le manuscrit donne *Bidigheim,* au lieu de *Besigheim*.

Page 162, lignes 20 et 21. — Lorsqu'Albert de Brandebourg-Anspach, grand-maître de l'Ordre teutonique, voulut séculariser l'Ordre pour devenir duc héréditaire de Prusse en exécution du traité de Cracovie, du 8 avril 1525, une partie des chevaliers protestèrent et choisirent un nouveau grand-maître. Le siège de l'Ordre fut alors établi à Mergentheim, en Franconie. Quant aux possessions que les chevaliers conservèrent, elles furent divisées en 12 bailliages, dont chacun était dirigé par un commandeur ou *Landcomtur*.

Page 163, lignes 4 et 5. — Le manuscrit donne *Sunsleim*, au lieu de *Sinsheim*.

Page 164, lignes 8 à 13. — Le 4 septembre 1719, l'électeur palatin Charles-Philippe avait expulsé les Calvinistes de l'église du Saint-Esprit, dont la nef leur appartenait. A la suite des représailles que les princes protestants d'Allemagne exercèrent alors contre les Catholiques, la mesure prise fut rapportée le 16 mars 1720. Mais, le 14 avril suivant, l'Électeur abandonna Heidelberg, pour s'établir à Schwetzingen et à Mannheim. — C'est par distraction que le mot *Protestants* a été écrit à la ligne 11, au lieu du mot *Catholiques*.

Page 164, lignes 20 à 23. — Le traité d'Osnabrück, que l'on confond sous le nom commun de *traité de Westphalie* avec le traité de Münster, également signé le 24 octobre 1648, garantissait la liberté de conscience aux Catholiques, aux Luthériens et aux Calvinistes. Par l'article 5, il remettait les choses ecclésiastiques en l'état où elles avaient été le 1er janvier 1624. Un prince de l'Empire ne pouvait donc point troubler ses sujets dans l'exercice du culte qu'eux ou leurs pères auraient pratiqué à l'époque désignée dans ledit article.

Page 164, lignes 24 et suivantes. — Ce que Montesquieu dit au sujet de la fameuse tonne de Heidelberg permet de rectifier un passage de l'*Art de Vérifier les Dates*. Au tome XV, page 368, de l'édition de 1819, on lit : « En 1751, [l'électeur Charles-Théodore] a renouvelé la fameuse cuve d'Heidelberg, et l'a rendue plus forte de 30 foudres que l'ancienne, *détruite* en 1689 par les Français. »

Page 164, lignes 26 et 27. — Le manuscrit donne *hemers* et *hemer*, au lieu de *eimers* et *eimer*.

Page 165, ligne 11. — C'est sur un ordre de Louvois, expédié le 13 janvier 1689, que les troupes françaises dévastèrent et démolirent le château de Heidelberg dans les premiers jours du mois de mars suivant, pendant la guerre de la Ligue d'Augsbourg.

Page 165, ligne 18. — Claudius Nero Cesar, dit *Germanicus*, né en l'an 15 avant Jésus-Christ et mort le 10 octobre de l'an 19 après notre ère, était neveu de Tibère, qui l'adopta. Gouverneur des Gaules, il traversa plusieurs fois le Rhin à la tête des légions romaines. Les victoires qu'il remporta sur les Germains lui valurent le surnom qui sert à le désigner généralement.

Page 165, ligne 21. — Hermann Coring, dit *Coringius*, fut un des savants les plus universels de l'Allemagne du XVIIe siècle. Né le 9 novembre 1606 et mort le 12 décembre 1681, il écrivit sur la médecine, l'économie politique, le droit, l'histoire du droit, l'archéologie, etc. La collection de ses œuvres, plus ou moins complètes, a été publiée, en 1730, à Brunswick, et remplit six volumes in-folio.

Page 166, lignes 19 et 20. — Le manuscrit donne *Philsbourg,* au lieu de *Philippsbourg*.

Page 166, ligne 25. — Le traité de Bade, complément du traité de Radstadt, fut signé le 7 septembre 1714 et mit fin à la guerre de la France avec l'Empire d'Allemagne.

Page 167, ligne 4. — Le plan de Mannheim est inséré dans le manuscrit (comme dans notre texte) à la suite de la phrase : *Or voici comme est Mannheim*. Seulement, l'auteur ou son copiste, n'étant pas satisfait d'un premier dessin fait à la page 523, en fit ou fit faire un second à la page 524. Au haut de cette page est écrit : *Autre plan;* et, au bas : *Voyez les notes ci-dessus*. Le lieu H est un peu plus étroit dans le second plan que dans le premier. Mais le cours du Rhin n'est pas tracé plus exactement dans l'un que dans l'autre.

Page 169, ligne 29. — Les électeurs palatins étaient redevenus catholiques depuis l'avènement de la branche de Neubourg, dans la personne de Philippe-Guillaume (18 mai 1685). Le père de ce prince, le comte Wolfgang-Guillaume, était rentré dans le giron de l'Église à la suite de sa rupture avec Jean-Sigismond, électeur de Brandebourg, dont il devait épouser la fille. Cet événement se produisit en 1613, à Düsseldorf, au milieu d'un banquet, où le futur beau-père administra un soufflet à son futur gendre.

Page 171, ligne 1. — Quand la dynastie des ducs de Juliers, de Clèves et de Berg, s'éteignit, le 25 mars 1609, dans la personne de Jean-Guillaume, les divers prétendants à sa succession finirent par s'entendre. Le partage provisionnel de Xanten, du 12 novembre 1614, attribua Juliers et Berg aux princes de Neubourg, qui les gardèrent. Aussi, lorsque les princes de Neubourg devinrent électeurs palatins, ces deux duchés furent-ils unis personnellement au Palatinat.

Page 171, lignes 6 et 7. — Frédéric de Bavière-Simmern, né le 16 août 1596 et mort le 29 novembre 1632, succéda à son père Frédéric-le-Sincère, électeur palatin, le 9 septembre 1610. Pendant la guerre de Trente Ans, il se fit couronner roi de Bohême, le 25 octobre 1619. Mais, le 8 novembre 1620, il fut battu à la Montagne-Blanche et fut obligé de s'enfuir en Hollande. Peu après, il fut déclaré déchu de la dignité électorale, le 6 mars 1623, par la diète de Ratisbonne. Son fils Charles-Louis ne recouvra le titre d'électeur que vingt-cinq ans après, en vertu de l'article 15 du traité de Münster, du 24 octobre 1648.

Page 171, lignes 22 et 25. — Par suite d'une distraction qu'il est difficile de mettre sur le compte du copiste, le manuscrit donne ici, deux fois de suite, *Danube* au lieu de *Rhin*.

Page 171, lignes 28 et suivantes. — A la mort de l'électeur Charles-Philippe de Bavière-Neubourg, les princes de Sulzbach héritèrent des duchés de Juliers et de Berg, dont le futur électeur palatin Charles-Théodore fut investi le 26 octobre 1742.

Page 172, lignes 1 à 5. — En 1729, le prince régnant de Sulzbach s'appelait *Théodore*. Né le 14 février 1659, il avait succédé à son père, Chrétien-Auguste, le 26 avril 1708. Lorsqu'il mourut le 11 juillet 1732, son fils cadet Jean-Chrétien, né le 23 janvier 1700, hérita de la principauté : l'aîné, Joseph-Charles-Emmanuel, qui avait épousé Élisabeth-Augusta, fille de l'électeur palatin Charles-Philippe, était mort en 1729. Jean-Chrétien mourut, d'ailleurs, lui-même le 20 juillet 1733. Son fils Charles-Philippe-Théodore devint alors prince de Sulzbach; puis, électeur palatin à la mort de Charles-Philippe (31 décembre 1742); et, enfin, électeur de Bavière à la mort de Maximilien-Joseph (30 décembre 1777). Né le 11 décembre 1724, il mourut le 16 février 1799, pendant les guerres de la Révolution, qui lui enlevèrent une partie de ses états.

Page 172, lignes 8 et 11. — Le manuscrit donne *principauté Darmstat* et *ville d'Armstat,* au lieu de *principauté de Darmstadt* et *ville de Darmstadt.*

Page 173, ligne 5. — La Bulle d'Or est l'acte qui régla, sous l'empereur Charles IV, la constitution de l'Empire d'Allemagne, acte dont vingt-trois chapitres furent arrêtés à Nüremberg, le 10 janvier, et sept, à Metz, le 25 décembre 1356.

Page 173, lignes 6 et 7. — Le dernier empereur d'Allemagne qui ait été couronné à Aix-la-Chapelle, fut Charles-Quint (22 octobre 1520). Tous ses successeurs, jusqu'à François II, le furent dans la ville de Francfort-sur-le-Mein. Cependant, chaque fois que l'on couronnait un nouvel empereur à Francfort, on adressait à Aix des lettres qui sauvegardaient, en principe, les droits de cette ville.

Page 173, ligne 14. — *L'Électeur* dont Montesquieu parle ici n'est plus l'électeur palatin dont il sera encore question dans la phrase suivante, mais bien l'archevêque de Mayence François-Louis de Bavière-Neubourg, propre frère dudit électeur palatin. Né le 24 juillet 1664 et mort le 18 avril 1732, il fut nommé successivement évêque de Breslau en 1683, évêque de Worms et grand-maître de l'Ordre teutonique en 1694, coadjuteur de l'archevêque de Mayence le 5 novembre 1710, et archevêque-électeur de Trèves le 20 février 1729. Enfin, lorsque l'archevêque-électeur de Mayence Lothaire-François de Schœnborn mourut (30 janvier 1729), il le remplaça, mais en résignant, le 3 mars 1729, l'archevêché de Trèves.

Page 173, ligne 28. — Le manuscrit donne encore ici *Danube* au lieu de *Rhin*.

Page 174, ligne 1. — Le manuscrit donne *Phals*, au lieu de *Pfalz*.

Page 174, ligne 3. — Le manuscrit donne *Phalstgraves*, au lieu de *Pfalzgraves*.

Page 174, ligne 4. — Le manuscrit donne ici et plus bas *Sangoar*, au lieu de *Sanct-Goar*.

Page 174, ligne 5. — Le manuscrit donne *Hesse-Rhinfelds,* au lieu de *Hesse-Rheinfels*.

Page 174, lignes 8 et 10. — Les places que Montesquieu désigne sous le nom de *Chat* et de *Rat* s'appellent *die Katze* et *die Maus*, c'est-à-dire *le Chat* et *la Souris*.

Page 174, ligne 20. — C'est évidemment par distraction que Montesquieu a écrit ici *couchant,* au lieu de *levant :* car Coblentz est sur la rive gauche du Rhin.

Page 174, ligne 29. — Depuis 1512, l'Allemagne était divisée en dix cercles au point de vue de l'administration des affaires communes aux divers états de l'Empire. Plus tard, on distingua les cercles catholiques, les protestants, et les mixtes. Les quatre cercles dont Montesquieu parle ici sont, sans doute, ceux de Souabe, de Franconie, du Haut-Rhin et du Bas-Rhin, qui établirent entre eux, à plusieurs reprises, des liens particuliers.

Page 175, ligne 2. — Le manuscrit donne *Neiweret,* au lieu de *Neuwied.*

Page 175, ligne 5. — En 1729, le comte de Neuwied s'appelait *Frédéric-Guillaume*. Il mourut en 1737. Mais son grand-père paternel, qui s'appelait *Hermann II,* n'était pas comte de Neuwied.

Page 175, ligne 10. — Le château dont Montesquieu traduit le nom par *Ara-Diaboli* s'appelle véritablement *Friedrichsstein;* mais il avait été surnommé *Teufelshaus,* c'est-à-dire *Maison-du-Diable*.

Page 175, ligne 18. — Le chevalier de Boissieu ou Boissieux avait été envoyé par le Gouvernement français, en août 1728, à l'électeur de Cologne, pour décider ce prince à accéder au traité de Hanovre, du 3 septembre 1725.

Page 175, ligne 22. — Par le *feu Électeur,* il faut entendre ici Joseph-Clément de Bavière, né le 5 décembre 1671 et mort le 12 novembre 1723, qui fut nommé successivement évêque de Freising et de Ratisbonne en 1685, archevêque de Cologne le 20 septembre 1688, évêque de Liège en 1694, et évêque de Hildesheim en 1714. Mais il ne reçut la prêtrise que le 1er janvier et ne fut sacré que le 1er mai 1707. En 1694, il résigna l'évêché de Freising, et, en 1716, celui de Ratisbonne.

Page 176, ligne 3. — Les mots *l'Électeur* sont ajoutés, dans le manuscrit, entre les lignes, au-dessus des mots *l'Empereur,* qui sont biffés.

Page 176, ligne 9. — Le manuscrit donne *Popelstorf,* au lieu de *Poppelsdorf.*

Page 176, ligne 10. — Le manuscrit donne ici et plus loin *Breuile,* au lieu de *Brühl.*

Page 177, ligne 17. — Clément-Auguste avait eu pour prédécesseur, à Osnabrück, Ernest-Auguste II, duc d'York, fils de cet autre Ernest-Auguste de Brunswick-Lünebourg qui fut le premier électeur de Hanovre, et qui fut, lui aussi, évêque d'Osnabrück. C'est le 2 mars 1716 qu'eut lieu l'élection d'Ernest-Auguste II. Né en 1694, il mourut le 14 août 1728.

Page 177, ligne 21. — Charles de Lorraine, né le 24 novembre 1680 et mort le 4 décembre 1715, était fils de Charles V, duc de Lorraine, et fut nommé successivement évêque d'Olmütz en 1695, évêque d'Osnabrück le 14 avril 1698, et, le 24 septembre 1710, coadjuteur de l'archevêque-électeur de Trèves, Jean-Hugues d'Orsbeck, qui mourut le 6 janvier 1711, et qu'il remplaça.

Page 178, ligne 5. — Les archevêques de Cologne avaient été investis du duché de Westphalie lors de sa constitution, c'est-à-dire à l'époque où Henri-le-Lion, duc de Saxe, fut dépouillé de ses états, le 13 avril 1180, par la diète de Gelnhausen, sous le règne de Frédéric Ier Barberousse.

Page 180, ligne 11. — Dans la note que nous avons consacrée plus haut à François-Louis de Bavière-Neubourg, nous avons déjà dit qu'il avait résigné l'archevêché de Trèves le 3 mars 1729.

Page 180, ligne 19. — Le manuscrit donne *Keiservert* et *Rimbergue,* au lieu de *Kaiserswerth* et de *Rheinberg.*

Page 180, ligne 26. — A la suite du paragraphe qui finit par les mots *devenir aînés,* il s'en trouve, dans le manuscrit, un qui est biffé :

« Rome est plus singulière à présent qu'elle ne l'étoit du temps des Empereurs romains. »

Page 181, ligne 18. — Frédéric-Chrétien de Plettenberg-Lehnhausen fut évêque de Münster du 7 juillet 1688 au 5 mai 1706, jour de sa mort.

Page 181, lignes 25 à 26. — Il s'agit ici des traités conclus en 1725 : l'un à Vienne, entre l'Empereur et le roi d'Espagne ; et l'autre à Herrenhausen, près de Hanovre, entre la France, la Grande-Bretagne et la Prusse. Les électeurs de Bavière et de Cologne accédèrent au traité de Vienne le 1er septembre 1726. Ils ne tinrent pas, du reste, leurs engagements.

Page 182, ligne 16. — Le manuscrit donne *Helzbach;* mais c'est là sans doute une erreur du copiste, qui n'aura pas su lire *Sulzbach :* la *fille de l'Électeur palatin* était, en effet, quand Montesquieu voyageait en Allemagne, veuve d'un prince de Sulzbach, comme on l'a vu plus haut.

Page 182, ligne 21. — Le manuscrit donne ici et plus loin *Meternik,* au lieu de *Metternich.*

Page 183, ligne 11. — François-Arnold Wolf de Metternich fut évêque de Münster du 30 août 1706 au 25 décembre 1718, tout en conservant le siège de Paderborn, auquel il avait été appelé dès 1704.

Page 183, ligne 14. — Christophe-Bernard de Galen fut évêque de Münster du 14 novembre 1650 au 19 septembre 1678, jour de sa mort. Il vécut soixante et onze ans et mena une existence des plus agitées. C'est en 1661 que ce belliqueux prélat ravit à la ville de Münster son antique indépendance.

Page 186, ligne 9. — Le manuscrit donne ici et plus loin *Dusseldorps,* au lieu de *Düsseldorf.*

Page 186, lignes 11 et 12. — Par *le feu Électeur palatin,* il faut entendre Jean-Guillaume de Bavière-Neubourg, qui naquit le 19 avril 1658, succéda, le 2 septembre 1690, à son père Philippe-Guillaume, et mourut le 8 juin 1716.

Page 188, ligne 6. — Les électeurs de Brandebourg possédaient le duché de Clèves depuis le partage provisionnel de Xanten, conclu le 12 novembre 1614 entre les héritiers des ducs de Clèves et de Juliers.

Page 188, ligne 10. — Le manuscrit donne *D'orsta,* au lieu de *Dorsten.*

Page 188, lignes 13 et 14. — Le manuscrit donne *D'ulman,* au lieu de *Dülmen.*

Page 189, ligne 2. — Le manuscrit donne *Leiden,* qui n'est plus la forme usitée en France, au lieu de *Leyde.* — Jean Bockelson, dit *Jean de Leyde,* naquit dans cette ville et exerça d'abord les professions de tailleur et de tavernier. Il vint à Münster à l'époque où les Anabaptistes s'emparèrent du gouvernement de cette ville, et se fit reconnaître par eux comme prophète et roi. Assiégé par une armée nombreuse, il se défendit pendant plus d'un an, jusqu'au 24 juin 1535. Après la prise de la ville, il fut arrêté, jugé, et enfin supplicié en janvier 1536. Son cadavre fut mis dans une cage, qu'on suspendit au clocher de l'église de Saint-Lambert.

Page 189, ligne 6. — Martin Luther, le célèbre réformateur allemand, naquit à Eisleben, le 10 novembre 1483, et y mourut le 18 février 1546.

Page 189, lignes 18 et 19. — Münster est situé sur l'Aa, affluent de l'Ems.

Page 189, ligne 25. — Le manuscrit donne *pournikel,* au lieu de *pumpernickel.*

Page 190, lignes 6 à 9. — C'est dans le traité d'Osnabrück, art. 13, § 4, qu'il fut stipulé que l'évêque d'Osnabrück serait tour à tour catholique et protestant, et que les évêques protestants devaient être élus parmi les membres de la famille de Brunswick-Lünebourg.

Page 192, ligne 17. — Le *Chavigni* dont il est ici question est bien celui auquel nous avons consacré une note dans le tome Ier des *Voyages.* Ses talents diplomatiques étaient supérieurs à sa valeur morale, si Saint-Simon ne l'a point calomnié. De 1718 à 1753, Théodore Chavignard de Chavigni remplit des missions à Gênes, Parme, Madrid, Londres, Stuttgard, Ratisbonne, Copenhague, Lisbonne, Munich, Venise, etc.

Page 192, ligne 18. — Le manuscrit donne *Municause,* au lieu de *Münchhausen.* — Gerlach-Adolphe, baron de Münchhausen, né le 14 octobre 1688 et mort le 26 novembre 1770, remplit de hautes fonctions judiciaires, diplomatiques et administratives; entre autres, et pendant trente-deux ans, celles de *curator* de l'Université de Gœttingue, fondée en 1734.

Page 192, lignes 20 et 21. — Charles, vicomte de Townshend, né en 1674 et mort le 21 juin 1738, joua un rôle politique des plus considérables en Angleterre. Il fut secrétaire d'État de 1714 à 1716 et de 1720 à 1730. Puis il mena une vie retirée, d'une dignité exemplaire.

Page 192, ligne 23. — Le manuscrit donne *Herenausen (?),* au lieu de *Herrenhausen.*

Page 192, ligne 24. — Philippe Néricault-Destouches, né le 22 avril 1680 et mort le 5 juillet 1754, écrivit des comédies et remplit des fonctions diplomatiques. Il fut reçu, en 1723, à l'Académie française. Sa pièce de *l'Irrésolu* fut représentée pour la première fois en 1713.

Page 193, lignes 1 à 3. — En 1729, la guerre avait failli éclater entre le Hanovre et la Prusse à l'occasion de quelques soldats racolés ou emprisonnés. De grands préparatifs furent faits de part et d'autre. Mais, après avoir jeté feu et flamme, le roi de Prusse, Frédéric-Guillaume Ier, se calma et finit par accepter pour arbitres les ducs de Brunswick-Wolfenbüttel et de Saxe-Gotha, qui réglèrent le différend par un acte en date des 16 et 18 avril 1730.

Page 193, lignes 4 et 5. — Les troupes de l'électeur de Hanovre et du duc de Brunswick occupaient depuis dix ans, en 1729, les états du duc de Mecklembourg-Schwérin, en exécution d'un mandat impérial du 25 octobre 1717.

Page 193, lignes 26 et suivantes. — Montesquieu donne ici des renseignements très incomplets sur la maison de Brunswick. Ce qu'il en rapporte était à peu près exact à la fin du XVIIe siècle, quand Rodolphe-Auguste était duc de Brunswick-Wolfenbüttel, son cousin Georges-Guillaume, duc de Zelle, et son autre cousin Georges, duc de Hanovre. Ce dernier était neveu et gendre du duc de Zelle ; si bien qu'il réunit, à la mort de Georges-Guillaume, toutes les possessions de la branche cadette des Brunswick-Lünebourg.

Page 193, ligne 28. — Le manuscrit donne *Limbourg*, au lieu de *Lünebourg*.

Page 194, lignes 2 et 3. — Georges Ier acquit, en sa qualité d'électeur de Hanovre, les duchés de Brême et de Verden en vertu d'arrangements successifs avec le Danemark et avec la Suède. Le roi de Danemark lui céda ses droits par la convention de Copenhague, du 26 juin 1715, pour une somme sur laquelle les historiens ne s'accordent guère, mais qui ne dépassa point 3 à 4 millions de livres. Quant à la Suède, elle fit abandon des siens, par le traité de Stockholm, du 20 novembre 1720, au prix d'un million de rixdales.

Page 194, ligne 3. — Le manuscrit donne *Ferden*, au lieu de *Verden*.

Page 194, lignes 4 et 5. — Ce n'est point Georges Ier, mais son père, Ernest-Auguste, électeur de Hanovre, qui acquit *le duché* de Saxe-Lauenbourg, après la mort du duc Jules-François (29 septembre 1689), et en vertu de l'arrangement qu'il fit, en 1697, avec Frédéric-Auguste, électeur de Saxe.

Page 194, ligne 6. — Frédéric IV, roi de Danemark, né le

NOTES 431

21 octobre 1671 et mort le 12 octobre 1730, succéda, le 4 septembre 1699, à son père Christiern V.

Page 194, ligne 17. — Le manuscrit donne *Attique,* au lieu de *Baltique.*

Page 197, lignes 7 et 8. — C'est à la suite du paragraphe qui finit par les mots *qui descendoient se relèvent,* que se trouve, dans le manuscrit, le dessin du fer des pompes de Herrenhausen. Des raisons typographiques nous ont obligé d'insérer notre reproduction un peu plus haut. Comme pour le plan de Mannheim, le copiste a fait du fer en question deux dessins successifs, dont le premier est à la page 561, et le second, à la page 562 du manuscrit.

Page 198, ligne 13. — Frédéric-Guillaume Ier, roi de Prusse, épousa, le 26 novembre 1706, la princesse Sophie-Dorothée. C'était la fille de Georges Ier, roi d'Angleterre et électeur de Hanovre. Elle naquit le 27 mars 1687 et mourut le 28 juin 1757.

Page 198, ligne 17. — Le prince dont il est ici question n'est autre que le futur Frédéric II, né le 24 janvier 1712 et mort le 17 août 1786. Il était si mal traité par son père qu'il essaya, en août 1730, de s'enfuir en France. Frédéric-Guillaume le traduisit alors devant un conseil de guerre comme déserteur; mais les membres de ce conseil se déclarèrent incompétents.

Page 198, ligne 20. — Léopold, prince d'Anhalt-Dessau, né le 3 juillet 1676 et mort le 9 avril 1747, succéda, le 17 août 1693, à son père Jean-Georges III. C'était un homme de guerre fort remarquable. Il fut nommé feld-maréchal par le roi de Prusse Frédéric-Guillaume Ier, en 1712, et par l'empereur Charles VI, en 1733.

Page 198, ligne 26. — Frédéric de Hesse-Cassel, né le 28 avril 1676 et mort le 5 avril 1751, fut roi de Suède et landgrave de Hesse-Cassel. Il fut appelé au trône de Suède, en tant qu'époux d'Ulrique-Éléonore, sœur de Charles XII, le 4 avril 1720. Quant au titre de landgrave, il en hérita le 23 mars 1730, à la mort de son père, le landgrave Charles.

Page 198, ligne 28. — Arvid-Bernard, comte de Horn, né en 1694 et mort en 1742, exerça une grande influence sur les événements qui se produisirent en Suède après la mort de Charles XII. Il contribua, en 1720, à limiter l'autorité royale et à faire élire Frédéric de Hesse-Cassel. Plus tard, il se déclara pour le parti des Bonnets, contre celui des Chapeaux, et finit par être renversé du pouvoir, en 1738, quand la noblesse, favorable à la France et hostile à la Russie, l'emporta dans la Diète.

Page 198, ligne 29. — Fille de Charles XI et sœur cadette de Charles XII, rois de Suède, Ulrique-Éléonore, née en 1688 et morte le 5 décembre 1741, se maria avec Frédéric de Hesse-Cassel. Après que son frère eut été tué, elle fut élue reine par les états du royaume, le 21 février 1719. Mais, dès le 4 avril 1720, elle abdiqua en faveur de son époux, qui régna sous le titre de *Frédéric Ier*.

Page 198, ligne 30. — Charles-Frédéric, duc de Holstein-Gottorp, né le 19 avril 1700 et mort le 18 juin 1739, était le fils du duc Frédéric IV, auquel il succéda le 19 juillet 1702, et de Hedwige-Sophie de Suède, sœur aînée de Charles XII.

Page 199, ligne 18. — Guillaume de Hesse-Cassel, né le 10 mars 1682 et mort le 29 janvier 1760, succéda comme landgrave de Hesse à son frère Frédéric, quand celui-ci mourut sans enfants, le 5 avril 1751.

Page 199, ligne 26. — C'est par le traité de Nystadt, du 10 septembre 1721, que la Suède céda la Livonie à la Russie.

Page 200, lignes 2 à 4. — Dans l'article 6 du traité de Nystadt, Pierre-le-Grand avait accordé au roi de Suède le droit perpétuel d'acheter, tous les ans, pour 50,000 roubles de grains à Arensberg, à Riga et à Revel, sauf dans les années de disette.

Page 200, lignes 4 à 6. — Pierre Ier, le grand empereur de Russie, naquit le 9 juin 1672 et fut proclamé czar à la mort de son frère Fédor III, en juin 1682. Mais il mourut le 8 février 1725. En 1729, il avait eu pour successeurs : d'abord, sa veuve, Catherine Ire, morte le 17 mai 1727, et puis, son petit-fils, Pierre II, mort le 29 janvier 1730. Sous leurs règnes, les privilèges de la Livonie furent respectés encore. Ils l'ont même été depuis plus qu'on ne devait le prévoir au temps de Montesquieu.

Page 200, lignes 8 et 9. — A l'époque où la Livonie dépendait de la Suède, le roi Charles XI exigea de sa noblesse la restitution des terres et des palais royaux qui avaient été engagés ou vendus depuis 1609. Il promettait, du reste, le remboursement des sommes versées en retour à l'État. Les rigueurs qu'exerça la Chambre de Réunion ou de Réduction chargée de cette opération fiscale excitèrent les plaintes véhémentes des Livoniens. Mais Charles XI fit arrêter et condamner à mort les malheureux qui lui furent députés, en 1689, pour réclamer contre la mesure qu'il avait prescrite. Le Czar fit un acte politique en revenant sur ce qu'avait ordonné le roi de Suède.

Page 200, ligne 12. — Par le traité de Stockholm, du 14 juillet 1720, la France et la Grande-Bretagne avaient garanti la possession du duché de Schleswick au roi de Danemark, qui, en 1713, avait dépouillé de ce pays Charles-Frédéric, duc de Holstein-Gottorp, allié de Charles XII, roi de Suède.

Page 200, ligne 27. — A la suite de la page 566 du manuscrit, page qui finit par les mots *éloignés de plus de,* se trouvent : un plan gravé de la ville de Brunswick; un tableau des troupes hessoises passées en revue le 30 juillet 1729, à Bettenhausen, par Georges II, roi de la Grande-Bretagne ; et un état des troupes de la Prusse et du Hanovre. Ces trois pièces sont fixées par une épingle au trente-cinquième cahier du manuscrit. Nous les reproduisons dans ce volume, en dehors du texte, en les insérant en face des paragraphes auxquels ils se rapportent.

Page 201, ligne 5. — Auguste-Guillaume, duc de Brunswick-Wolfenbüttel, né le 8 mars 1662, et mort le 23 mars 1731, succéda, le 27 mars 1714, à son père Antoine-Ulric.

Page 201, ligne 7. — Le manuscrit donne *Schtein,* au lieu de *Stein* ou mieux *Stain.* — Jean-Frédéric, baron de Stain, né à Campen, en Hollande, le 15 juillet 1681, et mort à Cassel, le 27 février 1735, entra en 1717 au service d'Auguste-Guillaume, duc de Brunswick. De 1717 à 1720, il représenta ce prince à la diète de Ratisbonne, et, en 1721, devint son ministre. Mais, quand Auguste-Guillaume mourut en 1731, Stain passa au service de Frédéric Ier, roi de Suède et landgrave de Hesse-Cassel. C'était un esprit très distingué et très cultivé. Les hautes fonctions qu'il remplit lui permirent de favoriser la publication de grands ouvrages historiques. Montesquieu resta, pendant quelque temps au moins, en correspondance avec le baron de Stain. Dans ses *Pensées* manuscrites (tome III, folio 316, v°), on trouve un fragment d'une lettre qu'il lui écrivit d'Amsterdam, le 20 octobre 1729, et où il traitait de l'intérêt qu'avait la France à ce qu'on ne détruisît point « les Protestants, les Turcs et les corsaires de Barbarie ».

Page 202, ligne 16. — Le personnage que Montesquieu appelle *le baron d'Heu* est sans doute Jean-Chrétien, baron d'Hoym, qui, né en 1675 et mort en 1763, remplit de hautes fonctions administratives, diplomatiques et politiques, au service des ducs de Brunswick-Wolfenbüttel.

Page 202, ligne 19. — Samuel Pufendorf, philosophe, historien et publiciste allemand, naquit le 8 janvier 1632 et mourut le 16 octobre 1694. En 1688, il devint historiographe des électeurs de Brandebourg. C'est comme tel qu'il écrivit en latin l'ouvrage dont le titre est : *De Rebus gestis Friderici-Wilhelmi Magni,*

Electoris Brandenburgici, Commentariorum Libri XIX. La première édition de cette histoire parut, à Berlin, en 1695. Pufendorf avait commencé un ouvrage du même genre sur Frédéric Ier, premier roi de Prusse, mais les fragments n'en ont été publiés qu'en 1784, et Montesquieu n'a pas pu les connaître.

Page 203, ligne 4. — Charles-Léopold, duc de Mecklembourg-Schwérin, né le 26 novembre 1679 et mort le 28 novembre 1747, succéda, le 3 juillet 1713, à son frère Frédéric-Guillaume. Il tyrannisa ses sujets à un tel point que le Conseil aulique intervint par un mandat impérial du 25 octobre 1717, qui fut suivi d'une exécution militaire. Plus tard, le 11 mai 1728, Christiern-Louis, frère de Charles-Léopold, fut même chargé d'administrer le duché, au lieu et place du Duc.

Page 203, ligne 6. — Le manuscrit donne *Abdorites;* mais il s'agit sans doute ici des *Amorites* ou *Amorrhéens,* qui sont mentionnés à plusieurs reprises dans la Bible, notamment au chapitre XXI du livre des *Nombres.*

Page 203, ligne 8. — A la suite du paragraphe qui finit par les mots *des usurpations,* se trouve dans le manuscrit un passage biffé, qui fait double emploi avec un paragraphe de la page 202, sur les princes d'Allemagne :

« Les princes d'Allemagne aiment mieux avoir des cerfs que des sujets : ils comptent quelquefois leur puissance par le nombre de leurs cerfs et de leurs biches. »

Page 203, ligne 12. — Charles, landgrave de Hesse-Cassel, né le 3 août 1654 et mort le 23 mars 1730, succéda, le 21 novembre 1670, à son frère Guillaume VII.

Page 203, ligne 17. — Le baron de Pettekum, résident du duc Holstein à La Haye pendant la guerre de la Succession d'Espagne, servit d'intermédiaire entre les grandes puissances lorsque Louis XIV essaya d'obtenir la paix, en 1709.

Page 204, ligne 10. — Par *alliés de Hanovre,* il faut entendre les princes ou états qui avaient signé le traité de Herrenhausen (dit : *de Hanovre*), du 3 septembre 1725, ou qui y avaient accédé en 1726 ou 1727. Après la défection du roi de Prusse, c'étaient les rois de France et de Grande-Bretagne, les Provinces-Unies, les rois de Danemark et de Suède, le landgrave de Hesse et le duc de Brunswick-Wolfenbüttel. Des subsides avaient été assurés aux quatre derniers alliés par les deux premiers.

Page 205, ligne 27. — Comme le manuscrit donne ici *Rhinfeld,* nous avons imprimé *Rheinfeld.* Mais la suite de la phrase ne s'applique pas du tout à Rheinfeld ou Rheinfelden, ville forestière de Suisse qui, au XVIII⁰ siècle, appartenait aux Habsbourgs depuis des siècles. Il s'agit ici de Rheinfels, dont le landgrave de Hesse-Cassel avait fait l'apanage d'une branche de sa famille.

Page 206, lignes 25 et 26. — Montesquieu fait ici allusion à Guillaume, prince d'Orange, qui débarqua en Angleterre le 5 novembre 1688 et renversa du trône son beau-père Jacques II, auquel il succéda sous le nom de Guillaume III.

Page 208, lignes 6 et 7. — Il est évident que la phrase : *Je n'ai point ouï dire cela en Angleterre,* a été ajoutée après coup par l'auteur aux notes de voyage qu'il avait prises en Allemagne.

Page 208, ligne 9. — Le nom qui manque ici dans le manuscrit est sans doute celui de *Salzdahlum.* Ainsi s'appelait le château qu'Antoine-Ulric, duc de Brunswick-Wolfenbüttel, fit construire, près de sa capitale, en 1694 et 1695, à l'imitation du château de Marly. Il n'en subsiste plus rien.

Page 208, ligne 28. — C'est à la suite de l'alinéa qui finit par les mots *sont encore des livres,* que se trouve, dans le manuscrit, le plan de la bibliothèque de Wolfenbüttel, plan que des raisons typographiques nous ont obligé d'insérer un peu plus loin.

Page 208, ligne 30. — Le *grand-père du Duc régnant* s'appelait *Auguste.* Fils de Henri, duc de Lünebourg, il devint duc de Brunswick après la mort de son cousin Frédéric-Ulric, décédé le 11 août 1634. Né le 10 avril 1579, il mourut le 27 septembre 1666, laissant une grande réputation de science et de sagesse.

Page 209, lignes 1 et 2. — Luther s'était fait recevoir docteur en théologie les 18 et 19 octobre 1512, d'où son titre de *docteur,* qu'il se donnait quelquefois lui-même, en s'appelant *doctor Martinus.*

Page 209, ligne 6. — Le cardinal Jules Mazarin, né le 14 juillet 1602 et mort le 9 mars 1661, n'était pas seulement un grand politique. Il avait le goût des choses de l'esprit, et il avait confié au savant Gabriel Naudé le soin de lui composer une bibliothèque. Pendant la Fronde, en 1751, le Parlement de Paris fit vendre ses livres, qui furent dispersés; si bien que, plus tard, il ne fut pas possible de les recouvrer tous, malgré les efforts du Cardinal.

Page 210, lignes 2 et 3. — Le duc Auguste-Guillaume, qui devait mourir sans enfants, avait pour héritier présomptif son frère Louis-Rodolphe, duc de Blanckenbourg. Ce prince, né le 22 juillet 1671, lui succéda le 23 mars 1731, et mourut le 1ᵉʳ mars 1735, sans laisser de fils. A sa mort, le duché de Brunswick passa à son gendre Ferdinand-Albert, duc de Bevern, qui avait épousé sa fille, Antoinette-Amélie, et que Montesquieu avait vu à Vienne.

Page 210, lignes 5 et 6. — Le duc de Blankenbourg, frère du duc de Brunswick, avait pris fait et cause pour Jérôme, baron de Münchhausen, qui avait été destitué injustement de ses fonctions de président des finances, et qui devint premier ministre après la mort du duc Auguste-Guillaume. Ce Münchhausen était un parent de celui que Montesquieu avait vu à la cour de Hanovre. Notons, en passant, que le baron de Münchhausen, dont les récits ont donné lieu à la publication des célèbres *Aventures*, appartenait à la même famille et s'appelait aussi Jérôme, comme celui auquel nous consacrons cette note.

Page 210, ligne 8. — Ernest, baron et, plus tard (en 1696), comte de Metternich, remplit des fonctions diplomatiques au service de la Prusse. Il représenta cet état, à partir de 1710, tour à tour à Vienne, au congrès d'Utrecht et à la diète de Ratisbonne. En 1727, il prit sa retraite et mourut.

Page 210, ligne 13. — Jacques-Vincent Languet, comte de Gergi, né vers 1656 et mort le 17 novembre 1734, remplit des missions diplomatiques à Mantoue, Parme, Florence, Venise et spécialement en Allemagne, où il fut envoyé pour la troisième fois en 1716.

Page 210, lignes 13 et 14. — Celui que Montesquieu appelle *le vieux Péquet* (ou mieux *Pecquet*) fut secrétaire du Conseil des affaires étrangères sous la Régence et directeur des bureaux des affaires étrangères sous le ministère du cardinal Dubois. On l'estimait fort pour son désintéressement, ses connaissances et sa prudence. Il mourut à Fontainebleau en septembre 1722.

Page 211, lignes 4 à 7. — Les ducs de Wolfenbüttel, de Zelle et de Hanovre se disposaient à faire la guerre, en avril 1671, à Bernard de Galen, évêque de Münster, quand l'empereur Léopold Ier intervint et arrêta les hostilités. C'est alors que les princes guelfes eurent l'idée d'assiéger la ville de Brunswick, qui se rendit le 16 juin suivant. Ajoutons que Louis XIV n'avait pas encore, à cette date, déclaré la guerre aux États-Généraux : car il ne le fit que le 6 avril 1672.

Page 211, lignes 11 et 12. — C'est d'une seconde femme de Philippe de Gentils, marquis de Langallerie, qu'il doit s'agir ici. La première, Marie-Anne de Pourroy de Vausserre, était morte le 12 janvier 1708. Quant au marquis, né en 1656, il suivit la carrière des armes, passa du service de la France à celui de l'Empire (1706), puis (1709) à celui de la Pologne ; se convertit au protestantisme; séjourna à la cour de Hesse-Cassel; enfin, négocia secrètement avec le Sultan : si bien qu'il fut mis en prison, au château de Raab, où il mourut le 20 juin 1717.

Page 211, ligne 22. — Ernest-Ferdinand de Brunswick-Bevern, né le 4 mars 1682 et mort le 14 avril 1746, devint duc de Bevern le 1er mars 1735, quand son frère Ferdinand-Albert fut duc de Brunswick. Il était prévôt du chapitre luthérien de Brunswick lorsque Montesquieu le connut.

Page 211, ligne 23. — Éléonore-Charlotte, fille de Frédéric-Casimir, duc de Courlande, épousa, le 4 août 1714, Ernest-Ferdinand de Bevern, et mourut le 28 juillet 1748.

Page 212, ligne 5. — D'après une indication du manuscrit, nous insérons en cet endroit l'alinéa qui commence par les mots *C'est un bonheur,* bien que cet alinéa soit, dans l'original, à la suite du paragraphe qui commence par les mots *Lors de la prise de Brunswick,* et que nous imprimons quatre lignes plus bas.

Page 212, ligne 13. — En 1671, le duc de Lünebourg-Zelle s'appelait Georges-Guillaume. Né en 1624, il avait succédé, en 1665, à son frère Chrétien-Louis et mourut lui-même en 1705.

Page 212, lignes 17 et 18. — C'est le 4 septembre 1729 que naquit le Dauphin, premier fils de Louis XV et de Marie Leckzinska. Il se maria en secondes noces, le 9 février 1747, avec Marie-Joséphine de Saxe, dont il eut plusieurs enfants. Mais il mourut avant son père, le 20 décembre 1765.

Page 212, lignes 19 et 20. — Ferdinand-Albert, duc de Bevern, avait épousé, le 5 octobre 1712, Antoinette-Amélie, fille de Louis-Rodolphe de Brunswick-Wolfenbüttel, duc de Blankenbourg.

Page 212, ligne 23. — C'est par distraction que Montesquieu a écrit ici que le duc de Bevern était *frère* de l'impératrice Élisabeth : car, dans son *Voyage en Autriche,* il a dit lui-même qu'il était son *cousin germain.*

Page 214, lignes 1 à 3. — Le prince d'Anhalt avait épousé Anna-Louise Fœhse, dont l'empereur Léopold Ier fit une princesse de l'Empire le 9 septembre 1701, et qui mourut en 1754.

Page 214, lignes 3 et 4. — Nous ignorons à quel meurtre Montesquieu fait ici allusion. Il ne saurait être question d'un frère du prince d'Anhalt : son frère aîné et unique mourut avant sa naissance. Est-ce donc son beau-frère qu'il aurait tué?

Page 214, ligne 7. — Léopold Ier, prince d'Anhalt, n'eut pas *quatre,* mais cinq fils, dont le second lui succéda sous le nom de Léopold II.

Page 214, ligne 17. — Le manuscrit donne *Clausdal,* au lieu de *Clausthal.*

Page 215, ligne 20. — A la suite du mot *mines* se trouve dans le manuscrit un passage biffé et ainsi conçu : *dont le produit donne du bled.*

Page 219, lignes 12 à 13. — Le manuscrit donne *Hesse-Rhinfelds,* au lieu de *Hesse-Rheinfels.*

Page 219, ligne 14. — *Madame la Duchesse* était alors Charlotte de Hesse-Rheinfels, qui, née le 18 août 1714, se maria le 23 juillet 1728 avec le duc de Bourbon et mourut le 14 juin 1741.

Page 221, lignes 8 et 9. — Le manuscrit donne *bourguemaîtres,* au lieu de *bourgmestres.*

Page 222, ligne 21. — Charles VI avait créé le 19 décembre 1722, à Ostende, une Compagnie des Indes, contre laquelle les Anglais et les Hollandais protestèrent vivement dans l'intérêt de leur commerce. Des raisons politiques obligèrent l'Empereur à promettre, le 7 mars 1727, de suspendre pour sept ans le privilège de la Compagnie. Il s'engagea plus tard à la supprimer, par l'article 5 du traité de Vienne, du 16 mai 1731.

Page 223, lignes 21 à 24. — Les Provinces-Unies expulsèrent les Jésuites par des mesures successives : la Hollande et la Frise les chassèrent au commencement de 1708; le Groningue et l'Over-Yssel, un peu plus tard, etc. Ce n'est qu'à la date du 7 mai 1720 que les États-Généraux rendirent un décret général d'expulsion, qui, du reste, ne reçut qu'une exécution partielle. Dans une foule d'endroits, les autorités feignirent d'ignorer la présence des proscrits, tant qu'elles ne furent pas obligées de la constater officiellement.

Page 223, lignes 24 à 26. — Lorsque Pierre Codde, qui était archevêque d'Utrecht depuis le 20 septembre 1688, eût été déposé par Clément XI, le 3 avril 1704, pour ses opinions jansénistes, ses ouailles lui restèrent fidèles en grande partie. Il se constitua alors, dans les Provinces-Unies, une église schismatique, qui subsiste encore. Elle avait pour chefs trois prélats : l'archevêque d'Utrecht et ses deux suffragants, les évêques de Deventer et de Harlem.

Page 223, ligne 27. — Le Couvent des Chartreux d'Utrecht, dit le *Couvent du Saint-Sauveur,* fut fondé, en 1393, par Sweder Van Abcoude, seigneur de Gaesbeec, etc.

Page 224, ligne 25. — Jean Calvin, le célèbre réformateur français, naquit à Noyon, le 10 juillet 1509, et mourut à Genève, le 25 mai 1564.

Page 224, ligne 30, et page 225, lignes 1 à 3. — Dans la *Vie de Lysandre,* Plutarque raconte que, lorsque les Lacédémoniens se furent emparés d'Athènes, en 404 avant Jésus-Christ, il fut question de raser cette ville ; mais qu'un Phocéen chanta quelques vers d'Euripide, et que les chefs de l'armée victorieuse sentirent, en les entendant, qu'il serait horrible de détruire la ville célèbre qui avait produit de si grands hommes.

Page 225, ligne 2. — Sophocle, né en 495 et mort en 406 avant Jésus-Christ, disputa à Eschyle et à Euripide le premier rang parmi les poètes tragiques de la Grèce.

Page 225, ligne 2. — Euripide, le rival de Sophocle, naquit en 480 et mourut en 406 avant Jésus-Christ.

Page 226, ligne 15. — Le manuscrit donne *Van Hoy,* au lieu de *Van Hoey.* — Abraham Van Hoey, né à Gorinchem, en 1684, et mort à Marlot, près de La Haye, en 1766, joua un rôle politique dans son pays et fut même nommé, en 1726, ambassadeur des États-Généraux près de la Cour de France. Montesquieu eut l'occasion de s'entretenir avec lui pendant son séjour en Hollande. Au folio 449, v°, de son *Spicilegium,* on en trouve la preuve :

« M. Van Hoei *(sic)* m'a dit que la raison qui fait que la province de Hollande est si obérée, c'est qu'elle a payé toute la guerre passée au-delà des 58 pour 100 : car, pour ne point décourager les autres provinces qui auroient pu demander la paix, les ministres faisoient payer la province de Hollande, et les autres ne levoient pas leurs troupes complètes, ni ne remplissoient leurs obligations.

« Il dit que la province de Hollande est sur le point d'être déchargée de ses obligations viagères, qui alloient à environ 10 millions de nos livres. »

Page 226, ligne 17. — Simon Van Slingelandt, né à Dordrecht, le 14 janvier 1664 et mort le 1ᵉʳ décembre 1736, était grand pensionnaire de Hollande en 1729. Il remplit, d'abord, les fonctions de secrétaire du Conseil d'État ; puis, celles de trésorier général. Nommé pensionnaire en 1727, il le resta jusqu'à sa mort.

Page 227, lignes 10 à 13. — Le traité de Herrenhausen ou de Hanovre avait été conclu, le 3 septembre 1725, par la France, la Grande-Bretagne et la Prusse, et les Provinces-Unies n'y accédèrent que le 9 août 1726, après bien des hésitations.

Page 227, ligne 31. — Dans le manuscrit le mot *ajouté* est écrit au-dessus des mots *font ajoutement,* qui sont biffés.

Page 228, ligne 31. — Le manuscrit donne ici *Balgeri,* au lieu de *Balguerie,* qu'on trouve, d'ailleurs, un peu plus loin. Placé à la fin du paragraphe, ce nom indique la personne qui a renseigné Montesquieu sur ce qu'il vient de dire. Cette personne devait appartenir à la famille Balguerie, de Bordeaux. Dans les archives de La Brède, on conserve une lettre d'un certain Pierre Balguerie, datée d'Amsterdam, 9 octobre 1749, et adressée à Montesquieu. Elle nous apprend que le fils aîné du signataire avait été en rapport avec Montesquieu pour la vente de ses vins, mais qu'il était mort depuis un an. C'était peut-être là le *Balguerie* du *Voyage en Hollande*.

Page 229, ligne 5. — C'est le 12 juin 1672 qu'eut lieu le passage du Rhin par Louis XIV.

Page 229, ligne 10. — Le manuscrit donne *Sktink,* au lieu de *Skenk* ou *Schenck*.

Page 230, lignes 29 et suivantes. — Quand Montesquieu comparait les Hollandais aux fourmis que Jupiter changea en habitants d'Égine, il songeait sans doute aux vers par lesquels Ovide termine le récit de cette métamorphose :

.... Mores quos ante gerebant
Nunc quoque habent : parcum genus est patiensque laborum,
Quæsitique tenax, et quod quæsita reservet [1]...

Page 231, lignes 1 et 2. — Montesquieu rappelle ici le tableau que Fénelon fait du royaume de Salente, à la fin du livre X et au commencement du livre XVII des *Aventures de Télémaque*.

Page 232, ligne 26. — Par un acte du 22 mars 1602, les États-Généraux créèrent la Compagnie des Indes Orientales, qu'ils investirent, à l'exclusion de leurs autres sujets, du droit de faire le commerce à l'est du cap de Bonne-Espérance et à l'ouest du détroit de Magellan. A ce monopole s'ajoutaient des attributions politiques telles que la Compagnie formait, en quelque sorte, un état mi-souverain. Très florissante jusqu'en 1696, elle vit ensuite décliner peu à peu sa prospérité.

Page 233, lignes 27 et suivantes. — La plante dont il est ici question a inspiré à Montesquieu une réflexion qu'il a notée dans ses *Pensées* manuscrites (tome II, folio 9, v°) :

« Depuis que j'ai vu à Amsterdam l'arbre qui porte la gomme appelée *sang-de-dragon,* gros comme la cuisse quand il étoit auprès de l'arbre femelle, et pas plus gros que le bras quand il étoit seul, j'ai conclu que le mariage étoit une chose nécessaire. »

Page 235, ligne 17. — Jacques Saurin, né à Nimes, le 6 jan-

---

1. *Métamorphoses*, livre VII, vers 655 à 657.

vier 1677, et mort à La Haye, le 30 décembre 1730, fut le plus illustre des prédicateurs protestants et français de son époque.

Page 235, ligne 17. — Le manuscrit donne *Benthem*, qui est la manière dont Montesquieu écrit *Bentheim ;* mais il faut sûrement lire *Bentinck.* C'est à la famille des Bentinck qu'appartenait, en effet, Jean-Guillaume de Rhoon, favori de Guillaume III, qui fut créé comte de Portland, et qui mourut le 14 novembre 1709 : or il s'agit ici d'un parent des Portland. Quant au comte de Bentinck, que vit Montesquieu, ce doit être un certain Guillaume, qui devint comte de l'Empire, en 1732, et qui mourut en 1773.

Page 235, ligne 18. — En 1729, c'était Guillaume Bentinck, petit-fils de Jean-Guillaume de Rhoon dont il a été question dans la note précédente, qui avait hérité du titre de comte de Portland, en 1726, et qui le porta jusqu'en 1762, année de sa mort.

Page 235, lignes 18 et 19. — Unico-Guillaume, comte de Wassenaer, seigneur de Twickele, né en 1696 et mort le 9 novembre 1766, remplit de hautes fonctions publiques dans son pays et fut même chargé, en 1744, d'une mission diplomatique auprès de la cour de France.

Page 235, ligne 19. — La personne que Montesquieu désigne sous le nom de *milady Albemarle* est sans doute la veuve d'Arnold-Juste Van Keppel, qui fut, comme le comte de Portland, un favori de Guillaume III, obtint de ce prince le titre de *comte d'Albemarle,* et mourut le 30 mai 1718.

Page 235, ligne 22. — Philippe Dormer-Stanhope, comte de Chesterfield, homme d'état et écrivain anglais, naquit le 22 septembre 1694 et mourut le 24 mars 1773. Il remplit, entre autres fonctions, celles d'ambassadeur à La Haye, de vice-roi d'Irlande et de secrétaire d'État. De tous ses écrits, le plus connu est le recueil des *Lettres* qu'il avait adressées à Philippe Stanhope, son fils naturel, et qui furent publiées après sa mort. C'est avec lui que Montesquieu passa, le 31 octobre 1729, de Hollande en Angleterre. Mais il ne l'avait pas connu avant son séjour à La Haye, ainsi que cela ressort du texte du *Voyage en Hollande.*

Page 235, lignes 27 et 28. — Guillaume-Charles-Henri de Nassau-Dietz, né le 1er septembre 1711, n'était en 1729 que stathouder héréditaire de Frise et de Groningue et stathouder élu de Gueldre. C'est lui qui fut proclamé stathouder général et héréditaire des Provinces-Unies en mai et octobre 1747, sous le nom de Guillaume IV. Il mourut le 22 octobre 1751.

Page 236, ligne 15. — Deux membres de la famille de La Tour portèrent le titre de *prince d'Auvergne* au commencement du xviii⁰ siècle : François-Égon de La Tour, marquis de Berg-op-Zoom, né le 5 décembre 1675 et mort le 27 juillet 1710, et Frédéric-Jules de La Tour, né le 2 mai 1672 et mort le 28 juin 1733. Le premier passa du service de la France à celui de la Hollande et y devint major général de la cavalerie, en 1704. Le second ne prit le titre de *prince d'Auvergne* que sept ans après la mort du premier, qui n'était que son cousin.

Page 237, ligne 2. — Démosthène, le plus grand des orateurs grecs, naquit à Péanée, près d'Athènes, vers 385, et mourut à Calaurie, en 322.

Page 239, lignes 1 à 3. — Au sujet des *Mémoires sur les Mines,* nous avons dit, dans la *Description des Manuscrits* imprimée en tête de ce volume, qu'il ne subsistait qu'une seule copie des Mémoires II, III et V, et deux des Mémoires I et IV. Nous n'avons donc eu de choix à faire pour notre publication qu'à l'égard de ces derniers. Ce choix était tout indiqué pour le n⁰ IV, dont une copie porte la mention : *C'est la mauvaise copie.* Pour le n⁰ I, au contraire, notre embarras a été grand. En effet, la copie qui a toute l'apparence d'une mise au net est sûrement antérieure à l'autre : cela ressort des corrections qu'on y a faites. Toutefois, c'est elle que nous avons imprimée après réflexion. L'autre, où le titre et le premier alinéa sont biffés, et où est ajouté un alinéa final, nous semble avoir été l'objet d'un travail de revision resté incomplet. Nous donnons, du reste, en note l'alinéa qu'elle a en plus.

Quant à ce qui touche les *Notes autographes* sur le Hartz, comme le Mémoire n⁰ V en reproduit les dix-neuf vingtièmes, souvent mot pour mot, dans un meilleur ordre, nous nous sommes contentés d'imprimer au bas ou à la suite de ce mémoire les passages que Montesquieu n'y a point utilisés.

Page 244, ligne 5. — Le manuscrit donne *Somolko,* au lieu de *Szomolnok.*

Page 246, ligne 7. — Les manuscrits donnent ici *Seheiber* et ailleurs *Sesreiber,* au lieu de *Schreiber,* nom dont la traduction latine est *Scriberius.* — L'ouvrage de Schreiber, écrit en allemand, eut plusieurs éditions, dont la seconde parut à Rudolstadt, en 1678, sous ce titre : *Thomæ Schreiber's kurtzer historischer Bericht von Aufkunft und Anfang der fürstlich Braunschweig-Lüneburgischen Bergwerke an und auf dem Hartz...*

Page 252, lignes 8 à 12. — Cet alinéa doit être rapproché de ce que Montesquieu a noté en ces termes, au folio 401 de son *Spicilegium :*

« M⁹ʳ Fouquet dit fort bien que les Chinois ne veulent pas

permettre qu'on fouille les mines, sous le faux prétexte de la conservation des habitants, et par la raison qu'ils ne veulent pas assembler beaucoup de gens dans un même lieu, à cause des révolutions fréquentes, dans ce pays-là, par ces sortes d'attroupements : car les idées de ces peuples-là sont totalement différentes de celles des Européens. »

Page 254, lignes 12 et 13. — Agathias, de Myrine, dit *le Scolastique,* naquit en 536 (?) et mourut en 582 (?). Juriste et poète, il a écrit une histoire d'une partie du règne de Justinien Ier. Le commencement de cet ouvrage traite seul de la guerre des Goths. Le titre exact en est : *Cinq Livres des Histoires d'Agathias, le Scolastique.* C'est dans le livre V qu'est raconté le tour qu'Anthémius, de Tralles, mathématicien et mécanicien, joua au rhéteur Zénon. Peut-être la traduction dont Montesquieu s'est servi ajoute-t-elle quelque peu au texte.

Page 257, note 1. — Cette note est écrite dans le manuscrit, au haut et dans le coin gauche de la première page. — Georges Bauer, dit *Agricola,* né le 24 mars 1490 et mort le 21 novembre 1555, cultiva d'abord la philologie et la médecine, puis il s'occupa spécialement de métallurgie, en Bohême et en Saxe, et composa son *De Re metallica Libri XII,* qui ne parut qu'après sa mort, en 1556, et qui est le premier traité du genre.

Page 257, note 3, ligne 3. — Le nom de *Fondi* est une traduction latine du nom allemand *Grund.*

Page 257, note 3, ligne 4. — Botho VII, comte de Stollberg, qui hérita du comté de Wernigerode en 1429, mourut en 1455.

Page 257, note 3, ligne 5. — Le duc que Montesquieu désigne, ici et ailleurs, sous le nom de *Henri-le-Jeune* appartenait à la branche des Brunswick-Wolfenbüttel. Né le 10 novembre 1489, il succéda, le 23 juin 1514, à son père Henri-le-Mauvais, et mourut le 12 juin 1568. C'est à tort que Montesquieu le rattache un peu plus loin aux Brunswick-Kalenberg.

Page 257 (-258), note 3, ligne 10. — Chrétien-Louis, duc de Brunswick-Lünebourg, naquit le 25 février 1622, succéda à son oncle Frédéric II, le 10 décembre 1648, et mourut le 15 mars 1665.

Page 258, ligne 10. — Diodore de Sicile, qui vivait au temps de César et d'Auguste, a parlé des mines des Pyrénées dans sa *Bibliothèque historique,* livre V, chapitres XXXV et suivants.

Page 258, ligne 10. — Le manuscrit donne *Fraisier,* au lieu de *Frézier.* — Amédée-François Frézier, ingénieur et voyageur, naquit à Chambéry en 1682 et mourut à Brest, le 26 octobre 1773. Il publia, entre autres ouvrages, une *Relation d'un Voyage de la*

Mer du Sud aux Côtes du Chili et du Pérou, fait pendant les Années 1712, 1713 et 1714 (Paris, 1716, 1 vol. in-4º). On y lit un chapitre sur la *Manière de tirer l'argent des minières*. Entre autres détails qu'on peut y relever, nous citerons celui-ci : « ... Il ne manque pas de physiciens qui mettent les métaux au nombre des végétaux, et qui prétendent qu'ils viennent d'un œuf. »

Page 259, ligne 3. — Jules, duc de Brunswick-Wolfenbüttel, né le 10 juillet 1558, succéda à son père Henri-le-Jeune, le 12 juin 1568, hérita du duché de Kalenberg, en 1584, à la mort de son cousin Erick II, et mourut lui-même le 3 mai 1589.

Page 259, ligne 6. — Albert Iᵉʳ, le Grand, duc de Brunswick, succéda à son père Othon-l'Enfant, le 9 juin 1252. Il partagea ses possessions entre trois de ses fils, qui devinrent ducs de Grubenhagen, de Gœttingue et de Wolfenbüttel. Lui-même mourut le 15 août 1278.

Page 259, lignes 13 et 14. — Othon IV (de Brunswick), troisième fils de Henri-le-Lion, duc de Saxe, et de Mathilde d'Angleterre, naquit vers 1182 (?). Après la mort de l'empereur Henri VI, il fut élu à sa place, le 9 juin 1198, par quelques seigneurs allemands ; mais il eut pour rivaux, d'abord, Philippe et, plus tard, Frédéric II de Souabe. Il termina le 19 mai 1218 une existence agitée, malheureuse et sans gloire.

Page 259, ligne 22. — Au chapitre v de sa *Germanie*, Tacite dit : « *Argentum et aurum propitiine an irati Di negaverint dubito. Nec tamen affirmaverim nullam Germaniæ venam argentum aurumve gignere. Qui enim scrutatus est?* »

Page 259, ligne 24. — Henri-l'Oiseleur, duc de Saxe, né en 876 (?) et mort le 2 juillet 936, fut élu roi de Germanie le 14 avril 919.

Page 262, lignes 22 et 23. — Montesquieu a, en effet, reproduit, presque mot à mot, à la fin du *Mémoire sur les Mines du Hartz*, son *Troisième Mémoire,... contenant quelques Réflexions générales*.

Page 279, note 1, lignes 4 et 5. — Nous ignorons de quel ouvrage il est ici question ; mais, dans le *Spicilegium* (folio 488), on trouve la mention suivante : « *Dissertatio Philippi Boergravii de Spirituum nervosorum Existentia.* »

Page 281, ligne 25. — Les minéralogistes français ont emprunté à l'allemand le mot *druse* (qui signifie proprement *glande*), pour désigner certaines géodes.

Page 283, ligne 1. — Dans la *Lettre sur Gênes* (qui n'a pas de titre dans l'original), Montesquieu a simplement rédigé, sous forme épistolaire, une partie des notes de son *Voyage en Italie*, notes auxquelles il n'a guère ajouté que quelques détails accessoires et un alinéa sur les sigisbées.

Page 290, lignes 25 et 26. — En cet endroit, on trouve, dans le manuscrit, un renvoi ainsi conçu : *Voyez page 23*. Nous avons, en conséquence, inséré à la suite des mots *une délibération contraire,* l'alinéa qui commence en ces termes : *Il y a toujours*. Cet alinéa se lit, en effet, à la page 23 de l'original.

Page 293, ligne 29. — A la suite de l'alinéa qui finit par les mots *un crime impardonnable,* tout une page (la 14e) a été biffée dans l'original; mais le texte, relatif à Savone, en a été recopié par Montesquieu, cinq pages plus loin, avec des variantes sans importance.

Page 295, ligne 3. — André Doria, le célèbre homme de mer, naquit à Oneille, le 30 novembre 1468, servit tour à tour François Ier et Charles-Quint, et mourut, le 25 novembre 1560, à Gênes, qu'il avait affranchi de la domination française et doté d'une constitution nouvelle.

Page 299, ligne 1. — En imprimant le manuscrit sur *Florence,* nous avons cru devoir insérer quelquefois dans le texte des passages qui sont dans les marges de l'original; mais nous en prévenons chaque fois le lecteur par une note. Nous lui signalons de même, outre les passages que le manuscrit indique comme devant être transposés, ceux qui nous semblent avoir été ajoutés après coup, et qui ont une marque spéciale. Quant aux fragments qui ont servi à Montesquieu pour son traité sur *la Manière gothique,* nous les relèverons plus loin, dans les notes qui doivent accompagner cette dissertation.

Page 301, lignes 15 et suivantes. — Montesquieu parle ici de quatorze empereurs romains, dont plusieurs ne furent que des candidats malheureux ou des associés fictifs à la puissance impériale.

Voici quelques détails et quelques dates sur chacun d'eux :

1º Pescennius Niger, gouverneur de Syrie, fut proclamé par ses troupes en 193, après la mort de Pertinax; mais fut vaincu, pris et décapité par les partisans de Septime Sévère, en 194.

2º Macrin succéda, le 11 avril 217, à Caracalla, et régna quatorze mois.

3º Maximin succéda, le 18 mars 235, à Alexandre Sévère et fut tué le 17 juin 238.

4º Julius Verus Maximinus était le fils de Maximin, qui se l'associa, et avec lequel il fut tué.

5e et 6º Gordien-l'Ancien et Gordien-le-Jeune, son fils, régnèrent ensemble, en 238, pendant trois semaines.

7º Balbin fut aussi empereur en 238, mais avec deux collègues et pendant trois mois environ.

8º Gordien III, petit-fils (et non pas neveu, comme le dit le texte) de Gordien-l'Ancien, fut proclamé, en 238, à l'âge de treize ans, et fut tué en 244.

9º Philippe-le-Jeune, fils de Philippe-l'Arabe, qui se l'associa lorsqu'il remplaça Gordien III, fut tué quelques jours après son père, en 249.

10º Hostilianus (en italien : *Ostiliano*), second fils de Dèce, devint, à la mort de ce prince, en 251, collègue de Gallus, mais mourut au bout de quelques mois.

11º Gallus succéda à l'empereur Dèce, en 251, et fut tué en 253.

12º Émilien régna pendant trois mois après Gallus, et fut tué la même année.

13º Valérien, proclamé empereur du vivant de Gallus et d'Émilien, en 253, fut fait prisonnier par les Perses, en 260, et mourut en 266.

14º Gallien, d'abord collègue et puis successeur de son père Valérien, fut tué le 4 mars 268.

Page 302, lignes 4 à 12. — Toute cette fin d'alinéa, depuis le mot 7me, a été écrite dans la marge du manuscrit, bien qu'elle fasse partie du texte. Une première rédaction, actuellement biffée, ne donnait pas la liste des empereurs dont les bustes font défaut dans la Galerie de Florence. Après avoir dit : *Cette suite d'empereurs finit à Gallien,* Montesquieu ajoutait brièvement, mais inexactement : *et même il y en a 7 ou 8, dans la suite, qui manquent; par exemple, le vieux Gordien y est, et non pas les jeunes.*

Page 302, ligne 14. — Didius Julianus, né en 133, jouit pendant soixante-six jours du titre d'*Empereur :* il l'avait acheté des prétoriens, après la mort de Pertinax, le 28 mars 193, et fut tué le 1er juin suivant.

Page 302, ligne 15. — C'est *Manlia Scantilla* que s'appelait la femme de Didius Julianus, bien que le manuscrit l'appelle ici *Julia,* et plus loin *Manilia Scantilla.*

Page 302, lignes 26 et 27. — Diadumenianus, né en 208 (?), était fils non de Julien, mais de Macrin. Son père, devenu empereur en 217, l'associa à son pouvoir. Mais ils périrent l'un et l'autre au bout d'un règne de quatorze mois.

Page 302, ligne 28. — Élagabal ou Héliogabale, qui succéda à

Macrin et à Diadumenianus, était le petit-neveu de Septime Sévère. Il fut proclamé empereur le 16 avril 218, à l'âge de quatorze ans. Mais, le 11 mars 222, il périt dans une sédition militaire.

Page 303, ligne 1. — Alexandre Sévère, petit-neveu de Septime Sévère, né en 209, succéda à son cousin Élagabal, le 11 mars 222, et fut tué le 18 mars 235.

Page 303, ligne 4. — Julia Mammæa, mère d'Alexandre Sévère, le fit empereur et fut tuée en même temps que lui (235).

Page 303, ligne 6. — Nous imprimons ce paragraphe dans le texte, bien qu'il soit écrit dans la marge du manuscrit, parce qu'il n'a point le caractère d'une note. — Julia Mæsa fut la belle-sœur de Septime Sévère et la grand'mère d'Alexandre Sévère.

Page 303, ligne 9. — Dèce, né près de Sirmium, en 201, succéda à l'empereur Philippe, le 1er septembre 249, et périt en Mœsie, dans une bataille contre les Goths, au mois de novembre 251.

Page 303, ligne 10. — Quintus Herennius Etruscus était fils de l'empereur Dèce, qui se l'associa, et avec lequel il périt (251).

Page 303, ligne 10. — Volusianus était fils de l'empereur Gallus, qui se l'associa, et avec lequel il périt (253).

Page 303, lignes 18 et 19. — Julien, neveu de Constantin Ier, naquit le 6 novembre 331 et succéda à Constance II, le 3 novembre 361. Il fut tué dans un combat contre les Perses, le 26 juin 363. Entre autres ouvrages, il écrivit un drame satirique où il mit ses prédécesseurs en scène, et qui est intitulé *Les Césars*.

Page 303, ligne 28. — Pline le Jeune, *Lettres*, X, 97.

Page 304, lignes 7 à 14. — Cet alinéa a été modifié par l'auteur, qui en a retranché quelques mots, mais y a fait, en revanche, les deux additions suivantes : *et ils y donnoient ce tour que nous pouvons si difficilement attraper ;* et plus loin : *comme Suétone.* La fin du passage n'en reste pas moins obscure. S'il est vrai que Suétone, dans *Les Douze Césars,* décrit volontiers la barbe et la chevelure de chacun des princes dont il raconte la vie, il ne parle d'oreilles que dans son portrait d'Auguste (II, 79).

Page 304, ligne 23. — En marge de l'alinéa qui commence par les mots *Je dirai,* Montesquieu avait écrit plus tard, et biffé ensuite : *J'ay mis cela sur la Rép. rom.* On ne trouve rien dans les *Considérations sur... la Grandeur des Romains* qui soit relatif aux origines de l'architecture gothique. Sans doute, l'auteur modifia sur ce point une première rédaction.

Page 306, ligne 4. — Le *Bianchi,* dont Montesquieu parle ici et plus loin, est-il ce *Jean Bianchi* qui fut nommé conservateur de la Galerie de Florence, le 1er janvier 1758, et que Ch. Justi traite d'« ignorant fieffé » et de « filou » dans son livre sur Winckelmann[1]?

Page 306, ligne 12. — L'abbé Augustin Nadal, né à Poitiers, en 1659, et mort dans cette ville, le 7 août 1741, fut reçu, en 1706, membre de l'Académie des Inscriptions et Belles-Lettres. Il écrivit en vers et en prose. Son *Histoire des Vestales*, publiée à Paris, en 1725, est suivie d'un *Traité sur le Luxe des Dames romaines*.

Page 307, ligne 3. — Antinoüs, qui périt en Égypte par accident, le 30 octobre 130, était un esclave bithynien, dont la beauté admirable inspira une passion telle à l'empereur Adrien qu'il le déifia après sa mort.

Page 307, ligne 6. — Lysippe, de Sicyone, un des grands statuaires de l'Antiquité, fut le contemporain d'Alexandre-le-Grand, qui lui réserva, dit-on, le droit de faire son portrait en bronze.

Page 307, lignes 13 et 14. — C'est en l'an 146 avant Jésus-Christ que la ville de Corinthe fut prise et pillée par les Romains.

Page 307, lignes 15 à 18. — Le consul qui détruisit Corinthe s'appelait *Lucius Mummius* et fut surnommé *Achaïcus*, et le mot qu'on lui prête est rapporté par C. Velleius Paterculus (*Histoire romaine*, I, XIII).

Page 307, ligne 24. — Le numéro de la page à laquelle Montesquieu renvoie manque dans le manuscrit; mais nous comblons cette lacune. C'est, en effet, à la page 47 de l'original que se trouvent des observations sur les petites statues faites pour a dévotion du peuple, observations qui sont visées ici, et que nous imprimons à la page 337 de ce volume. Il résulte de ce renvoi que le bas de la page 8 des notes sur *Florence* a été écrit après la page 47.

Page 308, lignes 14 et 15. — Cet alinéa a été visiblement ajouté après coup, dans le manuscrit.

Page 308, ligne 14. — Par *mon sculpteur*, Montesquieu entendait sans doute Piémontino, le fils, dont il parle plus loin, et qui était probablement le fils de Joseph Piémontino ou Piamontini, élève d'Hercule Ferrata.

Page 309, ligne 9. — Sabine était la petite-nièce de l'empereur Trajan : car elle était la petite-fille de Marciane, sœur de ce prince, qui la donna pour femme à Adrien.

Page 309, ligne 20. — Le *Sénèque* dont il s'agit ici est, bien

---

[1]. *Winckelmann, sein Leben, seine Werke und seine Zeitgenossen*, par Ch. Justi (Leipsick, F.-C.-W Vogel, 1872), tome II, 1re partie, page 240.

entendu, le célèbre auteur de tant d'ouvrages philosophiques, qui naquit l'an 1 ou 2 de notre ère, qui fut précepteur et puis ministre de l'empereur Néron, et qui se tua, en l'an 65, sur l'ordre de ce prince.

Page 309, ligne 29. — Tout l'alinéa qui commence par le mot *Remarquez* a été ajouté après coup, en très petits caractères, au bas de la 10ᵉ page du manuscrit.

Page 309, ligne 30. — Marcus Vipsanius Agrippa, né en l'an 63 et mort en l'an 12 avant Jésus-Christ, fut général et ministre de l'empereur Auguste, qui reconnut ses services éminents en lui donnant sa fille Julie pour femme et en l'adoptant lui-même comme fils.

Page 310, ligne 20. — Les mots *Il me semble que* ont été ajoutés après coup, dans la marge du manuscrit.

Page 311, ligne 10. — Montesquieu emploie ici, en en supprimant un mot, l'expression *Palladium ex ossibus Pelopis factum* qu'il a relevée ailleurs [1], et qu'il a, sans doute, empruntée à la traduction de Clément d'Alexandrie (*Protrepticus,* IV, § 47), ou à J. Firmicus Maternus (*De Errore profanarum Religionum,* XV).

Page 312, lignes 25 à 30. — Le tableau de Raphaël dont il est ici question fut peint, en 1518, pour Laurent de Médicis, duc d'Urbin, et se trouve actuellement au Musée du Louvre.

Page 313, ligne 4. — Sapho, la célèbre poétesse de Lesbos, vécut au VIᵉ siècle avant Jésus-Christ.

Page 313, lignes 6 à 10. — Toute la fin de cet alinéa, depuis les mots *Elle a une espèce,* a été écrite après coup, entre les lignes ou dans la marge du manuscrit.

Page 313, lignes 16 et 17. — Cet alinéa a été visiblement ajouté après coup.

Page 314, lignes 6 à 13. — Nous imprimons cet alinéa dans le texte, bien qu'il soit écrit dans la marge du manuscrit.

Page 314, ligne 11. — Claude, né à Lyon, en l'an 11 avant Jésus-Christ, succéda à son neveu Caligula, le 25 janvier 41 et fut empoisonné le 13 octobre 54 de l'ère chrétienne.

Page 314, ligne 14. — D'après une indication du manuscrit, nous insérons ici l'alinéa sur la *Matrona Romana,* bien qu'il se trouve, dans l'original, au revers de la page, après la mention des bustes de Claude et d'Agrippine.

Page 315, ligne 25. — L'*Agrippina* dont il s'agit ici doit être la nièce et la femme de l'empereur Claude, ainsi que la mère de l'empereur Néron, qui la fit tuer en l'an 59.

---

1. Voyez ci-dessus, page XVIII.

Page 316, ligne 11. — Galba, né près de Terracine, en l'an 3 avant Jésus-Christ, fut proclamé empereur par les troupes de la Tarraconaise, le 6 avril 68, et fut tué le 15 janvier 69 de l'ère chrétienne.

Page 316, note 1, ligne 2. — Caracalla, né le 4 avril 188, succéda à l'empereur Septime Sévère, son père, le 4 février 211, et fut tué le 8 avril 217.

Page 317, ligne 1. — Othon, né le 29 avril 32, succéda à l'empereur Galba le 15 janvier et se tua lui-même le 17 avril 69.

Page 317, lignes 14 à 21. — Montesquieu parle ici de deux Bérénice, dont la seconde, fille de Ptolémée Philadelphe et femme de Ptolémée Évergète, vécut au IIIe siècle avant Jésus-Christ.

Page 317, ligne 23. — Monime fut la femme de Mithridate VII, roi du Pont, qui lui ordonna de se tuer, en l'an 71 avant Jésus-Christ, après que Lucullus l'eut battu et contraint de s'enfuir en Arménie.

Page 317, ligne 24. — Nous imprimons cet alinéa dans le texte, bien qu'il soit écrit dans la marge du manuscrit.

Page 317, ligne 25. — Titus se maria deux fois; mais c'est sa fille qui s'appelait *Julie,* et non une de ses deux femmes.

Page 318, ligne 3. — La *Domitia* dont il s'agit ici est sans doute *Domitia Longina,* femme de l'empereur Domitien, qu'elle trompa, qui la répudia, et qui la reprit ensuite.

Page 318, ligne 7. — Nerva, né à Narni, vers l'an 23 de l'ère chrétienne, succéda à l'empereur Domitien, le 19 septembre 96, et mourut le 25 janvier 98.

Page 318, ligne 9. — D'après une indication du manuscrit, nous insérons ici l'alinéa sur Plotine, bien qu'il se trouve, dans l'original, une page plus loin, après un alinéa sur Adrien.

Page 319, lignes 15 à 23. — Montesquieu se préoccupait déjà de la question des petits fronts et du goût que les Anciens auraient eu pour eux, lorsqu'il écrivait la *142e Lettre persane.*

Page 319, lignes 21 et 22. — Cette citation latine est tirée d'Horace (*Épîtres,* I, 7, v. 26), qui a dit ailleurs (*Odes,* I, 33, v. 5):

Insignem tenui fronte Lycorida.

Page 319, note 1, ligne 5. — A la page 53 du manuscrit, on lit une observation sur le front de Pan, observation qu'on trouvera imprimée à la page 342 de ce volume.

Page 320, ligne 8. — Marc-Aurèle avait pris pour collègue et pour gendre, aussitôt après son avènement, Lucius Aurelius Verus, auquel il donna pour femme sa fille Lucilla, mais qui mourut bien avant lui, en 169.

Page 320, lignes 10 et 11. — Homère décrit la ceinture de Vénus dans le chant XIV de *l'Iliade,* aux vers 214 à 217.

Page 321, lignes 2 et 3. — Nous imprimons ce distique tel que Montesquieu l'a transcrit; mais le président de Brosses met à la fin du premier vers *ducit,* au lieu de *finxit,* et à la fin du second *obstupuit*[1]*,* au lieu d'*abstinuit.*

Page 321, ligne 6. — Avant d'être adopté par l'empereur Antonin, le futur Marc-Aurèle s'appelait *Marcus Annius Verus.*

Page 321, ligne 22. — La phrase *Aujourd'hui, on feroit moins de plis,* a été ajoutée après coup, d'abord au crayon, et puis à l'encre.

Page 321, lignes 23 à 25. — Nous imprimons ce paragraphe dans le texte, bien qu'il soit écrit dans la marge du manuscrit.

Page 322, ligne 14. — Le manuscrit donne ici et plus loin *Guiberti,* au lieu de *Ghiberti.* — Laurent Ghiberti, né à Florence, en 1378, et mort en 1455, fut un des plus anciens maîtres de la sculpture italienne.

Page 322, ligne 24. — Il s'agit ici du fils de Philippe II, roi de Macédoine, d'Alexandre-le-Grand, qui, né en 356 avant Jésus-Christ, régna de 336 à 323 et mourut à l'âge de trente-deux ans et huit mois.

Page 322, lignes 25 et 26. — La phrase *C'est un buste...* a été ajoutée après coup.

Page 323, lignes 9 et 10. — Nous imprimons la phrase *Ses bras sont...* dans le texte, bien qu'elle soit écrite dans la marge du manuscrit.

Page 323, lignes 14 à 19. — D'après une indication du manuscrit, nous insérons ici l'alinéa sur le *Scrinarius,* bien qu'il se trouve, dans l'original, deux pages plus loin, avant l'alinéa sur Pertinax.

Page 323, ligne 21. — Femme de l'empereur Commode, Crispine fut accusée d'adultère, reléguée dans l'île de Caprée, et mise à mort.

Page 323, ligne 23. — Pertinax, né en 126, succéda à Commode le 1er janvier et fut tué le 28 mars 193.

Page 323, lignes 28 et 29. — Les mots *Voir cela* et la ligne suivante ont été ajoutés après coup.

---

1. *Lettres familières,* tome Ier, page 268.

Page 324, ligne 10. — Le manuscrit donne ici *Manilia,* au lieu de *Manlia.*

Page 324, ligne 11. — Decius Clodius Albinus, que l'empereur Septime Sévère avait associé d'abord à sa puissance, se révolta contre lui en 196, se fit battre près de Lyon, et se tua lui-même fin février 197.

Page 324, lignes 16 à 18. — La fin de cet alinéa, depuis les mots *Il est presque,* semble avoir été ajoutée après coup.

Page 324, lignes 27 et suivantes. — La fin de l'alinéa, depuis les mots *en bas qu'en haut,* la ligne suivante et la note ont été ajoutées après coup.

Page 325, ligne 1. — Plautilla fut la femme de l'empereur Caracalla, qui la relégua dans l'île de Lipari et la fit mettre à mort.

Page 325, ligne 2. — Les mots *Bellissima testa* ont été ajoutés après coup.

Page 325, lignes 5 et 6. — La phrase *Belle ligature...* semble avoir été ajoutée après coup.

Page 325, ligne 17. — Le mot *vestale* est biffé, dans le manuscrit, à la fin de la phrase. — Julia Aquilia Severa était vestale quand l'empereur Élagabal l'épousa. Elle fut sa seconde femme, mais pendant peu de temps. Il se remaria deux ou trois fois, après l'avoir répudiée.

Page 325, ligne 18. — L'observation sur les oreilles d'Alexandre Sévère a été ajoutée après coup.

Page 325, lignes 26 à 28. — La fin de l'alinéa, depuis les mots *L'art tombe,* a été ajoutée après coup.

Page 325, ligne 29. — Parmi les treize rois de Syrie qui se sont appelés *Antiochus,* nous n'en connaissons aucun qui ait été surnommé *Évergète.*

Page 326, lignes 1 à 3. — La fin de l'alinéa, depuis les mots *Ce n'est pas une bonne,* a été ajoutée après coup.

Page 326, lignes 8 à 10. — La fin de l'alinéa, depuis les mots *Ce n'est pas une belle,* a été ajoutée après coup.

Page 326, lignes 14 et 15. — La phrase *Cette statue...* a été ajoutée après coup.

Page 326, lignes 17 à 19. — La fin de l'alinéa, depuis les mots *Beau torse,* a été ajoutée après coup.

Page 326, ligne 27. — La phrase *Cette statue est bonne,* a été ajoutée après coup.

Page 326, ligne 28. — L'empereur Philippe s'appelait *Marcus Julius,* et non *Lucius.* Né à Bostra, dans la Trachonitide, il succéda à l'empereur Gordien III, en 244, et fut tué en 249.

Page 326, lignes 30 et 31. — Cet alinéa a été ajouté après coup, à la place du mot *Dèce,* qui est biffé.

Page 327, lignes 1, 3, 5, 6 à 10, 13 et 15. — Les appréciations qui se trouvent dans les passages indiqués ont été ajoutées après coup, pour la plupart du moins.

Page 328, lignes 3 et 4. — Baccio ou Barthélemy Bandinelli, sculpteur florentin, naquit en 1493 et mourut en 1560. La copie du *Laocoon* dont Montesquieu parle ici a été endommagée en 1762, dans un incendie de la Galerie de Florence. C'est après coup que la phrase *Il y a mis...* a été ajoutée, avec une autre, qui a été biffée ensuite : *Remarquez dans* le Laocoon *les belles masses de ses cheveux.*

Page 328, lignes 5 et 6. — Montesquieu revient plus loin sur la copie du *Sanglier* qui fut faite par Foggini pour Louis XIV.

Page 328, lignes 15 et 16. — Baccio Bandinelli n'ayant vécu que jusqu'en 1560, il est difficile qu'il ait raccommodé la *Vénus de Médicis* vers 1600.

Page 329, ligne 12. — Saint Grégoire, né à Rome, succéda au pape Pélage II, fut sacré le 3 septembre 590, et mourut vers le 12 mars 604.

Page 329, lignes 14 et 15. — Lucien, *Les Amours,* §§ 13 et 14.

Page 330, ligne 18. — Hercule Ferrata, sculpteur, né à Pelsotto, vers 1610, et mort à Rome, en 1685, restaura beaucoup de statues antiques, et fut le maître de Jean-Baptiste Foggini et de Joseph Piamontini.

Page 330, ligne 22. — A la suite de l'alinéa qui se termine par les mots *pierres précieuses,* Montesquieu avait écrit cinq lignes sur *le petit Faune* et sur *le Paysan aiguisant son couteau,* lignes dont il a reporté et développé le contenu trois et quatre pages plus loin.

Page 330, note 1, ligne 1. — André Félibien, né à Chartres, en 1619, et mort le 11 juin 1695, est surtout connu pour ses écrits sur les arts plastiques. Il publia, entre autres livres, des *Entretiens sur les Vies et les Ouvrages des plus excellents Peintres* (Paris, S. Mabre-Cramoisy, 1685-1688). C'est dans le troisième de ces *Entretiens* qu'il traite « de la beauté des parties ».

Page 331, lignes 21 et suivantes. — Les observations qui suivent les mots *d'un nouveau partage* se trouvent, dans l'original, sur la feuille où Montesquieu avait écrit d'abord et biffé ensuite l'alinéa qu'il a consacré à deux statues de *Morphée,* alinéa qu'il a reporté trois pages plus loin.

Page 335, ligne 9. — Britannicus, fils de l'empereur Claude et de Messaline, sa troisième femme, naquit le 13 février 41 et fut empoisonné, par ordre de l'empereur Néron, en l'an 55 après Jésus-Christ.

Page 335, ligne 21. — Maximilien Misson, né d'une famille protestante, se réfugia en Angleterre après la révocation de l'édit de Nantes. Chargé de l'éducation d'un comte d'Arran, il voyagea avec lui en Hollande et en Allemagne, puis en Italie, où il alla en 1688. De 1691 à 1698, il publia un *Nouveau Voyage d'Italie,* dont les trois volumes parurent successivement à La Haye. Cet ouvrage eut beaucoup de succès. Il fut même traduit en plusieurs langues. La 5e ou 6e édition (Utrecht, Wates, 1722) comprend un tome IV, où se trouve une traduction des *Remarques* d'Addison dont nous parlons dans la note suivante. Misson mourut en 1727.

Page 335, ligne 26. — Joseph Addison, le célèbre essayiste anglais, né le 1er mai 1672 et mort le 17 juin 1719, entreprit, en 1699, un voyage en Italie, après lequel il publia, entre autres ouvrages, ses *Remarks on several Parts of Italy* (Londres, 1705).

Page 336, ligne 6. — La *Cléopatre* dont Montesquieu parle ici est sans doute la fille de Ptolémée IX Aulètes, qui épousa son propre frère Ptolémée X Dionysios. Elle naquit en l'an 67 et mourut en l'an 30 avant Jésus-Christ. Jules César et Marc Antoine, le triumvir, l'eurent, l'un après l'autre, pour maîtresse.

Page 336, ligne 22. — Platon, le grand philosophe, naquit à Égine, en l'an 427, et mourut à Athènes, en l'an 347 avant Jésus-Christ.

Page 337, ligne 18. — En 1728, le duc d'Orléans était Louis, fils du Régent, qui était né le 4 août 1703, et qui devait mourir le 4 février 1752.

Page 337, lignes 18 et 19. — Catherine, fille de Laurent de Médicis, duc d'Urbin, naquit le 13 avril 1519. Le 27 octobre 1533, elle épousa le second fils de François Ier, roi de France, le futur Henri II. Elle mourut le 5 janvier 1589.

Page 338, ligne 12. — Montesquieu attribue ici à un seul artiste deux tableaux qui sont l'œuvre de deux peintres différents, mais appartenant tous deux à l'école vénitienne, et surnommés tous deux *le Bassan,* parce qu'ils étaient nés également à Bassano. C'est Jacques da Ponte, né en 1510 et mort en 1592, qui a représenté sa *Famille.* Quant au *Souper du mauvais Riche,* il est l'œuvre de son fils François, né en 1548 et mort en 1592.

Page 338, ligne 19. — Deux peintres de Florence, le père et

le fils, Alexandre et Christophe, ont illustré le nom d'*Allori* : Alexandre naquit en 1535 et mourut en 1607; et Christophe naquit le 17 octobre 1577 et mourut en 1621.

Page 339, lignes 3 et 4. — Léopold de Médicis, fils de Cosme II et frère de Ferdinand II, grands-ducs de Toscane, fut promu cardinal le 12 décembre 1667 et mourut en 1675.

Page 339, ligne 16. — Hyacinthe Rigaud, peintre de l'école française, naquit à Perpignan, en 1659, et mourut à Paris, le 27 décembre 1743.

Page 339, ligne 16. — Jean Holbein, dit *le Jeune,* peintre de l'école allemande, naquit à Augsbourg, en 1498 (?), et mourut à Londres, en 1543 (?).

Page 339, ligne 28. — Montesquieu ne dit pas si le peintre dont il parle ici est François de Troy, né à Toulouse, en 1645, et mort à Paris, en 1730, ou son fils Jean-François, né à Paris, en 1679, et mort à Rome, le 24 janvier 1752; mais le portrait de celui-ci est à Florence.

Page 339, ligne 29. — Encore ici Montesquieu parle d'un peintre sans le désigner nettement. S'agit-il de Noël Coypel, né à Paris, le 25 décembre 1628, et mort le 24 décembre 1707, ou de son fils Antoine, né le 11 avril 1661 et mort le 7 janvier 1722 ?

Page 339, ligne 29. — Charles Lebrun, un des maîtres de l'école française, naquit à Paris, en 1619, et y mourut le 12 février 1690.

Page 339, ligne 29. — Joseph Vivien naquit à Lyon, en 1657, et mourut à Cologne, en 1735.

Page 339, ligne 29. — Robert Nanteuil, peintre pastelliste et graveur, naquit en 1630 et mourut en 1678.

Page 339, ligne 29. — Nicolas Poussin, le plus grand maître de l'école française, naquit aux Andelys, en 1594, et mourut à Rome, le 19 novembre 1665.

Page 339, ligne 30. — Pierre Mignard, dit *le Romain,* naquit à Troyes, en novembre 1610, et mourut à Paris, le 6 mai 1695.

Page 340, ligne 8. — Est-ce de Mathias Van *den* Berg, élève de Rubens, né à Ypres, en 1615, et mort en 1647, que Montesquieu parle ici?

Page 340, ligne 8. — Le manuscrit donne *Miris,* au lieu de *Miéris.* — François Miéris, un des maîtres de l'école hollandaise, naquit à Leyde, le 16 avril 1635, et y mourut en 1681.

Page 340, ligne 9. — Le manuscrit donne *Van der Meer,* mais c'est probablement *Van der Neer* qu'il faut lire : le portrait de *Van der Neer* se trouve, en effet, à Florence. — Églon Van der

Neer, peintre de l'école hollandaise, naquit à Amsterdam, en 1643, et mourut à Düsseldorf, le 3 mai 1703.

Page 340, ligne 13. — Le manuscrit donne *Schialken,* au lieu de *Schalken.* — Godefroy Schalken, peintre de l'école hollandaise, naquit à Dordrecht, en 1643, mourut à La Haye, en 1706.

Page 340, ligne 14. — Charles Dolci, peintre de l'école florentine, naquit à Florence, en 1616, et y mourut le 17 janvier 1686.

Page 340, ligne 18. — Pierre Belotti, peintre de l'école vénitienne, naquit à Bolzano, en 1625, et mourut en 1700.

Page 340, ligne 26. — Simon Pignoni, peintre de l'école florentine, naquit en 1614 et mourut en 1706 (?).

Page 341, ligne 22. — Voir au tome Ier, pour l'orthographe de ce passage, les lignes 13 et 14 de la page 82.

Page 342, ligne 22. — Albert Dürer, le maître de l'école allemande, naquit à Nüremberg, le 20 mai 1471, et y mourut le 6 avril 1528.

Page 342, note 1. — La page 20 du manuscrit est imprimée à la page 319 de ce volume.

Page 343, ligne 11. — André Pisano, sculpteur, naquit à Pise, vers 1273, et mourut vers 1349.

Page 344, ligne 4. — Arnolphe de Cambio, architecte et sculpteur, naquit en 1240 et mourut en 1301.

Page 344, lignes 4 et 5. — Philippe Brunellesco, le grand architecte de Florence, y naquit en 1377 et y mourut le 15 avril 1446. La coupole de *Santa-Maria-del-Fiore* fut commencée le 7 avril 1420 et achevée le 30 août 1436. Toutefois, la lanterne qui la surmonte ne fut entreprise qu'en 1445 et ne fut terminée qu'en 1461.

Page 344, ligne 12. — Le manuscrit donne *Guirlanday,* au lieu de *Ghirlandajo.* — Dominique Bigordi, dit *il Ghirlandajo,* naquit en 1449 et mourut vers 1498.

Page 345, lignes 20 et 21. — Bernardin Barbatelli, dit *Poccetti,* peintre de l'école florentine, naquit en 1548 et mourut vers 1612.

Page 345, lignes 23 et 24. — Rosso di Rossi, dit *il Rosso,* peintre de l'école florentine, naquit à Florence, vers 1496, et mourut à Paris, en 1541.

Page 345, ligne 24. — Le manuscrit donne *Pontorne,* au lieu de *Pontormo.* — Jacques Carrucci, dit *il Pontormo,* peintre de l'école florentine, naquit à Pontormo, près d'Empoli, en 1494, et mourut en 1556.

Page 346, ligne 5. — Julien de Médicis fut le fils de Laurent-le-Magnifique et le frère du pape Léon X. Il naquit en 1478 et mourut le 17 mars 1516. François Iᵉʳ, roi de France, l'avait fait duc de Nemours.

Page 346, ligne 7. — Laurent de Médicis fut le petit-fils de Laurent-le-Magnifique, le fils de Pierre II et le neveu du pape Léon X. Il naquit le 13 septembre 1492 et mourut le 28 avril 1519. Pendant les dernières années de sa vie, il gouverna Florence, sans parler du duché d'Urbin, dont il fut investi, en 1516, par son oncle, le Pape.

Page 347, ligne 3. — Santi di Tito, peintre de l'école florentine, naquit à Borgo-San-Sepolcro, en 1538, et mourut le 25 juillet 1603.

Page 347, ligne 3. — Jérôme Macchietti, dit *Girolamo del Crossifissaio,* peintre de l'école florentine, naquit vers 1511 et mourut vers 1564.

Page 347, ligne 3. — Jean-Baptiste Naldini, peintre de l'école florentine, naquit en 1537 et mourut vers 1590.

Page 347, ligne 4. — Ange Bronzino, peintre de l'école florentine, naquit à Monticelli, en 1502, et mourut à Florence, en 1572.

Page 347, ligne 5. — Vespasien Strada, peintre de fresques, vécut au commencement du XVIIᵉ siècle.

Page 347, ligne 21. — Montesquieu ne dit point de quel *Lippi* il entend parler : si c'est du père, *Filippo,* né à Florence, vers 1412, et mort à Spolète, le 8 octobre 1469; ou du fils, *Filippino,* né à Prato, en 1460, et mort à Florence, en avril 1505.

Page 347, ligne 28. — Dominique Cresti, dit *Passignano,* peintre de l'école florentine, naquit à Passignano, vers 1558, et mourut à Florence, le 17 mai 1638.

Page 347, ligne 29, et page 348, ligne 1. — Masolino da Panicale, peintre de l'école florentine, naquit vers 1403 (?) et mourut vers 1440.

Page 348, ligne 1. — Thomas Guidi, dit *Masaccio,* peintre de l'école florentine, naquit à Castel-San-Giovani-di-Valdarno, en 1402, et mourut à Rome, en 1428.

Page 348, ligne 11. — Benoît Pagni, né à Pescia, fut un élève de Jules Romain.

Page 349, note 1. — Platon, *La République,* V.

Page 350, lignes 7 et 8. — Il s'agit sans doute ici de l'ouvrage que Thomas Dempster publia à Florence, en 1723 et 1724, sous ce titre : *De Etruria regali.*

Page 350, note 1, ligne 1. — Dibutade, de Sicyone, aurait inventé, d'après une légende plus ou moins plausible, l'art de modeler des figures en argile.

Page 350, note 1, ligne 3. — Rhœcus et Théodore, son fils ou son élève, passent pour être nés à Samos, l'un au vii⁰ siècle avant Jésus-Christ, et l'autre vers le commencement du vi⁰, et pour avoir introduit en Grèce l'art de faire des statues en coulant de la fonte en forme.

Page 350, note 1, ligne 4. — Démarate, de Corinthe, appartenait à l'illustre famille des Bacchiades. Quand sa famille fut chassée de sa patrie, par Cypsélus, l'an 657 avant Jésus-Christ, il s'enfuit chez les Étrusques. Là, il s'établit à Tarquinies et eut un fils qui devint roi de Rome : Tarquin-l'Ancien.

Page 350, note 1, lignes 6 et 7. — Damophilus et Gorgasus, tous deux Siciliens, ornèrent de statues de terre cuite le tympan du temple de Cérès consacré, en l'an 496 avant Jésus-Christ, par le dictateur Aulus Posthumius.

Page 350, note 1, ligne 8. — Marcus Terentius Varro ou Varron, né en l'an 116 et mort en l'an 26 avant Jésus-Christ, remplit d'importantes fonctions publiques, mais se fit surtout connaître comme polygraphe. Il écrivit soixante-quatorze ouvrages, dont il n'en reste pas même deux en entier. La citation de Varron que Montesquieu fait ici est (comme tous les détails historiques de la note où elle se trouve) empruntée à Pline l'Ancien : *Histoire naturelle,* XXXV, xliii à xlv.

Page 351, ligne 14. — C'est dans sa *Poétique,* aux chapitres vi à xviii, que le grand philosophe de Stagire (né en 384 et mort en 322 avant Jésus-Christ) formula les règles que devaient observer, selon lui, les poètes tragiques.

Page 351, note 1, ligne 3. — Vincent Borghini, auteur florentin, publia en 1584, à Florence, un traité sur les arts, en dialogue, sous le titre d'*Il Riposo*.

Page 352, lignes 8 et 9. — Quand Montesquieu dit que le Palais Pitti fut *fait par Luca Pitti,* il faut entendre *pour* ou *par ordre de Luca Pitti*. Il fut commencé vers 1440. Brunelleschi en dessina le plan ; mais l'exécution fut dirigée par Lucas Fancelli.

Page 353, ligne 8. — Les jardins du Château de Liancourt (département de l'Oise et arrondissement de Clermont) étaient arrosés par la Béronnelle, rivière artificielle que Jeanne de Schomberg, duchesse de Liancourt, dériva en 1634 de la Béronne.

Page 354, lignes 27 et 28. — Le groupe de *Judith,* qui se trouve dans *la Loggia dei Lanzzi,* et que Montesquieu juge si dédaigneusement, est une œuvre de Donatello, comme il le dit lui-même plus loin.

Page 355, note 1, ligne 3. — Benoît Cajetan, né à Anagni, fut promu cardinal en 1281. Élu pape le 24 décembre 1294, il prit le nom de *Boniface VIII.* Il mourut à Rome, le 11 octobre 1303.

Page 355, note 2. — Vincent de' Rossi, sculpteur florentin, vécut au XVII° siècle et fut l'élève de B. Bandinelli.

Page 356, ligne 8. — Julien de La Rovère, né à Albizale, près de Savone, en 1441, fut promu cardinal en 1471. Élu pape le 1er novembre 1503, il prit le nom de *Jules II.* Il mourut à Rome, le 21 février 1513.

Page 356, lignes 21 à 23. — La colonne dont parle Montesquieu fut apportée en 1563 sur la place de Florence où elle se trouve.

Page 356, ligne 23. — C'est de Cosme Ier qu'il s'agit ici.

Page 356, ligne 23. — Jean-Ange de Médicis, né à Milan, en 1499, fut promu cardinal en 1549. Élu pape le 26 décembre 1559, il prit le nom de *Pie IV.* Il mourut à Rome, le 9 décembre 1565.

Page 356, lignes 24 et 25. — M. Eugène Müntz dit, en parlant de la statue que l'itinéraire de Montesquieu attribuait à *Romolo del Dadda,* qu'elle « fut commandée par un successeur de Cosme [Ier] à l'habile sculpteur toscan *Pietro Tacca*[1] ». D'après un guide moderne, elle serait plutôt l'œuvre de Fr. Taddi. Ce guide prétend même qu'elle fut mise en place en 1581, et « revêtue plus tard d'un manteau de bronze, parce qu'on l'aurait trouvée trop svelte[2] ».

Page 357, ligne 11. — Stoldo Lorenzi, sculpteur de l'école florentine, naquit en 1534 et mourut en 1583.

Page 358, ligne 23. — Thadée Landini, sculpteur de l'école florentine, mourut en 1594.

Page 358, lignes 27 et 28. — Jean-Baptiste Caccini, architecte et sculpteur de l'école florentine, naquit en 1562 et mourut en 1612.

Page 360, ligne 20. — Donato di Nicolo di Betti Bardi, connu sous le nom de *Donatello,* le grand sculpteur florentin, naquit en 1386 et mourut le 13 décembre 1466.

Page 360, ligne 24. — Benvenuto Cellini, orfèvre et statuaire, naquit à Florence, en 1500, et mourut le 13 février 1571.

Page 363, lignes 4 et 5. — D'après une indication du manuscrit, nous insérons en cet endroit le paragraphe sur Mgr Incontri, bien qu'il se trouve, dans l'original, une page plus loin, après le paragraphe sur la maison du marquis Caponi.

Page 363, ligne 14. — Mathieu Bonechi peignit au commencement du XVIII° siècle.

---

1. *Le Tour du Monde,* tome LXVII, *A travers la Toscane,* page 314.
2. *Italie septentrionale...,* par K. Bædeker (Leipzig, 1892), page 403.

Page 363, ligne 15. — Le manuscrit donne *Joani Sacrestani*, au lieu de *Giovani Sagrestani*. — Jean-Camille Sagrestani naquit en 1660 et mourut en 1731.

Page 365, lignes 1 et 2. — L'ébauche de traité auquel nous donnons le titre : *De la Manière gothique* (titre qu'il n'a pas dans l'original), a été inspiré à Montesquieu par ses visites dans la Galerie du Grand-Duc de Toscane. D'importants passages en sont empruntés aux notes sur *Florence*. Nous les signalerons.

Page 367, ligne 2. — Voyez les notes sur *Florence*, page 303, lignes 22 à 25.

Page 368, ligne 17. — Voyez, dans les notes sur *Florence*, le passage qui commence à la ligne 24 de la page 348, et duquel ressort un changement dans les idées de Montesquieu sur un point d'histoire de l'art.

Page 369, note 1. — Thomas Herbert, huitième comte de Pembroke, naquit en 1656 et mourut le 22 janvier 1733. Il remplit de hautes fonctions politiques. C'était un esprit curieux, très versé dans les mathématiques surtout. Il réunit de nombreux objets d'art dans son château de Wilton. Malheureusement, ces objets sont, en partie, d'une valeur et même d'une authenticité contestables.

Page 369, note 2. — On trouvera, au tome Ier des *Voyages* (pages 330, 331 et 332), des notes relatives à la Table d'Isis et aux savants qui s'en sont vraiment occupés.

Page 371, ligne 15. — D'après une indication du manuscrit, nous insérons après l'alinéa qui finit par les mots *les mouvements naturels,* celui qui commence en ces termes : *L'extrême horreur,* et dont le contenu est écrit sur la dernière feuille de l'original.

Page 372, lignes 1 et 2. — Voyez les notes sur *Florence,* page 303, lignes 26 à 29.

Page 372, ligne 2. — D'après une indication du manuscrit, nous insérons après les mots *que de victimes,* tout le développement qui remplit les pages 21, 22 et 23 de l'original, et qui commence en ces termes : *Il est vrai qu'Adrien,* et finit ainsi : *ce n'est pas un Gallien.*

Page 372, ligne 14. — Voyez, dans les notes sur *Florence,* la série d'observations qui commence à la ligne 13 de la page 302.

Page 373, ligne 27. — Voyez, dans les notes sur *Florence,* le développement qui va de la page 350, ligne 17, à la page 352, ligne 6.

Page 374, ligne 17. — Eschyle, le grand tragique athénien, naquit en 525 et mourut en 456 avant Jésus-Christ.

Page 374, ligne 31. — Pierre Corneille, l'auteur du *Cid* (1636), naquit à Rouen, le 6 juin 1606, et mourut à Paris, le 1er octobre 1684 ; et Jean de Rotrou, l'auteur du *Véritable Saint-Genest* (1646), naquit à Dreux, le 21 août 1609, et y mourut le 28 juin 1650.

Page 377, lignes 1 à 3. — Au-dessus du titre : *Réflexions sur les Habitants de Rome,* on lit, dans le manuscrit, ces deux mots biffés : *Quatrième Mémoire.* On trouvera, en tête de ce volume, dans la *Description des Manuscrits* qui y sont imprimés, une explication du fait. Maintenant, les *Réflexions* forment un tout distinct.

Page 380, lignes 25 à 27. — Artémidore, d'Éphèse, surnommé *Daldien*, écrivit, au IIe siècle après Jésus-Christ, un traité sur l'interprétation des songes, intitulé *Oneirocritica*. C'est dans ce livre qu'est le passage cité par Montesquieu. Il se trouve au livre II, chapitre LXIV; soit au tome Ier, page 89, de l'édition de Reiff (Leipsig, 1805).

Page 381, lignes 1 et 2. — Le passage de la lettre du P. Sepp au P. Stinglhaim, auquel Montesquieu fait allusion, se trouve à la page 414 du tome XI des *Lettres édifiantes et curieuses des Missions étrangères...* (Paris, N. Le Clerc, 1715.)

Page 381, note 1, lignes 1 à 3. — Montesquieu cite dans cette note un passage d'une lettre écrite par Cicéron. Cette lettre est la 52e du livre XIII du recueil des *Lettres à Atticus*. Dans le manuscrit des *Réflexions sur les Habitants de Rome,* on lit ἐμετικῆς, au lieu de ἐμετικήν.

Page 381, note 1, ligne 4. — Aulus Cornelius Celsus ou Celse écrivit vers le temps d'Auguste un traité sur *la Médecine*. Le passage cité par Montesquieu se trouve au livre Ier, chapitre III. En voici le texte exact : « *Qui vomuit, si mane id fecit, ambulare debet ; tum ungi ; deinde cœnare.* »

Page 385, lignes 1 à 3. — C'est nous qui donnons aux notes recueillies par Montesquieu pendant qu'il était en Lorraine, le titre de *Souvenirs de la Cour de Stanislas Leckzinski*.

Page 385, ligne 3. — Stanislas Leckzinski, né le 20 octobre 1677 et mort le 23 février 1766, fut élu deux fois roi de Pologne : le 12 juillet 1704 et le 11 septembre 1733. Il régna, la première fois, quelques années, et quelques mois, la seconde. Le 3 avril 1737, il prit possession, en vertu du traité de Vienne du 3 octobre 1735, des duchés de Lorraine et de Bar, qu'il administra, avec le titre de *roi*, jusqu'à sa mort.

Page 387, ligne 1. — Stanislas resta en Saxe pendant les quatre derniers mois de 1706 et pendant les six premiers de 1707.

Page 387, lignes 1 et 2. — *Le roi de Suède* dont il est ici question est, bien entendu, Charles XII.

Page 387, lignes 11 et suivantes. — Stanislas, réfugié à Dantzig, y fut assiégé par les Russes. Au bout de quatre à cinq mois, il parvint à s'évader de la ville, le 27 juin 1734, et se rendit à Kœnigsberg. Dantzig capitula le 7 juillet suivant.

Page 388, lignes 1 et 2. — Stanislas faisait allusion, en vantant l'héroïsme du peuple de Gênes, au siège que les Génois soutinrent en 1747. Le 10 décembre 1746, ils chassèrent de leur ville les Autrichiens. Ceux-ci revinrent investir Gênes au mois d'avril suivant; mais ils ne purent la prendre et durent se retirer le 6 août.

Page 388, lignes 4 et 5. — Le prince dont il s'agit ici est Frédéric Ier. Né le 11 juillet 1657, il succéda à son père Frédéric-Guillaume, électeur de Brandebourg, le 9 mai 1688, et se couronna lui-même roi de Prusse, le 18 janvier 1701. Il mourut le 25 février 1713.

Page 389, lignes 1 et 2. — Stanislas se retira en Alsace après la mort de Charles XII (30 novembre 1718).

Page 389, lignes 9 à 14. — C'est le 27 mai 1725 que Louis XV déclara son projet de mariage avec Marie Leckzinska, qui était née le 23 juin 1703, et qui devait mourir le 24 juin 1768.

Page 389, ligne 11. — Stanislas avait épousé, en 1698, Catherine Buin-Opalinska, qui mourut à Lunéville, le 19 mars 1747.

Page 389, lignes 15 et 16. — C'est le 4 août 1744 que Louis XV arriva à Metz, où il faillit mourir, et dont il ne partit que le 29 septembre, pour se rendre à Lunéville.

INDEX

DES

"VOYAGES" DE MONTESQUIEU

TABLEAU DES ABRÉVIATIONS

arch. : . . . . . . architecte.
chant. : . . . . . chanteur, chanteuse.
d. : . . . . diplomate.
écr. : . . . . écrivain.
emp. : . . . . . . empereur.
fin. : . . . . financier.
fl. : . . . . fleuve.
gr. : . . . . graveur.
h. g. : . . . . homme de guerre.
hist. : . . . . historien.
h. p. : . . . . . . homme politique.
imp. : . . . . impératrice.
ing. mil. : . . . ingénieur militaire.

m. : . . . . mont, montagne.
mar. : . . . . marin.
mes. : . . . . mesure.
min. : . . . . ministre.
mon. : . . . . monnaie.
p. : . . . . peintre.
ph. : . . . . philosophe.
prph. : . . . . . . prophète.
r. : . . . . rivière.
s. : . . . . savant.
sc. : . . . . sculpteur.
th. : . . . . théologien.
v. : . . . . ville, village.

Nous imprimons en caractères italiques les mots en langues étrangères, les titres d'ouvrages, et les désignations des sujets que représentent les œuvres d'art dont il est question dans les *Voyages*.

Des astérisques sont mis à la suite des nombres qui renvoient aux pages auxquelles correspondent nos notes.

Quant aux nombres qui renvoient aux notes de Montesquieu lui-même, c'est en chiffres italiques que nous les imprimons.

INDEX

Abdorites (royaume des) : II, 203*.
Abraham : I, 259.
Académie de France, à Rome : I, 263*.
Achaïe (prince d'), *voy.* Savoye (Ph. de).
Acquapendente, v. : I, 193.
Adam : I, 185, 246; II, 154, 357.
Adam (L.-S.), sc. : I, 268*.
Adda, r. : I, 90.
Addison (J.), écr. : II, 335*.
Adige, r. : I, 46, 87; II, 125*, 126, 129, 132, 133.
Adisson, *voy.* Addison.
Admont (monastère d') : I, 14*.
Adonis : I, 65.
Adriana (Villa) : II, 50*.
Adriatique (mer) : I, 13, 28, 97, 237; II, 31, 69, 74, 77, 81.
Adrien, emp. romain : I, 208*; II, 50, 72, 73, 305, 307-310, 314, 318, 320, 321, 372, 375. — Son tombeau, *voy.* Saint-Ange (Château). — Sa villa, *voy. Adriana (Villa)*.
— (Arc d') : II, 72, 73*.
Africains : I, 219.
Afrique : II, 305. — Son marbre : I, 80.
Agathias, hist. : II, 254*, 255.
Agnano (lac d') : II, 17.
Agnès (sainte) : II, 92.
Agricola, *voy.* Bauer (G.).
Agriculture : I, 6, 19, 21, 87, 90, 91, 95, 103, 113-116, 127, 129, 131, 149, 168, 192, 193, 195, 236; II, 3, 6, 26, 27, 54, 69, 106, 107, 119, 130, 137, 138, 220, 225, 226, 286, 287, et *passim*.
Agrippine, imp. romaine : II, 315*.
Aix-la-Chapelle, v. : II, 173*, 276.

Ala, v. : II, 129*.
Albane (F. l'), p. : I, 226*, 227; II, 11, 84, 98.
Albani (cardinal Al.) : I, 201*-203, 205, 209? 213, 244; II, 43-45.
— (cardinal An.) : I, 202*, 209? 244; II, 43-46.
— (Ch.) : I, 202*.
— (les) : I, 202*; II, 38, 43.
Albanie (milices d') : I, 43.
Albano, v. : II, 36, 53, 55, 56, 58, 63.
Albermarle (milady) : II, 235*.
Albéroni (cardinal J.) : I, 73*, 114, 203, 242-244, 271 ; II, 290.
Albert (L.-J., comte d') : I, 68*.
Albinus, emp. romain : II, 324*.
Albisi (marquis) : I, 190.
Alderamo, duc de Massa et prince de Carrare : I, 148*, 149.
Aldobrandine (Noce) : I, 198.
Aldovrandini (Palais), à Bologne : II, 91.
Alexandre, duc de Florence : I, 172*, 173, 177.
Alexandre VI, pape : II, 8*.
Alexandre-le-Grand, roi de Macédoine : I, 162 ; II, 322*.
Alexandre Sévère, emp. romain : II, 303*, 325, 372.
Alexandrie, v. : I, 127, 129-131. — Ses fortifications : I, 129, 130. — Ses monuments : 130.
Alexandrin, pays : I, 129.
Algarde (A. l'), sc. : I, 268*, 269.
Alger, v. : I, 187.
Algériens : I, 47.
Allemagne, pays : I, 28, 29, 46, 101, 103, 149, 175 ; II, 71, 131, 134, 153-155, 164, 166, 176, 186,

T. II   59

187, 202, 207, 213, 215, 224, 248.
— Ses chemins : I, 12, 13, 195. —.
Son commerce : I, 10 ; II, 151. —
Ses mines : II, 248, 249. — Ses
produits : I, 103 ; II, 151, 243.
— (bouteilles d') : I, 199*.
— (cardinaux d') : II, 43.
— (chapitres d') : II, 181, 183, 188,
190, 207, 212.
— (chariot d') : II, 190.
— (comtes de l'Empire d') : II, 185.
— (droit public de l') : I, 14 ; II, 201.
— (empereurs d') : I, 5, 6, 7, 10,
11, 22, 28, 45, 68, 79, 93, 95, 103,
104, 108, 134, 142, 143, 149,
150, 177, 204, 210, 215, 222,
251, 252, 274 ; II, 12, 31, 139,
147, 158, 173, 180, 201, 203,
205-207, 210, 248, 262, 271,
289-291, 297, 298. — Leurs
agents : I, 13 ; II, 145, 242, 243.
— Leur chargé d'affaires : I, 204.
— Leurs envoyés : I, 6, 10, 138,
171 ; II, 98, 293. — Leur gouvernement : II, 138. — Leurs sujets : I, 28, 29, 134. — Leurs
troupes : I, 58, 96, 143 ; II, 12, 31,
138, 140, 143, 144, 153. — Leurs
vaisseaux : II, 10, 27, 28. — *Voy.*
Charles V et VI, Ferdinand II,
Frédéric Ier et II, Joseph Ier.
— (Empire d') : I, 7, 8, 10, 14, 22,
28, 96, 104 ; II, 166, 173, 205,
206. — Sa diète : I, 7 ; II, 13, 210.
— (états d') : I, 10, 14.
— (mesures d') : I, 12 ; II, 133, 136,
145, 163, 164, 201, 261, 264, 269.
— (monnaies d') : II, 151, 178, 203,
211, 266, 267.
— (nobles d') : I, 101 ; II, 27.
— (peintres d') : II, 339.
— (postes d') : II, 163.
— (princes de l'Empire d') : I, 5, 7,
14, 104, 149 ; II, 147, 163, 164,
202, 210, 211.
— (universités d') : I, 78.
— (vice-chanceliers de l'Empire d') :
II, 147, 200, 214. — *Voy.* Schœnborn (J.-C., comte de).
llemande (langue) : I, 245 ; II, 281.

Allemandes : I, 101 ; II, 194.
Allemands : I, 15, 27, 28, 41, 57,
58, 72, 81, 95, 100, 221, 244,
252, 254, 275 ; II, 12, 22, 123,
124, 131, 136, 138-140, 143, 151,
152, 154, 155, 164, 205-207, 213,
224, 341. — Leur domination :
II, 5, 12, 123, 124.
Allodiaux (biens) : II, 98, 101.
Allori, p. : II, 338*.
Almanza (bataille d') : II, 65*.
Alpes, m. : I, 96 ; II, 134.
Alsace, pays : I, 181.
Altesse, titre : I, 5.
Althingtit, chroniqueur : II, 259.
Altieri (Palais), à Rome : II, 37.
Altona, v. : I, 133 ; II, 222.
Ambassadeurs : I, 25, 26, 45, 50,
51, 109 ; II, 184, 290, 291, et
passim.
Ambroise (saint) : I, 92.
Ambroisienne (Bibliothèque) : I, *15*,
92*-94.
Amérique : I, 251. — Ses mines :
II, 249, 277.
Amersfoort, v. : II, 220. — Son
maître de poste : II, 221.
Amirante de Castille (J.-Th. Enri-
quez de Cabrera) : I, 204*.
Amirauté des Provinces-Unies : II,
228, 232.
Ammanati (B.), arch. et sc. : I, 99* ;
II, 352, 358, 360.
Amour : I, 227-9 ; II, 117, 322,
324, 336.
Amours : II, 80, 328.
Amphithéâtre de Vérone, *voy.* Vé-
rone.
Amsterdam, v. : II, 220, 222, 227,
230, 231, 233-237. — Son admi-
nistration : II, 221, 234, 235. —
Sa banque et sa bourse : II, 230.
— Son commerce : II, 229. — Ses
finances : II, 220, 221, 228, 234.
— Son hôtel-de-ville : II, 230,
231. — Son jardin des plantes :
II, 233.
— (bourgmestres d') : II, 221, 234.
Anabaptistes : II, 189.
Anacapri, lieu : II, 26, 27.

Anchin (Abbaye d'): II, 41*, 42.
Anciens (les): I, 84, 91, 176, 198, 202, 208, 219, 269; II, 13, 34, 57, 88, 113, 304, 310, 311, 319, 342, 346, 382, 383.
Ancien Testament (l'): I, 259; II, 187.
Ancône, v.: II, 72, 73, 75, 82. — Sa cathédrale: II, 72, 73. — Son château: II, 72, 74. — Son fort: II, 73. — Son port: II, 72-74. — *Voy.* Anconitains.
— (gouverneur d'): II, 92.
— (Marche d'): II, 69, 76, 77.
Anconitains: II, 76.
Andreasberg (mines d'): II, 257, 258.
André de Pise, v. Pisano (A.).
Andromède: I, 198, 263.
Angers, v.: I, 144; II, 292.
Anges: I, 100, 136, 158, 233, 247; II, 84, 109, 296, 313, 337.
Anglais: I, 11, 47, 59, 63, 70, 72, 73, 81, 95, 116, 163, 170, 176, 220-222, 242, 243, 262, 274; II, 62, 63, 206, 256.
Anglaise (langue): I, 220.
Angleterre, pays: I, 6, 70, 73, 111, 133, 185, 222, 231, 242, 243; II, 40, 41, 60, 63, 65, 99, 194, 206, 208, 216, 274, 288. — Son commerce: I, 70, 133; II, 78, 288. — Sa marine: I, 27, 242. — Ses produits: I, 133; II, 244, 288. — *Voy.* Anglais.
— (Parlement d'): I, 170; II, 40, 207.
— (reines d'), *voy.* Anne, Modène (M.-B. de), Sobieska (M.-C.).
— (rois d'): I, 73. — Leurs envoyés: II, 235, 339. — *Voy.* Charles Ier ou II, Georges Ier et II, Guillaume III, Stuart...
Angleterre avec la France (Balance du Commerce de l'), par Law: II, 78.
Angrogne (marquis d'): I, 114, 118.
Anguisola (abbé J.-F.): II, 110.
— (P.-C., comte): II, 110.
Anhalt (apothicaire d'): II, 214*.
— (L., prince d'): II, 198*, 213, 214.
— Sa famille: II, 214*.

Anio, r.: II, 49, 50.
Anne, reine d'Angleterre: I, 29*; II, 59.
Annibal, h. g. et h. p.: II, 46*.
Annius Verus, *voy.* Marc-Aurèle.
Annonciade (Église de l'), à Gênes: I, 136; II, 295.
— (ordre de l'): I, 111*, 123, 124.
Annonciation: II, 71, 344.
Annunziata (Église de l'), à Florence: II, 345, 363.
Antée, géant: II, 355.
Anthémius, de Constantinople: II, 254*, 255.
Anti-Lucrèce (l'), par le cardinal de Polignac: II, 47*.
Antin (L.-A., duc d'): I, 62*.
Antinoüs: I, 217, 241; II, 307*, 310, 313, 319.
Antiochus, rois de Syrie: I, 91*.
— *Évergète*: II, 325*.
Antiquité (l'): II, 5, 8, 57.
Antoine, duc de Parme et de Plaisance: I, 103*; II, 107, 109, 111-115.
— de Padoue (saint): I, 80*.
Antoni (N.-P.), fin.: II, 30.
Antonin, emp. romain: I, 261*.
— (Thermes d'), à Rome: II, 356.
Anvers (Cathédrale d'): I, 94.
Aoste (V.-A., duc d'): I, 122*.
A-parte (les): II, 13.
Apelle, p.: I, 84*.
Apennins, m.: I, 96, 168, 192; II, 69, 107.
Apollon: I, 217, 241; II, 137, 319, 322, 325, 335.
— (Temple d'): II, 16.
Apollon du Belvédère: II, 308.
Apothicairerie: II, 70.
Apôtres: I, 97, 101.
Apôtres (Moulins des Douze), à Mantoue: II, 118.
Appienne (voie): I, 195*, 275, 276* II, 3, 4.
Appius Claudius, censeur: II, 4.
Apremont (les): I, 8.
Aqua-Marana, r.: II, 39.
Aquilée, v.: I, 36.
Arabie, pays: II, 68.

Ara-Cœli (Église d'), à Rome : I, 255, 256, 260.
Ara-Diaboli, château : II, 175*.
Archiduchesses : I, 5.
Archinto (cardinal J.), archevêque de Milan : I, 97*, 98.
— (comte) : I, 98, 100. — Sa maison : 102.
— (les) : I, 97, 98, 100.
Archipel (l') : I, 42.
Architecture : I, 41, et *passim*.
Architecture militaire, par Marchi : II, 87.
Ardée, v. : II, 54.
Aresti (marquise) : I, 98.
Ariane : II, 322.
Aricia, *voy*. Lariccia.
Aricine (Forêt) : I, 271.
Ariminenses, *voy*. Rimini.
Ariminus, *voy*. Marecchia.
Aristote, ph. : II, 351*, 374.
Armagnac, pays : I, 132.
Arméniens : I, 163.
Arnauld (A.), th. : I, 49*.
Arno, r. : I, 155, 156, 166.
Arrêts du Conseil : I, 60-62.
Artémidore, écr. : II, 380*.
Art militaire : I, 37, 44, 45, 58, 59, 67, 75, 76, 77, 99 ; II, 38, 60, 61, 86, 87.
As, mon. : I, 261.
Ascension : II, 345.
Asdrubal, h. g. : II, 78*.
Asiatiques : II, 375.
Asie : I, 189 ; II, 349.
— (roi d') : II, 322.
Assomption de la Vierge : I, 88.
Assuérus, roi de Perse : II, 63.
Asti, v. : I, 127-129.
Astruc : I, 206.
Athènes, v. : I, 54, 221 ; II, 225.
Athènes (École d') : I, 239.
Atria : II, 116, 160, 161, 168.
Atticus (Lettre à), par Cicéron : II, 381*.
Aucalone (T.), fin. : II, 30.
Audran (G.), gr. : I, 176*.
— (les), gr. : I, 176*.
Augsbourg, v. : II, 148-150, 153, 155-158, 172, 224. — Son abbaye : II, 149. — Sa cathédrale : II, 154, 155. — Son commerce : II, 150, 151. — Son hôtel-de-ville : II, 148. — Son pont et sa porte : II, 151, 152.
— (administration d') : II, 149*, 151, 157, 158. — Ses finances : II, 148-150, 153, 157, 158.
— (bourgeois d') : II, 148-152, 156-158.
— (évêque d') : II, 149*, 150, 153. — Son palais : II, 149. — *Voy*. Bavière-Neubourg (Al.-S. de).
— (médecins d') : II, 155, 156.
— (nobles d') : II, 158.
— (territoire d') : II, 148-150, 153.
Auguste, emp. romain : I, 205 ; II, 77, 80, 307, 311, 313, 372.
— roi de Pologne : I, 44*, 122, 205, 206 ; II, 387.
— (Arc d'), à Rimini : II, 80.
Aumate, lieu : I, 98.
Aurein, lieu : I, 98.
Aurore : I, 198 ; II, 95, 346.
Authieri (R.), écr. : I, 216.
Automne : II, 358.
Autriche, pays : I, 3, 12, 14. — *Voy*. Pays Autrichiens.
— (A.-M. d'), reine d'Espagne : I, 130.
— (archiducs d') : I, 13*.
— (ducs d') : I, 14*, 28.
— (F., duc d') : II, 11*.
— (grands d') : I, 28.
— (M.-A. d'), électrice de Bavière : II, 140*, 141.
— (maison d') : II, 71, 147, 206.
Autrichiens : I, 8, 74, 75 ; II, 135.
Auvergne, pays : I, 114.
— (princes d') : II, 236*.
Avarice : I, 201 ; II, 221, 222, 291.
Averne (lac) : II, 16.
Aversa, v. : II, 6.
Avignon, v. : I, 178, 263.

Bacchantes : II, 315, 316, 318, 322.
Bacchus : II, 317, 320, 322, 327, 333, 334, 336. — Ses *Génies*, II, 334, 335.

INDEX 469

Bade (L.-G., margrave de) : II, 162*.
— (traité de) : II, 166.
Badoër (F.) : I, 23*, 76.
Baïle de Venise : I, 70*.
Balbin, emp. romain : II, 302*.
Bâle, v. : I, 133.
Balestra (A.), p. : I, 89*.
Balguerie : II, 228*, 233.
Balottage des fonctions, à Venise : I, 23*, 40.
Baltique (mer) : I, 251 ; II, 194*.
Bamberg, v. : II, 200.
— (chanoine de) : II, 200.
— (évêché de) : II, 200.
— (évêque de) : II, 200. — *Voy*. Schœnborn (J.-C., comte de).
Banat (le), pays : II, 139.
Bandi (H.), p. : II, 125.
Bandinelli (B.), sc. : II, 328*, 354, 360.
Banque (la), en France : I, 62. — *Voy*. Billets de Banque, Saint-Georges (Banque de).
Baptême de Jésus-Christ : II, 84.
Baptêmes : I, 211.
Baptistère (le), à Florence : *voy*. Saint-Jean-Baptiste (Église de).
— (le), à Pise : I, 157, 160, 161.
Barbares : I, 226 ; II, 215, 216, 350, 351, 372.
Barbaresques : I, 187 ; II, 293.
Barbarie (blé de) : I, 215, 219.
Barberini (Jardin) : II, 53.
— (les) : II, 57*.
— (Palais), à Palestrine : II, 57.
— (Palais), à Rome : I, 248 ; II, 37.
Barberousse, roi d'Alger : II, 4*.
Barnabites : I, 42.
— (Église des), à Novare : I, 106.
Barroche (F., le), p. : I, 152*.
Barthélemy (saint) : II, 52.
Bartholoméi, d. : I, 8, 30.
Bartoli (P.-S.), gr. : I, 176*.
Bas (fabrication de) : II, 64.
Basalte, pierre : II, 318.
Bas-Empire : II, 368, 374.
Basse-Saxe, pays : II, 204, *244, 245*, 266.

Bassignana, v. : I, 129.
Bastille (la), à Paris : I, 270.
Batailles (tableaux de) : I, 231, 239 ; II, 117.
Bauer (G.), dit *Agricola*, écr. : II, 257*, 262.
Bavarois : II, 136, 137, 140, 144, 153, 154.
Bavaroises : II, 136.
Bavière, pays : II, 129, 136, 140.
— Son commerce : II, 144.
— (Ch.-Al., électeur de) : II, 140*-142, 145-148, 181, 192. — Sa femme, *voy*. Autriche (M.-A. d').
— (Cl.-Aug. de), archevêque et électeur de Cologne : I, 141*, 147, 176-182, 184, 185, 213-215. — Sa cour : II, 181, 182, 185, 214. — Ses finances : II, 177, 178. — Ses ministres : II, 67, 147, 175, 181. — Ses places fortes : II, 179, 180. — Ses troupes : II, 178, 179.
— (duché de) : I, 14.
— (ducs de) : I, 14 ; II, 100.
— (électeurs de) : II, 138. — Leurs châteaux : II, 145, 146. — Leur cour : II, 141, 142, 145, 146. — Leurs finances : II, 142, 145. — Leurs troupes : II, 142, 143, 148.
— (électorat de) : II, 145. — *Voy*. Bavière, Bavière (électeurs de).
— (électrices de), *voy*. Autriche (M.-A. d'), Sobieska (C.).
— (F. de) : II, 141*. — Sa femme, II, 141.
— (G., duc de) : II, 100. — Son père, *voy*. Este (A. d').
— (Jean-Th. de), évêque de Ratisbonne : II, 141*.
— (Jos.-Cl. de), archevêque et électeur de Cologne : II, 175*, 176, 182.
— (lieues de) : II, 136.
— (maison de) : II, 141, 147, 181.
— (M.-Em., électeur de) : II, 138*, 141, 142, 144-148, 236.
— (nobles de) : II, 141, 192.
— (palatin de) : I, 14.
— (V.-B. de), grande-duchesse de Toscane : I, 169*.

Bavière-Neubourg (Al.-S. de), évêque d'Augsbourg : II, 149*.
— (Ch.-Ph. de), électeur palatin : II, 149*, 162, 164, 166, 168-171, 173, 175, 182, 188, 192. — Sa cour : II, 171. — Ses finances : II, 171, 191, 192. — Ses troupes : II, 171. — Sa fille : *voy.* Bavière-Neubourg (É.-A. de).
— (É.-A. de), princesse de Sulzbach : 172*, 182*.
— (Fr.-L. de), archevêque et électeur de Mayence : II, 173*, 180*, 181, 186.
— (J.-G. de), électeur palatin : II, 186*.
— (maison de) : II, 141, 170.
Bayes, v. : II, 14, 15, 24, 28.
Beaumont (L. de), évêque de Saintes : II, 48*.
Beauvau (comte de) : I, 250.
— (M., prince de) : II, 8*.
Beccafumi (D.), p. : I, 191*.
Belgrade, v. : II, 30, 138, 143.
— (bataille de) : II, 142*.
Belle (la), île : I, 104.
Belotti (P.), p. : II, 340*.
Belvédère, à Frascati : II, 38.
— (le), à Rome : I, 240, 241, 259.
Benedictbeuern, v. : II, 136*.
Bénédictins : I, 79, 92, 94.
— (abbayes de) : I, 14, 56, 57 ; II, 41*, 149, 258.
— (abbé de) : I, 14.
— (bibliothèque de) : I, 57.
— (églises de) : I, 56, 79 ; II, 108.
Bénéfices vacants *in Curia* : I, 107*.
Bénévent, v. : 178, 200, 212, 213, 216 ; II, 8, 9, 53.
Bénéventins : I, 198*-200, 235 ; II, 56.
Benoît XIII, pape : I, 50*, 71, 107, 113, 195, 198-200, 203, 206, 210-213, 216, 235, 245, 250, 255, 274 ; II, 3, 8, 9, 35, 40, 43, 45-49, 53, 56, 99.
Benoît (saint) : II, 93.
Bentheim, v. : II, 220.
— (comte et comtesse de) : II, 219.
— (M. de), *voy.* Bentinck.

Bentinck (G. de) : II, 235*.
Bentivoglio (cardinal C.) : I, 244* ; II, 66.
Bérénice : II, 317*.
— reine d'Égypte : II, 317*.
Berg (duc de) : II, 181.
— (duché de) : II, 171*, 186, 188. — Ses États, II, 192. — Ses finances, II, 171, 191, 192. — Ses postes : II, 192.
Berkentin, d. : I, 8.
Berlin (cour de) : II, 202.
Bernard (saint) : I, 153.
Berne (canton de) : I, 183.
Bernieri (comte et chanoine) : II, 109.
Bernin (cavalier J.-L.), arch. : I, 191*, 234, 240, 256, 262, 266-269 ; II, 11, 34, 37, 50, 308, 320.
Bérold, comte de Savoye : II, 100*.
Berrettini, *voy.* Cortone (P. de).
Besagua, faubourg de Gênes : I, 146.
Besigheim, v. : II, 162*.
Bevern..., *voy.* Brunswick-Bevern...
Bezenval (M. de) : I, 182*.
Bianchi : II, 306*, 308, 317, *319, 342, 356*.
Bianchini (F.), s. : I, 211*, 246 ; II, 99.
Bibiane (sainte) : II, 50.
Bibliothèques : I, 15, 57, 92-94, 240 ; II, 88, 90, 93, 99, 100, 112, 123, 208, 209, 349, 362, et *passim*.
Bière : II, 145, 153, 155, 268.
Bihatch, v. : I, 37*.
Billets de Banque : I, 61, 62.
— d'État : I, 59.
Bini (chevalier) : II, 67.
Biri (île), à Venise : I, 56.
Bisanci (marquise) : I, 98. — Son père, *voy.* Archinto (comte).
Bissy (cardinal H. de) : I, 245* ; II, 41, 43.
Blankenbourg (A.-A. de), duchesse de Brunswick-Bevern : II, 212*.
— (L.-R., duc de) : II, 210*, 213.
Blankenheim (comte et chanoine de) : II, 181.

INDEX

Blé, *voy*. Barbarie..., Espagne...
— (commerce du) : I, 116, 181, 215, 219; II, 119, 137, et *passim*.
Boboli (Jardin de), à Florence : II, 357.
Boccace, écr. : I, 95.
Boërgrave (P.), s. : II, 279*.
Bœufs (commerce des) : II, 206, 220, 225, 226.
Bohême, pays : I, 6, 30.
— (roi de) : I, 28.—*Voy*. Frédéric...
Bois (usage du) : I, 168, 182; II, 207, 271, 272.
Bois-le-Duc, v. : II, 236.
Boissieux (chevalier de), d. : II, 175*, 184, 188.
Bolingbroke (H., vicomte de), h. p. : II, 59*.
Bologna (Pitture di), par Malvasia : II, 85*.
Bologne, v. : I, 50, 78, 137, 153, 250, 251*, 272, 273; II, 45, 63, 80, 82, 83, 85, 90-92, 94-97, 99, 103, 294. — Son arsenal : I, 273. — Son commerce : I, 251, 252, 272, 273; II, 93. — Ses églises : II, 84, 85, 91-93. — Ses escaliers, II, 85, 91, 93.
— (Académie de) : II, 86, 89.
— (finances de) : I, 251; II, 92.
— (Institut de) : II, 86, 87, 89, 90.
— (J. de), sc. : I, 152*, 177; II, 304, 354, 357, 359, 360.
— (légat de), *voy*. Spinola (G.).
— (nobles de) : II, 83.
— (peintres de) : II, 85.
— (pierre de) : II, 89*.
— (quintal de) : I, 273.
— (Sénat de) : I, 251; II, 45.
— (Université de) : II, 90.
Bolognetti (marquis) : I, 231.
Bolognini (marquis G.) : I, 272.
Bolonais : I, 251, 272, 274; II, 79, 84, 86, 87, 94, 95, 99.
— pays : I, 97, 251, 272, 273; II, 31, 96.
Bolzano, v. : II, 125, 132, 133.
Bomhelms (Mad^{le}) : II, 211.
Bonaventuri (S.), fin. : I, 190.
Bonechi (M.), p. : II, 363*.

Boniface VIII, pape : *355**.
Bonn, v. : II, 67, 175, 180-182, 184. — Ses fortifications : II, 176.
Bonne-Espérance (cap de) : II, 222.
Bonneval (Cl.-Al., comte de), h. g. : I, 28*, 34-37, 43, 45, 48-51, 55, 57, 65, 67, 68, 72, 75-77, 131.
— Son père : I, 46.
Bono : I, 78.
Bonvisi (galerie d'Al.) : I, 152.
Bordeaux (Académie de) : II, 241.
— (Landes de) : II, 207.
Borghèse (cardinal C.) : I, 248*.
— (cardinal S. Caffarelli-) : I, 266*.
— (Palais), à Rome : I, 206.
— (prince) : II, 46, 47.
— (Villa), à Rome : I, 265.
Borghini (V.), écr. : II, *350**.
Borgia, *voy*. Alexandre VI.
— (cardinal C.) : II, 8*.
Borgone (J.-B., comte de) : I, 117*.
Borgo-Porto, fort de Mantoue : II, 118, 121.
Bormida, r. : I, 129*.
Bornheim (comte de), h. p. : II, 182.
Borromée (Bibliothèque), *voy*. Ambroisienne (Bibliothèque).
— (cardinal F.), archevêque de Milan : I, 92*.
— (cardinal G.), évêque de Novare : I, 96*.
— (cardinal saint Ch.), archevêque de Milan : I, 92*.
— (Ch., comte), vice-roi de Naples : I, 95, 96*, 100, 101.
— (comtesse), *voy*. Grillo (C.).
— (les) : I, 93, 96, 100.
Borromées (îles) : I, 102, 104, 105.
Borromini (F.), arch. : I, 234*, 237, 239, 252; II, 32, 34, 160.
Bosnie, pays : I, 37.
— (milices de) : I, 43.
Bosqueti (comte et comtesse) : II, 104.
Bossuet (J.-B.), évêque de Meaux : II, 42*.
Bouchardon (E.), sc. : I, 265*.
Boucharitz, v. : I, 13*, 22, 27.
— (habitants de) : II, 75.
Boufflers (F., maréchal de) : II, 60*.

Bourbon : I, 180.
— (Ch., duc de), connétable de France : II, 28*, 29.
— (duchesse de), voy. Hesse-Rheinfels (C. de).
— (L.-H., duc de), min. : I, 60*, 110, 197; II, 40, 47, 48, 101, 210, 389.
Bourgmestres : II, 221*, 234.
Bourgogne (duchesse de), voy. Savoye (M.-A. de).
— (L., duc de) : I, 48*.
Bourguignon (J., le), p. : II, 117*, 339.
Bracchini (abbé), écr. : II, 25.
Bracciano (lac) : I, 248.
Bramante (D.), arch. : II, 70*.
Brancaccio (chapelle des), à Florence : II, 347.
Brandebourg (électeurs de), voy. Frédéric Ier, roi de Prusse.
— *(Histoire de [Frédéric-Guillaume, le Grand] électeur de)* : II, 202*.
— (maison de) : II, 388. — Voy. Prusse...
Brandt (Chr. de), d. : I, 9*.
Brefs (Secrétairerie des), à Rome : II, 56*.
Breil (J.-R., marquis de), d. : I, 9*, 29, 108, 201. — Son frère, voy. Solar (commandeur de).
Brême (duché de) : II, 194*, 205.
Brenner, m. : II, 133, 137, 138.
— v. : II, 133.
— (Grand-), m. : II, 133*.
Brenta, r. : I, 31, 78.
Bréquigni (les) : II, 83.
Brescia (marchands de) : II, 75.
— (ouvrages de) : I, 71 ; II, 75.
Bressan, pays : I, 90, 178.
Bressans : I, 90.
Bresse, v. : I, 88.
Bretagne, pays : I, 131 ; II, 83.
Breughel (J.), p. : I, 94*, 102 ; II, 342.
Briga, v. : I, 129.
Bril (F.), p. : I, 240*.
Brindes, v. : II, 4.
Britannicus : II, 335*.

Brixen, v. : II, 133.
Brizzio (F., le), p. : II, 93*.
Bronzino (A.), p. : I, 347*.
Brouk ou Bruck, v. : I, 12.
Brühl, v. : II, 176*.
Brunelleschi (P.), arch. : II, 344*, 347.
Bruno (saint) : II, 93.
Brunswick, v. : II, 197, 201, 204, 207-209, 211-213.
— (Alb., duc de) : II, 259*.
— (Chapitre de) : II, 212.
— (duchesse de)., voy. Holstein-Nordberg (É.-S.-M. de).
— (ducs de) : II, 194, 252, 259. — Voy. Blankenbourg (L. R., duc de), Hanovre (électeur de), Zelle (duc de).
— (habitants de) : II, 266.
— (maison de) : II, 100, 101, 193, 210, 212, 266.
— (Pays de) : II, 207.
Brunswick-Bevern (E.-F., prince de) : II, 211*, 212.
— (F.-A., duc de) : I, 5*, 6 ; II, 212*.
— Sa femme, voy. Blankenbourg (A.-A. de).
Brunswick-Lünebourg (Chr.-L., duc de) : II, 258*.
— (E.-A. de), évêque d'Osnabrück : II, 177*.
Brunswick-Wolfenbüttel (Aug., duc de) : II, 208*.
— (Aug.-G., duc de) : II, 201*, 203, 204, 208, 210, 212, 213, 266, 268. — Sa cour : II, 213. — Ses finances : II, 211. — Ses ministres : II, 201, 202, 210, 213. — Ses troupes : II, 204.
— (ducs de) : II, 211, 212. — Leurs châteaux : II, 208, 209. — Leurs mines : 211, 215, 247, 257, 261, 266, 270, 271.
— (Él. de), impératrice d'Allemagne : I, 3*, 4, 6 ; II, 212*.
— (H., duc de) : II, 257*-259, 261.
— (J., duc de) : II, 259*.
Brutus (M.) : II, 321.
Bruxelles, v. : II, 164.
Bulle d'Or : II, 173*.

Bulle *Unigenitus* : I, 200*, 206, 245 ; II, 42, 47.
Bulow : II, 214.
Buondelmonti (connétable) : I, 190.

Caccini (J.-B.), arch. et sc. : II, 358*.
Cacus, géant : II, 354.
Cadaujac, v. : I, 35*.
Cadix, v. : I, 60, 72, 133.
— (douanes de) : I, 60.
Cæcube (Mont-) : II, 5.
— (vin de) : II, 5.
Café (commerce du) : II, 233.
Caffarelli (Palais), à Rome : I, 260.
Cagliari, v. : I, 113.
— (archevêché de) : I, 113.
Caïmo (comte), d. : I, 171, 177, 178, 181.
Calabrais (M. le), p. : II, 11*.
Calabre, pays : II, 27.
— (gens de la) : I, 95.
Caligula, emp. romain : II, 4*, 14, 15, 309, 315, *316*.
Calvin (J.), th. : II, 224*.
Calvinistes : II, 149, 164, 165, 170, 172, 173.
Cambio (A. de), arch. : II, 344*.
Cambis (M. de), d. : I, 109*, 112.
Cambray (archevêché de) : II, 42.
— (archevêque de), *voy.* Fénelon, (F. de La Mothe-).
— (congrès de) : I, 7*.
Camerlingues : I, 83, 209*. — *Voy.* Albani (cardinal An.).
Camilli : II, 325.
Cammées : I, 205, 223.
Campidoglio, à Rome : II, 335.
Campo-Santo (le), à Pise : I, 158, 161.
Campo-Vaccino (le), à Rome : I, 260.
Campredon (M. de), d. : I, 135*, 137, 146.
Cana (Noces de) : I, 56*, 83.
Canaux (creusement et curage des) : I, 34, 35, 39-41, 52.
Cannes (bataille de) : I, 264*.
— de marais : I, 40, 41 ; II, 121.
Canonisations : I, 182, 250.
Canons : I, 37, 53, 72, 73.

Capitaine (Palais du), à Vérone : II, 124.
— (Palais du), à Vicence : I, 86.
Capitaines : I, 83, 86.
Capitole (le), à Rome : I, 255, 260, 262 ; II, 124.
Capouans (tombeaux de) : II, 5.
Capoue, v. : I, 4*, 5, 6.
— (vases de) : II, 5.
Capponi (marquis) : I, 175. — Sa maison : II, 363.
— (sénateur) : I, 177.
Capranica (Théâtre de), à Rome : I, 220, 221.
Caprara (cardinal A.) : II, 84*.
— (escalier), à Bologne : II, 91.
— (général) : II, 83.
— (les) : II, 83, 84, 95, 103.
— (Palais), à Bologne : II, 83.
Caprarola (Château de) : II, 34.
Caprée (île de) : I, 165 ; II, 25.
Capri, lieu : II, 26, 27.
Capucins (Couvent des) : à Mannheim : II, 169.
— (jardin des), à Albano : II, 53.
— (jardin des), à Gensano : II, 54.
Caracalla, emp. romain : II, *316**, 325.
Carail (J.-B., marquis de) : I, 122, 123*.
Caravage (le), p. : I, 254*.
Cardinaux : I, 11, et *passim*.
Carelli : I, 9.
Cariatides (origine des) : II, *369*.
Carignan (Palais de), à Turin : I, 121*.
— (princesses de) : II, 101.
Carinthie, pays : II, 137.
— (duché de) : I, 14*.
Carlone (J.-B.), p. : I, 136* ; II, 295.
Carlstadt, v. : I, 13*.
Carmes : I, 200 ; II, 70.
— (Église des), à Florence : II, 347.
— (général des), *voy.* Feydeau (A.-J.-A.).
— déchaux (Église des), à Naples : II, 11.
Carmine (Église *del*), à Naples : II, 11.
Carnavagio (les) : I, 100.

Carnaval (le) : I, 24, 224.
Carniole, pays : I, 19-21.
Caroline (mine de la) : II, 281.
Carpenteriana (le) : II, 7*.
Carrache (An.), p. : I, 152*, 189 ; II, 39, 84, 85, 108, 112.
— (Aug.), p. : II, 112.
— (L.), p. : II, 84*, 85, 93, 94, 97, 112.
— (les), p. : I, 226*, 257, 270 ; II, 84, 85, 90-92, 97, 108, 112, 114, 361.
Carrare (marbre de) : I, 149 ; II, 53.
— (prince de), *voy*. Alderamo...
— (principauté de) : I, 149.
Carthage, v. : II, 335.
Carthaginois : II, 82.
Cartouche, voleur : I, 197*.
Casa (Santa), à Lorette : II, 70, 71.
Casal, v. : I, 271.
Cascatelles (les), à Tivoli : II, 51.
Case-Nove, r. : I, 275.
Cassines : I, 112, 144 ; II, 292.
Castelbarco (les) : I, 100.
Castelbianco (comte de) : II, 129.
Castel-Gandolfo, v. : II, 52-54, 56, 58.
— (lac de) : II, 52, 54.
Castello, *voy*. Castel-Gandolfo.
Castiglione, v. : I, 150.
Castille (Amirante de), *voy*. Amirante de Castille.
Castor : I, 255.
Castrati : I, 220.
Catalane : II, 27.
Catherine (fête de sainte) : I, 159*.
Catherine (sainte) : II, 84.
— de Sienne : I, 153.
Catholiques : I, 163, 184 ; II, 149, 157, 162, 164-166, 169, 170, 172, 180, 183, 189, 190, 205, 223, 224.
— de la Suisse (Cantons) : I, 182-184.
Catinat (N., maréchal) : I, 69*.
Caton (M.-P.), h. p. : II, 46. — Sa maison : II, 39*.
Causé du Rhin (?) : I, 272*.
Cavaillac (comtesse de) : I, 112.

Cavaillon-Guyon (M. de) : II, 66.
Cavalieri (nonce) : II, 184, 185.
Cavaliers (Loge des), à Vérone : II, 124.
Cavedone (J.), p. : II, 93*.
Cazins : I, 33, 173.
Cécile (sainte) : I, 233 ; II, 93, 94.
Célestins (Église des), à Naples : II, 11.
Cellini (B.), sc. : II, 360*.
Celse (A.-C.), écr. : II, *381*.
Cenago, lieu : I, 96.
Cène (Sainte) : I, 97, 101 ; II, 338.
Censor romanus : II, 317.
Centaures : I, 267 ; II, 312.
Cento, v. : II, 338.
Cento Camere (les) : II, 14.
Cerati (comte) : II, 108.
— (G.-J.), oratorien : I, 218*, 242 ; II, 49, 52, 66, 67, 83, 108, 110.
— (les) : II, 111.
Cercles de l'Empire d'Allemagne : II, 157*, 174*.
Cérès (Temple de), à Rome : II, 350.
Cerfs : II, 171, 202.
Cervia, v. : II, 77.
César (J.) : I, 30, 110, 267 ; II, 79, 313, 335, *381*.
Césars : II, 302. — *Voy*. Romains (empereurs).
Césars (les), par Julien : II, 303*.
Césena, v. : II, 81.
Cesi (comtesse) : II, 104.
— (les) : II, 102.
— (marquise) : II, 103.
Chamarande (L., comte de) : II, 61*.
Chambre Apostolique, à Rome : I, 200*, 218, 263 ; II, 45, 56, 170.
Chambre de Commerce : I, 47*.
— de Réunion et de Réduction, en Livonie : II, 200*.
Chamillard (M.), min. : I, 264*. — Sa femme, 264*, 265.
Champ-de-Mars (le), à Rome : I, 262 ; II, 380.
Champs-Élysées (les) : II, 14.
Chandeu, lieu : II, 390.
Chanoines : I, 83, 167, et *passim*.
Chanoinesses : II, 185.

Chantilly (Château de) : I, 110.
Chanvre : I, 251, 272*, 273 ; II, 95.
Chapelle-Sixtine, à Rome : I, 235, 246 ; II, 8, 114.
Chapitres de chanoines : II, 181, 183-185, 200, 207.
Chariot-franc (affaire du) : I, 115*.
Charité (Église de la), à Rome : I, 247.
Charlemagne, emp. d'Occident : I, 5 ; II, 216, 297.
Charles V, emp. d'Allemagne : I, 172*, 176*.
— VI, emp. d'Allemagne : I, 3*, 4, 8, 9, 11-13, 20, 27, 28, 30, 50, 68, 108, 111, 130, 143, 144, 180, 181, 243, 244, 264 ; II, 11, 98, 101, 123, 124, 137, 203, 212-214.
— Ier ou II, roi d'Angleterre : I, 170*.
— VIII, roi de France, de Jérusalem et de Sicile : I, 67, 162.
— II, roi d'Espagne : I, 100, 265* ; II, 11, 21.
— III, roi d'Espagne, voy. Charles VI, empereur d'Allemagne.
— XII, roi de Suède : I, 242* ; II, 387*, 389*.
Charles-Emmanuel Ier (?), duc de Savoye : I, 126*.
— II, duc de Savoye : I, 109, 110*.
Chartres (évêque de), voy. Godet des Marais (P.).
Chartreux (coadjuteur du procureur de l'Ordre) : II, 25.
— (Église des), à Rome : I, 237.
— (maisons de), à Utrecht : II, 223*.
— de Caprée : II, 26.
— de France : I, 253 ; II, 25.
— d'Italie : I, 253, 254.
Chat (Le), v. : II, 174*.
Châtaignes : I, 131 ; II, 287.
Châteauneuf (M. de) : I, 69*, 120*.
Chavigny (Th. de) : I, 63* ; II, 192*, 206, 210.
Chemins, voy. Voies publiques.
Chesterfield (P.-D., comte de) : II, 235*, 236.
Cheval : II, 335.
Chiari, v. : I, 67*.

Chicane (la) : II, 12.
Chien (Grotte du) : II, 17, 18, 251, 279.
Chiens : II, 358.
Chieri, v. : I, 127.
Chiesa-Nuova (la), à Rome : II, 35.
Chiggi (prince) : II, 54. — Sa maison : II, 54.
Chimère : II, 322.
Chimini, arch. : II, 346, 348.
Chine, pays : I, 63 ; II, 252*, 280, 371.
— (Empereur de) : II, 341.
— (vases de) : II, 340, 341.
Chinois : II, 12.
Chinoises (porcelaines) : II, 5.
Chioggia, v. : I, 51.
Chiostra, ch. : I, 220.
Chrétiens : II, 62, 303, 372.
Chrétienté (la) : II, 46.
Christ, voy. Jésus-Christ.
Christine, reine de Suède : II, 85*.
Christophe (saint) : I, 66, 79.
Chypre (roi de), voy. Pierre II...
Cibo (cardinal C.) : II, 53*. — Sa villa : II, 53.
Cicéron, h. p. : II, 8, 309, 310, 314, 381*. — Ses maisons : II, 28*, 39*.
Ciel (Palais du) : II, 116, 123.
Cienfuegos (cardinal A. de) : I, 204*, 213 ; II, 43, 44, 46.
Cignani (C.), p. : II, 93*.
Cigoli, voy. Civoli.
Cilli, v. : I, 20*.
— (comté de) : I, 20*.
Cimabué (J.-G.), p. : I, 79*, 169 ; II, 85, 344, 374.
Cimino, v. : I, 194.
— (Mont-) : I, 194.
Cingara : I, 267.
Circoncision du Seigneur : II, 84.
Citeaux (abbé de) : I, 108.
— d'Italie : I, 108.
Civita-Castellana, v. : II, 68.
Civita-Vecchia, v. : I, 141, 237, 238, 275, 276 ; II, 51.
Civoli (L.), p. : I, 162* ; II, 347.
Claude, emp. romain : I, 275 ; II, 314*, 315.

Claude Néron, consul romain : II, 78*.
Clausthal, v. : II, 214*, 257, 258, 264, 265, 266.
Clément X, pape : II, 57*.
— XI, pape : I, 203*, 211, 215, 243, 244, 264, 265; II, 38, 57, 60.
Cléopatre, reine d'Égypte : I, 241 ; II, 336*, 338.
Clercs mineurs (Couvent des), à Marino : II, 52.
Clerici (les) : I, 100.
Clèves (duché de) : II, 188*, 191, 192. — Ses finances : II, 191.
Cloche (père), général des dominicains : I, 236*.
Coblentz, v. : II, 174, 175. — Ses édifices : II, 174. — Sa forteresse : II, 174.
Codroïpo, v. : I, 21*.
Coehorn (M., baron de), ing. mil. : II, 87*.
Cœli Montana (porte), à Rome : I, 275.
Colbert (J.-B.), min. : I, 74*.
Colisée (le), à Rome : I, 211, 258, 260.
Collalto (comte de) : I, 6*. — Sa femme : I, 6.
Collège Clémentin (le), à Rome : I, 222*, 223.
Collège Romain (le), à Rome : I, 198*, 199*, 202.
Colloredo (Mad^e) : I, 101*.
Colmenero (F. de), h. g. : I, 99*.
Cologne, v. : II, 67, 170, 175, 176, 184-186, 189, 337. — Ses abbayes : II, 185. — Ses églises : II, 185, 186.
— (archevêché de), *voy.* Cologne (électorat de).
— (archevêques de), *voy.* Cologne (électeurs de).
— (bourgeois de) : II, 185.
— (chanoines de): II, 181, 184, 185.
— (chanoinesses de) : II, 185.
— (électeurs de) : II, 175, 176, 180. — *Voy.* Bavière (Cl.-Aug. de, Jos.-Cl. de).
— (électorat de) : II, 176-178, 188.

— Ses États : II, 177. — Ses finances : II, 177, 178, 182. — Ses troupes : II, 178.
— (nobles de) : II, 185.
— (nonce de) : II, 184.
— (territoire de) : II, 185.
Colomb (Chr.), mar. : I, 141*.
Colonels : I, 45, 83, 96.
Colonna (cardinal C.) : II, 37*.
— (connétable), *voy.* Mancini (M.).
— (connétable F.): I, 275; II, 39*, 52.
— (les) : I, 208, 222, 248; II, 57.
— (sieur) : I, 149.
Colonne Antonine, à Rome : I, 260*, 261.
Colonne Trajane, à Rome : I, 260*, 261.
Colorno, château : II, 114.
Comacchio, v. : I, 49, 50, 51; II, 92, 94.
Côme (lac de) : I, 90; II, 110.
Commerce : I, 10, 11, 22, 25, 31, 46, 47, 51, 62, 63, 70-73, 117, 128, 133, 139-141, 144, 149-151, 163, 173, 174, 185, 193, 201, 209, 210, 251, 252, 272, 273; II, 21, 22, 26, 27, 75, 76, 94, 110, 137, 150, 151, 191, 194, 205, 222, 225, 226, 229, 233, 287, 288, et *passim*.
Commerce (*Atlas maritime du*) : II, 78.
— *de l'Angleterre avec la France* (*Balance du*), par Law : II, 78.
Commode, emp. romain : I, 261*; II, 316, 325.
Conciles : I, 213.
Concordats : I, 107, 214.
Conegliano, v. : I, 21*.
Conférence (conseillers de la) : I, 7.
Congrégation *de Auxiliis* : I, 81*.
— de la Propagande : II, 12*, 170.
— de l'Immunité : I, 197*.
— de l'Inquisition : I, 198*, 200, 214, 245; II, 47-49.
— des Évêques : I, 108*.
Connétable (la ou le), *voy.* Colonna...
Conradin (tombeau de) : II, 11*.
Conseil Aulique : I, 6, 7, 14; II, 101, 158. — Son président, *voy.*

Windischgrætz (E.-F. de), Wurmbrand (J.-G. de).
Conseil d'Autriche (Maison du), à Insprück : II, 135*.
— de guerre, à Vienne : I, 44. — Son président, *voy*. Starhemberg (H.-E.-R. de).
Conseil des Dieux : I, 227, 229.
Conseil des Dix, à Venise : I, 23*.
Conseillers d'État, à Turin : I, 111.
— à Vienne : I, 5.
Conservateurs (Palais des), à Rome : I, 255*, 262.
Consistoire (le), à Rome : I, 244*.
Constantin, emp. romain : I, 231, 254*; II, 302, 303, 327.
— (Arc de), à Rome : I, 259, 260.
Constantin (Bataille de) : I, 231, 239.
Constantinople, v. : I, 42, 44, 65, 70; II, 17, 254, 255.
Constitution (la), *voy*. Bulle *Unigenitus*.
Consul loquens : II, 324.
Conti (abbé A.-S.), s. : 64*, 65, 77, 92; II, 99.
— (cardinal), *voy*. Innocent XIII.
— (galerie d'Ét.) : I, 152.
— (les) : I, 83.
— (Mad*e*) : I, 64, 77.
— (Villa), à Frascati : II, 39.
Corail : I, 82.
Corci (les) : I, 175.
Cordeliers (Église des), à Insprück : II, 135.
— (Église des), à Rome, *voy*. *Ara-Cœli* (Église d').
Corfou, île : I, 43, 53.
Coring (H.), s. : II, 165*.
Coringius : II, *279*.
Corinthe, v. : II, 350.
— (métal de) : I, 125 ; II, *369*.
— (raisins de) : I, 70.
Corio (B.), hist. : I, 102*.
Cornaro, d. : I, 27.
Corneille (P.), poète : II, 374*.
Corradini (A.), sc. : I, 65*, 245, 265, 270.
— (cardinal P.-M.) : II, 35*, 48, 49, 66.

Corrège (A., le), p. : I, 189*; II, 97, 108, 112, 187, 338, 340.
Corse, île : I, 165, 178, 179.
Corses (affaire des) : II, 55*.
Corsini (cardinal L.), I : 237*; II, 38*, 66.
— (chapelle), à Florence : I, 182; II, 348, 363.
— (les) : I, 175.
— (marquis) : I, 182; II, 66.
— (saint A.), évêque de Fiésole : I, 182*.
Cortone, *voy*. Carlone.
— (P. de), p. : I, 188*, 226, 227, 238, 256, 262; II, 35-37, 53, 352.
Coscia (cardinal N.), archevêque de Bénévent : I, 212*; II, 35.
Cosme I*er*, grand-duc de Toscane : I, 162*; II, *301*, 352, 356, 359.
osme III, grand-duc de Toscane : I, 30*, 167, 172, 176, 177, 180, 188, 190, 221, 264; II, *304*, 315, 358.
Coudrée (J.-M., marquis de) : I, 124*.
Courlande (É.-C. de), princesse de Bevern : II, 211*, 212.
Couronnement d'épines : I, 263.
Couronnes (les) : I, 213 ; II, 44*-46.
Cours (rue du), à Rome : I, 224.
Courtray, v. : II, 60.
Coypel, p. : II, 339*.
Crassau (comte), d. : I, 8.
Création de la femme : II, 154.
— *de l'homme* : I, 246.
Crémone, v. : I, 90.
Crépuscule : II, 346.
Crispine, imp. romaine : II, 323*.
Croatie, pays : I, 55.
Croisés (les) : I, 158.
Croix (la vraie) : I, 66.
Crozat (A.), fin. : I, 59*.
Crucifix : I, 84; II, 337.
Cumes, v. : II, 14, 16. — *Voy*. Sibylle de Cumes.
Cupidon, *voy*. *Amour*.
Curage des cours d'eau, etc. : I, 34; II, 73, 75.
Curés : II, 65, 66.
Curia, *voy*. Rome (Cour de).

Cusani (cardinal A.) : I, 264*, 265.
Cybèle : II, 336.
Czar : II, 200. — *Voy.* Pierre Ier...
Czartoriski (prince), d. : I, 9*.

Dadda (R. del), *voy.* Tacca (P.).
Dalécarliens : II, 199.
Damis (marquis) : II, 69.
Dammartin, v. : II, 131.
Damophile, sc. : II, *350*.
Danemark, pays : II, 205, 226.
— (roi de), *voy.* Frédéric IV.
— (royaume de) : I, 8. — Son envoyé : I, 8. — Ses finances : II, 194, 225. — Sa flotte : II, 194. — Ses troupes : II, 193, 194.
Danois : II, 225.
Dantzig, v. : II, 222, 387*.
Danube, fl. : I, 35, 44, 45; II, 30, 138-140, 142, 143, 150, 171*, 173*.
Danvi (M.) : II, 145.
Daphné : I, 267.
Darboulin : II, 140, 153.
Darmstadt, v. : II, 172*.
— (principauté de) : II, 172*.
Daterie (la), à Rome : II, 56*.
Dathias, juif : I, 184, 191.
Daubenton (G.), jésuite : I, 243*.
Daun (F., comte de) : I, 101.
— (W.-Ph.-L. comte de), h. g. et h. p. : I, 100*; II, 28. — Sa femme, *voy.* Herbertstein (M. d').
Dauphin (le grand) : I, 48*.
— (naissance du) : II, 212*.
Davia (cardinal J.-A.) : I, 246*; II, 37.
David, roi des Hébreux : I, 94, 198, 267; II, 354.
D.-D. : I, 11.
Dea Salus : II, 325, 337.
Dèce, emp. romain : II, 303*, 326.
Déesses : I, 229; II, 122, 327.
Deichman (amiral) : I, 13*, 29?
Del Borgo (I., marquis) : I, 111*, 124.
Délices de l'Italie (les) : I, 194*.
Del Maro (abbé), d. : I, 108*, 114.
Démarate, de Corinthe : II, *350*.
Démosthène, orateur : II, 237*.

Denain (bataille de) : II, 65*.
Déposition de la Croix : I, 152.
Derroques (général-major) : II, 229.
Des Brosses (général), d. : II, 235.
Descente de la Croix : I, 207, 247.
Desenzano, v. : I, 90.
Des Forts (M.-R.), fin. : I, 62*.
Des Marets (N.), min. : II, 59*.
— (V.-F.), évêque de Saint-Malo : I, 245*.
Dessin : I, 241, 242, et *passim.*
Destouches (P. Néricault-), poète : II, 192*.
Deventer, v. : II, 219, 229.
Diables : I, 158; II, 7, 93, 175, 312, 313.
Diadumenianus, emp. romain : II, 302*, 325. — Son père : II, 302*, 325.
Diane : II, 50, 326.
Dibutade, de Sicyone, sc. : II, *350*.
Dicastères : II, 138, 164.
Didia Clara : II, 302, 323, 372. — Son père, *voy.* Didius Julianus.
Didier, roi des Lombards : I, 194*.
Didius Julianus, emp. romain : II, 302*, 323, 372. — Sa femme, *voy. Manlia Scantilla.* — Sa fille, *voy. Didia Clara.*
Didon (M.) : II, 281.
Dietrichstein (prince de) : II, 71.
Dieu : I, 97, 136, 153, 163, 217, 239, 246; II, 8, 66, 68, 154, 155, 296.
Dieux : I, 91, 118, 125, 229, 230; II, 116, 122, 305, 318, 336, 357, 368, 370.
Dieux (Conseil des) : I, 227, 229.
— *(Festin des)* : I, 229, 230; II, 50, 117.
— *marins* : I, 229, 230.
Digne (évêque de), *voy.* Feydeau (A.-J.-A.).
Dioclétien (Thermes de), à Rome : I, 237*.
Diodore de Sicile, hist. : II, 258*.
Disco (baron), d. : II, 195.
Divinités : I, 82, 223; II, 349, 357, 371. — *Voy.* Dieux...
Dogliani (C., marquis de) : I, 111*.

INDEX

Dohna (comte) : II, 203.
Dolci (C.), p. : II, 340*.
Domaines aliénés (retour de) : I, 119*, 123; II, 200*.
Dominicains (Église de), à Florence, *voy. Santa-Maria-Novella* (Église de).
Dominiquin (le), p. : I, 198*, 226, 247; II, 11, 39, 92.
Domitia, imp. romaine : II, 318*, 335, 336.
Domitien, emp. romain : II, 335.
— (Palais de), à Rome : I, 208*.
— (Villa de), à Albano : II, 53, 56.
Domo-d'Ossola, v. : I, 128.
Donatello, sc. : II, 360*.
Doria (A.), mar. : II, 295*.
— (Jardin), à Gênes : I, 133, 134; II, 294, 295.
— (les) : I, 134; II, 83, 295.
— (prince) : I, 99.
Dorienne (ville) : II, 73.
Dorothée (mine de la) : II, 261, 264, 265, 281.
Dorsten, v. : II, 188*.
Douai, v. : II, 65.
Douanes (droits de) : 25, 47, 70, 117, 128, 129, 150, 171, 172, 174, 181, 231; II, 109, 110, 149, 226, 228, 232, 233, 236.
Dourlach (Cour de) : II, 67.
Dragon : I, 126.
Drave, r. : II, 30.
Droit canon : I, 265.
Droit des gens : I, 265.
Droit public de l'Allemagne : I, 14; II, 201.
Drüsen, pierres : II, 281*, 282.
Dubois (cardinal G.) : I, 217*; II, 65, 210.
Dubos (abbé J.-B.), écr. : I, 185*.
Ducats, mon. : I, 13.
— d'argent : I, 31, 38, 43, 53.
— d'or : I, 33.
Duisbourg, v. : II, 188.
Dülmen, v. : II, 188*.
Dumbar (J., comte de) : I, 250*; II, 36.
Durcau (sieur), d. : II, 212.
Dürer (A.), p. : II, 342*.

Düsseldorf, v. : II, 186*, 188.
— (Galerie de) : II, 186, 187.
Du Wahl (les) : II, 147.

Eau, boisson : II, 63, 140, 153.
— salée : I, 57.
Eaux captées ou jaillissantes : I, 133, 134, 160, 247, 248, 264, 265, 275; II, 14, 32, 49, 51, 54, 94, 102, 118, 120, 195, 197, 353, 357.
Ecclésiastiques (privilèges des) : I, 107; II, 290.
Économie : I, 168, 170, 180, 182.
Écosse (ordre d') : I, 250*.
Écus, mon. : I, 13, et *passim*.
— de Hambourg : II, 203.
— florentins : I, 169, 181, 185.
— napolitains : II, 20, 27*.
— romains : I, 182, 205, 209, 211, 218, 235, 273; II, 27*, 103, 170.
Égérie : I, 271.
— (Fontaine d'), à Rome : I, 271.
Eggenberg (Château d') : I, 15.
— (J.-U., prince d') : I, 7*.
— (princesse d') : I, 7.
Égine, île : II, 231*.
Église (l') : I, 202, 245, 264, 276. — Ses fiefs : I, 107. — Son patrimoine : I, 210. — Ses états, *voy.* Pape (États du).
Égypte, pays : I, 36, 254; II, 31, 349, 369, 370. — *Voy.* Égyptiens.
— (marbre d') : II, 314, 318.
— (reine d'), *voy.* Bérénice.
— (rois grecs d'), *voy.* Ptolomées.
— (terre d') : II, 341.
— (vice-rois perses d') : II, *369*.
Égyptienne (colonie) : II, *369*.
Égyptiennes (statues) : I, 202; II, 88, *368*, 369.
Égyptiens, I, 216, 223; II, 349, 368, 369. — Leurs arts : I, 125; II, 368, 369. — Leurs lois : II, 370. — Leur religion : II, 370.
Eisack, r. : II, 133*, 134.
Elbe, fl. : II, 194.
— (île d') : I, 165.
Elchingen, v. : II, 158*.
Électeurs de l'Empire d'Allemagne : I, 5; II, 207. — *Voy.* Bavière...,

Brandebourg..., Hanovre..., Palatins..., Saxe...
Électifs (gouvernements) : I, 225*.
Éleusis (mystères d') : I, 55.
Éleuthéropolis (évêque d'), *voy.* Fouquet (Mgr).
Élie, prph. : I, 256.
Émilien, emp. romain : II, 302*.
Émilienne (voie): II, 81.
Emo (J.), h. p. : I, 69*.
Empan, mes. : I, 65.
Empereurs (Palais des), à Rome : I, 211, 212.
Ems, r. : I, 189.
Endosmose : II, 250, 278, 279.
Endymion : II, 317.
Énée, roi de Lavinium : II, 54*, 55.
Énée (Voyages d') : II, 84.
Enfants : I, 265, 266; II, 80, 112, 334, 338.
— *(Massacre des) :* II, 338.
Enfer : I, 158.
Entailles : I, 223.
Enzio, roi de Sardaigne : II, 79*.
Ercolani (comte) : II, 103.
Ermites (Église des Pères), à Padoue : I, 79.
Eschyle, poète : II, 374*.
Esculape : II, 324, 336.
Esino, fl. : II, 82*.
Espagne, pays : I, 28, 39, 72, 108, 133, 141, 203, 205, 216, 217, 242; II, 71, 194, 216, 287. — Son commerce : I, 72, 73, 133, 141; II, 194, 287. — Ses produits : I, 21, 70, 87, 141. — Ses vignobles : II, 165.
— (bénéfices d') : I, 203.
— (blé d') : I, 87.
— (cardinaux d') : II, 43.
— (grands d') : I, 96, 100.
— (guerre de la Succession d') : I, 115; II, 228, 236.
— (millet d') : I, 21.
— (place d'), à Rome : I, 244.
— (princesses d') : I, 50.
— (rois d') : I, 69, 72, 73, 142, 149, 180, 217; II, 10, 71, 297, 298. — *Voy.* Charles II et III, Philippe IV et V.
— (royaume d') : I, 73, 95; II, 65.
— Son chargé d'affaires : I, 244.
— Son envoyé : I, 50. — Sa flotte : I, 108; II, 287.
Espagnolet (l'), de Bologne, p. : I, 153*.
Espagnols : I, 28, 68, 73, 208, 221, 264; II, 21.
— de Vienne : I, 3*, 28; II, 20.
Espérance (Temple de l'), à Rome : II, 34.
Espions : I, 29, 114, 118, 119, 120, 121.
Esseck, v. : II, 30.
Este (Azon d') : II, 100*.
— (cardinal H. d') : II, 49*.
— (les) : II, 98, 100, 101, 104.
— (Villa d'), à Tivoli : II, 49*.
Esther, juive : II, 63.
Estrades (abbé J.-F. d'), d. : I, 110*.
— (les d') : II, 83.
Estrées (V.-M., maréchal d') : I, 60*.
Étangs : I, 55.
État ecclésiastique, *voy.* Pape (États du).
États-Généraux des Provinces-Unies : II, 219, 225-228, 231, 234, 236.
Été : II, 358.
Étienne (saint) : I, 66, 136; II, 296.
Étoffes : I, 46, 70, 185.
Etna, m. : II, 117.
Étrurie, pays : I, 350. — *Voy.* Toscans.
Étrusques (caractères) : II, 350.
— (statues) : II, 321, 350*.
Eucharistie (l') : I, 204*.
Eugène (prince), *voy.* Savoye (Fr.-Eug. de).
Euripide, poète : II, 225*, 351, 374.
Europe : I, 46, 50, 63, 72, 73, 78, 111, 193, 251; II, 11, 62, 138, 251, 280, 290, 345, 373, 389.
— (états de l') : II, 224.
— (princes de l') : II, 193, 198.
Ève : I, 185; II, 154, 357.
Excellence, titre : I, 5, 111, 124, 222.
Exercices (les), par I. de Loyola : I, 55*.

Falerne, v. : II, 5.
— (vin de) : II, 5.
Famille (sainte) : II, 337.
Fano, v. : II, 77-79. — Son église : II, 77. — Son port : II, 78. — Son théâtre : II, 77.
— (Arc de) : II, 77.
Fantuzzi (Palais), à Bologne : II, 91.
Farinato-Véronèse (P.), p. : II, 125*.
Farnèse (Palais), à Rome : I, 252, 257, 274. — Sa galerie : I, 226, 270 ; II, 84.
— (Petit Palais), à Rome : I, 227 ; II, 50, 114.
— (Vigne), à Rome : I, 211, 246.
Farsallino, ch. : I, 221.
Fasanieri (marquis) : II, 83.
Faune : II, 320, 326.
— *(Petit)* : I, 267 ; II, 308, 332, 333.
Faustina, ch. : I, 186, 221.
Fava (Palais), à Bologne : II, 84.
Fede (comte) : II, 51.
Félibien (A.), écr. : II, *330**.
Felicitas : II, 312.
Félix (saint) : I, 79.
Felsina pittrice, par Malvasia : II, 85*.
Felter (Mad⁰ de) : II, 215, *276*. — Sa belle-fille ou fille : II, 215, *276*.
Fénelon (F. de La Mothe-), archevêque de Cambray : II, 42*, 66.
Fer, *voy*. Féroë.
Ferdinand II, emp. d'Allemagne : I, 7*.
— Iᵉʳ, grand-duc de Toscane : I, 189*.
— II, grand-duc de Toscane : I, 189*.
Ferdinand-Charles, duc de Mantoue : I, 64* ; II, 120.
Fermes (les cinq grosses) : I, 61*, 63.
Féroé (îles) : I, 29*.
Féroni (marquis) : I, 175.
— (marquise) : I, 176.
Ferrarais : I, 274 ; II, 94.
— pays : I, 50, 97, 237 ; II, 31.
Ferrare, v. : I, 50, 257 ; II, 82, 92.
— (députés de) : II, 83.
Ferrata (H.), sc. : II, 330*.

Feuillants français (Église des), à Florence : II, 348.
Feydeau (A.-J.-A.), général des carmes, puis évêque de Digne : I, 200*.
Finale, v. : I, 29, 103, 135, 142*, 143 ; II, 289, 297, 298.
— (marquisat de) : I, 142 ; II, 298.
Fini (cardinal F.-A.) : I, 216* ; II, 35.
Fiume, v. : I, 27.
Fiumicello, fl. : II, 82*.
Flamand (F., le), sc. : I, 265, 268* 269.
— (J.), sc. : I, 80.
Flamands (peintres et sculpteurs) : I, 85 ; II, 338-340, 358.
Flaminienne (voie) : II, 80, 81.
Flandres, pays : I, 48, 122.
Flemming (J.-H., comte de), h. g. et h. p. : I, 15*.
Fleury (cardinal A.-H. de) : I, 121*, 200, 245 ; II, 48, 49, 210.
Fleuves : I, 237, 259 ; II, 117, 357.
Florence, v. : I, 30, 155, 159, 167-172, 175, 177-179, 182, 185, 186, 190, 191, 207, 215, 221, 241 ; II, 38, 58, 86, 90, 186, 299, 301, *304*, 308, 317, *338*, 345, 346, 356, *357*, 358, 363. — Son commerce : I, 173, 174. — Ses églises : I, 169 ; II, 343-345, 351. — Son théâtre : I, 221. — *Voy*. Toscane...
Florence, v. : II, 356.
Florence (artistes de) : I, 169.
— (cour de) : I, 169, 171.
— (dames de) : I, 186, 187.
— (ducs de), v. Alexandre..., Toscane (grands-ducs de).
— (familles de) : I, 173.
— (Galerie de) : I, 199, 201, 202, 206 ; II, 301, 308, 309, 311, 312, *318*, *319*, 320, 322, 323, 329, *338*, 340, *356*, 357, 368, 372.
— (gonfalonier de) : I, 177.
— (nobles de) : I, 168, 171, 173-175.
— (peuple de) : I, 188.
— (République de) : I, 174, 176, 177.

Florence (sculpteurs de) : I, 169, 177; II, *304*, 353.
— (Sénat et sénateurs de) : I, 169, 172, 173.
Florentin (Pays), voy. Toscane.
Florentins : I, 8, 9, 168, 170, 171, 173-177, 185, 188, 190, 193, 261, 262; II, 38, 338, *355*.
Florins, mon. : I, 4, et *passim*.
— d'Allemagne : II, 211.
— de Hollande : II, 228.
Florus, hist. : I, 236*.
Foggini (J.-B.), sc. : I, 177*; II, *304*, 308, 318, 333, 348.
Foligno, v. : II, 69.
Fondations, à Rome : I, 235.
Fondi, voy. Grund.
— v. : II, 3.
Fonséca (M., baron), d. : I, 29*.
Fontana (cavalier D.), arch.: II, 11*.
— (J.), arch. : I, 248*.
— (M. de), min. : I, 124.
Fontanella : I, 241.
Forbin (Cl., chevalier de), mar. : I, 243*.
Forli, v. : II, 77.
Formies, v. : II, 28.
Forteresses et fortifications : I, 75, 76; II, 10, 38, 60, 61.
Fortune (Temple de la), à Palestrine : II, 57.
Fort-Urbain : II, 96.
Foscari (F.), doge de Venise : I, 44*.
Fouger ou Fougres (comtesse de) : II, 175, 182.
Fouquet (Mgr), évêque d'Éleuthéropolis : II, 66*.
Français : I, 31, 41, 45, 47, 64, 67, 72, 95, 96, 123, 132, 139, 200, 215, 220, 221, 234, 245, 253, 254; II, 48, 62, 75, 79, 105, 110, 141, 153, 165, 166, 170, 175, 209, 224, 285, 348.
— (cardinaux) : II, 43.
— (peintres) : I, 85, 86; II, 339.
— (vaisseaux) : I, 46, 47.
Française (langue) : I, 64.
— (musique) : I, 220.
Francavilla (P. de), sc. : I, 177*; II, *304*, 358, 362.

France, pays : I, 6, 31, 46, 47, 64, 76, 112, 114, 119, 120, 146, 168, 174, 195, 197, 200, 203, 214, 216, 245, 252, 253, 255, 270; II, 17, 38, 41, 61, 66, 99, 110, 131, 182, 216, 224, 267, 287, 337, 353. — Ses chemins; I, 195. — Son commerce : I, 46, 47, 60, 96, 133, 140, 141, 163; II, 78, 109, 110, 194, 287, 288. — Ses églises : I, 236, 252. — Sa marine : I, 46, 47, 59. — Ses produits : I, 103, 115, 133, 273; II, 144, 229, 287.
— (armes de) : I, 162.
— (chapitres de) : II, 190.
— (Clergé de) : I, 108, 203, 253 II, 48.
— (cour de) : I, 62, 69, 203; II, 45, 389.
— (couronne de) : II, 111.
— (évêchés et évêques de) : I, 200, 203.
— (grand-prieur de), voy. Vendôme (P. de).
— (grand-prieuré de) : I, 63.
— (heure de) : II, 132*.
— (lieues de) : I, 19.
— (maison de) : I, 137; II, 71, 100, 111, 293.
— (monnaie de) : I, 95, 96; II, 20.
— (princes de) : I, 93.
— (princesses de) : I, 93, 138; II, 293.
— (provinces de) : I, 96.
— (rois de) : I, 60, 62, 74, 107, 108, 140, 146, 149, 184, 263, 272; II, 76, 111, 296, 328. — Leur Conseil : II, 48, 59. — Leurs conseillers-secrétaires, etc. : II, 111. — *Voy.* Charles VIII, François Ier, Henri III et IV, Louis XIII, XIV et XV.
— (royaume de) : I, 22, 47, 50, 68, 71, 96, 111, 222, 264; II, 31, 38, 65, 147, 166, 181, 205, 206, 289-291. — Son chargé d'affaires : I, 71. — Ses consuls et vice-consuls : I, 47, 135, 139, 143, 146, 147; II, 298. — Ses envoyés : I, 45, 115,

INDEX

135, 137, 146, 167, 170; II, 148, 184, 212, 291. — Sa flotte : I, 272. — Ses troupes : I, 45 ; II, 138, 144, 193.
Franceschi (les) : I, 175.
Franceschini (M.-A.), p. : I, 137*; II, 294.
Francfort-sur-le-Mein, v. : II, 156, 163, 172, 173. — Son commerce : I, 133; II, 151, 172. — Ses églises : II, 172, 173.
— (bourgeois et habitants de) : II, 156, 172, 173.
— (magistrats de) : II, 172.
Franchini, voy. Bianchini.
Francia (F.), p. : II, 94*.
Franciscain : I, 77.
Franciscains (escalier des), à Bologne : II, 91.
François, duc de Parme et de Plaisance : I, 243*; II, 112, 113.
François Ier, roi de France : I, 67, 93.
Franconie (duché, ducs et palatins de) : I, 14.
Frangipani (les) : II, 54.
Franz, v. : I, 20.
Frascati, v. : I, 275 ; II, 38, 39, 51, 52, 56-58. — Sa cathédrale : II, 38.
Frateries : II, 70.
Frédéric II, duc de Mantoue : II, 115*.
— Ier, emp. d'Allemagne : I, 14*.
— II, emp. d'Allemagne : II, 79*.
— roi de Bohême : II, 170*.
— IV, roi de Danemark : II, 194*, 205, 211, 212, 225.
— Ier, roi de Prusse : II, 388*.
— II, roi de Prusse : II, 198*, 388.
— roi de Suède : II, 198*, 199, 211.
Frédéric-Guillaume Ier, roi de Prusse : II, 190*, 191, 193, 197, 198, 201, 202, 209, 214. — Ses finances : II, 190, 191. — Ses tribunaux : II, 191, 197. — Ses troupes : II, 197, 198, 201, 202, 207, 214.
Frédérikshald, v. : I, 242*.

Fréjus (évêque de), voy. Fleury (cardinal A.-H. de).
Frézier (A.-F.), s. : II, 258*.
Fribourg-en-Brisgau : I, 41*.
Frioul, pays : I, 20, 21.
Frise (province de) : II, 220. — Ses finances : II, 232.
Fulda, v. : II, 170.

Gaddi (commandeur) : I, 171; II, 352. — Sa galerie : I, 186.
Gaëte, v. : II, 4, 6, 27-29.
— (golfe de) : II, 29.
— (gouverneur de), voy. Tattembach (comte de).
Galathée : I, 229, 230.
Galba, emp. romain : II, 316*, 335.
Galéasses : II, 31.
Galen (B. de), évêque de Münster : II, 183*, 212.
Galères : I, 31, 135, 139, 155, 165, 169; II, 10, 51, 285, 289.
Galerie (la), lieu : II, 56.
Galibaud (abbé) : I, 137.
Galions : II, 287.
Gallas (comtesse de), voy. Harrach (comtesse de).
— (J.-W., comte de), vice-roi de Naples : I, 49*; II, 13, 36.
— (M.-É. de Gallas) : II, 13*.
Galliani (C.), célestin : II, 99*.
Gallien, emp. romain : II, 301*-303, 327, 373.
— (Arc de), à Vérone : I, 87*, 89.
Gallus, emp. romain : II, 302*.
Ganymède : II, 322.
Garde (lac de) : II, 119, 120, 121.
Garigliano, fl. : II, 5. *Voy.* Liris.
Gassendi (homme de) : II, 7*.
Gaudence (G.), p. : I, 97*; II, 336.
Gaule, pays : II, 82.
— cisalpine : II, 134.
Gaulois : II, 82.
Gauro, voy. Mont-Barbaro.
Gautier (abbé) : II, 59*, 60.
Gavi, fort : I, 131.
Gazette de Hollande (la) : II, 40.
G. des S. : I, 11.
Géants : II, 116, 117, 122, 123.
— *(Chute des)* : II, 116, 117.

Geislingen, v. : II, 158*.
Gênes, v. : I, 46, 63, 75, 80, 99, 127, 131-134, 136, 138, 139, 141, 143-146, 150, 184, 201; II, 63, 104, 110, 285, 287-292, 294, 295. — Son arsenal : I, 136; II, 294. — Son commerce : I, 133, 140; II, 287, 288, 292. — Ses églises : I, 136; II, 295, 296. — Ses maisons : I, 99, 135, 144; II, 292. — Son port : I, 132, 141, 184; II, 285, 286.
— (dames de) : I, 134, 135, 137, 138; II, 291, 292.
— (doge de) : I, 135*, 144; II, 292, 294. — Son palais : I, 136; II, 294.
Gênes (Lettre sur): II, 283*, 285.
Gênes (loterie de) : II, 56.
— (marbre de) : I, 80, 144; II, 292.
— (nobles de) : I, 135, 145; II, 289, 290, *297*.
— (Pays de) : I, 75, 131, 178, 179; II, 286, 287. — Ses produits : I, 139, 140; II, 286, 287.
— (peuple de) : II, 289, 388.
— (République de) : I, 134, 135, 143, 146; II, 288-291, 294. — Ses conseils : I, 136, 137; II, 294. — Ses envoyés : I, 109, 144, 145; II, 290, 291. — Ses finances : I, 134, 135, 143; II, 287-289. — Ses galères : I, 135, 137; II, 285, 289, 293, 296. — Ses troupes : I, 134, 135; II, 288, 289.
— (secrétaire de la République de) : I, 135; II, 291.
— (Seigneurie de) : I, 137*; II, 293.
— (Sénat de) : I, 134, 135; II, 291.
Genève, v. : I, 129, 133; II, 98, 102, 288. — Son commerce : I, 133; II, 288.
Genevois : I, 133; II, 288.
Génies : II, 318, 333, 334.
Génois : I, 103, 131, 133-135, 137, 139-146, 184, 201, 203, 215, 219; II, 6, 21, 22, 63, 79, 83, 286, 287, 289, 291, 296, 297.
Génovésat, *voy.* Gênes (Pays de).
Génovines, mon. : I, 63.
Gensano, v. : II, 54, 58.

Georges Ier, roi d'Angleterre : I, 243*; II, 40, 41, 195.
— II, roi d'Angleterre : I, 222*; II, 192-194, 203, 205, 209, 213.
Georges (saint) : I, 89; II, 97.
Gergi (J.-V., comte de), d. : II, 210*.
Germanicus : II, 165*.
Germon (B.), jésuite : I, 94*.
Gertruidemberg, v. : II, 79*.
Gherini (marquis) : I, 171, 175, 190.
— Leur galerie : II, 348.
Ghiberti (L.), sc. : II, 322*, 343, 351, 352, 360, 375.
Ghirlandajo (D., le), p. : II, 344*, 347.
Giannone (P.), hist. : II, 23*.
Gibraltar, fort : II, 27.
Ginori (sénateur) : I, 185. — Sa galerie : I, 185.
Giordano (L.), p. : I, 153*; II, 11, 348.
Giorgi (D.), s. : I, 42*.
Giotto, p. : I, 79*, 158, 169; II, 85, 345, 351, 374.
Gitelde, v. : II, *257*.
— (mines de) : II, *257, 258*.
Giudecca (canal de la), à Venise : I, 31.
Glaces de Venise : I, 32, 33, 47, 65.
Gladiateurs : I, 267; II, 328.
Glœtte : II, 276.
Goa, v. : I, 30.
Gobelins (Manufacture des) : II, 148.
Godet des Marais (P.), évêque de Chartres : II, 42*.
Gœppingen, v. : II, 158*.
Gomorrhe, v. : I, 220.
Gonfalonier (Palais du), à Bologne : II, 85.
Gonfaloniers : I, 151, 152, 177.
Gordien, le fils, emp. romain : II, 302*.
— *le père*, emp. romain : II, 302*, 303, 325, 372.
— *le petit-fils*, emp. romain : II, 302*.
Gorgase, sc. : II, *350*.
Gorgi, *voy.* Giorgi.
Gorgone (île de la) : I, 165
Gorgones : I, 223.

Goritz (comté de) : I, 19, 20.
Gorizia, v. : I, 20.
Goslar, v. : II, 213, *244*, 245, 264, 268, 269, 274, 275.
Gothique (De la Manière): II, 365*, 367.
Gothique (gouvernement) : II, 251, 280.
— (style) : I, 43*, 125, 153, 156, 157, 169, 176, 241 ; II, 125, 185, 303, 305, 343, 345, 355, 362, 365, 367-375.
— léger : I, 43*.
Goths : II, 51, 303, 367, 372.
Goths (Guerre des), par Agathias : II, 254*.
Goths (rois des), *voy.* Totila.
Gouvone (O.-F., comte de), min. : I, 124*.
Goveruolo, v. : II, 120.
Gozzoli (B.), p. : I, 158*.
Grâces : I, 223 ; II, 114.
Gradisca, v. : I, 20.
Grand-Canal, à Venise : I, 55, 56.
Grand-Duc (place du), à Florence : II, 359, 360.
Grand-Jésus (Église du) : I, 199*, 238 ; II, 35, 37.
Grands-Ducs, *voy.* Toscane.
Grands-Jésuites (Église des), *voy.* Grand-Jésus (Église du).
Graneri (Th., marquis), h. p. : I, 119*.
Gratz, v. : I, 11, 12, 15, 19, 20 ; II, 124.
— (archiduc de) : I, 13*.
Graveson (J.-H.-A. de), dominicain : II, 47*.
Gravures : I, 176.
Grazzie (Église *delle*), à Milan : I, 97, 101.
Grèce, pays : I, 42, 212 ; II, 31, 349, 368, 370, 375.
Grecs : I, 163, 216 ; II, 75, 305-307, 309, 330, 348-352, 359, *367*, 368, 370, 371, 373-375.
— (empereurs) : I, 42.
— (empires) : II, 350.
— (religion des) : II, 349.
— d'Egypte (rois) : I, 125.

Grégoire (saint) : I, 152 ; II, 329*.
Grenat, pierre : II, 134.
Grève (la) : I, 58.
Grewich (H.) : II, 252, 259. — Sa femme : II, 252, 259.
Grillo (C.), comtesse Borromée : I, 92* ; II, 99.
Grimaldi (C.), ph. et s. : II, 99*.
Grimani (Maison), à Venise : I, 55.
Groningue (province de) : II, 220.
Groot (M. de) : II, 195.
Gros, mon. : II, 267, 273, 274.
Grossi (marquis) : II, 82.
Grund, v. : II, 257*.
Gualtieri (cardinal P.-A.) : II, 40, 41*, 46.
— (Vigne), à Rome : I, 258.
Gueldre (amiral de), *voy.* Nassau-Dietz (G.-Ch.-H. de).
— (duché de) : II, 219, 220, 225, 228, 235. — Ses députés : II, 228.
— Ses finances : II, 225, 235.
— (stathouder de), *voy.* Nassau-Dietz (G.-Ch.-H. de).
Guerchin (J.-F. le), p. : I, 152*, 189, 233 ; II, 7, 52, 77, 84, 85, 92, 338.
Guicciardi (comte), fils : II, 98.
— (comte), père : II, 11, 98.
Guicciardini (comte), d. : I, 138 ; II, 292.
— (comtesse) : I, 138 ; II, 292.
Guichardin, hist. : I, 95.
Guide (le), p. : I, 153*, 198, 206, 226 ; II, 52, 77, 84, 91, 93-95, 112, 338.
Guidonis (B.), dominicain : I, 93*.
Guillaume III, roi d'Angleterre : I, 29* ; II,, 206*.
Guillaume (saint) : II, 85.
Guise (cardinal L.) : II, 65*.
— (duché de) : II, 101*.
Günzbourg, v. : II, 158*.
Guyenne, pays : I, 21, 35.

Hambourg, v. : II, 194, 195. — Son commerce : II, 194, 222.
— (gouverneur de) : II, 203.
Hanovre, v. : II, 192, 194, 195, 197, 198, 214, 219, 281.
— (cour de) : II, 194.

Hanovre (électeur de) : II, 193. — Ses finances : II, 193, 194, 266.— Ses mines : II, 247, 257, 264-266, 271. — Ses troupes : II, 193*. — Voy. Georges Ier et II.
— (électorat de) : II, 190, 257, 266. — Son envoyé : II, 195.
— (habitants de) : II, 266.
— (maison de) : II, 100, 101, 147, 190, 193, 205.
— (S.-D. de), reine de Prusse : II, 198*.
— (traité de) : I, 110*, 121 ; II, 181*, 194, 204*, 227*.
— (W.-A. de), imp. d'Allemagne : I, 5* ; II, 101.
Hanséatiques (villes) : II, 204, 211.
Hardouin-Mansart (J.), arch. : II, 74*.
Harrach (A.-T.-R., comte de), vice-roi de Naples : I, 5*, 6 ; II, 9, 10, 12, 13, 20,
— (bailli de) : II, 13.
— (comtesse de) : II, 10*, 12, 13*.
— (F.-A., comte de) : I, 6 ; II, 13*.
Hartz, m. : II, 245, 245, 248, 257-261, 271.
— (forêts du) : II, 245, 257, 258.
Hartz (Histoire des Forêts du) : II, 257.
Hartz (mines du) : II, 211, 213-215, 245-248, 252, 257-277, 280-282.
— (mineurs du) : II, 246, 247, 259-264, 267-271, 277, 280.
— (musiciens du) : II, 215.
Haute-Hongrie, pays : II, 244, 253.
Havré (M.-A.-C., duchesse d') : II, 92*.
Hay (colonel J.) : II, 41.
— (Mme) : I, 250* ; II, 41.
Hedges, d. : I, 109.
Heidelberg, v. : II, 163, 164, 166, 170, 171. — Ses églises : II, 164, 170, 210.
— (Château de) : 164, 165. — Son tonneau : II, 164*, 165.
— (habitants de) : II, 168-170.
Heilbronn, v. : II, 162, 163.
— (bourgeois de) : II, 162.
— (territoire de) : II, 162.

Heineberg (Mad{le} de) : II, 147.
Hélène (sainte), imp. romaine : I, 65.
Héliogabale, emp. romain : II, 302*, 325. — Sa femme, voy. Julia Aquilia...
Helzbach (princesse de) : II, 182*. Voy. Sulzbach (princesse de).
Henri III, roi de France : II, 65.
— IV, roi de France : I, 55.
— l'Oiseleur, roi de Germanie : II, 259*, 268.
Herba neggia : II, 26*.
Herbes(place aux), à Vérone : II, 124.
Hercule : II, 117, 312, 326, 334, 354-356.
— (Travaux d') : II, 50, 355.
— Farnèse : I, 105, 228, 241 ; II, 36, 308, 312, 355, 356.
Hercynia... (De Origine... Metallorum in), par Th. Schreiber : II, 258.
Hercynie, voy. Hartz...
Héréditaires (gouvernements) : I, 225.
Herennius, emp. romain : II, 303*, 327, 373.
Hermaphrodite (l') : II, 342.
Herrenhausen (Château de) : II, 192. — Ses eaux : II, 195-197.
Hesse, p. : II, 199.
Hesse-Cassel (Ch., landgrave de) : II, 203*, 211. — Ses finances : II, 211. — Ses troupes : II, 193.
— (Fr. de), voy. Frédéric, roi de Suède.
— (G. de) : II, 199*.
— (maison de) : II, 147*.
Hesse-Rheinfels (Ch. de), duchesse de Bourbon : II, 219*.
— (landgraves de) : II, 174.
— (P.-Chr. de), princesse de Piémont : I, 110*, 111 ; II, 219.
— (X. de), comtesse de Bentheim : II, 219.
Heu, voy. Hoym.
Hildesheim (évêché de) : II, 177.— Ses finances : II, 177.
Histoire naturelle (galeries d') : I, 81 ; II, 88, 89.
Hiver : II, 358.

INDEX 487

Hoechstaedt, v. : I, 67*.
Holbein (J.), p. : II, 339*.
Hollandais : I, 59, 72, 73, 163, 187 ; II, 59, 60, 65, 79, 205, 206, 211, 221-225, 229, 230, 233, 236, 336. — *Voy.* Hollande.
— (députés) : II, 65.
Hollandaises : II, 223.
Hollande, pays : I, 10, 73, 89, 242 ; II, 62, 78, 182, 194, 216, 225, 226, 229, 231. — Son commerce : I, 63, 163 ; II, 205, 222, 225, 232*, 233. — Sa marine : I, 27, 59, 72 ; II, 235. — Ses pêches : I, 226. — Ses troupes : II, 193.
Hollande (la Gazette de), voy. *Gazette de Hollande (la)*.
Hollande (guerre de) : II, 211.
— (nobles de) : II, 227.
— (peintres de) : II, 339, 340.
— (pensionnaire de) : II, 226-228. — *Voy.* Stinglhaim (G.).
— (province de) : II, 220, 225. — Ses États : II, 227, 228. — Ses finances : II, 220, 222, 225, 226, 232, 236. — Ses magistrats : II, 221. — Ses troupes : II, 193.
— (sujets de la), *voy.* Hollandais.
Holopherne : II, 354, 355, 360.
Holstein, pays : II, 202. — Son beurre : II, 205.
— (princesse de) : II, 182.
Holstein-Gottorp (Ch.-Fr., duc de) : II, 198*, 200*.
Holstein-Nordberg (É.-S.-M. de), duchesse de Brunswick : II, 101*, 212.
Homère, poète : II, 320*, 374.
Hongrie, pays : I, 11, 44, 103, 276 ; II, 30, 241, 244, 253, 262, 266, 272. — Ses bœufs : I, 45. — Ses mines : II, 241-244, 249, 260, 272. — Ses vitriols : II, 243.
Honte (Mad^{lle} de) : II, 145.
Hôpitaux : I, 102 ; II, 39, 64, 70.
Horn (Ar., comte de), h. p. : II, 198*, 199.
Hostilien, emp. romain : II, 302*.
Hôtel-de-Ville de Paris (rentes sur) : I, 74.

Hoym (J.-C., baron de), h. p. : II, 202*, 213. — Sa maison : II, 209.
Huile : I, 47, 140, 143, 218 ; II, 287, 298.
Huxelles (N., marquis d'), h. g. et h. p. : II, 59*.
Hyacinthe (saint) : II, 94.
Hygiène (livres sur l') : II, 102.

Iles (sucre des) : I, 46.
— d'Italie : I, 178, 179.
Imhof (M.) : II, 213, 268, 280.
Immunité (l') : II, 52. — *Voy.* Congrégation de l'Immunité.
Imola, v. : II, 77.
— (I. d'), p. : II, 84*.
Imperiali, p. : II, 55.
— (cardinal J.-R.) : II, 37*, 51, 54, 55.
— (cardinal L.) : II, 55*.
Impériaux, *voy.* Allemagne (empereurs d').
Incantri (?) (les) : I, 175.
Incontri (Maison), à Florence : II, 363*.
Inde (blé d') : II, 130.
Indes : I, 242 ; II, 216, 233, 235, 349.
— (Compagnie des), à Ostende : II, 222*.
— (Compagnie des), en France : I, 59*, 60*, 62.
— (Compagnie des), en Hollande : II, 232*, 233.
— occidentales : I, 60, 63 ; II, 233.
— orientales : I, 59, 60, 63 ; II, 233, 248, 274.
Indiens : II, 349, 371, 373.
Indult, impôt : I, 60*.
Indusium : II, 302, 314.
Industrie : I, 180, 193, 201, 205, 210 ; II, 63, 64, 145, 150, 151.
— *Voy.* Bas (fabrication de), Brescia (ouvrages de), Étoffes, Glaces de Venise, etc.
Infaillibilité du Pape : I, 245 ; II, 49.
Infante (renvoi de l') : II, 9*.
Infidèles (les) : II, 10.
Inn, r. : II, 133, 135.

Innocent VIII, pape : I, 241*.
— XII, pape : I, 214*, 224; II, 63.
— XIII, pape : I, 274*; II, 43*.
Innocents (Martyre des) : II, 95.
Inquisition : I, 61, 152, 181. — *Voy.* Congrégation de l'Inquisition.
— (avocat de l') : I, 95.
Insprück, v. : II, 132*, 133, 135.
Intempérie, *voy.* Mal'aria.
Invalides, en France : II, 267.
— (Église des), à Paris : I, 252.
Inville, château : II, 390.
Irlandais : I, 220.
Irlande (beurre d') : II, 205.
Irrésolu (l'), par Destouches : II, 192*.
Isar, r. : II, 140*.
Ischia (île d') : II, 25, 28.
Isis : I, 126.
— (Table d') : I, 125*, 126; II, 349, 369*.
Issel, *voy.* Isar.
Istrie, pays : II, 151.
Italicarum scriptores (Rerum), par Muratori : I, 93*; II, 98.
Italie, pays : I, 17, 19, 22, 30, 32, 44, 46, 48, 57, 58, 71, 75, 78, 81, 93, 95, 99, 128, 147, 153, 168, 170, 177-179, 186, 194, 201, 203, 208, 224, 239, 253, 254, 271, 274; II, 1, 3, 9, 10, 26, 49, 54, 61, 65, 67, 82, 88, 99, 110, 131, 134, 137, 146, 148, 151, 155, *291*, *307*, *350*, 351.
— Son commerce : I, 47, 117, 128, 201; II, 151. — Ses produits : II, 187, 244.
— (artistes d') : II, 146, 159, 339, *350*, 351.
— (chapitres d') : II, 190.
— (Clergé d') : I, 203.
— (danse d') : I, 221*.
— (états d') : I, 68, 76, 113.
— (guerre d') : I, 203.
— (historiens d'), *voy. Italicarum...*
— (milles d') : II, 133.
— (musique d') : I, 186, 220.
— (princes d') : I, 103, 150; II, 115.
— (provinces d') : I, 240.
— (républiques d') : I, 273, 274.

— (villes d') : II, 297.
Italienne (langue) : I, 54, 55, 94, 95; II, 100.
Italiens : I, 47, 170, 182, 201, 220, 222, 254; II, *291*, 341. — *Voy.* Italie...
Itinéraires : I, 82.

Jacob (chevalier) : I, 19*.
Jacobacci (abbé), d. : II, 49.
Jacobins : I, 197.
— (Couvent des), à Padoue : I, 81.
— (général des), *voy.* Cloche.
Jacques (saint) : I, 80.
Jagellons (les) : I, 9*; II, 62.
Jambons : II, 155, 189.
Jansénistes : I, 49, 245; II, 223*, 224.
Janvier (saint) : II, 18*, 19, 22, 23.
Japon, pays : II, 371.
— (vases de) : II, 340, 341.
Jardins : I, 4, 32, 80, 98, 105, 128, 133, 134, 240; II, 53, 54, 141, 145, 209, 294, 295, 357, 358, et *passim*.
Jean XXII, pape : I, 93*.
— V, roi de Portugal : I, 248*.
Jean-Baptiste (saint) : I, 80, 255; II, 19, 86, 187, 337.
Jean-Gaston, grand-duc de Toscane : I, 30*, 166, 167, 169-172*, 173-175, 188; II, 86.
Jeanne, reine de Naples : II, 20*.
Jérémie, prph. : II, 71.
Jérôme (saint) : I, 247; II, 84, 109.
Jersey (lord) : I, 250.
Jérusalem, v. : I, 157, 158.
— (roi de) : I, 162. *Voy.* Charles VIII.
— (Temple de) : I, 136.
Jésuates : II, 66.
Jésuites : I, 9, 42, 43, 55, 68, 100, 181, 197-199, 204, 222, 245; II, 48, 51, 66, 70, 102, 166, 169, 170, 186, 223, 339.
— (Couvent des), à Mannheim : II, 169.
— (Couvent et Église des), à Heidelberg : II, 170.
— (Église des), à Cologne : II, 186.
— (Église des), à Naples : II, 6, 9.

INDEX

— (Église des), à Rome, voy. Grand-Jésus...
— (Église des), à Venise : I, 57.
— (général des) : II, 53.
— (Noviciat des), à Rome : II, 35, 37.
— (Séminaire des), à Fulda : II, 170.
— (Villa des) : II, 53.
Jésus-Christ : I, 57, 66, 97, 101, 136, 152, 163, 207, 233, 247, 255; II, 28, 62, 65, 84, 97, 108, 109, 125, 295, 338.
— (vicaire de) : I, 208. Voy. Papes.
Jésus et Marie (Église de), à Bologne : II, 84.
Jetées à la mer : I, 36, 132 ; II, 286.
Joachim, dit *le Prophète* : I, 67*.
Jonas, prph. : I, 256.
Joseph Ier, emp. d'Allemagne : I, 29*, 49, 50, 264; II, 101. — Son fou : II, 207.
Joseph, fils de Jacob : I, 259.
— *(saint)* : I, 259; II, 108.
Jour : II, 346.
Judas : I, 97; II, 221.
Judith : II, 354, 360.
Juge ecclésiastique : I, 197.
Jugement dernier : I, 158, 246; II, 114, 186.
Juifs : I, 29, 136, 159, 163, 181, 184, 211; II, 62, 63, 105, 221, *291*, 295.
Juive : II, 62.
Jules, mon. : I, 273*; II, 103.
— II, pape : II, 356*, 358.
— III, pape : II, 70*.
Julia Aquilia Severia, imp. romaine : II, 325*.
— *Mœsa* : II, 303*, 325, 372.
— *Scantilla*, voy. *Manlia Scantilla*.
— *Severi* ou *Severina* : II, 324.
Julie, fille de Titus : II, 317*.
Julien, voy. Macrin.
— emp. romain : II, 303*.
Juliers (duc de) : II, 181.
— (duché de) : II, 171*, 186. — Ses finances : 171, 191.
Junon : II, 122, 326.
Jupiter : I, 227-229; II, 50, 122, 230, 326.

— Férétrien (Temple de), à Rome : I, 255, 260.
— Olympien (Temple de), à Rome : I, 260.
Justice (la) : II, 356*.
Justiniani, procurateur de Saint-Marc : I, 64, 65, 77.
— (Palais), à Rome : I, 254.
Jutland, pays : II, 225. — Ses bœufs : II, 225, 226.
Jutlandais : II, 205.
Juvara (Ph.), arch. : I, 239*.
Juvénal, poète : I, 275*; II, 73*.

Kahlenberg, m. : I, 37*.
Kalenberg (branche de) : II, 258.
Kaiserswerth, v. : II, 180*.
Kannstadt, v. : II, 158, 159.
Kaub, v. : II, 173.
Kehl, v. : II, 229.
Kinsky (Ét., comte) : I, 6*.
— (Fr.-U., comte) : I, 44*.
— (les) : I, 6.
— (N., comte) : I, 44*.
— (Ph., comte) : I, 6*.
Kircher (A.), jésuite : I, 199*.
Klafter, mes. : II, 261, 264, 269.
Kœnigsberg, v. : II, 253.
Kœnigsegg (L.-J.-D., comte de), h. g. et h. p. : I, 50*.
Kollmann, v. : II, 133, 134.
Kremnitz (mines de) : II, 241.
Kreutzer, mon. : II, 151*, 267.

La Bétide (M. de), d. : I, 167.
La Brède (Château de) : I, 99; II, 16.
La Brunette (Fort de) : I, 120*.
La Canonica, v. : I, 90*, 91.
La Castagna (golfe de) : I, 148.
Lacédémone (chefs de) : II, 224*, 225.
La Chétardie (J. de), th. : II, 42, 43.
La Chiusa, fort : II, 129.
Lac Majeur : I, 102, 128; II, 110.
La Colonna, v. : II, 47.
La Feuillade (L., mar^l de), II, 61*.
Lafitau (J.-F.), jésuite : I, 126*.
La Force (H.-J.-N., duc de) : I, 60*.
Lago-di-Vico, voy. Cimino.
Lagunes : I, 25, 37, 38, 40, 41, 64.
La Havane, v. : I, 72.

La Haye, v.: II, 235.
Laibach, v.: I, 19, 20.
Laineries: II, 64.
Laiton, métal: II, 275.
Lama (abbé B.-A.), s.: II, 99*.
La Male-Grange, lieu: II, 390.
Lamanato, voy. Ammanati.
La Marck (duché de): II, 191, 192.
— Ses finances: II, 191.
La Marine, à Finale: I, 142; II, 297.
Lambert (A.-T., marquise de): II, 154*.
— d'Aschaffenbourg, chroniqueur: II, 100*.
La Mecque, v.: II, 341.
La Meloria, écueil: I, 165.
La Mirandole, v.: II, 123.
— (ducs de): II, 123.
— (Fr.-M., duc de): I, 39*.
La Mirandolois, pays: I, 50, 104; II, 98.
La Motte (A. de), écr.: I, 222*, 223.
Lancre (P. de), écr.: II, 7*.
Landau, v.: II, 167.
Landes de Bordeaux: II, 188, 207.
Landini (Th.), sc.: II, 358*.
Landivisiau (M. de), fin: I, 62*.
Langallerie (Ph., marquis de): II, 211*. — Sa femme: II, 211*.
Languedoc (vin du): I, 141.
Languet (J.-J.), archevêque de Sens: I, 206*.
La Novalesa, v.: I, 128.
Lanterne (Tour de la), à Gênes: I, 132*; II, 285.
Lanti (Mgr F.-M.): II, 85*, 92.
Lanuvium, v.: II, 54*, 59*.
Laocoon (le): I, 93, 241, 258*; II, 308, 328.
La Pierre (G.-B., marquis de), h. g.: I, 111*, 118, 124.
Lapis-lazuli: II, 78.
Lariccia, v.: II, 53*, 54, 58. — Son église: II, 54, 55.
Laronia (prince): I, 67.
La Roque (M. de), ing.: II, 235.
Las Perlas (R., marquis de), h. p.: I, 8*.

La Spezia, v.: I, 147, 148. — Son port: I, 147.
— (golfe de): 147*, 148.
Lassay (A., marquis de): I, 60*.
Latins: II, 374.
Latisana, v.: I, 21*.
Latium, pays: II, 5, 32.
La Tour et Taxis (A.-F., prince de): I, 7*; II, 163, 164. — Sa femme: I, 8.
Latran (Palais de), à Rome: I, 263; II, 8.
La Trémouille (cardinal J.-E. de): II, 42*.
Lautenthal, v.: II, 257, 259, 264, 265, 276.
Lautenthalsglück (mine de): II, 264, 265, 276.
Lavinia (Cita ou Villa), v.: II, 59*.
— Voy. Lavinium.
Lavinium, v.: II, 54*, 55.
Law (J.), fin.: I, 59*-64, 77, 133; II, 78, 288.
— (le petit): I, 190.
Laxembourg (Château de): I, 3*.
Layer (Chr.), avocat: II, 40*.
Lazare, v.: II, 125.
Lazaret: I, 148.
Lazzi: II, 20, 21.
Le Blanc, consul français: I, 47, 70, 71.
Le Bourg, à Finale: I, 142; II, 297.
Lebrun (Ch.), p.: II, 339*.
Lech, r.: II, 148, 150*.
Leck, r.: II, 229.
Léda: II, 314.
Légat (Palais du), à Bologne: II, 86.
Légations: II, 76.
Legnani (Palais), à Bologne: II, 91.
— Son escalier, II, 91, 93.
Le Gros (P.), sc.: I, 234*.
Leinesen (G.), écr.: II, 261.
Leitchen, v.: II, 133.
Lemno, r.: I, 131*.
Lenæus: I, 91.
Lenôtre (A.), jardinier: I, 110*.
Léon X, pape: II, 56*.
Léonard, sc.: I, 206.
Léopold Ier, emp. d'Allemagne: I, 13*, 29.

INDEX

Lercari (cardinal N.-M.): II, 35*. — Sa maison: II, 55.
Lerici (port de): I, 147, 148.
Le Tellier (M.), jésuite: II, 41*, 42.
Lettres édifiantes...: II, 381*.
Levant (le): I, 32, 46, 70, 71, 141; II, 76, 151, 287.
Leyde (J. de): II, 189*.
Liancourt (eaux de): II, 353*.
Liards de Modène: II, 103.
Liberti (Théâtre *de*'), à Rome: I, 221.
Lichtenstein (J.-A., prince de): I, 4*, 7. — Sa maison: I, 4.
— (princes de): I, 4, 5*.
Lidos: I, 38-40, 64.
Lieues, mes.: I, 12 et *passim*. — *Voy.* Allemagne (mesures d'), etc.
Ligorio (P.), arch. et s.: I, 125*, 126*; II, 369*.
Liguriens: I, 144; II, 292.
Lilienroth (M. de), d.: I, 50. — Sa femme: I, 50.
Lille, v.: I, 264*; II, 60, 65*.
Limbourg, *voy.* Lünebourg.
Limousin, pays: I, 19, 131; II, 287.
Linden: I, 8.
Lion: II, 335.
Lipari (îles): II, 25, 26.
Lippe, r.: II, 188.
Lippi, p.: II, 347*.
Liria (J.-F., duc de): I, 39*.
Liris, voy. Garigliano.
L'Isle (G. de), géog.: I, 19*; II, 133.
Lits (Mad⁰ de): II, 195.
Litta (les): I, 100.
Livius Salinator, consul romain: II, 78*.
Livolin, lieu: II, 132.
Livonie, pays: II, 199*, 200.
— (nobles de): II, 200*.
Livourne, v.: I, 46, 70, 141, 155, 163, 166*, 178-180, 184, 185, 191, 273. — Ses fortifications: I, 164-166, 180. — Son port: I, 163-165.
— (Château-Vieux de): I, 165.
— (consul de): I, 275.
— (marchand de): I, 187.
Livournines, mon.: I, 167.
Livre, poids: I, 29 et *passim*.

Livres, mon.: I, 63 et *passim*.
— de Piémont: I, 180.
— de Plaisance: II, 109, 115.
— françaises: I, 95, 96, 189, 204, 243; II, 20, 109.
— lucquoises: I, 150.
— milanaises: I, 95, 96; II, 109.
— sterling: I, 73, 243; II, 193, 236.
Loano (J.-A., comte de): I, 99*.
Lobkowitz (J.-G.-Chr., prince de): I, 8*. — Sa sœur: I, 8.
— (princes de): I, 7*; II, 71.
Lodron (les): II, 147.
Lœwenstein (M.-Ch., prince de), h. p.: I, 100*.
Loge de la place du Grand-Duc, à Florence: II, 360.
— des Cavaliers, à Vérone: II, 120.
Loges (les), à Pise: I, 156.
— du Vatican, à Rome: I, 239, 240, 246, 259; II, 8.
Loi (Ancienne): II, 62.
— (Nouvelle): II, 62.
Loire (levée de la): I, 12.
Lois (les), par Platon: II, 369*.
Lombard (roi), *voy.* Didier...
— (seigneur), *voy.* Pandolphe...
Lombardie, pays: I, 95, 96, 168, 185, 194; II, 133.
— (marquis de), *voy.* Este (A. d').
Londres, v.: I, 252; II, 31.
Longara (la), quartier de Rome: I, 227.
Lorenzetto (M.), sc.: I, 256*.
Lorenzi (bailli de), d.: I, 170, 171.
— (S.), sc.: II, 357*.
Lorette, v.: II, 69, 70, 72. — *Voy.* Notre-Dame-de-Lorette...
Lorraine (Ch. de), évêque d'Osnabrück: II, 177*.
— (Charles IV, duc de): I, 44*, 45.
— (duché de): I, 14, 22*; II, 389.
— (ducs de): II, 390.
— (Fr., prince de): I, 4*, 5.
Loth: I, 259; II, 108. — Sa femme: I, 259. — Ses filles: I, 259; II, 108.
Louis XIII, roi de France: II, 71.
— XIV, roi de France: I, 30, 56, 112, 115, 197, 217, 264, 265,

270, 271; II, 41, 42, 45, 55, 59, 60, 71, 75, 99, 182, 211, 223, 229.
— XV, roi de France : I, 196; II, 389*.
Louisbourg, v. : II, 158, 159, 161, 162. — Son église : II, 161.
— (Château de) : II, 159, 160*, 161.
Louvois (F.-M., marquis de), min. : I, 74*, 115.
Louvre (le), à Paris : I, 155.
Loyola (J. de), jésuite : I, 42*, 55*.
— *Voy.* Saint-Ignace (chapelle de).
Lubomirski (prince) : II, 387. — Son écuyer : II, 387.
Luc (saint), p. : II, 91*. — Son évangile : II, 209.
Lucas de Hollande, p. : I, 94*.
Lucchesi (marquis) : II, 103, 104.
Lucien, de Samosate, écr. : II, 329*.
Lucilla, imp. romaine : II, 320*.
Lucini (marquise) : I, 98.
Lucius Verus, emp. rom. : II, 320*.
Lucques, v. : I, 131, 148-152, 179.
— Son arsenal : I, 151. — Son commerce : I, 149. — Ses églises : I, 151-153. — *Voy.* Lucquois.
— (archevêché de) : I, 151*.
— (archevêque de) : I, 151*.
— (gonfalonier de) : I, 151, 152.
— (nobles de) : I, 149, 150, 152.
— (podestat de) : I, 152.
— (République de) : I, 149-153, 178. — Ses conseils, I, 151, 152. — Son envoyé : I, 9. — Ses finances : I, 150. — Son gouvernement : I, 150-152. — Ses troupes, etc. : I, 150, 151.
Lucquois : I, 150, 152, 178, 179, 181; II, 103.
Lucrèce, poète : II, 47.
Lucrin (lac) : II, 16.
Lulli (J.-B.), musicien : I, 220*.
Lune (la) : II, 317.
Lünebourg (duc de) : II, 193*.
— (duché de) : II, 207.
Luneville, v. : II, 389, 390.
Lustheim, château : II, 146*.
Luther (M.), th. : II, 189*, 209*, 224.

Luthériens : II, 149, 157, 166, 170, 172, 183, 190, 203.
Luti (B.), p. : I, 158*.
Lutteurs (les) : II, 308, 315, 333, 334.
Luxembourg (F.-H., maréchal de) : I, 67*.
— (Palais du), à Paris : I, 274.
Lyon, v. : I, 129, 218; II, 64.
Lysippe, sc. : II, 307*.

Mabillon (J.), bénédictin : I, 94*, 125*; II, *369*.
Macchietti (J.), p. : II, 347*.
Macerata, v. : II, 69.
Machines : I, 34-37, 51, 52; II, 87, 88, 253-256, 261-263.
Macrin, emp. romain : II, 301*, 302*, 325.
Madame (Vigne), à Rome : II, 36.
Madame-Royale (Palais de), à Turin : I, 109*, 122.
Madeleine (sainte) : I, 152, 153, 207; II, 97, 109.
Maderno (Ch.), arch. : I, 248*.
Madona del Sacco : II, 345.
Madona di Maschii : I, 66.
Madona di San-Luca (Église de la) : II, 90.
Madone, *voy.* Vierge (sainte).
Madrid, v. : II, 65.
Maestrich, v. : I, 271.
Mafféi (A., comte de), vice-roi de Sicile : I, 117*, 118.
— (F.-S., marquis de), s. : I, 88*; II, 99, 126.
— (les) : I, 118.
Magdebourg, v. : II, 193, 198.
Mages (les Rois) : I, 259; II, 185.
Magistrat : II, 321.
Magistrats (Palais des), à Rimini : II, 79.
Magnani (Palais), à Bologne : II, 84.
Maillebois (J.-B.-F., marquis de), h. g. et d. : II, 147*.
Maine (L.-A., duc du) : II, 42*.
Maintenon (F., marquise de) : II, 42*.
Majesté : I, 91.
Majorque (île) : I, 157.

Maladies : II, 41, 102, 104, 148, 153-156. — Voy. Mal'aria.
Malamocco, v. : I, 38-41.
Mal'aria : I, 25, 48, 49, 196, 237, 238, 276; II, 15, 31, 35-37, 47, 58, 59, 68, 69, 249-251, 277-279.
Malatestes (les) : II, 79*, 80.
Malplaquet (bataille de) : II, 144*.
Malte (soude de) : I, 33.
Malvasia (C.-C., marquis de), écr. : II, 85*.
Mammée (J.) : II, 303*, 325, 372.
Manches : I, 175*; II, 114.
Mancini (connétable M.) : II, 37*.
Manfredi (E.), s. : II, 83*, 89, 99.
Manlia Scantilla, imp. romaine : II, 302*, 324*, 372.
Mannheim, v. : II, 162, 164, 166, 167*-169, 171-173. — Son couvent : II, 169.
— (Château de) : II, 168, 169.
— (habitants de) : II, 168.
Mansart (F.), arch. : II, 74*. — *Voy.* Hardouin-Mansart.
Mansfeld (mines de) : II, 260.
Mantegna (A.), p. : I, 80*.
Mantouan, pays : I, 50, 178, 179; II, 11, 119, 123, 124.
Mantouans : II, 119, 120, 124.
Mantoue, v. : I, 97, 125; II, 115, 117-121, 139, 369. — Sa cathédrale : II, 122. — Ses forts : II, 118, 119, 121. — Ses lacs : II, 117, 118, 120-122, 132. — Ses moulins : II, 118.
— (duché de), voy. Mantouan.
— (ducs de) : I, 64, 115 : II, 115, 119, 122. — Leur palais, voy. Té (Palais du). — *Voy.* Ferdinand-Charles..., Frédéric II...
— (gouverneurs de) : II, 123, 124.
Manufactures : I, 32, 33, 46, 180; II, 63, 64. — *Voy.* Industrie.
Manuscrits en écorce : I, 94*.
Marais-Pontins : I, 276; II, 30.
Maratta (Ch.), p. : I, 230*; II, 55, 71. — Sa maison : II, 55.
Marbres (collection de) : I, 66, 206.
Marc (saint) : I, 66. — Son évangile : I, 66.

Marc-Agrippa, h. g. et h. p. : II, 309*, 310, 314.
Marc-Antoine, gr. : I, 176*.
Marc-Aurèle, emp. romain : I, 255*, 261, 262 ; II, 315, 321*, 336.
Marcellini, sc. : I, 177.
Marcello (A.), poète : I, 64, 77.
Marchani (comtesse) : II, 103.
Marchi (F.), ing. : II, 87*.
Marcienne : II, 73*.
Marecchia, fl. : II, 81.
Margos, lieu : I, 128.
Marguerite (sainte) : II, 92.
Mari (marquis) : I, 144, 145; II, 290, 291.
Mariana (Villa), voy. Marino.
Mariani (J.), édile : I, 162*.
Marino, v. : I, 275; II, 52, 58. — Sa cathédrale, II, 52.
Marius (Maison de C.) : II, 39*.
Marlboroug (J., duc de), h. g. et h. p. : I, 67*.
Marly, château : II, 111, 211.
Maroc, pays : I, 187.
Marolles (abbé M. de), écr. : II, 7*.
Mars : II, 318.
Mars (Temple de), à Florence : II, 343.
Marseille, v. : I, 47, 273 ; II, 89.
Marsigli (L.-F., comte de), h. g. et s. : II, 89*, 90, 260.
Marsin (J.-G.-F., maréchal de) : I, 109*.
Marsyas : I, 152, 217 ; II, 323.
Martial, poète : I, 211*; II, 7. — Ses *Épigrammes* : II, 7*.
Martini (chanoine) : I, 190.
Martinitz (comte de) : I, 7.
Masaccio (T.), p. : II, 348*.
Masolino, p. : II, 347*, 348.
Masques : I, 33.
Massa, v. : I, 131, 149.
— (duc de), voy. Alderamo...
— (duché de) : I, 148, 150, 179.
Masséi (cardinal B.) : I, 30*.
Massicus ou Massique, m. : II, 5. — Son vin : II, 5.
Mater Deorum : II, 336.
Mathieu (saint) : II, 84.
Matidia : II, 318.

Mattéi (Villa), à Rome : I, 217.
Maximin, emp. romain : II, 301*.
Maximinus (J.-V.) : emp. romain : II, 301*, 302.
Mayence, v. : II, 166, 170, 173, 174, 181, 214, 229.
— (électeur de) : II, 173, 180, 181, 200. — V. Bavière-Neubourg (Fr.-L. de).
Mazaniello : II, 21*.
Mazarin (cardinal J.) : II, 210. — Sa bibliothèque : II, 209*.
Mazin (comtesse de) : I, 108.
Mazzola (les), p. : II, 112*.
Meaux (évêque de), voy. Bossuet (J.-B.).
Mecklembourg, pays : II, 193.
— (Ch.-L., duc de) : II, 203*.
— (princes de) : I, 128, 250; II, 193.
Médailles (contrefaçon de) : I, 261*, 262.
Médecins : I, 15; II, 16, 155, 156, *380.*
Médicis (cardinal L. de) : II, 339*.
— (Catherine de), reine de France : II, 337*.
— (Cosme de) : I, 174*, 175.
— (F. de) : I, 177*, 189; II, 308, 356, 358, 361.
— (J. de) : II, 346*.
— (Laurent de) : II, 346*.
— (les) : I, 30, 171, 173, 175-177, 185; II, 341, 356.
— (Lorenzino de) : I, 173*.
— (maison des), voy. Médicis (les).
— (M.-A.-L. de) : I, 169*.
— (Villa), à Rome : I, 207.
Médina-Celi (L.-F., duc de) : I, 217*.
Médina-Sidonia (J.-C.-A., duc de) : I, 69*.
Méditerranée (mer) : I, 73, 132-134, 144, 145, 148, 163-166, 168, 242, 243, 276; II, 9, 10, 13, 14, 25, 28, 31, 53, 62, 68, 222, 285, 286, 292, 294, 296, 297. — Ses poissons : II, 62.
Médoc (curé du) : II, 66.
Méduse : I, 205; II, 316.
Mégrigni, ing. : II, 60.
Mein, r. : II, 164, 173.

Melani (F. et J.), p. : I, 162*, 163.
Melchisédec : I, 259.
Melfi (abbé et prince de) : I, 102*.
Mellarède (P., comte de) : I, 124*.
Memmingen, v. : II, 166.
Memo (M.) : I, 77.
— (Made C.) : I, 64, 77. — Son oncle, voy. Mocenigo (L.).
Mendiants (Église des), à Bologne : II, 84.
Meppen, v. : II, 180.
Mercure : I, 55; II, 50, 117, 316.
Mercure (Temple de), à Pouzzolles : II, 15.
Mer Morte (la) : II, 14.
Mérope, par Mafféi : II, 99.
Messaline, imp. romaine : I, 41.
Messie : II, 62. Voy. Jésus-Christ.
Messine, v. : I, 27.
Mestre, v. : I, 21*.
Métaure, fl. : II, 77*.
Metternich (comtesse de) : II, 182.
— (E., comte de) : II, 210*.
— (F.-A. de), évêque de Münster : II, 183*.
Metz, v. : II, 389.
Meurthe, r. : II, 390.
Meuse, fl. : II, 229.
Michel (fête de saint) : II, 267.
Michel (saint) : II, 84, 112, 125, 312.
Michel-Ange, p. et sc. : I, 169*, 185, 199, 206, 234, 235, 237, 241, 246, 255; II, 6, 8, 32, 33, 35, 114, 317, 321, 327, 332, 333, 337, 340, 343, 344, 346, 347, 351, 353, 354, 356, 358-360, 362, 368, 374.
Midi : II, 222, 229.
Miéris (F.), p. : II, 340*.
Mignard (P.), p. : II, 339*.
Milan, v. : I, 91, 92, 96, 97, 99-102, 104, 128, 171, 181, 264; II, 98, 99, 109, 110. — Son château : I, 99. — Ses églises : I, 97, 100, 101. — Son hôpital : I, 102.
— (État de), voy. Milanais.
— (gouverneurs de) : I, 99, 100, 101, 243. — Leurs femmes : I, 101.
— Voy. Colloredo, Daun (W.-Ph.-L. de), Lœwenstein.

— (seigneurs de) : I, 96, 97, 101.
— (Sénat de) : I, 100.
Milanais : I, 101 ; II, 110.
Milanais, pays : I, 29, 90, 92, 95-97, 102, 103, 116, 127, 134, 142, 143, 178, 179, 181, 243; II, 11, 100, 290, 297, 298. — Ses viandes : I, 103.
— (cardinaux du) : II, 43.
Milles, mes. : I, 20 et *passim*. — *Voy.* Allemagne (mesures d').
Millet, *voy.* Espagne...
Milloque, plante : I, 19, 87*.
Milon de Crotone : I, 263*.
Mincio, r. : II, 120, 121.
Minerve : I, 54, 254; II, 327.
— (Temple de), à Rome : I, 254.
Mines : I, 55 ; II, 211, 213-215, 241-282.
Mines (Mémoires sur les) : II, 239, 241, 245, 249, 253, 257.
— *(Notes sur les)* : II, 257, 260-269, 271, 274, 276, 279, 280-282.
— *(Relation des)*, par G. Leinesen : II, 261.
Mineurs : II, 246, 247, 251, 252, 266-270, 280.
Minimes français (Couvent des), à Rome : I, 207.
Minorque (île) : I, 95.
Minturnes, v. : II, 4, 5.
Minturniens : II, 5.
Mir-Oweïs, chef afghan : I, 55*.
Misène, v. : II, 14, 18.
— (cap de) : II, 14, 28.
Miserere (le) : I, 275.
Mississipi, pays : I, 59*, 60.
— (Compagnie du) : I, 59, 60, 62, 63.
Misson (M.), écr. : II, 335*.
Mittewald, v. : II, 133*.
Mittenwald, v. : II, 135, 136.
Mocenigo (L.), doge de Venise : I, 64*, 77.
Modène, v. : I, 97; II, 95-106, 120. — Son collège : II, 102. — Ses églises : II, 97. — Ses fontaines : II, 102.
— (ducs de) : I, 49; II, 97. — Leurs écuries : II, 101, 102. — Leur galerie : II, 97, 112. — Leur imprimerie : II, 100. — Leur palais : II, 96, 101, 104. — *Voy.* Renaud.
— (États de), *voy.* Modénois.
— (F.-M., prince de) : I, 137, 138, 184; II, 101, 106, 293.
— (H.-M. de), duchesse de Parme : II, 101*.
— (M.-B. de), reine d'Angleterre : II, 99*.
— (monnaie de) : II, 103.
— (nobles de) : II, 102, 103, 104.
— (princesse de), *voy.* Orléans (Ch.-A. d').
Modénois : II, 101, 106, 107.
— (pays) : I, 50, 150, 178, 179; II, 96, 100, 101, 107, 119.
Modernes (les) : I, 176; II, 308-311.
Moines : I, 153, 154, 167, 177, 200, 203, 218, 243, 253, 254; II, 85, 93, 165. — Leur paradis : I, 154.
Moïse : II, 356.
Môle-de-Gaète, v. : II, 4, 27-29.
Môle-Neuf, à Gênes : I, 132, 133; II, 285, 286.
Môle-Vieux, à Gênes : I, 132, 133; II, 285, 286.
Molinari (marquis et marquise de) : I, 100.
Molinistes : I, 197*; II, 48.
Molirte (?), v. : II, 136*.
— (lac de) : II, 136. *Voy.* Walchensée.
Molza (comtes) : II, 104.
Monasterium-ad-Montes, *voy.* Admont.
Monde (fin du) : II, 62.
Mondragon (duc de) : I, 49.
Monime : II, 317*.
Monnayage : I, 60, 62, 96, 210; II, 266.
Montacuti, sc. : II, 315.
Montalte (Villa), à Frascati : II, 39.
Mont-Barbaro : II, 16.
Mont-Capitolin : I, 260.
Mont-Cassin (Congrégation du) : I, 79.
Mont-Cenis : I, 128, 129.

Mont-de-Piété : I, 86*, 143 ; II, 288.
— *Voy.* Saint-Georges (Banque de).
— (Maison du), à Vicence : I, 86.
Montdragon, m. : II, 5.
Monte-Cavallo (place de), à Rome : I, 254.
Monte-Conti, v. : II, 47.
Montecuculli (les) : II, 83, 102, 103.
Montefiascone, v. : I, 193.
Monteléon (I., marquis de), d. : I, 72*, 73.
Montemagno (marquis de), min. : I, 170.
Monte-Nuovo : II, 16*, 25.
Monte-Porzio : II, 39*, 46, 47, 58.
Montesquieu (abbé J. de) : I, 110*.
— (valet de) : I, 219 ; II, 148, 155.
Montfaucon (B. de), bénédictin : I, 126* ; II, 317.
Montferrat, pays : I, 115, 116, 129, 180.
Mont-Garrus, *voy.* Montdragon.
Mont-Gauro : II, 16.
Monti (A.-F., marquis de) : II, 45*.
— (J.), s. : II, 90*, 99*.
— (Mgr) : II, 84.
Monticello, à Bologne : II, 82.
Montignoso, v. : I, 150.
Mont-Palatin : I, 211, 246, 260.
Monts, *voy.* Rentes.
— (quartier des), à Rome : I, 247, 262.
Moravie, pays : I, 30.
Morawiski : II, 142. — Ses filles : II, 142.
Morbidezza : I, 191.
Morée, pays : I, 22, 23, 38, 53, 57, 76.
Moréri (*Dictionnaire* de) : I, 126*.
Morlaques : I, 13.
Morlaquie, pays : I, 13*.
Morosini (F.), doge de Venise : I, 54*.
Morozzo (comte et marquis de) : I, 125*.
Morphée : I, 267 ; II, 329, 334.
Mosaïques : I, 66, 233, 234 ; II, 250.
Moscovie, pays : I, 6. — Son envoyé : I, 9.
Moselle, r. : II, 165, 174.

Mour, *voy.* Mur.
Moutons : I, 29*.
Mucien ou Muziano (J.), p : II, 53*.
Mugello, pays : I, 175.
Münchhausen (G.-A., baron de), h. p. : II, 192*. — Sa femme : II, 192.
Münich, v. : II, 67, 132, 136, 137, 140, 141, 144, 148, 153, 155.
Münster, v. : II, 179, 183, 187-189.
— Sa citadelle : II, 179. — Ses églises : II, 188, 189.
— (chanoines de) : II, 188-190.
— (évêché de) : II, 176, 177, 182, 189. — Ses États : II, 183. — Ses finances : II, 177, 183. — Ses postes : II, 192. — Ses troupes, etc. : II, 178, 179, 182, 183.
— (évêques de) : II, 181, 183, 189, 192. — *Voy.* Bavière (Cl.-Aug. de), Galen (B. de), Metternich (F.-A. de), Plettenberg (F.-C.).
— (grand-prévôt de l'église de), *voy.* Tuicner.
Mur, r. : I, 12.
Murano, v. : I, 46, 56.
Muratori (L.-A.), s. : I, 93* ; II, 98*-100, 104.
Mürz, r. : I, 12.
Muses : II, 321, 322.

Nadal (abbé A.), écr. : II, 306*.
Naldini (J.-B.), p. : II, 347*, 348.
Nangis (L.-A., marquis de) : I, 60*.
Nanteuil (R.), p. et gr. : II, 339*.
Naples, v. : I, 29, 49, 65, 114, 197, 219, 264, 275 ; II, 6-14, 16-24, 27-30, 32, 58, 64, 68, 83, 99, 294, 340. — Ses églises : II, 6, 7, 9, 11. — Ses forts : II, 10. — Ses magistrats : II, 22.
— (académies de) : II, 12. — *Voy. Studi (gli).*
— (archevêque de) : II, 22.
— (cardinaux du royaume de) : II, 43.
— (Clergé de) : II, 23.
— (golfe de) : II, 13, 14.
Naples (Histoire civile de), par Giannone : II, 23*.

Naples (peuple de), voy. *Lazzi*, Napolitains.
— (royaume de) : I, 27, 28, 48, 49, 95, 103, 114, 134, 142, 143, 178, 179, 200, 210; II, 3, 6, 11, 20-22, 28, 68, 290, 298. — Ses juridictions : II, 12, 21.
— (vice-rois de) : II, 28. — Leur palais : II, 11. — V. Borromée (Ch.), Gallas (J.-W. de), Harrach (A.-T.-R. de).
Napoli-de-Malvasia, v. : I, 22*, 76.
Napoli-de-Romagna, v. : I, 22*.
Napolitains : I, 210; II, 9, 10, 13, 19, 22, 23, 75.
Narbonne, v. : I, 201.
Narcisse : II, 324.
Narni, v. : II, 68, 69.
Narsès, h. g. : II, 78*.
Nassau (prince de), archevêque de Trébizonde : II, 184.
— (princesse de) : II, 184.
Nassau-Dietz (G.-Ch.-H.), stathouder de Gueldre : II, 235*, 236.
Nativité : I, 162.
Neckar, r. : II, 156*, 158, 159, 166, 167, 169.
Nefftzer (M. de) : II, 242.
Nègres : I, 32, 46.
Nemi, v. : II, 54.
— (lac de) : II, 54.
Nemours (M.-J.-B. de), duchesse de Savoye : I, 109*, 110.
Népomucène (saint J.) : I, 250*.
Neptune : I, 133, 227; II, 50, 294, 357, 359.
Néra, r. : II, 69.
Néron, emp. romain : I, 212; II, 14, 306, 316, 336. — Ses bains : I, 207*. — Son palais : I, 211, 212, 246.
Nerva, emp. romain : II, 318*.
Nerwinde, v. : I, 67*.
Nesle (M. de) : II, 184.
Neubourg (duché de) : II, 171. — Ses finances : II, 171.
Neuhaus (les) : II, 147.
Neu-Sohl, v. : I, 69; II, 241, 243.
— (eau de) : I, 69*; II, 241-243.
— (mines de) : II, 241, 272.

Neuwied (comtes de) : II, 175*. — Leur château, voy. *Ara-Diaboli*.
Newton (M. de), d. : II, 339.
Niccolini (abbé A.) : I, 176*; II, 66, 67, 82.
— (chapelle), à Florence : II, 362.
— (les) : I, 186.
— (marquis) : I, 175.
Nice (Sénat de) : I, 119.
Nissa, v. : II, 31.
Noailles (A.-M., duc de), p. g. et h. p. : I, 59*.
— (L.-A. de), archevêque de Paris : I, 197*, 206, 245; II, 42, 47-49.
Noirmoutiers (A.-F., duc de) : II, 92*.
Noli, v. : I, 142.
Noli me tangere : I, 152.
Non (J.-M., comte de), h. g. : I, 124.
Nonces du Pape : I, 33, 265; II, 184, 224. — Voy. Cavalieri, Passionéi.
Nord (le) : II, 215, 222, 229.
— (peuples du) : II, 215, 303.
Notapht (baron de), h. g. : II, 182.
— Sa femme : II, 181, 182.
Notre-Dame-de-la-Garde (Fort de), à Marseille : II, 295.
Notre-Dame-de-Lorette (Église de), à Lorette : I, 153; II, 70-72.
— (Église de), à Rome : I, 269.
Notre-Dame-de-Saint-Luc (Église de), à Bologne : II, 90.
Notre-Dame-du-Peuple (Église de), à Rome : I, 256.
Notre-Dame-les-Marchands-de-Vin (inscription de) : II, 165.
Nouveau-Mexique, pays : I, 60.
Nouveau Monde : I, 251.
Nouveau-Testament (le) : I, 158, 259; II, 187.
Novare, v. : I, 106.
Novellara (P.-A., duc de) : II, 98*.
— Sa succession : II, 98.
Novi, v. : I, 129, 131.
Nuit : II, 97, 346.
Nuñès (Maison du marquis) : II, 55.

Nuremberg, v. : II, 156, 158.
— (échevin ou patrice de) : I, 7.
Nymphenbourg, château : II, 140, 141, 146.

Ober-Laibach, v. : I, 20*.
Occident (l') : II, 71.
Océan : I, 242 ; II, 62. — Ses poissons : II, 62.
Odescalchi (les) : II, 39.
Oglio, r. : II, 120.
Olgiati (A.), s. : I, 92*.
Olivétans : I, 218.
— (Église des), à Vérone : II, 125.
Olivieri (cardinal F.) : II, 43*, 44.
— (Mad⁰) : I, 171.
Once, poids : I, 69 et *passim*.
Oneille (bâtiments d') : I, 144* ; II, 290.
Opéras : I, 24, 186, 190, 219 ; II, 113.
Or (valeur de l') : I, 63.
Orfèvrerie : II, 150, 151.
Orient (l') : II, 349, 371, 373.
— (reines d') : II, 317.
— (rois d') : II, 317, 326.
Orlandin (Tour d'), près Gaëte : II, 27.
Orlandino (Palais du comte), à Vérone : II, 124.
Orléans (A.-M. d'), duchesse de Savoye : I, 109*.
— (Ch.-A. d'), princesse de Modène : I, 135*, 137, 138, 185 ; II, 96, 101, 104, 106, 292, 293.
— (L., duc d') : II, 337*.
— (Ph., duc d'), régent de France : I, 59*, 61-63, 116, 216, 217, 243 ; II, 39, 42, 65, 100.
Orméa (Ch.-F.-V., marquis d'), min. : I, 107*, 124.
Orphée : I, 185 ; II, 335.
Orsi (J.-J., marquis d') : II, 99*.
Orsini (cardinal), *voy*. Benoît XIII.
— (les) : I, 208. — *Voy*. Ursins (Mad⁰ des).
Orsova, v. : II, 30, 138, 139.
Orte, v. : II, 69.
Osnabrück, v. : II, 183, 190, 219.
— (chanoines d') : II, 190.

— (évêché d') : II, 177, 190. — Ses États : II, 177. — Ses finances : II, 177.
— (évêques d') : II, 177, 183, 190*. — *Voy*. Bavière (Cl.-Aug. de), Brunswick-Lünebourg (E.-A. de), Lorraine (Ch. de)...
— (habitants de) : II, 190.
Ossolinski (duc d') : II, 389, 390.
Ostende (Compagnie d') : II, 222*.
Ost-Frise, pays : II, 205.
Ostie, v. : I, 238 ; II, 58.
Othon IV, emp. d'Allemagne : II, 250*, 259.
— emp. romain : II, 317*.
Otricoli, v. : II, 68, 69.
Ottoboni (cardinal P.) : I, 71*, 253 ; II, 44, 48, 49.
Over-Yssel, pays : II, 219, 220.

Paar (comte de) : I, 8*.
Pace (Théâtre de la), à Rome : I, 221.
Pacheco (comte) : I, 8*. — Son père, *voy*. Uceda.
Paderborn (évêché de) : II, 177. — Ses finances : II, 177. — Ses troupes : II, 179.
— (évêque de), *voy*. Bavière (Cl.-Aug. de).
Padouan, pays : I, 80, 83.
— (A. le), p. : I, 82*.
Padouans (nobles) : I, 83.
Padoue, v. : I, 55, 78-81, 83, 84. — Son commerce : I, 81. — Ses églises : I, 79-81, 83. — Son jardin des simples : I, 80, 81. — Son université : I, 78.
Paganisme : II, 334.
Pagni (B.), p. : II, 348*.
Pains azymes : I, 184.
Paix (Église de la), à Rome : I, 258 ; II, 35.
— (Temple de la), à Rome : I, 211, 260 ; II, 35.
Palais (le) : II, 12.
— (le Vieux-), à Vicence : I, 86.
Palais-Vieux, à Florence : II, 301, 353, 354, 361, 362.
Palatinat, pays : II, 163, 165, 169.

172, 192. — Ses finances : 169, 171.
Palatine (Cour) : II, 67.
Palatins (électeurs) : II, 191.— *Voy.* Bavière-Neubourg (Ch.-Ph. de, J.-G. de), Frédéric, roi de Bohême.
— d'Allemagne : I, 14*.
Palazzolo, v. : I, 90.
Palerme, v. : I, 49.
Palestine, pays : I, 158.
Palestrine, v. : I, 234, 236 ; II, 47, 57. — Sa mosaïque : II, 57*.
Palladio (A.), arch. : I, 41*, 55-57, 86.
Palladium : II, 311*.
Pallas, *voy.* Minerve.
Palma, v. : I, 20, 21.
— (J.), p. : I, 81*, 84, 94.
Pamphile (Maison du cardinal) : II, 55.
— (Maison du prince) : II, 38, 39.
Pan : II, *319*, 321, 342.
Panama, v. : I, 60.
Panaro, r. : II, 96*.
Pandolphe, seigneur lombard : II, 56.
Pans, mes. : I, 132 ; II, 286.
Panthéon (le), à Rome : I, 258, 272 ; II, 15.
Paolini (P.), p. : I, 152*, 153.
Paolucci (cardinal F.) : I, 213*; II, 45. — Sa maison : II, 55.
Papalins : I, 51, 197, 226, 276 ; II, 92.
Papauté : II, 65.
Pape (États du) : I, 22, 175, 178, 179, 193, 197, 200, 204, 205, 208-210, 214, 215, 218, 237, 238, 246, 251 ; II, 3, 31, 56, 66, 68, 74, 77. — Leur commerce : I, 209, 210. — Leurs finances : I, 210, 211, 214, 215, 218 ; II, 56. — Leurs troupes : I, 172, 219 ; II, 52.
Papes : I, 66, 93, 108, 200, 203, 205, 208, 210, 213-216, 227, 235, 240, 244, 246, 250, 262, 263, 270, 276 ; II, 8, 9, 12, 37, 66, 71, 76, 82, 92, 103, 108, 111, 224, 290, 341. — Leur maison : I, 224. *Voy.* Authiéri.— Leurs palais : II, 52, 380. *Voy.* Latran, Saint-Ange (Château-), Vatican. — Leurs tiares : I, 250. — Leurs nonces, *voy.* Nonces du Pape. — *Voy.* Alexandre VI, Benoît XIII, Grégoire (saint), Jules II et III, Léon X, Paul V, Pie II et IV, Sixte V.
Papyrus : I, 81*.
Paradis (le) : I, 158, 163 ; II, 343. — *Voy.* Moines.
Paris : II, 327.
Paris, v. : I, 155, 176, 224, 236, 250, 263 ; II, 31, 140, 148, 175, 184, 369.
— (bourgeois de) : II, 74.
— (pierre de) : I, 269.
Parme, v. : I, 97, 226, 271 ; II, 106-112, 115, 120. — Ses églises : II, 108, 112. — Son théâtre : II, 113, 114.
— (Clergé de) : II, 108, 111.
— (duchesse de), *voy.* Modène (H.-M. de).
— (ducs de) : I, 103 ; II, 107, 109, 110, 113, 114. — Leur agent : I, 225. — Leur galerie : II, 112-114. — Leurs palais, etc. : II, 110-114.— *Voy.* Antoine..., François...
— (Él. de), reine d'Espagne : I, 271*.
— (États de) : I, 178, 179 ; II, 106-108, 119. — Leur clergé : II, 108, 111. — Leurs finances : II, 115. — Leurs habitants : II, 106, 107, 109.
— (nobles de) : II, 111.
Parmesan, *voy.* Parme (États de), Parmigianino.
Parmesans : II, 106, 107, 109.
Parmigianino (F.), p. : I, 189*, 227 ; II, 91, 92, 97, 108, 112*, 114, 338.
Parodi (J.-Ph.), sc. : I, 80*.
Paros (marbre de) : I, 202.
Pascarigo : I, 64.
Pascigalia (golfe de) : I, 148.
Passage muet (le) : II, 236.

Passarowitz (traité de) : I, 22*.
Passau (évêque de) : I, 15.
Passignano (D.), p. : II, 347*.
Passion : I, 201, 263 ; II, 342.
Passionéi (nonce D.) : I, 183*.
Pastor fido, par Guarini : II, 36*.
Patrizzi (marquise) : II, 66.
Pau..., *voy.* Pao...
Paul V, pape : 248*.
Paul (saint) : I, 97, 136, 152.
Paules, mon. : II, 64, 109.
Pausilippe, m. : II, 18.
Payens : I, 186 ; II, 372.
Paysan qui écoute (le) : II, 308, 333.
Pays-Autrichiens : I, 28, 30, 180.
— (grand-maître des postes des) : I, 8. *Voy.* Paar.
Pays-Bas : I, 20, 68 ; II, 11, 31,
— (gouverneur des) : II, 146. *Voy.* Bavière (M.-Em. de).
— (grand-maître des postes des) : I, 7, 8 ; II. 164. *Voy.* La Tour et Taxis.
Pays-Héréditaires : I, 7, 251.
Péages : I, 10 ; II, 191.
Pecci (cavalier) : II, 82.
Pêches : I, 226, 227 ; II, 16, 62.
Pecquet, d. : II, 210*.
Peinture : I, 56 et *passim*.
Pellegrini (P.), p. : I, 100*, 106 ; II, 84.
Péloponésiaque (le) : I, 54*. *Voy.* Morosini.
Pembroke (T., comte de) : II, *369**.
Penterriedter (J.-Chr.), d. : I, 29*.
Péotes, navires : I, 39, 139.
Pepoli (Palais), à Bologne : I, 91.
Péquet, *voy.* Pecquet.
Pereyra (cardinal J.) : II, 45*, 46.
Persée : II, 360.
Perses : II, 349, *369*, 371.
Pertinax, emp. romain : II, 323*.
Pérugin (P. le), p. : I, 206* ; II, 94.
Pesaro, v. : II, 77-79.
Pescennius Niger, emp. romain : II, 301*.
Peschiera, v. : I, 90 ; II, 120, 121.
Petachio, navires. : I, 273.
Peterborough (Ch., comte de) : I, 243*.

Peterwardein (bataille de) : I, 45*.
Pétrarque, poète : II, 104.
Pettekum (baron de), d. : II, 203*.
Peuple (Porte du), à Rome : II, 32.
Peuples (caractères des) : I, 29, 72, 89 ; II, 79, 103, 131.
Pezino (pointe de) : I, 148.
Pfalz, fort : II, 174*.
Pfalzgraves : II, 174*.
Phaéton (Chute de) : II, 117.
Pharisien : II, 97.
Philippe IV, roi d'Espagne : I, 130.
— V, roi d'Espagne : I, 69*, 118*, 142*, 217*, 242-244 ; II, 19*, 21, 297.
— (don), *voy.* Juvara.
— (L.), emp. romain : II, 326*.
Philippe le Jeune, emp. romain : II, 302*.
Philippes, mon. : II, 109, 119, 126.
Philippins (Église des Pères), à Fano : II, 77.
Philippsbourg, v. : II, 166*, 229.
Philistins : II, 86.
Philosophe : II, 325.
Phrygie (roi de) : II, 324.
Piastres, mon. : I, 60, 72, 143, 150, 169 ; II, 298.
Piasts (les) : II, 62.
Piazza (cardinal J.) : I, 213* ; II, 44, 45.
Pico (cardinal L.) : II, 98*.
Pie II, pape : II, 77*.
— IV, pape : II, 356*.
Pieds, mes. : I, 38 et *passim*.
Piémont, pays : I, 69, 97, 127, 128, 178, 179 ; II, 288. — Ses abbayes, I, 107. — Son commerce : I, 128. — Ses évêchés : I, 107, 113.
— (Ch.-Em., prince de) : I, 110*, 111, 118, 122, 144.
— (princesse de), *voy.* Hesse-Rheinfels (P.-Chr. de).
Piémontais : I, 112, 118, 122, 123, 133 ; II, 104.
Piemontino, sc. : I, 177.
— le fils, sc. : II, 308*, 353, 359.
Pierre Ier, czar de Russie : II, 200*, 205, 388.

— II, roi de Chypre : II, 79*.
— (Patrimoine de saint) : II, 68.
Pierre (saint) : I, 152, 233; II, 84, 347.
Pierre calaminaire : II, 275.
Pierre d'Alcantara (saint) : I, 136.
Pierre de Bologne, de Rome, voy. Bologne..., Rome...
Pignerol (Château de) : I, 115, 120, 271.
Pignetto Sacchetti, château : II, 35.
Pignoni (S.), p. : II, 340*.
Pignoria (L.), s. : I, 125*.
Piles (R. de), p. et écr. : I, 84*; II, *305, 310*.
Pinques, navires : I, 141.
Piola (D.), p. : I, 136*.
Piombo (S. del), p. : I, 152*.
Piosasques (les) : II, 147.
Piperno, v. : I, 275, 276; II, 30.
Pisani (A.), d. : I, 31*, 78.
Pisano (A.), arch. et sc. : II, 343*; 351.
Pisans : I, 155, 157, 159, 160, 178.
Pise, v. : I, 113, 153, 155, 156, 159, 160, 162, 163, 166, 178, 185. — Son aqueduc : I, 160. — Ses églises : I, 157, 158, 160-163. — Sa forteresse : II, 159. — Ses ponts : I, 156, 159. — Ses prisons : I, 155, 156. — Sa tour : I, 157, 161.
— (écoliers de) : I, 159.
— (République de) : I, 155, 162.
— (Terres de) : II, 153.
Pistoles, mon. : I, 243.
— d'Espagne, mon. : I, 95, 123, 180; II, 102, 132.
Pistoya, v. : I, 178; II, 61.
Pitiscus (S.), s. : II, 55*.
Pitti (L.) : II, 352*.
— (les) : I, 171.
— (Palais), à Florence : I, 188, 274; II, 352, 353, 356, 357, 360, 361.
Pitture di Bologna (le), par Malvasia : II, 84*.
Plaisance, v. : II, 106, 109*-111.
Platon, ph. : II, 336*, *349*, 369, 370, *373*.

Plautilla, imp. romaine : II, 325*.
Plautine, v. Plotine.
Plettenberg (F.-C. de), évêque de Münster : II, 181*.
— (F., comte de), min. : II, 147*, 175, 181, 214.
Pline le Jeune, écr. : II, 303*, 375.
— le Naturaliste, écr. : I, 261*.
Plochingen, v. : II, 158*.
Plotine, imp. romaine : II, 73*, 318.
Pluie d'or (la) : II, 114.
Pluton : I, 227; II, 50.
Pô, fl. : I, 46, 90, 129, 251, 274; II, 61, 101, 107, 120.
Poccetti (B.), p. : II, 345*, 347, 348.
Podestat (Palais du), à Vérone : II, 124.
Podestats : I, 83, 88.
Poggio-Reggio, villa : II, 20.
Polignac (cardinal M. de) : I, 49*, 196-198, 200, 203, 211, 216, 217, 222, 265; II, 39-42, 44-47*, 48, 49, 59, 63, 65, 66. — Son escalier : II, 369.
Pollux : I, 255.
Pologne, pays : I, 206.
— (chancelier de) : II, 66.
— (envoyé de) : II, 235.
— (rois de), voy. Auguste, Sigismond-Aug^te, Sobieski, Stanislas.
Polonais : I, 9.
Pomerancio (C.), p. : II, 71*.
Pompée le Grand : II, 134*. — Sa villa : II, 53.
Pompes : I, 51, 52; II, 195-197.
Ponte-Molle, près Rome : II, 68.
Ponte-Nuovo, à Vérone : II, 125.
Pont-Neuf, à Paris : I, 264.
Pontorno (J.), p. : II, 345*.
Pont-Royal, à Paris : I, 156.
Poppelsdorf, château : II, 176*.
Pordenone, v. : I, 21*.
Porphyre (taille du) : I, 202; II, 356, 357.
Porte-Majeure, à Rome : II, 34.
Porte-Pie, à Rome : II, 17.
Porte-Rasa, à Milan : I, 101.
Portland (G., comte de) : II, 235*.
Porto, v. : I, 238.

Porto-Catena, à Mantoue : II, 220, 221.
Porto-Ferrajo, v. : I, 180.
Portofino, v. : I, 145, 147.
Porto-Venere, v. : I, 145, 147, 148.
Port-Royal (Abbaye de) : I, 49*.
Ports : I, 27, 28, 35, 47, 51, 72, 133, 139, 141, 147, 148, 163-166, 184; II, 10, 63, 72-75, 285, 286, 296, 297, et *passim*.
Portugal, pays : I, 8, 63, 171, 201, 204, 205; II, 13, 194, 201, 288.
— Son commerce : I, 63, 201 ; II, 194, 288. — Son sucre : I, 133 ; II, 288.
— (cardinaux de) : II, 45.
— (Chapelle patriarcale de) : I, 203*.
— (envoyé de) : I, 8*.
— (J., prince de) : I, 138*, 139 ; II, 295.
— (reine de) : I, 171.
— (rois de) : I, 39. — *Voy*. Jean V.
Porzia (cardinal L.) : II, 37*.
Postes (service des) : I, 7, 8, 20, 115; II, 115, 131, 136, 163, 164, 192, 234.
Potenza, fi. : II, 69.
Potosi (mines du) : II, 258.
Potters (M.) : II, 256.
Poulicani (président), h. p. : II, 123, 124.
Poussin (N.), p. : II, 339*.
Pouzzolane (terre) : I, 235 ; II, 16, 17.
Pouzzolles, v. : II, 13*-16, 24, 25, 251, 279.
— (golfe de) : II, 15.
Pozzi (S.), p. : II, 339.
Pregadi, *voy*. Venise (Sénat de).
Preising (J.-M.-F., comte de), min. : II, 146*, 147.
— (les) : II, 147.
Préneste, *voy*. Palestrine.
Prétendant (le), *voy*. Stuart (J.-É.).
Prêtres (gouvernement des) : II, 64, 92.
Priape : I, 186; II, 342.
Prié (marquis de) : I, 109*, 122. — Sa femme : I, 109.

Princes (éducation des) : II, 202, 203, 215, 216.
— (petits) : I, 112, 113; II, 95.
Principum Sanitate tuenda (de), par Ramazzini : II, 102.
Printemps : II, 358.
Prior (M.), écr. et d. : II, 59*.
Procaccini (J.-C.), p. : I, 136*; II, 295.
Procuraties-Neuves, à Venise : I, 54.
Procuraties-Vieilles, à Venise : I, 54.
Promenade : I, 31, 32.
— (la), à Naples : II, 9.
Prométhée : II, 319.
Propagande (la), *voy*. Congrégation de la Propagande.
Prophètes : II, 70.
Protestants : I, 163, 183; II, 19, 63, 149, 164, 166, 169, 170, 180, 205, 206, 210.
— de la Suisse (cantons) : I, 182, 183.
Protogène, p. : I, 84*.
Provana (abbé) : I, 112, 125.
— (comte de) : I, 112*, 125.
Provence, pays : I, 139; II, 287.
Providence : II, 63. *Voy*. Dieu.
Provinces-Unies : II, 220, 223, 225, 226, 235. — Leurs députés : II, 227, 228. — Leurs finances : II, 226, 228, 229, 232, 236, 237.
— Leur gouvernement : II, 226, 227. — Leurs troupes de terre et de mer : II, 226, 229.
Prusse, pays : II, 388.
— (envoyé de) : I, 9.
— (maison de) : II, 147. *Voy*. Brandebourg...
— (prince de), *voy*. Frédéric II...
— (reine de), *voy*. Hanovre (S.-D. de).
— (rois de) : II, 163, 188, 219. — Leurs États : II, 190. — *Voy*. Frédéric Ier et II, Frédéric-Guillaume Ier.
Psyché : I, 227; II, 117, 322.
Ptolomées, rois d'Égypte : I, 125; II, 368.

Ptoloméi, voy. Toloméi.
Publicain (le) : II, 125.
Pufendorf (S.), hist. : II, 202*.
Puget (P.), sc. : I, 263*.
Puits (forage des) : I, 35.
Pumpernikel : II, 189*.
Pyrénées (mines des) : II, 258*.

Quadruple-Alliance : I, 180*.
Quesnel (P.), th. : II, 42*.
Quintal de Livourne, poids : I, 273.
Quirini (cardinal A.-M.) : I, 31*. — Son père : I, 31.
Quirites : I, 211.

Radstadt, v. : II, 162.
— (Château de) : II, 162.
— (traité de) : I, 41*; II, 166.
Raggi ou Raggio (P.-P.), p. : I, 136*.
Raggione (Palais *della*), à Padoue : I, 79.
Ramazzini (B.), s. : II, 102*.
Ramelli (père), p. : I, 258.
Rammelsberg (mines de) : II, 244, 245, 246, 264, 268, 274.
Rangoni (les) : II, 102, 103.
Rantzau (comte de) : I, 68*.
Ranuzzi (Palais), à Bologne : II, 91, 93.
Raphaël, p. : I, 64*, 84, 136, 152, 170, 188, 189, 199, 206, 227-231, 233, 238-240, 246, 247, 255-259; II, 8, 36, 70, 84, 86, 94, 97, 112, 114, 187, 208, 296, 312, 317, 337, 352, 363, 368.
Rat (Le), v. : II, 174*.
Ratisbonne, v. : I, 10; II, 13, 192, 207.
— (évêque de), voy. Bavière (Jean-Th. de).
Ravenne, v. : II, 77.
Raymond (saint) : II, 94.
Réaumur (R.-A. de), s. : I, 107*.
Rébenac (F., comte de), d. : I, 115*.
Réformés, voy. Calvinistes.
Réfugiés protestants : II, 63.
Régence (la) : I, 30.
Régent (le), voy. Orléans (Ph., duc d').

Reggio, v. : II, 98, 105, 106. — Sa forteresse : II, 106.
— (Pays de) : II, 106.
Rehbinder (B.-O., baron de), h. g. : I, 111*, 123, 124.
Religieuses : I, 34, 177; II, 93, 102.
Religion (affaires de) : I, 11, 66, 117, 118, 199, 200, 212-214; II, 22, 23, 29, 38, 41-49, 65, 66, 111, 149, 156, 164-166, 169, 170, 172, 173, 180, 183, 185, 189, 205, 206, 210, 216, 223-225, et *passim*.
Rembrandt, p. : II, 146*.
Renaud, duc de Modène : I, 50*, 104; II, 98, 99, 101-104, 107. — Son ministre : II, 49.
René, voy. Victor-Amédée II.
Renier (saint) : I, 158.
Reno, r. : I, 251, 274; II, 94.
Renuccini, voy. Rinuccini.
Rentes (émissions, conversions et remboursement de) : I, 74, 188, 190; II, 220, 221, 232.
Républicains : I, 91; II, 79.
Républiques anciennes : I, 30.
Rerum Italicarum Scriptores, voy. Italicarum...
Rese (galerie de la *Casa*), à Milan : I, 94.
Rese (général) : I, 94.
Rezé (M. de), d. : II, 145*, 148.
Rheinberg, v. : II, 180.
Rheinfels, v. : II, 205*.
Rhin, fl. : II, 163, 165-169, 171-175, 186, 191, 205, 223, 229.
Rhœcus, sc. : II, 350*.
Rhône, fl. : II, 62.
Ria (golfe de) : I, 148.
Rialto (pont du), à Venise : I, 56.
Riccardi (marquis) : I, 175, 185. — Sa femme : I, 185.
Richelieu (cardinal A.-J. de), min. : I, 74*, 75; II, 206, 210.
— (L.-F.-A., duc de), h. g. et d. : I, 6*, 27, 28*, 30.
Richesses : I, 176.
Ricordin (baron de) : II, 171.
Rigaud (H.), p. : II, 339*.
Rimini, v. : II, 77-81. — Son église : II, 79. — Son pont : II, 80.

Rinuccini (Ch., marquis), min. : I, 176*.
— (les) : I, 175.
Ripa (abbé M.), missionnaire : II, 12*.
Riposo (il), par Borghini : II, *351**.
Rivarol (Ch.-A.-B., marquis de), h. p. : I, 114*, 118, 124, 125. — Son père, h. g. : I, 114*.
Rivière du Levant : I, 140; II, 287.
Rivière du Ponant : I, 140; II, 287.
Rivières (amélioration des) : I, 34-36.
Rivoli, château : I, 120, 121.
Rivotta, château : II, 106.
Rivottanin, château : II, 106.
Robbia (L. della), sc. : I, 241*.
Roc (saint) : II, 84.
Rofrano (marquise) : II, 71. — Sa maison : I, 4.
Rohan (cardinal A.-G.-M. de) : II, 43*-46, 48.
Rois : I, 91. — *Voy.* Mages (les Rois).
Roma (J.), minime, s. : II, 99*.
Romagne, pays : I, 149; II, 77, 82.
Romain (Empire) : II, 215, 216. — *Voy.* Bas-Empire.
— (J. le), arch. et p. : I, 136*, 207, 231, 239, 257; II, 115*-117, 122, 123, 296.
— (Palais des Conservateurs du peuple) : I, 255*, 262.
— (Palais du Sénateur du peuple) : I, 255*, 262.
— (peuple) : I, 209*. — *Voy.* Romains.
— (Sénat) : I, 209*; II, 302, 313.
Romaine (école), *voy.* Rome (peintres de, sculpteurs de).
— (République) : II, 81, 82, 134, 305.
Romaines : II, 302.
— (colonies) : II, 82.
Romaines (Dictionnaire des Antiquités), par Pitiscus : II, 55*.
Romaines (impératrices) : II, 301, 305, 306, 335. — *Voy. Agrippine*, etc.
Romains : I, 49, 203, 204, 208, 209, 211, 216, 219, 220, 223, 225, 234-236, 247, 253, 255; II, 16, 23, 31, 38, 41, 57, 64, 72, 79, 82, 84, 116, 134, 215, 305, 307, 350, 354, 372, 375, 379-381.
— (barons) : I, 209.
— (empereurs) : I, 223, 270; II, 26, 301, 303-305, *307*, 316, 323, 335, 375.
— (nobles) : I, 221, 222.
— (princes) : I, 209, 222; II, 37.
Romana (Matrona) : II, 314*.
Rome, v. : I, 11 et *passim*. — Ses baptistères : I, 211. — Ses édifices : I, 235. — Ses églises : I, 197, 217, 218, 236, 238, 252; II, 35. *Voy. Ara-Cœli*, etc. — Ses fontaines : I, 219, 237, 241, 247, 248, 264. — Ses hôpitaux : II, 39. — Ses immondices : I, 263. — Ses théâtres : I, 220, 221, 223, 224.
— (Académie de), *voy.* Académie de France.
— (Campagne de) : I, 49, 196, 218, 219, 236, 271; II, 31, 36, 47, 54, 59, 68, 249-251, 277-279. — Ses habitants : I, 236.
— (Chancellerie de) : I, 126.
— (communautés de) : I, 218.
— (Cour de) : I, 30, 51, 107, 108, 182, 183, 203, 245; II, 23, 37, 66.
— (courrier de) : II, 40.
— (évêque de) : I, 214.
— (gouverneur de) : II, 55. *Voy.* Imperiali (cardinal L.).
Rome (Histoires de) : II, 84.
Rome (magistrats de) : I, 126, 253.
— (peintres de) : I, 262; II, 125.
— (pierre de) : I, 269.
Rome (Réflexions sur les Habitants de) : II, 377*, 379.
Rome (sculpteurs de) : I, 262; II, 304, 305, 307, 375.
Romulus, par La Motte : I, 222*, 223.
Ronciglione (Principauté de) : II, 68.
Rospigliosi (duc de) : II, 57.
— (les) : II, 57.
— (Palais), à Rome : I, 198.
— (Palais), à Zagarolo : II, 57.
Rossi (V.), sc. : II, *355**, 360.
Rosso (le), p. : II, 345*.

INDEX

Rote (auditeurs de la) : I, 207*, 265.
— (Tribunal de la), à Rome : I, 108.
Rotrou, poète : II, 374*.
Rotterdam, v. : II, 231.
Rouen, v. : II, 7.
— (Parlement de) : II, 7.
Roveredo, v. : II, 131.
Rubens (P.-P.), p. : I, 189*, 263 ; II, 112, 146, 186, 230.
Rubicon, fl. : II, 79, 81, 82*, 134.
Rübrand (Mad^e de) : II, 182.
Rusconi (C.), sc. : I, 234* ; II, 78*.
Rutowski (comte de) : I, 122.
Ruyter (Histoire de) : I, 74.
Ryswick, v. : I, 50*.
— (traité de) : II, 206.

Sabina, imp. romaine : II, 309*, 320.
Sabine (Terre) : II, 68.
Sabines (Ravissement des) : II, 354.
Sabins : II, 47.
Sacchetti (cardinal U.) : I, 214*.
— (marquis) : I, 214.
— (marquise) : II, 184.
— (Pignetto), *voy.* Pignetto Sacchetti.
Sacchi (A.), p. : I, 248*.
Sacile, v. : I, 21*.
Sacré-Collège (le) : I, 224 ; II, 37.
Sagredo (M.) : I, 64. — Sa maison : I, 64.
Sagrestani (J.-C.), p. : II, 363*.
Saint-André (Église de), à Mantoue : II, 124.
— (mines de), *voy.* Andreasberg.
Saint-André-de-la-Vallée (Église de), à Rome : II, 35.
Saint-André-*delle-Fratte* (Église de), à Rome : II, 32.
Saint-Ange (Château-), à Rome : I, 208*, 263 ; II, 380.
— (Porte du Château-), à Rome : II, 33.
Saint-Antoine (Église de), à Parme : II, 109.
Saint-Antoine-de-Padoue (Église de), *voy. Santo* (Église *del*).
Saint-Charles (Église de), à Rome : II, 35.

Saint-Cyr (Église de), à Gênes : I, 136 ; II, 295.
Saint-Dominique (Église de), à Bologne : II, 94.
Sainte-Agnès (cardinal de), *voy.* Spinola (cardinal G.).
— (Église de), à Bologne : II, 92.
— (Église de), à Rome : I, 239, 252.
Sainte-Bibiane (Église de), à Rome : I, 268.
Sainte-Croix (Église de), à Florence : II, 362.
Sainte-Justine (Église de), à Padoue : I, 79.
Sainte-Marguerite (Église de), à Bologne : II, 91.
Sainte-Marie..., *voy.* Notre-Dame..., *Santa-Maria*...
— (Cathédrale de), à Pise : I, 157, 158, 160-162.
— (M. de) : I, 169, 173-175.
Sainte-Marie-*in-Organo* (Église de), à Vérone : II, 125.
Sainte-Marie-Libératrice (Église de), à Rome : I, 260.
Sainte-Marie-Majeure (Église de), à Rome : I, 239 ; II, 35.
— (Église de), à Trente : II, 132.
Saintes (évêque de), *voy.* Beaumont (L. de).
Sainte-Sophie, quartier de Venise : I, 64.
Saint-Esprit (cordon du) : I, 196.
— (Église du), à Heidelberg : II, 164*, 170, 210.
Saint-Étienne (chevaliers de) : I, 173*, 189, 190 ; II, 296.
— (Église de), à Gênes : I, 136.
— (Église des chevaliers de), à Pise : I, 162*.
Sainte-Trinité (pont de la), à Florence : II, 358.
Sainte-Ursule (Église de), à Cologne : II, 186.
Saint-François (Église de), à Bologne : II, 85.
— (Église de), à Pise : I, 162.
— (Église de), à Rimini : II, 79.
— (escalier du Couvent de), à Bologne : II, 85.

T. II. 64

Saint-François-Xavier (chapelle de), à Rome : I, 199, 239.
Saint-Gaudence (Église de), à Novare : I, 106, 107.
Saint-Georges (Banque de), à Gênes : I, 134*, 135, 143; II, 288, 289.
— (Château-), à Mantoue : II, 118.
— (chevalier de), voy. Stuart (J.-É.).
— (Église de), à Venise : I, 56.
— (Église de), à Vérone : I, 89.
— (île de) : I, 56.
— (pont de), à Mantoue : II, 121.
Saint-Germain (Abbaye de), à Paris : II, 41*.
Saint-Gobain (Manufacture de) : I, 33.
Saint-Grégoire (Église de), à Bologne : II, 85.
Saint-Ignace (chapelle de), à Rome : I, 199, 239.
Saint-Jacques-Majeur (Église de), à Bologne : II, 84.
Saint-Jean (Église de), à Lucques : I, 151.
— (Église de), à Parme : II, 108, 112.
Saint-Jean-Baptiste (Église de), à Florence : II, 322, 343, 351, 353, 354, 375.
Saint-Jean-de-Latran (chanoines de) : I, 83.
— (Porte de), à Rome : I, 275; II, 32, 33, 35.
Saint-Jean-en-Jérusalem (Église de), à Rome : I, 263.
Saint-Joseph (Église de), à Pise : I, 162.
Saint-Laurent (Bibliothèque de), à Florence : II, 362.
— (chapelle de), à Florence : I, 189, 190; II, 345, 353.
Saint-Laurent-in-Miranda (Église de), à Rome : I, 260.
Saint-Lazare (Église de), à Vérone : II, 125.
Saint-Léopold (le), navire : II, 10.
Saint-Louis (Église de), à Rome : II, 94.

Saint-Malo (évêque de), voy. Desmarets (V.-F.).
Saint-Marc (Église de), à Venise : I, 64, 66, 67.
— (place de), à Venise : I, 33, 54, 56, 71, 76.
— (procurateurs de) : I, 64, 65, 69.
— (Trésor de) : I, 65, 66.
Saint-Marin (République de) : II, 81. — Son château : II, 81.
Saint-Martin (Cathédrale de), à Lucques : I, 152.
— (les) : II, 100.
Saint-Martin-Majeur (Église de), à Bologne : II, 84.
Saint-Mathieu (Église de), à Pise : I, 163.
Saint-Maurice (ordre de) : I, 124, 125.
Saint-Michel (Église de), à Lucques : I, 151, 153.
Saint-Michel-in-Bosco (Église de), à Bologne : II, 93.
Saint-Office, voy. Congrégation de l'Inquisition.
— (Tribunal du) : I, 216.
Saint-Olon (F. de) : I, 140*; II, 296.
Saint-Oswald, v. : I, 20.
Saint-Paul (Église de), à Bologne : II, 92.
— (Église de), à Londres : I, 252.
— (Église de), à Lucques : I, 151.
Saint-Philippe (marquis) : II, 61.
Saint-Pierre, quartier de Rome : I, 235.
— (Cathédrale de), à Bologne : II, 84.
— (Église de), à Rome : I, 211, 233-235, 238, 240, 241, 252, 258, 262, 274; II, 33, 34, 380.
— (fête de) : II, 37.
Saint-Pierre-d'Arène, à Gênes : I, 143, 146; II, 285, 294, 298.
Saint-Pierre-in-Montorio (Église de), à Rome : I, 247.
Saint-Remy (P.-G., baron de), vice-roi de Sardaigne : I, 108*, 113, 114.
Saint-Romain (Église de), à Lucques : I, 152.

Saint-Romuald (Église de), à Rome : I, 248.
Saints : I, 152, 163 ; II, 84, 307.
Saint-Saphorin (F.-L. de), d. : I, 28*.
Saints-Apôtres (Église des), à Naples : II, 11.
Saint-Sébastien (Église de), à Rome : I, 271.
Saint-Sépulcre (Église du), à Parme : II, 108.
Saint-Siège (le) : I, 206, 209, 214 ; II, 55.
Saint-Sulpice (curé de), *Voy.* La Chétardie (J. de).
Saint-Thomas (J.-G., marquis de), min. : I, 111*, 124.
— (marquise de) : I, 111*.
Saint-Ulric (Abbaye de), à Augsbourg : II, 149.
Saisons (les) : II, 358.
Sala, château : II, 111, 114.
Salé (habitants de) : I, 187.
Salente, v. : II, 231*.
Salerne (médecins de) : II, 16*.
Salmigondis : I, 88.
Salm-Kyrbourg (C.-T.-O., prince de) : I, 45*.
Saluces (marquisat de) : I, 75.
Salvati (?), p. : I, 186*.
Salviati (les) : I, 175.
Salzdahlum, château : II, 208*.
Sammachini (H.), p. : II, 92*.
Samos (île de) : II, 350.
Samson : I, 198 ; II, 86*.
San-Carlino (Église de), à Rome : I, 237, 239.
Sanct-Goar, v. : II, 174*.
San-Fedele (Église de), à Milan : I, 100.
San-Felice (Château de), à Vérone : II, 125.
San-Frediano (Église de), à Lucques : I, 152.
Sang-de-Dragon (gomme de) : II, 233*.
San-Giovani-de-Verdara (Église de), à Padoue : I, 83.
San-Giovani-in-Monte (Église de), à Bologne : II, 94.
Sanglier : II, 309, 328*, 333.

San-Pietro (Château de), à Vérone : II, 125.
San-Ponciano (Église de), à Lucques : I, 153.
San-Salvatore (Église du), à Bologne : II, 91.
San-Severin (Église de), à Naples : II, 11.
Sansovino (A.), sc. : II, 70*, 327.
— (J.), arch. : I, 41*, 55-57.
San-Spirito (Église *del*), à Florence : II, 347.
Santa-Agata, v. : II, 5.
Santa-Maria..., voy. Sainte-Marie...
Santa-Maria-Antica (Église de), à Vérone : II, 125.
Santa-Maria-da-Corte-Horlandini (Église de), à Lucques : I, 153.
Santa-Maria-del-Fiore (Cathédrale de), à Florence : I, 169 ; II, 343-345, 351.
Santa-Maria-in-Campitelli (Église de), à Rome : I, 254.
Santa-Maria-Novella (Église de), à Florence : I, 169 ; II, 347.
Santi (galerie du marquis), à Parme : II, 111, 113.
— (M. gr) : II, 86.
Santi di Tito, p. : II, 347*.
Santo (Église *del*), à Padoue : I, 79, 80.
Sapho, poétesse : II, 313*.
Sardaigne, île : I, 113, 114, 116, 178-181, 244 ; II, 59.
— (abbayes de) : I, 107.
— (Bibliothèque du roi de) : II, 349.
— (évêchés de) : I, 107, 113.
— (évêque de) : I, 119.
— (habitants de la) : I, 113, 114.
— (rois de) : I, 121, 124. — *Voy.* Enzio, Victor-Amédée II.
— (royaume de) : I, 9. — Son envoyé : I, 9.
— (vice-roi de), *voy.* Saint-Remy (P.-G., baron de).
Sarde, *voy.* Sidon.
Sarto ou Sartre (A. del), p. : I, 158*, 188 ; II, 187, 345.
Sassari, v. : I, 113.

Saturne (Temple de), à Rome : I, 260.
Satyres : II, 323, 327, 336.
Saul, voy. Paul (saint).
Saül, roi des Hébreux : I, 198.
Sauli (Maison), à Gênes : II, 295.
Saurin (J.), th. : II, 235*.
Sauvages : I, 46, 199.
Save, r. : I, 20 ; II, 142, 143.
Savelli (les) : II, 55*, 56.
Savone, v. : I, 139-142, 159 ; II, 296, 297. — Son commerce, I, 139. — Ses églises : I, 139 ; II, 296. — Son fort, I, 139 ; II, 296. — Son port, I, 139-141 ; II, 296.
— (habitants de) : I, 141.
Savons (fabrication des) : I, 159.
Savoye, pays : I, 115, 117, 127, 128, 180, 214.
— (abbayes de la) : I, 107.
— (abbé de) : I, 119.
— (Ch.-Em. de), *voy.* Piémont (Ch.-Em. de).
— (ducs de) : I, 48, 119, 125 ; II, 100, *369*. — Leurs envoyés, I, 9, 108, 112, 114. — Leurs finances, I, 110, 116, 117, 119, 179. — *Voy.* Charles-Emmanuel..., Sardaigne (roi de), Victor-Amédée II.
— (Em. de) : I, 110.
— (Eug. de) : I, 110.
— (évêchés de) : I, 107.
— (Fr.-Eug. de), dit *le prince Eugène :* I, 4*-6, 44, 45, 58, 68, 110, 123 ; II, 65, 142, 143. — Son jardin, I, 4*. — Sa maison, I, 4*, 5.
— (M.-A. de), duchesse de Bourgogne : I, 44*.
— (monnaie de), I, 110.
— (Ph. de), prince d'Achaïe : I, 119*.
Saxe, pays : II, 387. — Ses mines : II, 259, 260, 262.
— (duché de) : I, 14.
— (ducs de) : II, 100. — *Voy.* Saxe (électeurs de).
— (électeurs de) : II, 163. — *Voy.* Auguste, roi de Pologne.
— (envoyés de) : I, 8, 15 ; II, 145.
— (maison de) : II, 147.

— (palatins de) : I, 14.
Saxe-Lauenbourg (duché de) : II, 194*.
Saxons : II, 140.
Sbattimento : I, 232.
Sbires : II, 51.
Scaliger (tombeaux des), à Vérone : I, 89* ; II, 125.
Scalzi (C.), chant. : I, 221*.
Scamozzi (V.), arch. : I, 54*, 57.
Scarlati (abbé), d. : II, 67.
Schalken (G.), p. : II, 340*.
Schedone (B.), p. : II, 114*.
Schemnitz (mines de) : II, 241, 255.
Schenck (Fort de) : II, 229*.
Schleinitz (M.) : II, 209. — Sa maison : II, 209.
Schleissheim, château : II, 145*, 146, 148.
Schleswick, pays : II, 200.
Schlüter (M.) : II, 281.
Schœnberg, v. : II, 133*.
Schœnborn (F.-C., comte de), vice-chancelier de l'Empire d'Allemagne, etc. : I, 7* ; II, 200, 201.
Schottwien, v. : I, 12.
Schreiber (T.), écr. : II, 246*, 252, 258, 259, 269.
Schulembourg (J.-M., comte de), h. g. : I, 43*.
Schulenberg (mine de) : II, 281.
Schwarzenberg (A.-F.-C., prince de) : I, 4, 5, 7, 68*.
— (Jardin de) : I, 4.
— (princes de) : I, 5*, 7.
— (princesse de) : I, 3.
Schwetzingen, château : II, 171.
Scienza nuova (la), par Vico : I, 65*.
Scorzini (P.), p. : I, 153*.
Scoto (G.), s. : I, 79.
Scotti (comte) : I, 98.
Scrinarius : II, 323*.
Sculpture : I, 56, et *passim*.
Sébastien (saint) : II, 91.
Securitas : II, 312.
Seefeld, v. : II, 135.
Seinsheimb (les) : II, 147.
Sel : I, 13, 143, 150 ; II, 145.
Séleucus, rois de Syrie : I, 91*.

Sémendria, v. : II, 31.
Semmering, m. : I, 12.
Sénèque, ph. : II, 309, 310, 314.
Senesino, chant. : I, 221*.
Sephel (comte et comtesse de) : II, 145*.
Sepp (A.), jésuite: II, 381.
Septime-Sévère, emp. romain : II, 324*.
Sequin, mon. : II, 205.
Serbelloni (les) : I, 100.
Serravalle, v. : II, 69.
Serry (F.-J.-H.), th. : I, 81*.
Servie, pays : II, 31.
Servites (Église des Pères) : II, 345.
Sesia (vallée de la) : I, 128.
Sésostris, roi d'Égypte : II, *369*.
Sesto, v. : I, 102, 104, 106, 128.
Sestri-di-Levante, v. : I, 243; II, 110.
Setia, v. : I, 275.
Sette Sale (les), à Rome : I, 258*.
Sévère (Arc de), à Rome : I, 260*.
Sfortiade (la), par Simonetta : I, 93*.
S'Gravesande (G.-J.), s. : II, 87*.
Sibylle de Cumes (antre de la) : II, 16.
Sibylles : I, 207; II, 70, 71.
Sicile, île : I, 27, 28, 30, 67, 73, 108, 114, 116-118, 178, 179, 252; II, 11.
— (nobles de) : I, 181.
— (rois de), *voy*. Charles VIII, Victor-Amédée II.
— (royaume de) : I, 103, 180, 181.
— (vice-rois de) : I, 117, 118. — *Voy*. Mafféi (A., comte de).
Sicilien (L.), p. : II, 11*.
Siciliens : I, 118.
Sicyone, v. : II, *350*.
Sidon, v. : II, 59.
Sienne, v. : I, 163, 191, 192; II, 356. — Sa cathédrale : I, 191.
— (État de) ou Siennois, pays : I, 177, 191.
Sigisbées : II, 293.
Sigismond-Auguste, roi de Pologne : II, 62*.
Silène : II, 334.

Silésie, pays : I, 30.
Silhouette (M. de), fin. : II, 111*.
Siméon : I, 136.
Simonetta (comtesse) : I, 98.
— (J.), hist. : I, 93*.
Simonie : I, 202, 213.
Simplon, m. : I, 117*, 128, 129; II, 110.
Sinigaglia, v. : I, 273; II, 75, 77, 78, 82. — Sa foire : I, 46, 51, 71; II, 75, 76. — Son port : I, 51, 71; II, 75.
Sinigagliens : II, 76.
Sinsheim, v. : II, 163.
Sinzendorf (cardinal P.-J.-L.-B. de) : I, 50*, 200.
— (Ph.-L., comte de), min. : I, 7*, 9. — Sa fille : I, 9*.
— (W., comte de), d. : I, 9*. — Sa femme : I, 9*.
Sixte V, pape : I, 222*, 247; II, 65.
Sobieska (C.), électrice de Bavière : I, 53*; II, 142.
— (M.-Cl.), dite *la Prétendante* : I, 250*; II, 36, 40, 41, 63.
Sobieski (J.), roi de Pologne : I, 225*.
Sodoli (père), franciscain : I, 77.
Soglio (princes du) : I, 222*.
Soie : I, 46, 70, 87, 128, 140, 149, 150, 179, 180, 185, 251; II, 21, 64, 75, 82, 92, 105, 106, 131, 151, et *passim*.
Soissons (congrès de) : I, 7*.
Solar (A.-M., commandeur de) : I, 9*, 180.
Soldats : II, 309, 325, 328, 359.
Soleil (le) : I, 233, 256; II, 129, 135-137, 231.
Soleure (République de) : I, 182.
Solfatara (la) : II, 17, 18.
Solimena (F.), p. : I, 137*; II, 7, 11, 294, 340.
Sols, mon. : I, 33, et *passim*.
— de France : II, 20, 109.
Sophocle, poète : II, 225*, 310, 351, 374.
Soracte, m. : II, 39, 47.
Sot-in-su : II, 94.
Souabe, pays : II, 162, 166.

Souabe (duché de) : I, 14.
— (palatin de) : I, 14.
Spada (L.), p. : II, 93*.
Spina (Église *della*), à Pise : I, 156.
Spinola (cardinal G.) : II, 82*, 85.
Spire, v. : II, 166.
Spolète, v. : II, 69.
— (duché de) : II, 69.
Spotorno, v. : I, 141.
Stain (J.-F., baron de) : II, 201*, 202, 204, 205, 208, 213, 215. — Sa femme : II, 215, 276. — Sa fille : II, 276. — Sa maison : II, 213.
Stampa (les) : I, 100.
Stanhope (J., comte de), h. g. et min. : I, 118, 216*, 217*.
— (W.), d. : I, 118*.
Stanislas, roi de Pologne : II, 387*-390. — Sa cour : II, 385, 387. — Sa femme : II, 389*.
Starhemberg (G., feld-maréchal de) : I, 6*, 44, 76, 77.
— (G.-.T, comte de), min. : I, 7*.
— (H.-E.-R., feld-maréchal de) : I, 44*.
— (les) : I, 6.
— (O., comte de), h. g. : I, 7*.
Stathouder : II, 235.
Statues (immobilisation des) : I, 205.
— de métal (destruction des) : I, 226.
Stein, *voy.* Stain.
Steinach, v. : II, 133*.
Sterzing, v. : II, 133.
Stinglhaim (G.), jésuite : II, 381*.
Stollberg (B., comte de) : II, 257*.
— (É. de) : II, 257.
Stosch (P., baron de) : I, 222*.
Strada (V.), p. : II, 347*.
Strada-Felice, à Rome : I, 237.
Strada-Nuova, à Gênes : I, 134 ; II, 295.
Strada-Pia, à Rome : I, 237.
Strafford (T., comte de) : II, 59*.
Strozzi (comtesses) : I, 171.
— (duc) : II, 66.
— (les) : I, 173, 175.
— (Mgr) : I, 205.
— (Palais), à Rome : I, 205*.

Stuart (J.-É.), le chevalier de Saint-Georges, dit *le Prétendant* : I, 116*, 206, 222, 250, 262 ; II, 36, 40, 41, 53, 63, 91. — Sa famille : II, 63. *Voy.* Sobieska (M.-C.).
Studi (gli), à Naples : II, 11, 12.
Stuttgard, v. : II, 158, 159.
Styrie, pays : I, 7, 12, 14, 15, 19-21 ; II, 137. — Ses mines : II, 282.
— (duché de) : I, 14.
— (ducs de) : I, 14*, 28.
— (O., duc de) : I, 14*.
Styrum (H.-O., feld-maréchal de) : I, 44*.
Suaire (chapelle du saint), à Turin : I, 126, 127.
Suède, pays : II, 195, 199, 263. — Ses mines : II, 248, 271.
— (nobles de) : II, 199.
— (reines de), *voy.* Christine, Ulrique-Éléonore.
— (rois de) : II, 198, 199. — *Voy.* Charles XII, Frédéric Ier.
— (royaume de) : I, 270 ; II, 199, 211. — Sa constitution : II, 199. — Ses envoyés : I, 8, 50. — Ses États : II, 199.
Suédois : II, 200, 388.
Suessa, v. : II, 5.
Suétone, hist. : II, 304*.
Suisse, pays : I, 117, 182-184 ; II, 113.
— (République) : I, 183. — Ses cantons : 182*-185. — Ses magistrats : I, 183.
Suisses : I, 145, 150, 181, 182 ; II, 113, 291. — Leurs pays : I, 179.
Sulzbach (princes de) : II, 172*.
— (princesse de), *voy.* Bavière-Neubourg (É.-A. de).
Surfal (Mad^{le}) : II, 145.
Surville (M. de), h. g. : II, 60.
Suze, v. : I, 75, 120.
— (vallée de) : I, 120.
Sylla (L.-C.) : I, 234*. — Sa maison : II, 39.
Sylva Semana : II, 257. *Voy.* Hartz.

Syracuse, v. : I, 27.
Système de Law : I, 59*-61*, 62-64, 77.
Szomolnok, v. : II, 244*.

Tabacs : I, 90, 150; II, 145.
Tacca (P.), sc. : II, 356*.
Tacite, hist. : II, 202, 215, 259*.
Tanaro, r. : I, 129.
Tanes (Ph., marquis de) : I, 124*.
Tanova (marquise) et sa fille : II, 83.
Tapisseries : II, 64, 148.
Tarouca (chevalier) : I, 9.
— (comte de), d. : I, 8*.
Tarpéienne (Roche), à Rome : I, 260.
Tarquin l'Ancien, roi de Rome : I, 260*.
Tartanes, navires : I, 27.
Tartares : I, 225; II, 51, 143.
Tartarie, pays : I, 225.
Tattembach (comte de), h. g. : II, 27.
Tauffkirchen (les) : II, 147.
Tche-elminar (ruines de) : II, 349.
Té (Palais du), à Mantoue : II, 115*-117, 121-124.
Télémaque, par Fénelon : II, 231*.
Témesvar, v. : I, 45; II, 30, 139.
— (mines de) : II, 262.
Tempi (marquis) : I, 175.
Temple (chevalier W.), d. : I, 72*.
Templiers (établissement des) : II, 257.
Tencin (abbé P. de), d. : I, 206*; II, 40, 41, 44.
— (C.-A., marquise de) : II, 41*.
Tentation : I, 246.
Terni, v. : II, 68, 69.
Terracine, v. : I, 275, 276; II, 3.
Terre-Ferme (Domaine de) : I, 21*, 31, 43, 83, 88, 178.
— (nobles de) : I, 21, 83, 90.
Tessé (R., maréchal de) : I, 265*.
Testaccio, m. : II, 62, 278.
Teutonique (commandeur de l'Ordre) : II, 162*.
— (grand-maître de l'Ordre) : II, 183, 184.

— (Ordre) : II, 184.
Thé, boisson : II, 223.
Théodore, sc. : II, 350*.
Thrace, pays : II, 359.
Thürheim (S.-C., comte de), min. : II, 145*-147.
Tiarini (A.), p. : II, 93*.
Tibaldi, voy. Pellegrini.
Tibère, emp. romain : II, 26*, 80, 315, 335.
Tibre, fl. : I, 235, 263; II, 36, 68, 69, 380.
Tibur, voy. Tivoli.
Tiepolo (A.-C.), procurateur de Saint-Marc : I, 69*.
— (Maison), à Venise : I, 55.
Tintoret (J. le), p. : I, 81*; II, 98.
Tite-Live, hist. : I, 209.
Titien (le), p. : I, 66*, 88, 97, 188, 205, 206; II, 97, 114, 125, 337, 338.
Titus, emp. romain : I, 258. — Sa fille : II, 317*.
— (Thermes de), à Rome : I, 258*.
Tivoli, v. : I, 126, 236; II, 39, 47, 49-51, 57.
Tœrring (les) : II, 147.
Tœrring-Jettenbach (J.-F., comte de), min. : II, 142*-144, 146, 147.
Tœrring-Seefeld (comte de), min. : II, 146*.
Tofiano, voy. Rofrano.
Toison d'or (chevaliers de la) : I, 98, 100.
Tokay (vin de) : II, 256.
Tolède (rue de), à Naples : II, 9.
Tolentino, v. : II, 69.
Toloméi (cardinal J.-B.) : I, 212*, 244.
Tonnerre (formation du) : I, 161.
Torrelli, arch. : II, 77.
Tory (ministre) : I, 116*.
Toscane, pays : I, 175, 190, 201; II, 69, 75, 76, 350. — Son commerce : I, 179.
— (Adalbert, marquis et duc de) : II, 100*.
— (grand-duché de) : I, 149, 155, 177, 179, 187, 190, 193; II, 69, 75, 76, 350. — Son envoyé : I,

8. — Ses finances : I, 167, 169, 171, 172, 179, 187, 188, 193, 201. — Son gouvernement : I, 163, 166, 173. — Ses troupes : I, 166, 167, 169. — Ses vaisseaux : I, 155, 165.
— (grands-ducs de) : I, 149, 173, 176, 201 ; II, 308, 317, 352, 353. — Leurs palais : I, 156. *Voy.* Florence (Galerie de), Palais-Vieux, Pitti (Palais). — *Voy.* Cosme Ier et III, Ferdinand Ier et II, Jean-Gaston.
— (habitants de la) : I, 177, 179.
Toscans : II, *350*.
Totila, roi des Goths : II, 78*.
Toulon, v. : I, 75*, 265, 273 ; II, 63.
Toulouse (comtes de) : I, 93.
Tourbes (impôt sur les) : II, 231, 234.
Tournay, v. : II, 59, 60. — Sa citadelle : II, 60.
Tours (gros de), étoffe : II, 129.
Townshend (Ch., vicomte de), min. : II, 192*.
Traetto, v. : II, 4.
Trajan, emp. romain : II, 4, 73, 303, 307, 318, 375. — *Voy.* Colonne Trajane.
— (Forum de), à Rome : I, 260, 261.
Transfiguration : I, 247.
Transtevere, quartier de Rome : II, 63.
Transylvains : II, 139.
Transylvanie, pays : II, 139.
Trébizonde (archevêque de), *voy.* Nassau (prince de).
Trente, v. : II, 129, 130, 132, 133, 137.
— (évêque de) : II, 132.
Trentin, pays : II, 130, 137.
Trésorerie secrète (la), à Rome : II, 56.
Trésor public des Romains : I, 260.
Trèves, v. : II, 166, 170.
— (archevêque et électeur de) : II, 174. — *Voy.* Bavière-Neubourg (Fr.-L. de).
— (électorat de) : II, 180.

Trevisani (F.), évêque de Vérone : I, 91*.
Trévise, v. : I, 21.
Trianon, château : II, 146.
Trieste, v. : I, 12, 27, 50, 51 ; II, 10.
Trinité (la) : I, 204.
Trinité-des-Pèlerins (Couvent de la), à Rome : II, 30.
Trinité-du-Mont (Église de la), à Rome : I, 207, 247.
— (escalier de la), à Rome : I, 207, 238.
Tripergole, v. : II, 16*.
Tripoli, v. : I, 187.
Tripolitains : I, 187.
Tritons : I, 134, 230 ; II, 294, 357, 359.
Trivulce (A.-T., prince) : I, 96*, 98, 100-102, 108. — Sa femme : I, 96, 98.
— (les) : I, 96, 100.
Trophées : II, 321.
Trotti (marquis) : I, 98. — Sa femme : I, 98.
Troy (de), p. : II, 339*.
Truffes : I, 115.
Tuicner ou Tuikel (baron de) : II, 188.
Tuileries (les), à Paris : I, 259.
Tulliane (Prison), à Rome : I, 260*.
Tunis, v. : I, 187.
Turc (atlas) : II, 88.
— (Empire) : I, 13, 21.
Turcotta (la), chant. : I, 186, 221.
Turcs : I, 13, 21, 22, 36*, 40, 43-45, 53, 76, 79, 136, 137, 189, 235 ; II, 31, 139, 142-144, 155, 162, 293, 295, 332, 382. — Leurs canons : I, 53. — Leurs troupes : II, 143, 144.
Turenne (H., maréchal de) : I, 58*.
Turin, v. : I, 6, 29, 48, 69, 99, 106, 108-110, 112, 115, 116, 120, 122, 123, 127, 128, 133, 144 ; II, 61, 64, 99, 214, 290. — Ses archives : I, 125, 126 ; II, 349, *369*. — Sa cathédrale : I, 127. — Sa cita-

delle : I, 108 ; II, 61. — Ses palais : I, 109, 121, 122, 123.
— (Cour de) : I, 109, 112, 113, 116-120, 123-125, 127.
— (marchands de) : I, 128.
Turnrosenhof (mine de) : II, 261.
Turnus, roi d'Ardée : II, 55*.
— (royaume de) : II, 55.
Tursis (duc de) : I, 99. — Sa fille : I, 99.
Tusculum, voy. Frascati.
Twickele (baron de), voy. Wassenaer (U.-G., comte de).
Tyr, v. : II, 59.
Tyrol, pays : II, 129, 132, 134, 136-138, 151.
— (Cl.-F. de), imp. d'Allemagne : I, 15*.
— (S., archiduc de) : I, 13*.
Tyroliens : II, 137, 138.

Ubaldini (les) : I, 175.
Uceda (duc d') : I, 8*.
Udine (J. d'), p. : I, 258*.
Ulm, v. : II, 150. — Son commerce : II, 151.
— (bourgeois d') : II, 150, 156.
— (territoire d') : II, 150, 151.
Ulrique-Éléonore, reine de Suède : II, 198*, 199.
Ultz (?), r. : II, 133*.
Unertl (F.-X., baron d'), min. : I, 146*.
Universités : I, 78.
Urbain VIII, pape : I, 214*.
Urbin (duché d') : I, 237 ; II, 76, 77.
— (ducs d') : I, 175 ; II, 75*.
Ursins, voy. Orsini.
— (A.-M. de La Trémouille, princesse des) : I, 217*.
Uscoques : I, 22*.
Utrecht, v. : II, 219, 220, 223, 230. — Son mail : II, 223.
— (archevêque d') : II, 223*.
— (habitants d') : II, 231.
— (province d') : II, 223, 227. — Ses finances, 225.
— (seigneurie d') : II, 219.
— (traité d') : II, 41.
Uzès (F., comte d') : I, 68*.

Vado, v. : I, 141 ; II, 297.
Vaghezza : I, 249 ; II, 337.
Vago (ouvrage) : I, 238.
Valachie, pays : II, 139.
Valais (République du) : I, 128, 183.
Valaques : II, 139.
Valérien, emp. romain : II, 302*.
Valiécho : I, 217.
Vallisnieri (A.), s. : I, 79*, 81, 82.
Van der Berg, p. : II, 340*.
Van der Meer (?), p. : II, 340*.
Van Dyck (A.), p. : II, 112*, 187, 230, 339.
Vanenheim (M.) : II, 194.
Van Helmont (J.-B.), s. : I, 41*.
Van Hoy (A.), h. p. : II, 226*.
Vanni (abbé), d. : I, 9.
— (F.), p. : I, 153*.
Van Slingeland (S.), grand-pensionnaire de Hollande : II, 226*, 236, 237.
Varron (M.), écr. : II, *350*.
— (T.), consul romain : I, 225*.
Vasari (G.), arch., écr. et p. : II, 85*, *301*, 340, 347, 355.
Vatican (Palais du), à Rome : I, 231, 233, 239, 240, 257, 258 262, 263. — Sa bibliothèque : I, 240. — Son jardin : II, 34.
Vauban (S., maréchal de) : II, 60*.
Vauréal (abbé de) : II, 43*.
Vechte, v. : II, 179, 180.
Veies, v. : I, 211.
Vélabre, quartier de Rome : I, 260.
Velignan (port de) : I, 148.
Velletri, v. : I, 275.
Velours (fabrication du) : II, 129, 130.
Vénalité des charges : I, 224*.
Vendôme (L.-J., duc de), h. g. : I, 48*, 58, 69, 243.
— (Ph. de), grand-prieur de France : I, 63*.
Vénerie (la), château : I, 109, 110*, 116.
Venise, v. : I, 19, 21-25, 27, 31-33, 36, 38-43, 45-47, 51, 53-57, 59, 61, 64, 65, 67-71, 77, 78, 150, 164, 173, 174, 178, 179, 252,

263; II, 64, 75, 76, 98, 99, 101, 117, 121, 122, 142, 151, 222, 230, 243, 252, 287, 289, 290, 338. —
— Son arsenal : I, 31, 52-54, 56.
— Son carnaval : I, 24. — Son commerce : I, 22, 25, 31, 46, 47, 51, 70, 71, 151; II, 76. — Ses églises : I, 41, 42, 56, 57, 64, 66, 67. — Ses lagunes : I, 25, 37, 38, 40, 41, 64. — Ses lions : I, 54, 86. — Ses maisons : I, 41, 42, 55.
— Ses navires : I, 31, 39, 40, 52, 53, 70, 71; II, 73. — Ses ponts : I, 56. — Ses produits : I, 32, 33, 46, 65; II, 64, 75. — Ses quartiers : I, 56. — *Voy. Zecca (la)*.
— (artistes de) : I, 54, 57, 65, 85, 238; II, 125.
— (doge de) : I, 26, 43, 44*, 64, 65, 77. — Son palais : I, 43, 136, 137; II, 294. —*Voy.* Foscari (F.).
— (Grand-Conseil de) : I, 27*
— (monnaie de) : I, 56.
— (nobles de) : I, 21, 23, 25, 27, 30, 31, 33, 38, 43, 53, 54, 57, 78, 82, 83, 90, 150; II, 289, 290.
— (patriarche de) : I, 43*, 66.
— (peuple de) : I, 23, 30, 178, 179; II, 289, 290.
— (République de) : I, 21, 22, 25-27, 31, 38*, 53, 54, 71, 81, 89, 184. — Ses envoyés, 26, 27, 31, 50, 51, 70*, 274. — Ses finances : I, 21, 25, 31, 38, 46, 47, 53, 54; II, 290. — Ses lois : I, 23, 42, 43. — Sa police : I, 71; II, 290. — *Voy.* Baïle de Venise, Conseil des Dix.
— (seigneurie de) : I, 26.
— (Sénat et sénateurs de) : I, 26*, 30, 42, 169.
Vénitiennes : I, 23-25, 31, 33, 34, 43, 54, 68.
Vénitiens : I, 23, 24*, 30, 37*, 41, 42, 50-52, 54, 56, 65, 66, 70, 78, 90, 104, 203, 235, 251, 272, 274; II, 35, 75, 76, 129, 290.
— (États) : I, 20, 21, 55, 71, 78, 97, 178, 179; II, 31, 119, 120, 130. — *Voy.* Terre-Ferme...

Vénus : I, 206, 207, 267; II, 49, 318, 320, 321, 324, 325, 327-331, 336, 337.
— (Temple de), à Ancône : II, 73.
— (Temple de), à Pouzzoles : II, 15.
Vénus de Médicis : I, 258; II, 49, 308, 318, 327, 328*-332.
Vénus du Belvédère : II, 330.
Verden (duché de) : II, 194*, 205.
Verita (comte de) : II, 182.
Véronais : I, 89; II, 126, 182.
— pays : I, 90.
Vérone, v. : I, 32, 87-90; II, 99, 124-126, 129. — Son académie : I, 88; II, 126. — Son amphithéâtre : I, 87, 88*; II, 126. — Ses églises : I, 88, 89; II, 125. — Ses forts : II, 125.
— (évêque de), *voy.* Trevisani (F.).
Véronèse, *voy.* Farinato-Véronèse.
— (P.), p. : I, 56*, 89; II, 97, 125, 338.
Verponding : II, 237.
Verre (manufactures de) : I, 32, 33, 46.
Versailles (Palais de) : I, 263; II, 75, 211, 333. — Sa chapelle : I, 252; II, 168. — Ses eaux : I, 133; II, 32, 39, 294.
Vespasien, emp. romain : I, 211*, 260.
— (Thermes de), à Rome : I, 258.
Vestales : II, 316, 319.
Vésuve, m. : II, 13, 17, 23-25*.
Veuve (M.) : II, 363.
Viareggio, v. : I, 150.
Via Sacra, à Rome : I, 260.
Vice-chancelier de l'Empire d'Allemagne : II, 214. — *Voy.* Schœnborn (F.-C., comte de).
Vicence, v. : I, 86. — Ses privilèges : I, 88. — Sa terre, I, 32.
Vico (É.), gr. : I, 176*.
— (J.-B.), ph. : I, 65*.
— (lac de) : I, 194.
Victoire : II, 325.
Victor-Amédée II, duc de Savoye, roi de Sicile, puis de Sardaigne : I, 29*, 43, 44, 48, 68, 69, 103,

107, 109-121, 123, 125, 128, 130, 144, 145, 180, 181, 239, 271; II, 61, 100, 109, 291.
Vienne, v. : I, 4, 6, 8, 9, 11, 12, 29, 44, 68, 109, 112, 122; II, 10, 20, 22, 71, 98, 101, 158, 182, 192, 201, 210, 287.
— (archevêque de) : I, 11.
— (Cour de) : I, 4, 5, 12; II, 203, 210.
— (traité de) : I, 110*, 121; II, 181*, 210.
Vierge (fête de la sainte) : II, 267.
— (sainte) : I, 57, 94, 152, 162, 163, 188, 207, 255, 268, 269; II, 70, 71, 84, 90, 92, 94, 95, 97, 108, 109, 112, 114, 154, 187, 337, 338, 352, et *passim*.
Vierge assise : I, 188*; II, 352.
Vierges (les Onze Mille) : II, 186.
Vieux Testament (le), voy. *Ancien Testament (l')*.
Vigille (lac) : II, 39.
Vignes hautes : I, 21, 87; II, 130, et *passim*.
Vignole (J.), arch. : I, 238*; II, 34, 37.
Villanova, v. : I, 127.
Villeroi (F., maréchal de) : I, 67*.
Villes impériales : II, 162, 166, 175, 185, 268.
Villes métalliques : II, 257, 266.
Vin : II, 83, et *passim*.
Vinci (L. de), p. : I, 97*, 101, 186, 205; II, 338.
Virgile, poète : II, 137*, 327.
Visa (le) : I, 74*.
Visconti (les) : I, 100.
Vitellius, emp. romain : II, 381*.
Viterbe, v. : I, 193-195. — Ses fontaines : I, 193, 194. — Son inscription : I, 194, 195.
Vitri (père), s. : I, 261*; II, 66.
Vitriols : I, 69; II, 242-244, 247, 248, 269, 274, 275.
Vitruve, écr. : I, 87*; II, 17, 82*.
Viviani (Mad^e) : I, 171.
— (sénateur) : I, 171.
Vivien (J.), p. : II, 339*.
Voies publiques : I, 12, 13, 20, 153, 154, 170, 195*, 260, 275, 276*; II, 3, 4, 80, 81, 134, 137.
Voisin, voy. Voysin.
Volargne, v. : II, 129*.
Voleurs : I, 197*; II, 93, 139, 140.
Volpari (comtesse) : II, 111.
Volsques : I, 275.
Voltaggio, v. : I, 131*.
Volterra (D. de), p. : I, 207*, 247; II, 362.
Volturno, fl. : II, 5.
Volusien, emp. romain : II, 303*, 327, 373.
Vouta (C.), p. : II, 108.
Voyage en Allemagne : II, 127, 129.
— *en Autriche* : I, 1, 3.
— *en Hollande* : II, 217, 219.
— *en Italie* : I, *15*, 17, 19; II, 1, 3.
Voysin (D.-F.), min. : II, 59*.
Vulcain : I, 257.
Vurbrand, voy. Wurmbrand.

Waal, r. : II, 229.
Wachtendonk (comtes de) : I, 8.
Wackerbarth (comte de), d. : I, 8, 15.
Waldegrave (J., comte de), d. : I, 11*; II, 192, 197, 207, 208, 235.
Warendorf, v. : II, 180.
Warton (duc de) : II, 40.
Wassenaer (U.-G., comte de), baron de Twickele, h. p. : II, 235*.
Wertach, r. : II, 150.
Westerstetten, v. : II, 158*.
Westphalie, pays : II, 180, 189.
— (duché de) : II, 178*, 179.
— (États de) : II, 175.
— (traité de) : II, 164*, 169, 170, 189.
Whig (ministre) : I, 116*.
Widdin, v. : II, 31.
Wildemann, v. : II, 257, 258.
Windischgrætz (E.-F., comte de), h. p. : I, 6*, 7.
— (L., comte de), h. p. : I, 6*, 7.
Windischgrætz-Barisoni (M. de) : I, 101. — Sa belle-sœur : I, 101.
Wissembourg, v. : II, 388.

Wolfenbüttel, v. : II, 193, 201, 208.
— (Bibliothèque de) : II, 208*, 209.
— (ducs de), voy. Brunswick-Wolfenbüttel (ducs de).
— (habitants de): II, 266.
Wolfranchdorf (Mad^{le}) : II, 147.
Wolfrathshausen, v. : II, 136*.
Worms, v. : II, 166.
Wurmbrand (J.-G., comte de), h. p.: I, 7*, 14.
Wurtemberg, pays : II, 129.
— (duché de) : II, 162.
— (É.-L., duc de) : II, 158*, 159, 161, 162.
Würtzbourg, v. : II, 200.
— (chanoine de) : II, 200.
— (évêché de) : II, 200.
— (évêque de) : II, 200. — Voy. Schœnborn (F.-C., comte de).

Xavier (saint François-) : I, 30*.
Ximénès (marquis) : I, 175.

York (duc d'), voy. Brunswick-Lünebourg (E.-A. de).
— (duchesse d'), voy. Modène (M.-B. de).
Ypres, v. : II, 60.

Zagarolo, v. : II, 57. — Ses édifices : II, 57.
Zanichelli (comte P.) : I, 77.
Zante, île : I, 50. — Ses raisins : I, 70.
Zecca (la), à Venise : I, 56.
Zélande (province de) : II, 220, 232.
Zelle (duc de) : II, 193, 212*.
— (duché de) : II, 207.
Zellerfeld, v. : II, 214, 219, 247, 257, 258, 261, 266, 268, 269, 280, 281.
Zénon, de Constantinople : II, 254, 255.
Zenzem (comte de) : II, 145*.
Zinc ou zing, métal : II, 248, 273, 274.
Zinzendorf, voy. Sinzendorf.
Zirknitz (lac de) : I, 20*.
Zirl, m. : II, 135.
Zuccari ou Zucchero (F.), p. : II, 50*.
Zucchero (Maison de F.), à Florence : II, 362.
Zusmarshausen, v. : II, 158*.
Zutphen, v. : II, 219.
— (comté de) : II, 219.

TABLE DES MATIÈRES

Préface et Description des Manuscrits publiés dans ce volume VII

Voyage en Italie *(suite)* 1
   VIII. Royaume de Naples............................ 3
   IX. Rome (second séjour) 30
   X. États de l'Église............................ 68
   XI. Modène, Parme et Mantoue 96
Voyage en Allemagne............................... 127
   I. Tyrol, Bavière et Wurtemberg 129
   II. Bords du Rhin................................ 163
   III. Westphalie, Hanovre et Brunswick 188
Voyage en Hollande................................ 217
Mémoires sur les Mines............................ 239
   I. Premier Mémoire : Description de deux Fontaines de Hongrie qui convertissent le Fer en Cuivre. 241
   II. Second Mémoire sur les Mines................. 245
   III. Troisième Mémoire sur les Mines, contenant quelques Réflexions générales.................... 249
   IV. Continuation de mes Mémoires sur quelques Mines que j'ai vues............................. 253
   V. Mémoire sur les Mines du Hartz................ 257

Extraits des Notes autographes de Montesquieu sur les Mines du Hartz................................	280
Lettre sur Gênes................................	283
Florence..	299
De la Manière gothique.........................	365
Réflexions sur les Habitants de Rome.............	377
Souvenirs de la Cour de Stanislas Leckzinski.......	385
NOTES..	391
INDEX des *Voyages* de Montesquieu...............	463

SOCIÉTÉ

DES

BIBLIOPHILES DE GUYENNE

SUITE DE LA LISTE DES MEMBRES DE LA SOCIÉTÉ

MM. ARMAINGAUD (le docteur A.).
      GOYETCHE (A.-L.).
      NICOLAÏ (Alexandre).
      RENEUFVE (Gustave).

ACHEVÉ D'IMPRIMER
PAR
G. GOUNOUILHOU, A BORDEAUX
LE XVII DÉCEMBRE M.DCCC.XCVI.

www.ingramcontent.com/pod-product-compliance
Lightning Source LLC
Chambersburg PA
CBHW060511230426
43665CB00013B/1476